100 Prüfungsvorträge

# 100 PRÜFUNGS-VORTRÄGE

**100 ausgewählte Mustervorträge für die mündliche Steuerberaterprüfung**

Von
Professor Dr. Johannes Georg Bischoff,
vereid. Buchprüfer und Steuerberater,
Dipl.-Kfm. Dr. Walther Kieffer,
Wirtschaftsprüfer und Steuerberater,
Dipl.-Kfm. Dr. Martin Lenz,
Wirtschaftsprüfer und Steuerberater,
Dipl.-Kfm. Heinrich Montag

12. Auflage

2011

**efv** ERICH FLEISCHER VERLAG

**Bibliografische Information Der Deutschen Bibliothek**
Die Deutsche Bibliothek verzeichnet diese Publikation in der Deutschen Nationalbibliografie; detaillierte bibliografische Daten sind im Internet über http://dnb.ddb.de abrufbar.

ISBN 978-3-8168-5212-4

© 2011 Erich Fleischer Verlag, Achim.

Ohne Genehmigung des Verlages ist es nicht gestattet, das Buch oder Teile daraus nachzudrucken oder auf fotomechanischem Wege zu vervielfältigen, auch nicht für Unterrichtszwecke. Auswertung durch Datenbanken oder ähnliche Einrichtungen nur mit Genehmigung des Verlages.

Gesamtherstellung: H. M. Hauschild GmbH, Bremen

# Vorwort zur 1. Auflage

Jede mündliche Steuerberaterprüfung beginnt mit einem Kurzvortrag. Obwohl dieser Teil der Prüfung vom zeitlichen Umfang her von untergeordneter Bedeutung ist, stellt er vielfach die entscheidenden Weichen für den weiteren Prüfungsverlauf. Die Verfasser konnten bei ihrer eigenen Vorbereitung feststellen, dass trotz dieser großen Bedeutung bislang noch keine Mustervorträge für häufig wiederkehrende Themen publiziert worden sind und die Informationen über den Kurzvortrag selbst für Teilnehmer von „Vorbereitungskursen" häufig unzureichend sind. Diese Lücke soll durch die vorliegende Broschüre geschlossen werden. Anhand der vom Inhalt und Umfang her prüfungsgerecht ausformulierten Mustervorträge kann der Prüfungskandidat ein unverzichtbares „Vortragstraining" absolvieren und gleichzeitig seinen Wissensstand kontrollieren bzw. erweitern. Darüber hinaus wird ihm eine Liste von Themen aus Prüfungen der letzten Zeit zur weiteren Information und Prüfungsvorbereitung geboten. Wichtige Informationen über die mündliche Steuerberaterprüfung und Tipps für ihre Vorbereitung sind den Prüfungsvorträgen vorangestellt.

Die Verfasser hoffen, dass diese Broschüre dem Prüfungskandidaten eine brauchbare Hilfe bei der Vorbereitung auf die mündliche Steuerberaterprüfung ist. Anregungen und Kritik nehmen die Verfasser jederzeit gern entgegen. Insbesondere gilt dieses natürlich für Mitteilungen über Erfahrungen bei der mündlichen Prüfung und vor allem über die Themen der mündlichen Vorträge. Auf diese Weise könnte sichergestellt werden, dass durch eine entsprechend angereicherte Folgeauflage auch spätere „Prüfungsgeplagte" eine aktuelle Hilfe zur Hand bekommen. Die Verfasser danken insoweit schon im Voraus und wünschen viel Erfolg bei der Prüfung!

Köln, im Dezember 1982

Johannes Georg Bischoff
Walther Kieffer
Martin Lenz
Heinrich Montag

# Vorwort zur 12. Auflage

Die Prüfungsvorträge sind bei vielen Prüfungskandidaten zu einem festen Bestandteil ihrer Vorbereitung für die mündliche Steuerberaterprüfung geworden. Inzwischen kennen auch viele Prüfungskommissionen diese Vorbereitungshilfe. Manche Prüfer haben sich mit dieser Vorbereitungshilfe auch selbst auf die Steuerberaterprüfung vorbereitet. Sie sollten deshalb nicht damit rechnen, ein Thema unserer ausgearbeiteten Mustervorträge unverändert zu erhalten. Die Wahrscheinlichkeit hierfür ist gering. Die Themen der Prüfungsvorträge werden von den Kommissionen i. d. R. zumindest so variiert, dass Sie nicht nur Auswendiggelerntes „abladen" können.

Unsere Ausarbeitungen können und sollen also nur Muster für das unverzichtbare Vortragstraining sein. Besondere Bedeutung kommt deshalb auch den rd. 300 Themen zur Selbstausarbeitung zu, die wir auch in dieser Auflage wieder aktualisiert haben.

Auch in der 12. Auflage wurde das Erfolgskonzept der Prüfungsvorträge unverändert beibehalten. Jeweils auf zwei Druckseiten werden Musterthemen dargestellt in Form, Inhalt und Länge den Anforderungen des mündlichen Vortrags entsprechend.

Wie in jeder Auflage wurden auch in der 12. Auflage die Vorträge wieder den aktuellen Rechtsänderungen angepasst, einige Vorträge neu aufgenommen und einige völlig neu bearbeitet. Dabei haben wir die Rechtslage zum Zeitpunkt der Drucklegung berücksichtigt. Die „Hektik" der laufenden Steuergesetzgebungsverfahren lässt erwarten, dass sich die Rechtslage in einigen Bereichen bis zur Anwendung Ihres Wissens in der Prüfung verändert haben dürfte. Dies gilt momentan besonders für Fragen des Umwandlungssteuerrechts. Im „Ernstfall" muss daher selbstverständlich geprüft werden, wie sich die Rechtslage zwischenzeitlich weiterentwickelt hat.

Wie immer, möchten wir es an dieser Stelle nicht versäumen, unseren Lesern für die zahlreichen Anregungen und dem Verlag für die entgegenkommende Betreuung zu danken. Wir hoffen, dass wir wieder für „Prüfungsgeplagte" eine aktuelle und brauchbare Hilfe geliefert haben.

Johannes Georg Bischoff  
Walther Kieffer  
Martin Lenz  
Heinrich Montag

Köln, im Oktober 2010

# Inhalt

Seite

## A. Die mündliche Prüfung

I. Die mündliche Prüfung als Gegenstand des
Steuerberaterexamens ................................................. 11
II. Die Vorbereitungsphase bis zum Tag der mündlichen Prüfung ...... 11
III. Der Prüfungstag .................................................... 14

## B. 100 Prüfungsvorträge

Wichtiger Hinweis für den Leser ......................................... 20

Manuskript-Muster zum Thema: Die Abgrenzung der freiberuflichen
von der gewerblichen Tätigkeit .......................................... 20

I. **Einkommen- und Gewerbesteuer**
1. Abgrenzung der freiberuflichen von der
   gewerblichen Tätigkeit ........................................ 22
2. Einkommensteuerliche Folgen der Ehescheidung ................. 24
3. Beschränkte und unbeschränkte Einkommensteuerpflicht ......... 26
4. Kinder im Einkommensteuerrecht ............................... 28
5. § 17 EStG unter Berücksichtigung des Außensteuerrechts ....... 30
6. Die Erbauseinandersetzung im Einkommensteuerrecht ............ 32
7. Arbeitsverträge zwischen Ehegatten und deren steuerliche
   Beurteilung ................................................... 34
8. Die Betriebsaufspaltung im Steuerrecht ....................... 36
9. Die Abgrenzung von Herstellungs- und Erhaltungsaufwand
   bei Gebäuden .................................................. 38
10. Das abweichende Wirtschaftsjahr bei der Einkommensteuer
    und der Gewerbesteuer ........................................ 40
11. Verlustausgleich und Verlustabzug bei der Einkommen-
    und Gewerbesteuer ............................................ 42
12. § 15 a EStG .................................................. 44
13. Die ertragsteuerliche Behandlung von Familien-
    kommanditgesellschaften ...................................... 46
14. Gewinnverwirklichung durch Steuerentstrickung ............... 48
15. Die einkommensteuerlichen Folgen der unentgeltlichen
    und verbilligten Überlassung von Wohnraum .................... 50
16. Der Spendenabzug im Ertragsteuerrecht ....................... 52
17. Die Besteuerung von Land- und Forstwirten ................... 54
18. Die einkommensteuerliche Behandlung des Nießbrauchs
    an Privatgrundstücken ........................................ 56
19. Hinzurechnungen und Kürzungen bei der Ermittlung des
    Gewerbeertrags ............................................... 58

|  |  | Seite |
|---|---|---|
| 20. | Die Abgeltungsteuer | 60 |
| 21. | Die Abzugsbesteuerung bei Bauleistungen | 62 |

## II. Körperschaftsteuer und Umwandlungssteuergesetz

| | | |
|---|---|---|
| 22. | Die Zinsschranke im Körperschaftsteuerrecht | 63 |
| 23. | Die verdeckte Gewinnausschüttung im Körperschaftsteuerrecht | 66 |
| 24. | Der Verlustabzug im Körperschaftsteuerrecht | 68 |
| 25. | Die Beteiligung an anderen Körperschaften im Körperschaftsteuerrecht (§ 8 b KStG) | 70 |
| 26. | Die Organschaft im Körperschaftsteuerrecht | 72 |
| 27. | Genossenschaften im Körperschaftsteuerrecht | 74 |
| 28. | Offene und verdeckte Einlagen im Körperschaftsteuerrecht | 76 |
| 29. | Die ertragsteuerliche Behandlung der Spaltung von Kapitalgesellschaften | 78 |
| 30. | Ertragsteuerliche Behandlung der Umwandlung einer Kapitalgesellschaft in eine Personengesellschaft | 80 |
| 31. | Einbringungen nach § 20 UmwStG | 82 |

## III. Umsatzsteuer und Verkehrsteuern

| | | |
|---|---|---|
| 32. | Umsatzbesteuerung im EU-Binnenmarkt | 84 |
| 33. | Steuerbefreiungen bei der Grunderwerbsteuer | 86 |
| 34. | Das Vorsteuer-Vergütungsverfahren im Umsatzsteuerrecht | 88 |
| 35. | Die Aufzeichnungspflichten im UStG | 90 |
| 36. | Optionsrechte im Umsatzsteuerrecht | 92 |
| 37. | Die Berichtigung des Vorsteuerabzugs | 94 |
| 38. | Rückgabe und Rücklieferung im UStG | 96 |
| 39. | Reihengeschäfte im Umsatzsteuerrecht | 98 |

## VI. Bewertungsgesetz und Erbschaftsteuergesetz

| | | |
|---|---|---|
| 40. | Die Übertragung von Betriebsvermögen im Erbschaftsteuerrecht | 100 |
| 41. | Die Bewertung von Unternehmen im Erbschaftsteuerrecht | 102 |
| 42. | Die Bewertung des Grundvermögens im Erbschaftsteuerrecht | 104 |

## V. Abgabenordnung, Finanzgerichtsordnung und Grundgesetz

| | | |
|---|---|---|
| 43. | Verbindlichkeit von Auskünften und Zusagen der Finanzbehörden | 106 |
| 44. | Das wirtschaftliche Eigentum im Steuerrecht | 108 |

|  | Seite |
|---|---|
| 45. Der Steuerbescheid unter dem Vorbehalt der Nachprüfung | 110 |
| 46. Das Steuergeheimnis | 112 |
| 47. Steuerstraftaten und Steuerordnungswidrigkeiten | 114 |
| 48. Der Verwaltungsakt im Steuerrecht | 116 |
| 49. Die Erledigung der Hauptsache im finanzgerichtlichen Verfahren | 118 |
| 50. Das Klagesystem der FGO | 120 |
| 51. Revision und Beschwerde | 122 |
| 52. Verspätungszuschlag, Säumniszuschlag und Prozesskosten | 124 |
| 53. Die Klagevoraussetzungen der FGO | 126 |
| 54. Billigkeitsregelungen im Steuerrecht | 128 |
| 55. Die Außenprüfung | 130 |
| 56. Zwangsmittel | 132 |
| 57. Die Haftung für Steuerschulden | 134 |
| 58. Außergerichtliche Rechtsbehelfe in Steuersachen | 136 |
| 59. Die Korrektur von Steuerverwaltungsakten | 138 |
| 60. Gemeinnützigkeit nach der AO | 140 |
| 61. Die Schätzung von Besteuerungsgrundlagen | 142 |
| 62. Die Steuerhoheit | 144 |
| 63. Festsetzungs- und Zahlungsverjährung | 146 |
| 64. Vorläufiger Rechtsschutz im Steuerrecht | 148 |
| 65. Vollverzinsung: § 233 a AO | 150 |

## VI. Handels- und Steuerbilanzen

| | |
|---|---|
| 66. Bilanzierung von Umbauten und Abbruch von Gebäuden | 152 |
| 67. Möglichkeiten zur Übertragung stiller Reserven | 154 |
| 68. Die Publizitätspflichten der GmbH | 156 |
| 69. Rückstellungen im Handels- und Steuerrecht | 158 |
| 70. Gewinnermittlungsmethoden im Einkommensteuerrecht | 160 |
| 71. Rechnungsabgrenzungsposten im Handels- und im Steuerrecht | 162 |
| 72. Die Bilanzierung von Leasingverträgen | 164 |
| 73. Die handelsrechtliche Rechnungslegung der Kapitalgesellschaften | 166 |
| 74. Die Maßgeblichkeit der Handelsbilanz für die Steuerbilanz | 168 |
| 75. Die Bewertung des Vorratsvermögens in der Handels- und Steuerbilanz | 170 |
| 76. Die Bewertung von Forderungen und Verbindlichkeiten im Handels- und Steuerrecht | 172 |
| 77. Die Abgrenzung latenter Steuern nach § 274 HGB | 174 |

## VII. Privatrecht

| | | |
|---|---|---|
| 78. | Formerfordernisse bei Willenserklärungen | 176 |
| 79. | Rechts- und Geschäftsfähigkeit im Zivilrecht | 178 |
| 80. | Partiarisches Darlehen und stille Gesellschaft im Zivilrecht | 180 |
| 81. | Sicherungseigentum und Sicherungsabtretung | 182 |
| 82. | Grundpfandrechte | 184 |
| 83. | Unternehmensverträge | 186 |
| 84. | Die Kontrollrechte des Kommanditisten | 188 |
| 85. | Behandlung von Gesellschafterdarlehen bei Kapitalgesellschaften in Krisenzeiten | 190 |
| 86. | Kapitalbeschaffung nach Aktienrecht | 192 |
| 87. | Umwandlungen nach dem Umwandlungsgesetz | 194 |

## VIII. Querschnittsthemen und sonstige Themen

| | | |
|---|---|---|
| 88. | Mieterein- und Mieterumbauten im Steuerrecht | 196 |
| 89. | Grundzüge der Besteuerung von Vereinen | 198 |
| 90. | Investitionsrechnungen | 200 |
| 91. | Die Steuerberatergebührenverordnung | 202 |
| 92. | Steuerberatungsgesellschaften | 204 |
| 93. | Betriebswirtschaftliche Kennzahlen in der Arbeit des Steuerberaters | 206 |
| 94. | Die Familienstiftung im Steuerrecht | 208 |
| 95. | Die stille Gesellschaft im Steuerrecht | 210 |
| 96. | Unternehmungsgründung | 212 |
| 97. | Die GmbH & Co. KG im Steuerrecht | 214 |
| 98. | Die Organschaft im Gewerbe- und Umsatzsteuerrecht | 216 |
| 99. | Uni- und bilaterale Maßnahmen im deutschen Steuerrecht zur Vermeidung der internationalen Doppelbesteuerung | 218 |
| 100. | Die Hinzurechnungsbesteuerung im Außensteuerrecht | 220 |

## C. Themen zur Selbstausarbeitung

| | |
|---|---|
| I. Einkommen- und Gewerbesteuer | 223 |
| II. Körperschaftsteuer- und Umwandlungssteuergesetz | 224 |
| III. Umsatzsteuer und sonstige Verkehrsteuern | 225 |
| IV. Bewertungsgesetz und Erbschaftsteuergesetz | 226 |
| V. Abgabenordnung und Finanzgerichtsordnung | 226 |
| VI. Handels- und Steuerbilanzen | 227 |
| VII. Privatrecht | 228 |
| VIII. Querschnittsthemen und sonstige Themen | 229 |

# A. Die mündliche Prüfung

## I. Die mündliche Prüfung als Gegenstand des Steuerberaterexamens

Nach erfolgreicher Ablegung der schriftlichen Arbeiten bildet die mündliche Prüfung den zweiten Teil des Steuerberaterexamens. Zugelassen werden die Bewerber, die in der schriftlichen Prüfung mindestens die Gesamtnote von 4,5 erreicht haben (§ 25 Abs. 2 DVStB). Sie müssen nach § 26 DVStB spätestens zwei Wochen vor der mündlichen Prüfung geladen werden. Erfahrungsgemäß erfolgt die Ladung zwei bis drei Wochen vor dem ersten Prüfungstermin. Da sich die Prüfungstermine i. d. R. über einen Zeitraum von vier bis sechs Wochen erstrecken, bleibt somit für die Bewerber nach der Ladung noch eine Frist von zwei bis acht Wochen.

Die mündliche Prüfung wird vor einem sechsköpfigen Prüfungsausschuss abgelegt, dem drei Vertreter der Finanzverwaltung, davon einer als Vorsitzender, ein Vertreter der Wirtschaft und zwei Steuerberater angehören. Die Prüfungsgebiete entsprechen denen der schriftlichen Steuerberaterprüfung, im Wesentlichen also das allgemeine und besondere Steuerrecht, Berufsrecht, Wirtschaftsrecht, Betriebswirtschaft und Volkswirtschaft (§ 37 Abs. 3 StbG u. § 26 Abs. 5 DVStB).

Die Prüfung besteht aus einem Vortrag von bis zu zehn Minuten Dauer und sechs Prüfungsabschnitten, in denen Fragen aus den Prüfungsgebieten gestellt werden. Das Gesetz (§ 26 Abs. 3 DVStB) besagt zwar, dass „Prüfungsabschnitt ... jeweils die gesamte Prüfungstätigkeit eines Mitglieds des Prüfungsausschusses während der mündlichen Prüfung" ist. In der Regel aber wird so verfahren, dass jeweils ein einzelner Prüfer einen Prüfungsabschnitt „bestreitet" und dieser dann auch jeweils gewertet wird. Die gesamte Prüfungszeit soll pro Kandidat neunzig Minuten nicht übersteigen. Hierbei ist es aber durchaus zulässig, die Prüfungszeit bei guten Kandidaten zu kürzen und bei schwachen Bewerbern entsprechend zu verlängern.

Eine halbe Stunde vor Beginn der Prüfung werden dem Bewerber drei Vortragsthemen zur Auswahl gestellt, von denen er ein Vortragsthema zu bearbeiten hat.

Jeder Prüfungsabschnitt und der Vortrag werden gesondert gewertet. Hieraus wird eine Gesamtnote der mündlichen Prüfung gebildet, die jedoch nicht öffentlich mitgeteilt wird. Der Bewerber, der aus dem Schnitt der Gesamtnote von mündlicher und schriftlicher Prüfung mindestens die Note 4,15 erreicht, hat das Steuerberaterexamen bestanden. Wer also gerade noch mit einer schriftlichen Note von 4,5 zum zweiten Teil des Steuerberaterexamens zugelassen wurde, muss in der mündlichen Prüfung eine Note von 3,8 erreichen, um das Examen zu bestehen. Hierin erkennt man den besonderen Stellenwert der mündlichen Prüfung.

## II. Die Vorbereitungsphase bis zum Tag der mündlichen Prüfung

Die Vorbereitung auf die mündliche Prüfung sollte unverzüglich nach Abschluss der schriftlichen Aufsichtsarbeiten beginnen. Dies gilt insbesondere auch für solche Kandidaten, die sich nicht sicher sind, ob sie den erforderlichen Notendurchschnitt von 4,5 für die Zulassung zur mündlichen Prüfung erreicht haben. Sofern sie erst das Ergebnis der schriftlichen Prüfung abwarten wollen, verbleiben, falls sie doch wider Erwarten zur mündlichen Prüfung zugelassen sind, im ungünstigsten Fall noch zwei Wochen Vorbereitungszeit. Diese Zeit reicht aber kaum aus, um sich erfolgreich auf die mündliche Prüfung vorzubereiten. Insbesondere schwache Kandidaten benötigen eine fundierte Vorbereitung, da sie erfahrungsgemäß besonders intensiv geprüft werden.

Zu Beginn der Vorbereitungsphase sollte der Bewerber sich einen Zeitplan aufstellen, in dem er sich die Vorbereitung auf den Vortrag und die Fragen entsprechend seiner ihm zur Verfügung stehenden Zeit einteilt. Sinnvollerweise wird unter dem Aspekt der Vorsicht als Prüfungstag der früheste Prüfungstermin gewählt. Falls der Bewerber später geprüft wird, verbleibt ihm dann immer noch Zeit zur Wiederholung oder Vorbereitung noch offener Probleme.

Die Einhaltung des Zeitplanes gewährleistet, dass der Bewerber nicht noch kurz vor der Prüfung in Hektik und Aufregung verfällt, weil er meint, bestimmte Gebiete noch nicht zu beherrschen. Im Zeitplan sollte als oberstes Gebot berücksichtigt werden, ruhig und ausgeruht in die mündliche Prüfung zu gehen. Nur derjenige, der auch körperlich fit ist, ist in der Lage, konzentriert an der Prüfung teilzunehmen und auf die Fragen der Prüfer entsprechend zu reagieren. Es ist daher sinnvoller, bestimmte Prüfungsgebiete nur oberflächlich zu behandeln, als sich kurz vorher noch mit Prüfungswissen vollzustopfen, aber dann unausgeschlafen und unkonzentriert an der Prüfung teilzunehmen.

Während der Vorbereitung zur mündlichen Prüfung sollte das Studium der aktuellen Fachliteratur und Finanzgerichtsrechtsprechung nicht vergessen werden. Erfahrungsgemäß lesen Prüfer zur Stoffsammlung für die mündliche Prüfung gerne die Fachzeitschriften und die Rechtsprechung des letzten halben Jahres. Die Kenntnis der im letzten halben Jahr veröffentlichten BMF-Schreiben und Urteile des BFH sowie EuGH ist daher unerlässlich.

Ab einem bestimmten (vorher unumstößlich festgelegten) Zeitpunkt am Vortage der mündlichen Prüfung (allerspätestens 17.00 Uhr) sollte jegliche Befassung mit einem Prüfungsfach unterbleiben. Die Devise sollte sein: Was ich bis jetzt nicht weiß, lerne ich ohnehin nicht mehr, und etwas Glück braucht jeder!

Im Zeitplan sollte auf die Vorbereitung des Vortrages der Schwerpunkt gelegt werden. Obwohl er objektiv nur mit ½ in die Bewertung der mündlichen Prüfung eingeht, beeinflusst er doch subjektiv den weiteren Verlauf der Prüfung. Er vermittelt den Prüfern einen ersten Eindruck über den Kandidaten und zeigt ihnen, inwiefern er in der Lage ist, innerhalb von zehn Minuten das Wesentliche eines vorgegebenen Themas in knapper Form vorzutragen, Standpunkte zu vertreten und die berechtigten Interessen eines Mandanten zu wahren. Der Prüfungskandidat kann somit durch einen guten Vortrag den Prüfungsausschuss auch für den weiteren Verlauf der Prüfung positiv beeinflussen. Außerdem wird durch die Vorbereitung auf den mündlichen Vortrag der übrige Prüfungsstoff zum größten Teil mit durchgearbeitet, sodass hierdurch auch eine gute Vorbereitung für die zu erwartenden Fragen gewährleistet ist.

Die Vorbereitung auf den Vortrag sollte drei Aspekte berücksichtigen:

**1. Durcharbeiten des Stoffes der potenziellen Vortragsthemen**

**2. Fertigstellung des Redemanuskriptes innerhalb von dreißig Minuten**

**3. Redeübung**

Im Teil B und C sind die potenziellen Vortragsthemen aufgeführt, die erfahrungsgemäß in der Bundesrepublik Deutschland gestellt werden. Diese Liste kann aber nur als Anhaltspunkt dienen, da sich in den einzelnen Bundesländern nach Inhalt und Umfang Unterschiede ergeben können. Der durchzuarbeitende Stoff ist zum größten Teil bereits aufgrund der Vorbereitung zum schriftlichen Examen bekannt, teilweise verlangt er aber auch das Lernen neuer Fakten, wie z. B. insbesondere im Bereich des bürgerlichen Rechts, des Handelsrechts und der Betriebswirtschaftslehre. Da im Regelfall nicht alle Themen bis zur mündlichen Prüfung bearbeitet werden, sollte der Examenskandidat zumindest eine Auswahl treffen, die ihn mit hoher Wahrscheinlichkeit befähigt, aus den drei gestellten Vortragsthemen eines mit Sicherheit zu beherrschen. Dieses Buch bietet eine solche Auswahl in bearbeiteter Form, die allerdings vom Examenskandidaten entsprechend seiner individuellen Fähigkeiten noch zu variieren ist.

Neben der Beherrschung des Stoffes sollte der potenzielle Kandidat üben, ein Thema aus den drei möglichen Vorbereitungsthemen auszuwählen und es innerhalb von dreißig Minuten zu einem Vortrag aufzubereiten. Anschließend muss das laute Sprechen des Vortrages vor einem anderen Zuhörer geübt werden. Hierdurch erhält der Kandidat die notwendige rhetorische Sicherheit und außerdem ein Gefühl für das richtige „Timing" des Vortrags. Es sollte darauf geachtet werden, dass die Redezeit von 10 Minuten eingehalten wird, da einige Prüfungskommissionen danach den Vortrag abrupt abbrechen. Um möglichst viele Prüfungssituationen zu simulieren, sollten die Vorträge im Stehen und Sitzen geübt werden und die Zuhörer nach Möglichkeit öfter gewechselt werden. In jedem Fall sollte der Prüfungskandidat versuchen, Zuhörer zu gewinnen, die die Thematik beherrschen und dem Vortrag kritisch gegenüberstehen können. Es ist daher sinnvoll, zu diesem Zweck Arbeitsgemeinschaften mit anderen Kollegen zu bilden oder die Angebote von Kursen zu nutzen. Auch wenn es manchem Examenskandidaten lächerlich oder überflüssig erscheint, zu Hause einen Vortrag laut zu sprechen, so kann doch nicht eindringlich genug empfohlen werden, das Sprechen des Vortrages zu einem wichtigen Bestandteil der Vorbereitung zu machen. Der Vortrag bereitet oft deshalb so vielen Rednern Schwierigkeiten, weil während des Vortrages ein Gedanke in Sprache umgesetzt wird, während des Sprechens aber der nächste Gedanke gefasst werden muss. Dieser Denk-Sprech-Vorgang verlangt ein großes Maß an Routine, die nur durch Übung und Erfahrung erreicht werden kann. Wer glaubt, diese Übungen nicht nötig zu haben, wird in der angespannten Atmosphäre einer Prüfungssituation nicht die notwendige Selbstsicherheit haben, die einen Vortrag erst zuhörenswert macht. Es ist sinnlos, den Stoff zu beherrschen, wenn man ihn den Prüfern aus Mangel an rhetorischer Routine nicht vermitteln kann.

Durch die Vorbereitung auf den Vortrag wird auch ein großer Teil des Stoffes abgedeckt, der für die Prüfungsfragen relevant ist. Dennoch sollte sich der Prüfling auch auf diese gezielt vorbereiten. Hierbei ist insbesondere der Stoff zu lernen, der durch die Vorbereitung auf das schriftliche Examen und den Vortrag noch nicht ausreichend erfasst ist (z. B. das Berufsrecht). Ebenso wichtig ist es aber auch, sich psychologisch auf die Prüfungssituation einzustellen.

Prüfungsprotokolle können nur dann zur Vorbereitung herangezogen werden, wenn mit der Ladung der Prüfung die Namen der Mitglieder der Prüfungskommission bekannt gegeben werden. In den meisten Bundesländern erhalten die Kandidaten keine Kenntnis über die Zusammensetzung der Prüfungskommission (nach aktueller Auskunft der Steuerberaterkammern derzeit Nordrhein-Westfalen, Hessen, Bayern, Rheinland-Pfalz, Schleswig-Holstein, Baden-Württemberg, Thüringen, Brandenburg). Sofern dem Examenskandidaten die Prüfungskommission bekannt ist (z. B. Berlin, Bremen, Hamburg, Mecklenburg-Vorpommern, Niedersachsen, Sachsen-Anhalt), kann versucht werden, im Prüfungsprotokoll häufig auftretende Fragen herauszufiltern und beliebte, bei bestimmten Prüfern immer wieder auftretende Sachgebiete zu erkennen und intensiv durchzuarbeiten. Erfahrungsgemäß halten Prüfer nur bestimmte Sachgebiete unter didaktischen Gesichtspunkten für prüfungstechnisch geeignet, die sich dann mit einer hohen Wahrscheinlichkeit häufig wiederholen.

Dennoch sollten sowohl die Protokolle als auch andere Aussagen von ehemaligen Bewerbern mit einer gewissen kritischen Distanz betrachtet werden. Jeder Kandidat erlebt die Prüfung in einem anderen Licht, abhängig von seiner eigenen Prüfungsbelastbarkeit, seinem Erfolg bzw. Misserfolg während der Prüfung, dem Verhalten der Mitbewerber und der augenblicklichen persönlichen Verfassung der Prüfer. Die Auskünfte sind daher häufig sehr subjektiv gefärbt, und es ist mitunter schwierig, sie für die eigene Prüfungssituation zu objektivieren. Sofern die Prüfungskommission nicht bekannt gegeben wird, können jedoch zumindest anhand der Prüfungsprotokolle objektive Auskünfte über den Ablauf der Prüfung erlangt werden. Der Ablauf ist von Bundesland zu Bundesland unterschiedlich und der Bewerber sollte sich unbedingt damit vertraut machen. Ist ihm die äußere Prüfungssituation bekannt – z. B. Anzahl der Prüfer und Geprüften, Zeitumfang der einzelnen Prüfung, Reihenfolge der Prüfungen –, so kann er sich unbelastet von äußeren Merkmalen auf das Wesentliche konzentrieren.

## III. Der Prüfungstag

### 1. Die Vorbereitung auf den mündlichen Vortrag

Der Prüfungstag beginnt mit der Vorbereitung auf den mündlichen Vortrag, der dreißig Minuten beträgt. Der Kandidat erhält drei Vortragsthemen, von denen er eins zu bearbeiten hat. Gesetzestexte stehen i. d. R. zur Verbreitung zur Verfügung, Richtlinien und Erlasse hingegen nur in einzelnen Bundesländern (z. B. derzeit nach Auskunft der Steuerberaterkammern in Hamburg, Mecklenburg-Vorpommern, Niedersachsen, Schleswig-Holstein, Thüringen). Insoweit sollten vorher rechtzeitig Erkundigungen eingeholt werden. Auch die Zuweisung der Themen ist in den einzelnen Bundesländern unterschiedlich geregelt. Der Kandidat sollte sich daher vorher über den Ablauf informieren.

Sobald die drei Themen ausgegeben worden sind, muss der Examenskandidat seine Entscheidung, welches Thema er wählt, schnell, aber gründlich treffen. Nach dieser Entscheidung dürfen die beiden nicht gewählten Themen nicht mehr beachtet werden. Häufig meinen die Kandidaten während der Vorbereitung, doch besser ein anderes Thema gewählt zu haben. Inzwischen ist aber so viel Zeit vergangen, dass das Thema nicht mehr sinnvoll bearbeitet werden kann. Außerdem verursacht das Springen auf ein anderes Thema so viel Aufregung und innere Hektik, dass klare Gedanken nicht mehr gefasst werden können.

Die Entscheidung für ein Thema ergibt sich natürlich zunächst unmittelbar aus der Frage, wie der Stoff beherrscht wird. Soweit man den Stoff für ein Thema weitaus besser beherrscht als den der anderen beiden Themen, ist die Entscheidung einfach. Häufig ergibt sich aber auch die Situation, dass man zu allen drei Themen etwas weiß, aber kein Thema 100 %ig beherrscht. In diesem Fall sollte man sich als Entscheidungshilfe überlegen, wie die einzelnen Vortragsthemen bei dem Prüfungsgremium als Ganzes wirken. Es empfiehlt sich, ein Thema zu wählen, das nicht speziell ist, sondern übergreifenden Charakter hat, z. B. mehrere Steuerarten tangiert. In diesem Fall wird das gesamte Prüfungsgremium angesprochen und hat später bei der Beurteilung die Möglichkeit, sich zu äußern. Da man in zehn Minuten nicht den gesamten Stoff bis ins kleinste Detail darstellen kann, reicht es dann aus, wenn man zeigt, dass man den Stoff beherrscht und die wichtigsten Probleme anspricht. Es kann bei der Beurteilung des Vortrages dann auch nicht negativ beurteilt werden, wenn bestimmte Detailprobleme ausgelassen werden. Wird hingegen ein spezielles Thema gewählt, so ist ein viel tieferes Detailwissen notwendig. Dies kann dazu führen, dass ein Spezialist im Prüfungsgremium wesentlich genauer zuhört als die anderen Prüfer, die nicht dieses Spezialwissen haben. Der Spezialist wird dann aber bei der Beurteilung wesentlich kritischer sein, wenn bestimmte Detailkenntnisse nicht dargelegt werden. Kann der Kandidat anderseits in dem Spezialthema glänzen, wird dies allen Prüfern imponieren.

Da zur Vorbereitung die Gesetzestexte vorliegen, werden Spezialthemen, die sich an einer Gesetzesvorschrift orientieren, i. d. R. schlechter bewertet als übergreifende Themen. Das Prüfungsgremium kann nämlich den Eindruck gewinnen, dass der Vortrag lediglich aus dem Gesetz abgeschrieben wurde.

Es empfiehlt sich auch ein Thema zu wählen, das zu der eigenen Ausbildung passt. Hat z. B. ein Betriebswirt die Wahl zwischen einem juristischen und einem betriebswirtschaftlichen Thema, sollte er immer das betriebswirtschaftliche Thema wählen. Selbst wenn er glaubt, das juristische Thema zu beherrschen, so ist er doch den in der Prüfungskommission vertretenen Juristen stark unterlegen.

Schließlich ist die Situation denkbar, dass der Bewerber meint, keines der drei Themen zu beherrschen. Meistens handelt es sich hierbei aber nur um den Ausdruck übertriebener Nervosität. Nach der Vorbereitung auf das schriftliche Examen und der anschließenden Vorbereitung auf das mündliche Examen sollte so viel Grundlagenwissen vorhanden sein, dass zumindest ein Thema, wenn auch nicht mit Auszeichnung, so doch mit einer befriedigenden Leistung vorgetragen werden kann. Wenn man genug Themen während der Vorbereitungsphase durchgearbeitet hat, ergeben sich immer Möglichkeiten von Querverbindungen. In dieser Situation ist es häufig hilfreich, dreimal tief durchzuatmen und sich in Ruhe auf seine erworbenen Fähigkeiten zu besinnen. Es sollte aber beachtet werden, dass das Thema im Auge bleibt. Peinlich wird es dann, wenn durch detaillierte Erörterung von absoluten Randbereichen der Eindruck der mangelnden Beherrschung des Hauptthemas verschleiert werden soll. Hinreichend bekannt dürfte das Negativ-Beispiel der Themenverfehlung sein, in dem der Prüfungskandidat einer Zoologie-Prüfung den Übergang von dem unbequemen Elefanten-Thema zu dem erhofften Würmer-Thema mit der Übergangszeile einleitet: Der Elefant hat einen wurmförmigen Rüssel, die Würmer...

Hat der Examenskandidat sich für ein Thema entschieden, sollte er ungefähr zwanzig Minuten darauf verwenden, das Redemanuskript anzufertigen und in der verbleibenden Zeit in einer stummen Sprechprobe den Vortrag vor seinem geistigen Auge ablaufen zu lassen.

Bei der Anfertigung des Redemanuskriptes empfiehlt es sich, die Stichworte auf Karteikarten im DIN A5 Format aufzuschreiben oder das zur Verfügung gestellte Papier entsprechend zu halbieren. Wenn der Vortragende vorher den Vortrag mit Karteikarten geübt hat, kann er die Redezeit pro Karte relativ gut einschätzen und weiß anhand der Anzahl der Karten, wie viel Redezeit verbleibt. Wichtig ist es hierbei, die Karteikarten fortlaufend zu nummerieren.

Auf der ersten Karte sollte der Einleitungssatz wörtlich niedergeschrieben werden. Dieser ist von besonderer Wichtigkeit, da er zum Thema hinführen und das Interesse des Prüfungsgremiums wecken soll. Außerdem handelt es sich hierbei um die ersten Worte des Prüflings, die, wenn sie gut formuliert sind, sehr dazu beitragen, das Prüfungsgremium für sich zu gewinnen. Die folgenden Ausführungen sollten nur in Stichworten niedergeschrieben werden. Sie dienen dazu, Gedanken zu entwickeln, Schwerpunkte zu setzen und die Gedanken in eine systematische Reihenfolge zu bringen. Wortfindung und Satzfindung vollziehen sich erst vor dem Zuhörerkreis. Bewährt hat sich die Vorgehensweise, zunächst den Gedankengang in Hauptstichworten in möglichst großem Abstand niederzuschreiben und anschließend etwas eingerückt zu den Hauptstichworten Nebenstichworte zu ergänzen. Die Stichworte sollten möglichst groß geschrieben werden, damit der Vortragende sie während des Vortrages auch lesen kann. Bei der Aufstellung der Stichworte sollte eine zu tief gehende Gliederung vermieden werden, da es schwer ist, diese den Zuhörern darzulegen. Es kommt vielmehr darauf an, in einfachen und klar verständlichen Worten den Gedankengang zu erläutern. Häufig kann hierbei ein Beispiel helfen, das die Zuhörer leichter anspricht als kompliziert vorgetragene Zusammenhänge. Aber auch hier sollte auf Klarheit und Einfachheit Rücksicht genommen werden, wobei der Vortragende ruhig erläutern kann, dass auf Details zugunsten einer transparenteren Analyse verzichtet wird.

Der letzte Satz ist ebenso wie der Einleitungssatz von besonderer Bedeutung, da er, wenn er gut formuliert ist, in der Erinnerung der Prüfungskommission besonders haften bleibt. Hier kann z. B. ein Ausblick gegeben werden, auf Bereiche hingewiesen werden, die in der Kürze der Zeit nicht behandelt werden können, oder aber wichtige Gedanken können noch einmal herausgestellt werden. Der Vortragende sollte erkennen lassen, dass er zum Schluss kommt, z. B. durch die Worte: „Abschließend möchte ich noch einmal darauf hinweisen, dass ...", „zum Abschluss meiner Ausführung möchte ich noch einmal betonen, dass ...". Sehr gut ist es natürlich, wenn im Schlusssatz ein logischer Bogen zum Einleitungssatz hergestellt werden kann, doch sollte man sich hierüber wegen der nur begrenzt zur Verfügung stehenden Zeit nicht allzu lange Gedanken machen. Auf keinen Fall dürfen aber die Gedanken abrupt abgebrochen und dann mit einer lapidaren Bemerkung wie z. B. „Das war's" beendet werden.

Der Hinweis, dass nur ein Teil der Probleme angesprochen worden ist und dass noch eine Fülle von Problemen und Einzelaspekten hätte ausgebreitet werden können, wenn mehr Zeit zur Verfügung gestanden hätte, sollte tunlichst unterbleiben. Wenn dem wirklich so ist, weiß das die Prüfungskommission ohnehin. Im anderen Fall wird sich die Kommission mit Recht fragen, warum denn der Kandidat nicht in der Lage war, durch andere Gewichtung diese Probleme darzustellen.

## 2. Die Prüfung

Die Prüfung beginnt mit dem Vortrag, der meistens in alphabetischer Reihenfolge der Namen der Kandidaten oder in der Reihenfolge der Vornoten gehalten wird. Er sollte als eine Möglichkeit aufgefasst werden, das erworbene Wissen möglichst gut darzulegen, und es sollte in ihm die Chance gesehen werden, seine aus dem schriftlichen Examen erworbene Ausgangsposition zu verbessern bzw. das Erreichte zu bewahren. Eine positive Einstellung zur Prüfungssituation erhöht das Selbstbewusstsein und vermeidet rhetorische Hemmnisse.

Eine Umfrage bei den Steuerberaterkammern hat ergeben, dass lediglich in Nordrhein-Westfalen alle Prüfungskandidaten beim Vortrag anwesend sind. In allen übrigen Ländern wird der Vortrag einzeln gehalten.

In der Regel wird den Prüfungskandidaten freigestellt, ob sie den Vortrag im Stehen oder im Sitzen halten wollen. Nahezu alle Kandidaten entscheiden sich für den stehenden Vortrag. Das Vortragen im Stehen sollte auch keine Probleme bereiten, wenn es vorher geübt wurde und einige Grundregeln beachtet werden. Hierzu gehört ein aufrechter ruhiger Stand. Die Hände sollten das Manuskript mit leicht abgesenkten Ellbogen halten. Auf keinen Fall sollte man die Hände in die Tasche stecken (Zeichen von Arroganz), die Arme vor der Brust verschränken (typische Abwehrhaltung) oder sich zu stark auf einen Stuhl, Tisch bzw. ein Rednerpult aufstützen (Zeichen von Unsicherheit). Nicht ratsam ist es auch, die Arme gerade herunterhängen zu lassen, da hierdurch der Denk-Sprech-Vorgang belastet wird.

Entscheidet man sich – was nicht zwingend notwendig ist – für eine Anrede der Prüfungskommission, so reicht die Formulierung – „sehr geehrte (evtl. Damen und) Herren" vollkommen aus. Auf keinen Fall sollte der Zusatz „Meine sehr ..." gebraucht werden. Auch eine gesonderte Anrede des Vorsitzenden wie „Sehr geehrter Herr Vorsitzender, sehr geehrte ..." ist keinesfalls gebräuchlich und kann entfallen.

Es ist empfehlenswert, zunächst in zwei bis drei Sätzen das Thema zu nennen und den Aufbau des Vortrages zu erläutern. Das zeigt der Prüfungskommission bereits, ob die wesentlichen Punkte angesprochen werden. Hat man das Thema gut aufgebaut, sollte man dieses der Kommission gegenüber auch zeigen, die dann häufig viel wohlwollender die folgenden Ausführungen beurteilt. Außerdem wird hierdurch ein einfacher Einstieg gewählt, sodass eine anfängliche Unsicherheit leicht abgebaut werden kann. Der Einleitungssatz, den man sich wörtlich aufgeschrieben hat, und die anschließenden Ausführungen zum Thema sollten in möglichst freier Rede gehalten werden. Ein rhetorisches Meisterwerk wird von der Prüfungskommission nicht erwartet, aber dennoch können bestimmte rhetorische Hilfsmittel die Prüfungskommission positiv beeinflussen. Der Vortragende sollte daher folgende Regeln beherzigen:

1. Die Gedanken in einfachen, klaren und verständlichen Sätzen äußern! Lange Schachtelsätze sind zu vermeiden. Sie bewirken, dass der Zuhörer sich beim Zuhören anstrengen muss, unaufmerksam wird und eine ablehnende Haltung aufbaut.

2. Nicht versuchen, mehrere Gedanken gleichzeitig zu formulieren! Immer nur einen Gedanken formen und aussprechen und so einen Gedanken an den anderen reihen. So wird vermieden, dass man den Faden verliert.

3. Ruhig und gelassen sprechen! Nach Beendigung eines Gedankens evtl. kleine Pausen einlegen. Schnelles Sprechen lässt die Zuhörer erlahmen.

4. Die Zuhörer ansehen und den Blick durch die Reihe auf und ab gehen lassen! Dabei vermeiden, bei Spezialthemen den vermeintlichen Spezialisten in der Prüfungskommission durch einen ausschließlich zu diesem bestehenden Blickkontakt zu „hofieren".

5. Übermäßiges Gestikulieren vermeiden!

6. Weder zu leise noch zu laut sprechen! In mittlerer Stimmlage ruhig und sachlich, aber überzeugend und mit Nachdruck reden.

7. Die oben angegebenen Verhaltensregeln sollen nur dazu dienen, die eigene Persönlichkeit positiv zu unterstützen. Sie dürfen nicht dazu führen, dass die Individualität aufgegeben wird und der Vortrag übermäßig gekünstelt wirkt.

Im Anschluss an die Vorträge erfolgt meist eine zehnminütige Pause. Dann beginnt der Prüfungsteil mit den mündlichen Fragen. Wichtig ist es nun, dass man, auch wenn der Vortrag nicht so gut gelungen ist, die Vortragsphase völlig vergisst und sich nur auf die Prüfungsfragen konzentriert. Jeder Prüfer prüft ca. dreißig bis fünfundvierzig Minuten (bei fünf Prüflingen), wobei i. d. R. Kandidaten mit schwachen Vornoten, aber auch solche, die im Vortrag einen schlechten Eindruck hinterlassen haben, häufiger geprüft werden. Obwohl die Gesetzestexte auf dem Tisch stehen, können sie i. d. R. nur dann als Hilfsmittel herangezogen werden, wenn der Prüfer dies ausdrücklich zulässt bzw. den Kandidaten auffordert, in das Gesetz zu schauen. In der Regel sind die Fragen jedoch so breit angelegt und an der Oberfläche, dass sich ein Blick ins Gesetz erübrigt. Soweit schwierige Fragen nicht sofort beantwortet werden können, genügt häufig zunächst der Hinweis, wo die Lösung im Gesetz zu finden ist und wo man aufschlagen müsste.

Ebenso wie beim Vortrag sollten auch die Fragen mit dem notwendigen Selbstbewusstsein beantwortet werden. Dazu gehört aber auch der Mut, eindeutige Fehler einzugestehen. Kann man die Fragen nicht 100 %ig beantworten, sollte man versuchen, sich an die Antwort heranzutasten. Dem Prüfer wird so die Möglichkeit gegeben, durch Nachfragen den Kandidaten auf die richtige Antwort zu bringen. Schweigt der Kandidat sich aus, so hat der Prüfer diese Möglichkeit nicht, der Kandidat wird nervös und erzeugt innerlich eine Abwehrhaltung beim Prüfer. Das Herantasten an die Antwort bedeutet aber nicht, dass man als Prüfungskandidat ein Stichwort aufgreift und dann loslegt, ohne auf die Prüfungsfragen einzugehen. Das Abschweifen vom Thema zeigt genauso viel Unsicherheit wie das Schweigen.

Auch die Prüfer irren gelegentlich. Greift der Vorsitzende nicht ein, sollte auf jeden Fall vermieden werden, ein Gefühl des Trotzes oder Beleidigtseins zu zeigen. Auf keinen Fall sollte man sich zum Diskussionsstil verleiten lassen und den Prüfer rechthaberisch befragen: „Wie würden Sie dann aber ... !" Es gilt die Regel, dass die Prüfungsausschussmitglieder fragen, der Kandidat hingegen nur zu antworten hat, und zwar nur dann, wenn er gefragt wurde.

Bewerber, die nicht gefragt sind, sollten aufmerksam zuhören, da die Fragen weitergegeben werden könnten oder die nächste Frage auf der alten aufbauen kann. Die Aufmerksamkeit darf aber nicht dazu verleiten, durch übertriebene Mimik oder Gesten anzuzeigen, dass man die Fragen beantworten könnte, oder sogar dazwischenzurufen. Diese Verhaltensweise macht nicht nur einen schlechten Eindruck bei der Prüfungskommission, deren Mitglieder ja selbst auch einmal geprüft wurden, sondern ist auch in höchstem Maße unkollegial. Es kann daher sogar unter berufsständischen Aspekten negativ beurteilt werden, ist doch die Kollegialität ein wichtiges Prinzip des Berufsrechtes der Steuerberater.

Wird die Frage an den Kandidaten weitergegeben, nachdem eine völlig falsche Aussage von einem „Mitstreiter" zur Diskussion gestellt wird, so sollte man jede persönliche Wertung umgehen. Statt „Das war absolut falsch" macht es einen wesentlich besseren Eindruck, wenn man sich ausschließlich auf die Sachaussagen beschränkt.

Die Feststellung, dass die Prüfung erst mit der letzten Frage endet, ist allgemein bekannt. Damit soll nur noch einmal herausgestellt werden, dass ein Kandidat sich niemals vorzeitig aufgeben sollte. Genauso schädlich wie überdeutlich zur Schau gestellte Unbekümmertheit ist das vorzeitige Verfallen in Resignation und Apathie. Jeder Prüfungsausschuss honoriert, wenn bis zum Schluss „gefightet" wird.

Dass es letztlich zu einer derartigen Unsicherheit gar nicht erst kommt, dazu sollten auch diese einleitenden Ausführungen dienen.

(Dr. Kieffer)

# B. 100 Prüfungsvorträge

## Wichtiger Hinweis für den Leser

Die Mustervorträge sind keine umfassenden Materialsammlungen und Darstellungen. Sie sollen lediglich ein Muster dafür sein, wie ein Vortrag in der gegebenen Zeit gehalten werden könnte. Dies impliziert, dass insbesondere bei umfassenden Themen, wie z. B. Umwandlung, Gewinnermittlungsmethoden oder Investitionsrechnung, die Ausführungen nur einige wesentliche Aspekte beinhalten können. Die Vorträge behandeln also zwangsläufig viele Themen nicht erschöpfend. Es wird das Problem und die Aufgabe des Prüfungskandidaten sein, bei umfassenden Themen einige wesentliche Aspekte logisch zu verknüpfen und in ansprechender Form darzustellen. Die Autoren bemühten sich, dafür 100 brauchbare Muster zu liefern.

Der Kandidat möge nicht der Täuschung unterliegen, ein so ausformuliertes Manuskript in der Vorbereitungszeit erstellen zu können. Es sei hier nochmals darauf hingewiesen, dass in der gegebenen Vorbereitungszeit nur Stichworte notiert werden können. In welchem Umfang das geschieht, ist von der Schreibgeschwindigkeit und dem individuellen Vortragsstil abhängig. Wie bereits in Abschn. A ausgeführt, sollte nicht vergessen werden, sich einen Anfangssatz ausformuliert aufzuschreiben!

Manchmal bietet sich auch ein etwas themenübergreifender Schlusssatz an.

Beispielhaft ist nachstehend ein „Manuskript" zum Thema „Die Abgrenzung der freiberuflichen von der gewerblichen Tätigkeit" erstellt. (Den ausführlichen Mustervortrag finden Sie auf S. 22.) Dies ist ein typisches Thema, in dem lediglich Fakten „abgeladen" werden können und natürlich möglichst viele Einzelheiten in komprimierter und geordneter Form vorgetragen werden sollten.

Bei anderen Themen, wie z. B. bei Querschnittsthemen, kommt es mehr auf die kritische Durchdringung der Thematik an. So ist z. B. bei dem Thema „Investitionsrechnung" der Hinweis auf die unsicheren Erwartungen und damit auf die begrenzte Aussagefähigkeit dieser Rechnungen in der Paxis wichtig.

Sehr zweckmäßig ist es, wenn Sie sich beim Durcharbeiten der „Mustervorträge" immer solche Manuskripte erstellen und anschließend den Vortrag laut referieren.

**Manuskript-Muster zum Thema:**

Die Abgrenzung der freiberuflichen von der gewerblichen Tätigkeit.

Sehr geehrte Damen und Herren,

das Thema meines Vortrages lautet: „Die Abgrenzung der freiberuflichen von der gewerblichen Tätigkeit".

Ich habe meine Ausführungen wie folgt gegliedert:
– Gliederung skizzieren –

### Grundlegung: Bedeutung

1. Bedeutung der Abgrenzung/Grundlegung (kurz!!!)
    ▶ § 2 I EStG
    Gewinn-/Überschusseinkünfte
    Bedeutung:
    - „Eigengesetzlichkeiten"
    - Freigrenzen

- § 141 AO nicht für Freiberufler
- Gewerbesteuer

2. **Begriffsbestimmungen**

   2.1 Gewerbliche Tätigkeit, § 15 II EStG
   - Selbständigkeit
   - Nachhaltigkeit der Betätigung
   - Gewinnerzielungsabsicht
   - Beteiligung am allgemeinen und wirtschaftlichen Verkehr

   2.2 Freiberufliche Tätigkeiten, § 18 EStG
   a) Einordnung in § 18 EStG
   b) Kriterien für freiberufliche Tätigkeit
      - Leitend
      - Eigenverantwortlich
      - Zuordnung zu
         – selbständig ausgeübter wissenschaftlicher, künstlerischer, schriftstellerischer, unterrichtender oder erzieherischer Tätigkeit
         – Katalogberufen (z. B. Ärzte, Rechtsanwälte, Steuerberater und alle weiteren abschließend aufgezählten Berufsgruppen) und ähnlichen Berufen
      - Abgrenzungsproblem ähnliche Berufe (z. B. EDV-Berater)

3. **Personenzusammenschlüsse**
   - Personengesellschaften
      – bleibt freiberuflich
      – Ausnahme: Beteiligung eines Berufsfremden
   - GmbH
      – stets gewerblich

4. **„Gemischte" Tätigkeiten**
   z. B. Augenarzt verkauft Kontaktlinsen, Zahnarzt verkauft Zahnbürsten etc.
   Wenn getrennt (z. B. FiBu) ▶ Aufteilung.
   Bei Gesellschaften immer die Gesellschaft, insgesamt gewerblich (§ 15 III EStG „Infektionstheorie").

5. **Anrechnung der Gewerbesteuer**
   - § 35 EStG bei Einzelunternehmen und bei Personengesellschaften. Gewerbesteuer anrechnen mit dem 3,8-Fachen des Gewerbesteuer-Messbetrages.
   - Nimmt steuerliche Brisanz.
   - In Einzelfällen sogar Gewerblichkeit günstiger.

Sehr geehrte Damen und Herren,
ich danke für Ihre Aufmerksamkeit
(etwas forscher: Ich danke Ihnen für Ihr Interesse).

(Prof. Dr. Bischoff)

# 1. Abgrenzung der freiberuflichen von der gewerblichen Tätigkeit

## I. Bedeutung der Abgrenzung

Das Einkommensteuergesetz zählt in § 2 Abs. 1 EStG sieben Einkunftsarten auf, die der Einkommensteuer unterliegen.
Dabei sind zwei Gruppen von Einkünften zu unterscheiden:
- Gewinneinkünfte (Einkünfte aus Land- und Forstwirtschaft; aus Gewerbebetrieb und aus selbständiger Arbeit, einschließlich freiberuflicher Tätigkeit)
- Überschusseinkünfte (Einkünfte aus nichtselbständiger Arbeit, aus Kapitalvermögen, aus Vermietung und Verpachtung und sonstige Einkünfte)

Die Abgrenzung zwischen den Einkunftsarten ist von besonderer Bedeutung, da einzelne Einkunftsarten wesentliche Eigengesetzlichkeiten aufweisen, wodurch der Umfang der Steuerpflicht weitgehend beeinflusst wird. Weiterhin sind für einzelne Einkünfte Freibeträge und Freigrenzen zu beachten. Darüber hinaus können sich aufgrund der Zuordnung bestimmte Nebenfolgen ergeben, z. B. Gewerbe-, Umsatz- bzw. Lohnsteuerpflicht.

Die Abgrenzung der freiberuflichen Einkünfte von den Einkünften aus Gewerbebetrieb ist vor allem aus zwei Gründen von steuerlicher Bedeutung:
- Für Freiberufler gelten nicht die Buchführungspflichtgrenzen nach § 141 AO. Unabhängig von der Höhe des Umsatzes und des Gewinns kann der Gewinn durch Überschussrechnung nach § 4 Abs. 3 EStG ermittelt werden.
- Nur die Einkünfte aus Gewerbebetrieb unterliegen der Gewerbesteuer.

## II. Begriffsbestimmungen

**Gewerbliche Tätigkeit**

Nach § 15 Abs. 2 EStG liegt unter folgenden Voraussetzungen ein Gewerbebetrieb vor:
- Selbständigkeit
- Nachhaltigkeit der Betätigung
- Gewinnerzielungsabsicht
- Beteiligung am allgemeinen wirtschaftlichen Verkehr

**Freiberufliche Tätigkeit**

Die für den Gewerbebetrieb geltenden Merkmale sind auch für die freiberufliche Tätigkeit maßgebend. Die Abgrenzung ergibt sich daraus, ob die ausgeführte Tätigkeit unter § 18 EStG (Einkünfte aus selbständiger Arbeit) fällt.
Zu den Einkünften aus selbständiger Arbeit gehören:
- Einkünfte aus freiberuflicher Tätigkeit
- Einkünfte der Einnehmer einer staatlichen Lotterie
- Einkünfte aus sonstiger selbständiger Arbeit (z. B. Aufsichtsratsvergütung)

Die wichtigste Gruppe der Einkünfte aus selbständiger Arbeit ist die der Einkünfte aus freiberuflicher Tätigkeit.
Es müssen folgende Kriterien bei einer freiberuflichen Tätigkeit erfüllt sein:
- Leitende und eigenverantwortliche Tätigkeit aufgrund eigener Fachkenntnisse
- Zuordnung zu einer der folgenden Gruppen:
  o selbständig ausgeübte wissenschaftliche, künstlerische, schriftstellerische, unterrichtende oder erzieherische Tätigkeit

o Katalogberufe (z. B. Ärzte, Rechtsanwälte, Steuerberater und alle weiteren abschließend aufgezählten Berufsgruppen) und ähnliche Berufe

## III. Personenzusammenschlüsse

**Personengesellschaften**

Bei Zusammenschlüssen von Freiberuflern zu einer Personengesellschaft erzielen die Gesellschafter nur dann Einkünfte aus freiberuflicher Tätigkeit, wenn alle Gesellschafter die Merkmale eines freien Berufs erfüllen. Die Beteiligung auch nur einer berufsfremden Person führt dazu, dass die Einkünfte der Gesellschaft insgesamt als solche aus Gewerbebetrieb zu qualifizieren sind.

**Kapitalgesellschaften**

Bei einer Kapitalgesellschaft, deren Gegenstand eine freiberufliche Tätigkeit ist, die unter § 18 EStG aufgeführt ist (z. B. Steuerberatungsgesellschaften), gelten sämtliche Einkünfte nach § 2 Abs. 2 GewStG als Einkünfte aus Gewerbebetrieb (Gewerbebetrieb kraft Rechtsform).

## IV. Gemischte Tätigkeit

Gelegentlich trifft eine selbständige Arbeit mit gewerblicher Tätigkeit zusammen (gemischte Tätigkeit z. B. bei Verkauf von Kontaktlinsen durch Augenärzte oder Mundhygieneartikel durch Zahnärzte). In der Regel ist nur die gewerbliche Tätigkeit als Gewerbebetrieb anzusehen. Die beiden Tätigkeiten sind grundsätzlich getrennt zu behandeln, wenn eine Trennung (z. B. getrennte Buchführung) ohne besondere Schwierigkeiten möglich ist (H 15.6 EStH).

Übt eine Personengesellschaft eine gemischte Tätigkeit aus, so ist die Tätigkeit der Gesellschaft in vollem Umfang als gewerblich anzusehen (§ 15 Abs. 3 Nr. 1 EStG). Eine noch so geringe gewerbliche Tätigkeit infiziert die gesamte Mitunternehmerschaft („Infektionstheorie").

Jedoch bei einem äußerst geringen Anteil gewerblicher Einkünfte an den Gesamtumsätzen einer freiberuflichen Personengesellschaft greift diese Abfärberegelung nicht. Der BFH hat dies in seinem Urteil vom 11.08.1999 für den Fall entschieden, bei dem der Anteil der gewerblichen Umsätze an den Gesamtumsätzen bei lediglich 1,25 % lag.

Zur Vermeidung der Infektionsgefahr sollte der gewerbliche Tätigkeitsbereich von einer zweiten Gesellschaft aufgenommen werden. Erforderlich ist eine eindeutige Abgrenzung von der freiberuflichen Gesellschaft (getrennte Buch- und Kassenführung, Trennung der Betriebsvermögen).

## V. Anrechnung der Gewerbesteuer

Nach § 35 EStG wird seit 2001 bei Einzelunternehmen und bei Personengesellschaften die Gewerbesteuer nach einem pauschalierten Verfahren auf die Einkommensteuer angerechnet. Dabei wird das 3,8fache des Gewerbesteuer-Messbetrages von der Einkommensteuer abgezogen. Durch dieses Anrechnungsverfahren wird der gewerblichen Infektion die steuerliche Brisanz genommen. In bestimmten Fällen (abhängig von Gewerbesteuer-Hebesatz und persönlichem Einkommensteuersatz) kann durch diese Regelung eine vollständige Entlastung von der Gewerbesteuer erreicht werden. Zusätzlich wird die Gewährung der Steuerermäßigung der Höhe nach auf die tatsächlich zu zahlende Gewerbesteuer des Unternehmens als Höchstbetrag begrenzt (§ 35 Abs. 1 EStG)

(Prof. Dr. Bischoff)

## 2. Einkommensteuerliche Folgen der Ehescheidung

### I. Zusammenveranlagung bei Ehescheidung

Ehegatten, die beide unbeschränkt einkommensteuerpflichtig sind und nicht dauerhaft getrennt leben, können die Zusammenveranlagung (sog. Ehegattenveranlagung) beantragen. Bei Auflösung der Ehe besteht die Möglichkeit, dass die Ehegatten im VZ der Ehescheidung weiterhin zusammenveranlagt werden. Die Ehegattenveranlagung scheidet jedoch aus, wenn einer der Ehegatten im VZ erneut heiratet und die Eheleute die Voraussetzungen der Zusammenveranlagung erfüllen; § 26 Abs. 1 Satz 2 EStG sieht das Wahlrecht zur Zusammenveranlagung nur zugunsten der neuen Ehe vor. Der geschiedene, nicht wieder verheiratete Ehegatte wird trotz Einzelveranlagung nach dem Splittingtarif besteuert (sog. Gnadensplitting nach § 32 a Abs. 6 Nr. 2 EStG).

### II. Zugewinnausgleich

Der Zugewinnausgleich erfolgt bei der Scheidung von Ehen im gesetzlichen Güterstand. Zugewinn ist der Betrag, um den das Endvermögen das Anfangsvermögen eines Ehegatten übersteigt. Der Ehegatte mit dem geringeren Zugewinn hat einen Zugewinnausgleichsanspruch. Der Zugewinnausgleichanspruch stellt einen Zahlungsanspruch dar, der im Zeitpunkt der Beendigung des Güterstands (regelmäßig bei Rechtskraft des Scheidungsausspruchs) entsteht. Aus steuerlicher Sicht führt der Anspruch auf Zugewinnausgleich nicht zu Einkünften. Es handelt sich um einen Vorgang auf der privaten Vermögensebene. Daher sind Schuldzinsen für ein zum Zwecke des Zugewinnausgleichs aufgenommenes Darlehen nicht als WK abziehbar (BFH-Urteil vom 08.12.1992, BStBl 1993 II S. 434).

### III. Versorgungsausgleich

Der Versorgungsausgleich dient der gleichmäßigen Aufteilung der während der Ehe erworbenen Versorgungsanrechte. Er ist bei allen Ehen, die unter Anwendung des Ehescheidungsrechts geschieden werden, relevant, soweit nicht ausdrücklich ein Ausschluss des Versorgungsausgleichs erfolgte. Zu unterscheiden ist zwischen dem öffentlich-rechtlichen und dem schuldrechtlichen Versorgungsausgleich.

Der **öffentlich-rechtliche Versorgungsausgleich** wird durch die Übertragung von Anwartschaften in einer gesetzlichen Rentenversicherung (Rentensplitting) oder durch die Begründung von Anwartschaften (Quasi-Splitting) vollzogen.

Die Übertragung der Anwartschaften (Rentensplitting) stellt einen einkommensteuerlich irrelevanten Vorgang auf der privaten Vermögensebene dar. Im Versorgungsfall fließen dem Ausgleichsberechtigten und dem Ausgleichsverpflichteten Rentenversicherungsleistungen zu, die als sonstige Einkünfte gem. § 22 Nr. 1 Satz 3 a bb EStG zu versteuern sind. Der Leistungsverpflichtete kann die Minderung der Rentenansprüche durch Beitragszahlungen auffüllen. Die Zusatzbeiträge sind als Sonderausgaben abzugsfähig, wobei die gesetzlichen Obergrenzen (§ 10 Abs. 3 und 4 a EStG) zu beachten sind. Darlehenszinsen und sonstige Darlehenskosten zur Finanzierung der Ausgleichszahlung können als vorweggenommene WK im Rahmen der sonstigen Einkünfte geltend gemacht werden.

Im Fall beamtenrechtlicher oder beamtenähnlicher Versorgungsansprüche werden zugunsten des Ausgleichsverpflichteten Anwartschaften in der Rentenversicherung ohne Beitragspflicht begründet (Quasi-Splitting). Die Übertragung ist ein steuerlich irrelevanter Vorgang auf der privaten Vermögensebene.

Die Beiträge stehen in Zusammenhang mit den künftig zufließenden Pensionseinnahmen (Einkünfte aus nichtselbständiger Arbeit). Wendet der Ausgleichsverpflichtete zur Vermeidung einer Pensionskürzung Zahlungen auf, liegen WK vor. Der Ausgleichsberechtigte erzielt mit den Rentenzahlungen sonstige Einkünfte i. S. des § 22 Nr. 1 Satz 3 a bb EStG, die mit dem Ertragsanteil zu versteuern sind. Abfindungszahlungen an den Ausgleichsberechtigten für den Verzicht auf die Begründung einer Anwartschaft sind als WK abziehbar (BFH-Urteil vom 08.03.2006, BStBl 2006 II S. 448).

Beim **schuldrechtlichen Versorgungsausgleich** verpflichtet sich ein Ehegatte, dem anderen selbst eine Ausgleichsrente zu zahlen. Der schuldrechtliche Versorgungsausgleich ist durchzuführen, wenn er unter notarieller Beurkundung vereinbart wurde oder wenn ein öffentlich-rechtlicher Versorgungsausgleich nicht möglich ist (z. B. bei betrieblicher Altersversorgung). Die Leistungen aufgrund eines schuldrechtlichen Versorgungsausgleichs können als Sonderausgaben gem. § 10 Abs. 1 Nr. 1 b EStG in voller Höhe abgezogen werden.

Die Höhe des Sonderausgabenabzugs richtet sich nach dem Umfang der Besteuerung der der Versorgungsleistung zugrunde liegenden Einkünfte beim Ausgleichsverpflichteten. Sind die Einkünfte nicht steuerbar oder steuerfrei, kann ein Sonderausgabenabzug gem. § 10 Abs. 1 Nr. 1 b EStG nicht in Anspruch genommen werden. Beim Ausgleichsberechtigten führen die Ausgleichszahlungen zu sonstigen Einkünften i. S. des § 22 Nr. 1 c EStG. Die Ausgleichszahlungen sind zu besteuern, soweit sie beim Ausgleichsverpflichteten als Sonderausgaben abgezogen werden (Korrespondenzprinzip). Bei Ermittlung der sonstigen Einkünfte ist ein Pauschbetrag von 102 Euro zu berücksichtigen, sofern nicht höhere Werbungskosten nachgewiesen werden (§ 9 a Satz 1 Nr. 3 EStG).

## IV. Unterhaltsleistungen

Unterhaltsleistungen an den geschiedenen, unbeschränkt einkommensteuerpflichtigen Ehegatten können bis zu einer Höhe von 13.805 Euro im Kalenderjahr als Sonderausgaben gelten gemacht werden (§ 10 Abs. 1 Nr. 1 EStG). Voraussetzung des Sonderausgabenabzugs ist ein Antrag des Leistenden mit Zustimmung des Empfängers. Der Antrag kann jeweils nur für ein Jahr gestellt und nicht zurückgenommen werden (§ 10 Abs. 1 Nr. 1 Satz 3 EStG). Der Höchstbetrag erhöht sich um den Betrag, der im jeweiligen VZ für die Absicherung (z. B. Beitrag zur Basiskrankenversicherung) des geschiedenen Ehegatten aufgewendet wird (§ 10 Abs. 1 Nr. 1 Satz 2 EStG). Unterhaltsansprüche können durch eine Abfindung oder durch laufende Unterhaltsleistungen erbracht werden. Die Unterhaltsleistungen können in Geld oder in Geldeswert bestehen. Leistungen, die nicht in Geld bestehen, sind mit den üblichen Endpreisen am Abgabeort anzusetzen. Bei der unentgeltlichen Überlassung einer Eigentumswohnung des Leistenden wird eine Unterhaltsleistung in Höhe der entgangenen Miete erbracht (BFH-Urteil vom 12.04.2000, DStR 2000 S. 1303). Der Berechtigte hat die Unterhaltsleistung als sonstige Einkünfte nach § 22 Nr. 1 a EStG zu versteuern. Die Besteuerung richtet sich nach der Höhe des Sonderausgabenabzugs beim Leistenden (Korrespondenzprinzip).

Ist der Unterhaltsberechtigte nicht unbeschränkt einkommensteuerpflichtig oder wird die Zustimmung gem. § 10 Abs. 1 Nr. 1 EStG verweigert, kann der Leistende die Unterhaltsleistungen gem. § 33 a Abs. 1 EStG bis zu einer Höhe von 8.004 Euro als außergewöhnliche Belastung in besonderen Fällen geltend machen. Eigene Einkünfte des geschiedenen Ehegatten sind zu berücksichtigen, soweit sie 624 Euro im Kalenderjahr überschreiten.

(Dr. Lenz)

# 3. Beschränkte und unbeschränkte Einkommensteuerpflicht

## I. Einführung

Die deutsche Einkommensteuer ist eine subjektbezogene Personensteuer, die das Einkommen einer natürlichen Person erfasst. Die Erfassung von Einkünften richtet sich dabei nach dem Wohnsitzstaats-, dem Universalitäts- und dem Territorialitätsprinzip.

## II. Unbeschränkte Steuerpflicht

Unbeschränkt einkommensteuerpflichtig sind natürliche Personen, die im Inland einen Wohnsitz oder ihren gewöhnlichen Aufenthalt haben. „Einen Wohnsitz hat jemand dort, wo er eine Wohnung unter Umständen innehat, die darauf schließen lassen, dass er die Wohnung beibehalten und benutzen wird" (§ 8 AO). Den gewöhnlichen Aufenthalt hat jemand dort, wo er sich unter Umständen aufhält, die erkennen lassen, dass er an diesem Ort oder in diesem Gebiet nicht nur vorübergehend verweilt. Bei einem zeitlich zusammenhängenden Aufenthalt von mehr als sechs Monaten ist stets von einem gewöhnlichen Aufenthalt im Inland auszugehen. Dies gilt aber nicht bei Besuchs- sowie Kuraufenthalten oder Aufhalten zu ähnlichen privaten Zwecken, die nicht länger als ein Jahr dauern (§ 9 AO). Von der unbeschränkten Einkommensteuerpflicht werden alle Einkünfte, unabhängig von ihrer Herkunft, also das gesamte Welteinkommen, erfasst. Auf Antrag werden sog. Grenzpendler, deren Einkünfte im Kalenderjahr mindestens zu 90 % der deutschen Einkommensteuer unterliegen, als unbeschränkt einkommensteuerpflichtig behandelt (§ 1 Abs. 3, § 1 a EStG).

## III. Erweiterte unbeschränkte Steuerpflicht

Der erweitert unbeschränkten Steuerpflicht unterliegen natürliche Personen ohne Wohnsitz und gewöhnlichen Aufenthalt im Inland, die im Rahmen eines öffentlich-rechtlichen Dienstverhältnisses Arbeitslohn aus einer inländischen öffentlichen Kasse beziehen. Darunter fallen insbesondere die Angehörigen des auswärtigen Dienstes (§ 1 Abs. 2 EStG).

## IV. Beschränkte Steuerpflicht

Ist eine Person nicht unbeschränkt steuerpflichtig, bezieht sie aber inländische Einkünfte, so stellt die beschränkte Steuerpflicht die Erfassung des inländischen Steuerguts sicher. Bei Zuzug oder Wegzug kann ein Stpfl. in einem Kalenderjahr sowohl der unbeschränkten als auch der beschränkten Steuerpflicht unterliegen. In diesem Fall sind die während der beschränkten Steuerpflicht erzielten inländischen Einkünfte in eine Veranlagung zur unbeschränkten Einkommensteuerpflicht einzubeziehen (§ 2 Abs. 7 Satz 3 EStG).

Die Besonderheit der an sachliche Merkmale anknüpfenden beschränkten Steuerpflicht ist, dass nur bestimmte im Katalog des § 49 Abs. 1 EStG aufgeführte Einkünfte der Besteuerung unterliegen. Die Qualifizierung der Einkünfte richtet sich nach der isolierenden Betrachtungsweise, nach der im Ausland vorliegende Besteuerungsmerkmale dann außer Betracht bleiben, wenn bei ihrer Berücksichtigung inländische Einkünfte nicht angenommen werden können (§ 49 Abs. 2 EStG). Der isolierenden Betrachtungsweise bedarf es nicht, wenn bereits unter Berücksichtigung der ausländischen Besteuerungsmerkmale inländische Einkünfte vorliegen. Betriebsausgaben und Werbungskosten sind nur zu berücksichtigen, wenn sie mit inländischen Einkünften in wirtschaftlichem Zusammenhang stehen. Zahlreiche, insbesondere persönliche Steuervergünstigungen werden bei beschränkter Steuerpflicht – mit gewissen Erleichterungen für Einkünfte aus nichtselbständiger Arbeit (§ 50 Abs. 1 Satz 4 f. EStG) – nicht gewährt. Die Höhe der Einkommensteuer bemisst sich nach der tariflichen Einkommensteuer, wobei der Grundfreibetrag unberücksichtigt bleibt.

Der Steuerabzug greift für kapitalertrag- und lohnsteuerpflichtige Einkünfte sowie für die in § 50 a EStG (insbesondere Vergütungen für künstlerische, sportliche, artistische und unterhaltende Tätigkeiten, Aufsichtsratstätigkeiten sowie Vergütungen für die Nutzung von Urheberrechten) genannten Einkünfte. Der Quellensteuerabzug hat grundsätzlich abgeltende Wirkung. Die Abgeltungswirkung greift nicht, wenn bei einem Arbeitnehmer Werbungskosten, Sonderausgaben i. S. des § 10 b EStG und/oder der Freibetrag bzw. der Hinzurechnungsbetrag nach § 39 a Abs. 1 Nr. 7 EStG auf der Lohnsteuerbescheinigung eingetragen sind. Dadurch wird eine Gleichstellung mit unbeschränkt steuerpflichtigen Arbeitnehmern erreicht, für die in diesen Fällen eine Pflicht zur Veranlagung besteht. Für beschränkt Stpfl. aus EU-/EWR-Staaten ist ein Veranlagungswahlrecht vorgesehen. Das Wahlrecht gilt nicht für Vergütungen für die Nutzungsüberlassung von Rechten. Der Steuerabzug beträgt 15 % der Einnahmen (Bruttobezüge). Bei Aufsichtsratvergütungen beträgt der Steuerabzug 30 %.

Für beschränkt Stpfl. aus EU-/EWR-Staaten mit Einkünften aus § 50 a EStG ist ein Wahlrecht zur Nettobesteuerung vorgesehen (§ 50 a Abs. 3 EStG). Das Wahlrecht gilt nicht für Vergütungen für die Nutzungsüberlassung von Rechten. Bei der Nettobesteuerung können Betriebsausgaben oder Werbungskosten von den Einnahmen abgezogen werden, sofern ein unmittelbarer Zusammenhang besteht. Der Steuersatz beträgt bei natürlichen Personen 30 % des Nettobetrags. Bei beschränkt steuerpflichtigen Körperschaften gilt ein Steuersatz von 15 %.

### V. Erweitert beschränkte Steuerpflicht

Die erweitert beschränkte Steuerpflicht greift ein, wenn ein Stpfl. deutscher Staatsangehörigkeit durch Wegzug aus der unbeschränkten Steuerpflicht ausscheidet und bestimmte persönliche und sachliche Voraussetzungen erfüllt sind (§ 2 AStG). Sie ist auf zehn Jahre nach dem Wegzug begrenzt. Die wegziehende natürliche Person muss in den letzten zehn Jahren vor dem Ende der unbeschränkten Steuerpflicht mindestens fünf Jahre unbeschränkt einkommensteuerpflichtig gewesen sein, im Ausland einer niedrigen Besteuerung unterliegen und wesentliche inländische wirtschaftliche Interessen haben.

Eine Niedrigbesteuerung liegt vor, wenn die ausländische Steuer bei einem abstrakten Belastungsvergleich um mehr als ein Drittel niedriger liegt als die entsprechende deutsche Einkommensteuer; die Niedrigbesteuerung kann auch bei Gewährung einer Vorzugsbesteuerung gegeben sein, die aber durch einen konkreten Belastungsvergleich widerlegt werden kann (§ 2 Abs. 2 AStG). Wesentliche wirtschaftliche Interessen liegen alternativ in folgenden Fällen vor: Die wegziehende Person ist Unternehmer oder persönlich haftender Mitunternehmer eines inländischen Gewerbebetriebs oder wesentlich beteiligter Kommanditist bzw. Gesellschafter einer inländischen KG bzw. Kapitalgesellschaft; die nicht ausländischen Einkünfte bei unbeschränkter Steuerpflicht betragen mehr als 30 % der gesamten Einkünfte oder übersteigen 62.000 Euro; das Vermögen, dessen Erträge bei unbeschränkter Einkommensteuerpflicht nicht ausländische Einkünfte wären, beträgt mehr als 30 % des Gesamtvermögens oder übersteigt 154.000 Euro (§ 2 Abs. 3 AStG).

Die erweitert beschränkte Einkommensteuerpflicht erstreckt sich über die in § 49 EStG genannten Einkünfte hinaus auf alle anderen Einkünfte, die nicht ausländische Einkünfte nach § 34 d EStG sind (sog. erweiterte Inlandseinkünfte). Die Höhe der erweiterten Inlandseinkünfte ist nach den Vorschriften des EStG zu ermitteln unter Beachtung des § 50 EStG. Betriebsausgaben und Werbungskosten sind abziehbar, soweit ein wirtschaftlicher Zusammenhang besteht. Der Steuersatz wird unter Berücksichtigung sämtlicher Einkünfte des Stpfl. ermittelt (§ 2 Abs. 5 Satz 1 AStG).

(Dr. Lenz)

# 4. Kinder im Einkommensteuerrecht

## I. Voraussetzungen für die Gewährung kinderbezogener Steuervergünstigungen

Der **Begriff der Kinder,** ihre Berücksichtigungsfähigkeit sowie ggf. ihre Zuordnung ist in § 32 Abs. 1 bis 6 EStG geregelt. Einkommensteuerrechtlich besteht ein Kindschaftsverhältnis dann, wenn ein Kind im ersten Grad mit dem Stpfl. verwandt oder ein Pflegekind ist. Im ersten Grad mit dem Stpfl. verwandt sind alle leiblichen Kinder sowie Adoptivkinder. Pflegekinder werden nur berücksichtigt, wenn sie aus dem natürlichen Obhuts- und Pflegeverhältnis zu ihren Eltern ausgeschieden sind und der Stpfl. das Kind mindestens zu einem nicht unwesentlichen Teil auf seine Kosten unterhält.

Kinder müssen zudem **berücksichtigungsfähig** sein. Ein Kind wird in dem Kalendermonat, in dem es lebend geboren wurde, und in jedem folgenden Kalendermonat, zu dessen Beginn es das 18. Lebensjahr noch nicht vollendet hat, berücksichtigt (§ 32 Abs. 3 EStG). Hat das Kind diese Altersgrenze überschritten, so wird es dennoch in einer Reihe von Fällen berücksichtigt, z. B. bis zur Vollendung des 21. Lebensjahres, wenn es arbeitslos ist, und bis zur Vollendung des 25. Lebensjahres, wenn es sich in der Berufsausbildung befindet, mangels Ausbildungsplatz arbeitslos ist oder im Rahmen der Unterbrechung einer Berufsausbildung Grundwehr- oder Zivildienst leistet oder ein freiwilliges soziales Jahr bzw. einen Freiwilligendienst aller Generationen leistet und die Einkünfte des Kindes 8.004 Euro im Kalenderjahr nicht übersteigen. Der Begriff der Berufsausbildung i. S. des Kindergeldrechts umfasst u. a. Vorbereitungen auf ein Berufsziel auch ohne Studienordnung, z. B. Sprachaufenthalte im Ausland im Rahmen von Au-pair-Verhältnissen (BFH-Urteil vom 09.06.1999, DStR 1999 S. 1482). Kinder, die wegen dauernder Behinderung erwerbsunfähig sind, werden ohne Einschränkungen berücksichtigt.

Zahlreiche kinderbezogene Steuervergünstigungen setzen voraus, dass ein Stpfl. infolge der Berücksichtigung eines Kindes in den Genuss des Kinderfreibetrags oder von Kindergeld kommt. Dies gilt für die Gewährung des **Ausbildungsfreibetrags** (§ 33 a Abs. 2 EStG), des **Körperbehindertenfreibetrags** (§ 33 b Abs. 5 EStG), des **Sonderausgabenabzugs für Schulgeld** (§ 10 Abs. 1 Nr. 9 EStG) und für die **Ermittlung der zumutbaren Belastung** gem. § 33 Abs. 3 EStG.

## II. Kinderbezogene Steuervergünstigungen

Als zentrale kinderbezogene Vergünstigung ist die Gewährung von Kindergeld (§§ 62–78 EStG) bzw. des Freibetrags nach § 32 Abs. 6 EStG zu nennen. Anspruch auf Kindergeld haben Stpfl., soweit sie ihren Wohnsitz oder gewöhnlichen Aufenthalt im Inland haben oder unbeschränkt steuerpflichtig sind, Ausländer nur, wenn sie im Besitz einer Aufenthaltserlaubnis sind. Die Zahlung erfolgt monatlich i. H. von 184 Euro für das 1. und 2. Kind und 190 Euro für das 3. Kind und 215 Euro für jedes weitere Kind. Für jedes Kind wird Kindergeld nur an einen Berechtigten ausgezahlt. Bei mehreren Berechtigten wird es an denjenigen ausgezahlt, der das Kind in seinem Haushalt aufgenommen hat. Der Freibetrag nach § 32 Abs. 6 EStG i. H. von 2.184 Euro Kinderfreibetrag zzgl. 1.320 Euro Betreuungsfreibetrag für jedes zu berücksichtigende Kind (bei Zusammenveranlagung 4.368 Euro bzw. 2.640 Euro) wird bei der Veranlagung zur Einkommensteuer berücksichtigt, aber nur angesetzt, wenn dessen steuerliche Auswirkung höher ist als das im Kalenderjahr gezahlte Kindergeld. Der Freibetrag kann für minderjährige Kinder nicht nur auf den anderen Elternteil, sondern auch auf einen Stiefelternteil oder Großeltern übertragen werden, wenn sie das Kind in ihrem Haushalt aufgenommen haben. Der Freibetrag ist außerdem für die Berechnung des SolZ sowie der Kirchensteuer maßgeblich.

Für Kinder, für die weder der Stpfl. noch eine andere Person Anspruch auf einen Freibetrag nach § 32 Abs. 6 EStG oder Kindergeld hat, können Aufwendungen für den Unterhalt oder eine Berufsausbildung nach den in § 33 a Abs. 1 EStG genannten Grundsätzen als agB abgezogen werden.

Ab 2006 können für Kinder, die das 14. Lebensjahr noch nicht vollendet haben, oder behinderte Kinder gem. § 4 f EStG erwerbsbedingte Kinderbetreuungskosten bis zur Höhe von zwei Drittel der Aufwendungen, höchstens 4.000 Euro je Kind bei der Ermittlung der Einkünfte als Betriebsausgaben bzw. Werbungskosten (§ 9 c Abs.1 EStG) berücksichtigt werden. Befindet sich der Stpfl. in Ausbildung oder ist wegen Krankheit an der Kinderbetreuung gehindert, so können die Aufwendungen in gleicher Höhe als Sonderausgaben (§ 9 c Abs. 2 EStG) geltend gemacht werden. Aufwendungen für die Betreuung eines Kindes zwischen dem dritten und sechsten Lebensjahr können ohne Nachweis von Hinderungsgründen ebenfalls bis zu 4.000 Euro als Sonderausgaben geltend gemacht werden (§ 9 c Abs. 2 Satz 4 EStG). Voraussetzung für den Abzug der Betreuungskosten ist jeweils, dass der Stpfl. die Aufwendungen durch Vorlage einer Rechnung und Zahlung auf das Konto des Erbringers der Leistung nachweist.

Für Betreuungsaufwendungen, die nicht unter die o. g. Regelungen fallen, können ggf. die Steuerermäßigungen gem. § 35 a EStG für haushaltsnahe Beschäftigungsverhältnisse und Dienstleistungen in Anspruch genommen werden.

Eine weitere kinderbezogene Steuervergünstigung ist die Gewährung des Ausbildungsfreibetrags gem. § 33 a Abs. 2 EStG. Voraussetzung dafür ist, dass der Stpfl. Aufwendungen für die Berufsausbildung eines Kindes, für das er Anspruch auf einen Kinderfreibetrag oder Kindergeld hat, aufwendet. Für Kinder, die den gesetzlichen Grundwehrdienst oder Zivildienst geleistet haben, verlängert sich der Vergünstigungszeitraum um die Dauer dieser Tätigkeiten. Der Ausbildungsfreibetrag wird für volljährige Kinder, die auswärtig untergebracht sind, gewährt und beträgt 924 Euro. Der Ausbildungsfreibetrag mindert sich um eigene Einkünfte und Bezüge des Kindes, soweit diese 1.848 Euro im Kalenderjahr übersteigen. Erfüllt das Elternpaar nicht die Voraussetzungen der Zusammenveranlagung, so steht jedem Elternteil die Hälfte des Ausbildungsfreibetrags zu. Eine andere Aufteilung kann von den Eltern beantragt werden.

Entrichtet der Stpfl. ein Entgelt für den Besuch einer Schule, so können 30 % des Entgelts, höchstens 5.000 Euro als Sonderausgaben berücksichtigt werden (§ 10 Abs. 1 Nr. 9 EStG). Die Steuerermäßigung wird nicht für Aufwendungen zur Beherbergung, Betreuung und Verpflegung und nur für Schulen, die die Voraussetzungen in § 10 Abs. 1 Nr. 9 Satz 2–4 EStG erfüllen, gewährt.

Die im Rahmen von § 33 b EStG gewährten **Pauschbeträge für Körperbehinderte** oder für Hinterbliebene, auf die ein Kind des Stpfl., für das er einen Freibetrag nach § 32 Abs. 6 EStG oder Kindergeld erhält, Anspruch hat, können gem. § 33 b Abs. 5 EStG auf Antrag auf den Stpfl. übertragen werden, wenn das Kind den Pauschbetrag nicht in Anspruch nimmt. Erhalten mehrere Stpfl. einen Freibetrag nach § 32 Abs. 6 EStG oder Kindergeld für das Kind, so erfolgt eine Aufteilung des Pauschbetrags wie bei den Ausbildungsfreibeträgen.

(Dr. Lenz)

## 5. § 17 EStG unter Berücksichtigung des Außensteuerrechts

### I. Die Stellung des § 17 EStG im Einkommensteuergesetz

Abweichend von der allgemeinen Systematik des Einkommensteuerrechts erfassen die §§ 17, 20 Abs. 2, § 23 EStG Wertsteigerungen bei Gegenständen des Privatvermögens. Nach § 17 EStG sind Einkünfte aus der Veräußerung von Beteiligungen an Kapitalgesellschaften als gewerbliche Einkünfte, die aber nicht der Gewerbesteuer unterliegen, steuerpflichtig. § 17 EStG ist gegenüber § 20 Abs. 2 Satz 1 Nr. 1 EStG vorrangig (§ 20 Abs. 8 EStG).

### II. Voraussetzungen des § 17 EStG

Werden Kapitalgesellschaftsbeteiligungen im Privatvermögen gehalten, gehört der Veräußerungsgewinn zu den Einkünften aus Gewerbebetrieb, wenn der Stpfl. unmittelbar oder mittelbar zu mindestens 1 % an der Kapitalgesellschaft beteiligt ist. Es genügt, dass die Zusammenrechnung der unmittelbaren und mittelbaren Beteiligungen rein rechnerisch eine kapitalmäßige Beteiligung von 1 % ergibt. Eine Beherrschung anderer Gesellschaften, die Anteile vermitteln, ist nicht erforderlich. Anteile im Betriebs- und Privatvermögen werden zusammengerechnet. Hält die Kapitalgesellschaft eigene Anteile, so ist bei der Berechnung der Beteiligungsquote von dem um die eigenen Anteile verminderten Nennkapital auszugehen.

§ 17 EStG greift auch ein, wenn zwar die Beteiligungsquote im Zeitpunkt der Veräußerung unterschritten wird, der Stpfl. jedoch innerhalb der letzten fünf Jahre vor der Veräußerung an der Gesellschaft zu mindestens 1 % beteiligt war. Veräußerung ist die entgeltliche Übertragung des wirtschaftlichen Eigentums. Als Veräußerungsvorgänge kommen sowohl der Verkauf wie auch der Tausch infrage. Die verdeckte Einlage von Anteilen an einer Kapitalgesellschaft in eine Kapitalgesellschaft steht der Veräußerung der Anteile gleich (§ 17 Abs. 1 Satz 2 EStG). Im Falle des unentgeltlichen Erwerbs wird die Besitzzeit des Rechtsvorgängers mit berücksichtigt; veräußert also ein Erbe, der nicht zu mindestens 1 % an einer Kapitalgesellschaft seit vier Jahren beteiligt ist, die Beteiligung und war aber der Rechtsvorgänger (Erblasser) zu mindestens 1 % beteiligt, so ist der Vorgang steuerpflichtig (BFH-Beschluss vom 18.01.1999, BStBl 1999 II S. 486). Eine Besonderheit gilt im Fall der gemischten Schenkung, die dadurch gekennzeichnet ist, dass das vereinbarte Entgelt geringer ist als der Wert der erworbenen Beteiligung (sog. teilentgeltliche Übertragung). Bei der gemischten Schenkung können die unentgeltlich erworbenen Anteile mindestens noch fünf Jahre der Besteuerung gem. § 17 EStG unterliegen und der entgeltliche Teil des Vorgangs kann zur Besteuerung des Veräußerungsgewinns herangezogen werden.

### III. Ermittlung des Veräußerungsgewinns

Der Veräußerungsgewinn ist nach dem Sollprinzip zu ermitteln, d. h., er entsteht im Zeitpunkt der Veräußerung (sog. Stichtagsbewertung, H 17 Abs. 7 EStR). Es gilt also nicht das Zuflussprinzip. Veräußerungsgewinn ist der Veräußerungspreis nach Abzug der Anschaffungs- und Veräußerungskosten. Der Veräußerungspreis entspricht bei Barzahlung dem Barbetrag. Wird eine Ratenzahlung ohne Verzinsung über längere Dauer vereinbart, so entspricht der Veräußerungspreis dem abgezinsten Betrag (bei dem Zinsanteil handelt es sich um Einnahmen aus Kapitalvermögen). Besteht die Gegenleistung in einer Rente, so handelt es sich bei ihr um eine betriebliche Veräußerungsrente, für die der Veräußerer entweder die Sofortbesteuerung mit dem Rentenbarwert oder eine Sukzessivbesteuerung wählen kann; bei Letzterer liegen Einkünfte i. S. des § 17 EStG erst dann vor, wenn die

Rentenzahlungen die Anschaffungskosten und die Veräußerungskosten des Veräußerers übersteigen (der in den wiederkehrenden Leistungen enthaltene Zinsanteil stellt bei Zufluss Einkünfte aus Kapitalvermögen dar).

Ein Veräußerungsverlust ist nicht zu berücksichtigen, soweit er auf Anteile entfällt, die der Stpfl. innerhalb der letzten fünf Jahre **unentgeltlich** erworben hat. Dies gilt nicht, soweit der Rechtsvorgänger den Veräußerungsverlust hätte geltend machen können. Bei **entgeltlichem** Erwerb der Anteile wird der Verlust nicht berücksichtigt, wenn die Anteile nicht innerhalb der gesamten letzten fünf Jahre zu einer Beteiligung i. S. des § 17 Abs. 1 Satz 1 EStG (also mindestens 1 %) des Stpfl. gehört haben. Dies gilt nicht für innerhalb der letzten fünf Jahre erworbene Anteile, deren Erwerb zur Begründung einer Beteiligung i. S. des Abs. 1 Satz 1 des Stpfl. geführt hat oder die nach Begründung der Beteiligung i. S. des Abs. 1 Satz 1 erworben worden sind. Ist mithin kein einziger Anteil fünf Jahre lang gehalten worden, kommt ein Verlustabzug nicht in Betracht (BFH-Urteil vom 28.10.2008, BStBl 2009 II S. 527).

Seit dem Jahr 2009 unterliegt der Veräußerungsgewinn dem Teileinkünfteverfahren gem. § 3 Nr. 40 Satz 1 c EStG i. V. m. § 3 c Abs. 2 EStG. Hiernach wird der Veräußerungsgewinn zu 60 % besteuert. 40 % sind steuerfrei.

Bei Veräußerungsgewinnen wird ein Freibetrag von maximal 9.060 Euro gewährt, jedoch nur für den Teil, der dem veräußerten Anteil an der Kapitalgesellschaft entspricht (§ 17 Abs. 3 EStG). Bei Ermittlung des Freibetrags ist der nach § 3 Nr. 40 Satz 1 c EStG steuerfreie Teil des Veräußerungsgewinns nicht zu berücksichtigen.

### IV. Einzelfragen

Die Vorschriften über die Besteuerung von Veräußerungsgewinnen können in Fällen anzuwenden sein, in denen eine Kapitalgesellschaft aufgelöst oder ihr Kapital herabgesetzt und zurückgezahlt wird oder wenn Beträge aus dem steuerlichen Einlagekonto i. S. des § 27 KStG ausgeschüttet oder zurückgezahlt werden. Veräußerungsgewinne gem. § 17 EStG, die bei der Veräußerung von Anteilen an einer Kapitalgesellschaft entstehen, die ihre Geschäftsleitung oder ihren Sitz im Inland hat, unterliegen der beschränkten Steuerpflicht.

### V. Die Wegzugsbesteuerung gem. § 6 AStG

Die Besteuerung gem. § 17 EStG greift ein, ohne dass zuvor eine Veräußerung stattgefunden hat, wenn eine natürliche Person, die mindestens zehn Jahre unbeschränkt steuerpflichtig war, durch Wegzug aus der unbeschränkten Steuerpflicht ausscheidet und die weiteren Voraussetzungen des § 17 EStG erfüllt sind. Nicht erforderlich ist, dass der Stpfl. in ein niedrig besteuertes Land oder in einen DBA-Staat mit Freistellungsmethode wegzieht. Um Steuerumgehungen zu vermeiden, wird der Grundtatbestand des § 6 AStG durch mehrere Ersatztatbestände ergänzt. Als Veräußerungsgewinn gilt die Differenz zwischen dem gemeinen Wert der Anteile im Zeitpunkt des Wegzugs und den Anschaffungskosten; die entstehende Steuerschuld kann auf Antrag in fünf Jahresraten entrichtet werden.

Die Steuerschuld wird zinslos und ohne Sicherheitsleistung gestundet, wenn der Stpfl. Angehöriger eines EU-/EWR-Staats ist, im Zuzugsstaat einer der unbeschränkten Einkommensteuerpflicht vergleichbaren Steuerpflicht unterliegt und die Amtshilfe und gegenseitige Unterstützung bei der Beitreibung von Steuerschulden gewährleistet sind (§ 6 Abs. 5 AStG). Die Stundung ist insbesondere zu widerrufen, wenn der Stpfl. die Anteile veräußert oder verdeckt in eine Kapitalgesellschaft einlegt.

(Dr. Lenz)

# 6. Die Erbauseinandersetzung im Einkommensteuerrecht

## I. Zivilrechtliche Grundlagen

Die Erbauseinandersetzung ist eine Aufteilung des Nachlasses unter den Miterben. Ein Miterbe kann jederzeit die Auseinandersetzung verlangen, soweit sie nicht durch Anordnung des Erblassers eine bestimmte Zeit ausgeschlossen ist und sich die Erben nicht durch einstimmigen Beschluss darüber hinwegsetzen. Der Nachlass steht den Erben zur gesamten Hand zu. Dies gilt auch im Falle einer Teilungsanordnung, also wenn der Erblasser die Aufteilung des Nachlasses auf einzelne Miterben bestimmt hat. Zivilrechtlich sind nur Miterben Gesamtrechtsnachfolger; sowohl Vermächtnisnehmer als auch Pflichtteilsberechtigte haben lediglich schuldrechtliche Ansprüche.

## II. BFH-Rechtsprechung zur Erbauseinandersetzung

Mit Beschluss vom 05.07.1990 (BStBl 1990 II S. 837) hat der Große Senat des BFH entschieden, dass die Erbauseinandersetzung nicht nur zivilrechtlich, sondern auch einkommensteuerrechtlich dem Erbfall als selbständiger Rechtsvorgang nachfolgt und mit diesem keine rechtliche Einheit bildet. Eine Erbengemeinschaft unterliegt damit, soweit zum Nachlass BV gehört, dem Recht der gewerblich tätigen Personengesellschaft. Die Miterben beziehen vom Erbfall an bis zum Vollzug der Auseinandersetzung laufende Einkünfte aus der betreffenden Einkunftsart. Soweit zum Nachlass ein Gewerbebetrieb gehört, werden die Miterben mit dem Erbfall Mitunternehmer, weil der Gewerbebetrieb im Wege der Gesamtrechtsnachfolge auf die Erbengemeinschaft als Unternehmensträger übergeht und auf Rechnung und Gefahr sowie Initiative der Miterben geführt wird. Die laufenden Einkünfte aus der Erbengemeinschaft sind entsprechend der Einkunftsart zu ermitteln und den Miterben einkommensteuerlich nach Maßgabe ihrer Erbquoten zuzurechnen (vgl. BMF-Schreiben vom 14.03.2006, BStBl 2006 I S. 253).

## III. Erbauseinandersetzung über Betriebsvermögen

Wird ein Nachlass, zu dem ein Gewerbebetrieb gehört, in der Weise auseinandergesetzt, dass alle Miterben bis auf einen aus der Erbengemeinschaft gegen eine Abfindung in Geld ausscheiden und der verbleibende Miterbe den Gewerbebetrieb allein fortführt, so hat dies einkommensteuerrechtlich die gleichen Folgen wie das Ausscheiden von Gesellschaftern bei einer gewerblich tätigen Personengesellschaft. Die weichenden Miterben veräußern entgeltlich ihren Mitunternehmeranteil und erzielen begünstigte Veräußerungsgewinne gem. § 16 Abs. 1 Nr. 2 EStG. Der übernehmende Miterbe hat Anschaffungskosten in Höhe der Abfindung, etwaige Kreditzinsen zur Finanzierung der Abfindung sind als BA abzugsfähig. Dies gilt auch, soweit die Abfindungszahlung durch den Wert des Anteils des zahlenden Miterben am Restnachlass gedeckt ist. Soweit der Miterbe den Gewerbebetrieb ohne Abfindung an Miterben übernimmt, erwirbt er unentgeltlich. Der Miterbe kann wegen der Buchwertfortführung (§ 6 Abs. 3 Satz 3 EStG) AfA in gleicher Höhe wie der Erblasser geltend machen.

Setzen sich die Erben im Wege der Realteilung auseinander (Auflösung des Gewerbebetriebs und Verteilung der WG gleichmäßig nach Erbquoten), so finden die Grundsätze zur Realteilung von gewerblichen Personengesellschaften Anwendung. Grundsätzlich führt die Realteilung zur Gewinnrealisierung. Sofern aber die Besteuerung der stillen Reserven sichergestellt ist, hat die Realteilung zu Buchwerten zu erfolgen; rückwirkend ist allerdings der gemeine Wert für den jeweiligen Übertragungsvorgang anzusetzen, soweit bei einer Realteilung Grund und Boden, Gebäude oder andere wesentliche Betriebsgrundlagen zum Buchwert übertragen worden sind, die dann innerhalb einer Sperrfrist nach der Übertragung veräußert oder entnommen werden (§ 16 Abs. 3 Satz 3 EStG). Die Sperrfrist endet drei Jahre nach Abgabe der Steuererklärung der MU für den VZ der Realteilung. Werden im Rahmen der Realteilung Ausgleichszahlungen (Spitzen- oder Wertausgleich) geleistet, so führt die Zahlung beim weichenden Miterben zu einem als laufender Gewinn zu versteuernden Erlös aus der entgeltlichen Veräußerung eines Mitunternehmeranteils und beim übernehmenden Miterben zu Anschaffungskosten. Werden im Zuge der Auseinandersetzung einzelne WG aus dem BV der Erbengemeinschaft ins PV eines Miterben übertragen, so entsteht ein Entnahmegewinn, der grundsätzlich allen Miterben anteilig zuzurechnen ist (BMF-Schreiben vom 28.02.2006, BStBl 2006 I S. 228).

Vom Erbfall bis zum Vollzug der Auseinandersetzung sind die Miterben Mitunternehmer und erzielen gemeinsam laufende Einkünfte aus Gewerbebetrieb. Dies gilt auch nach dem Beschluss vom 05.07.1990 jedoch nur, soweit die Miterben durch einfache oder qualifizierte Nachfolgeklausel im Gesellschaftsvertrag sowie durch letztwillige Verfügung des Erblassers qualifizierte Miterben sind (vgl. BMF-Schreiben vom 14.03.2006, Tz. 72–74). Die anderen Miterben werden zivilrechtlich nicht Gesellschafter, erlangen keinen Abfindungsanspruch gegen die Gesellschaft, sondern nur einen schuldrechtlichen Anspruch gegen die Nachfolge-Miterben. Folglich liegt keine entgeltliche Veräußerung und kein Anschaffungsvorgang vor. Allerdings sind die Ausgleichsschulden ähnlich wie Pflichtteilsschulden geborene, erfolgsneutral einzubuchende betriebliche Schulden.

Haben die Gesellschafter einer Mitunternehmerschaft im Gesellschaftsvertrag vereinbart, dass im Falle des Todes eines Gesellschafters die Gesellschaft unter den Verbleibenden fortgeführt wird (Fortsetzungsklausel), so wird mit dem Tod eines Gesellschafters ein Veräußerungsvorgang vollzogen. Den Mitgesellschaftern wächst der Anteil des Verstorbenen an, wobei diese jedoch verpflichtet sind, die Erben abzufinden. Es liegt damit ein durch den Tod bedingtes Veräußerungsgeschäft (§§ 16, 34 EStG) vor (BFH-Urteil vom 27.11.1997, BStBl 1998 II S. 290), sodass der Abfindungsanspruch bereits in der Person des Gesellschafters entsteht (BFH-Urteil vom 26.03.1981, BStBl 1981 II S. 614).

### IV. Erbauseinandersetzung über Privatvermögen

Wird ein Nachlass, der nur aus PV (z. B. Immobilien, Wertpapiere) besteht, real geteilt, d. h., jeder Miterbe erhält WG im Gesamtwert seiner Erbquote, so liegt kein Tauschvorgang vor. Die Miterben erwerben unentgeltlich (keine Veräußerungsvorgänge, keine Anschaffungskosten). Soweit Besitzzeiten von Bedeutung sind, z. B. bei den §§ 17, 23 EStG, wird die Besitzzeit des Erblassers zugerechnet. Der Erbe kann AfA in gleicher Höhe wie der Erblasser geltend machen (§ 11 d EStDV). Soweit jedoch ein Miterbe an den oder die anderen Ausgleich zahlen muss, weil der Wert der ihm zugeteilten WG höher ist als seine Erbquote, liegt eine entgeltliche Veräußerung und Anschaffung vor. Der zahlende Miterbe erwirbt die übernommenen WG im Verhältnis der Ausgleichszahlung zum Wert dieser WG entgeltlich, ansonsten unentgeltlich. Für den Empfänger des Ausgleichs ist die Veräußerung nur bei Erfüllung eines entsprechenden Tatbestands (§§ 17, 23 EStG, § 21 UmwStG a. F.) einkommensteuerpflichtig. Sofern ein Miterbe Nachlassverbindlichkeiten übernimmt, liegt kein entgeltlicher Vorgang vor. Dies gilt auch, soweit ein Miterbe einen seine Erbquote übersteigenden Anteil an den Schulden übernimmt. Entscheidend ist, dass der Miterbe nicht mehr Nettovermögen erhält, als seiner Erbquote entspricht (BMF-Schreiben vom 30.03.2006, BStBl 2006 I S. 306). Die zuvor genannten Grundsätze (III, IV) sind bei der Auseinandersetzung über Mischnachlässe entsprechend anzuwenden. (Dr. Lenz)

# 7. Arbeitsverträge zwischen Ehegatten und deren steuerliche Beurteilung

## I. Rechtliche Grundlagen

Zivilrechtlich ergeben sich für Arbeitsverträge zwischen Ehegatten keine Besonderheiten. Sie bedürfen wie andere Verträge im Allgemeinen auch nicht der Schriftform, müssen aber arbeitsrechtlich notwendige Vereinbarungen über die Tätigkeit, die Arbeitszeit und die Höhe des Arbeitsentgelts enthalten. Sozialversicherungsrechtlich ergeben sich gleichfalls keine Besonderheiten.

## II. Gründe für die Vereinbarung von Ehegattenarbeitsverträgen

Ehegattenarbeitsverträge führen zu Steuervorteilen im Bereich der Einkommen- und Gewerbesteuer. Unterstellt man, dass die Ehegatten zusammen veranlagt werden, so ergeben sich einkommensteuerliche Vorteile daraus, dass der Lohn beziehende Ehegatte den Arbeitnehmer-Pauschbetrag in Anspruch nehmen kann; weitere Vorteile ergeben sich bei Leistungen nach dem VermBG und der Vereinbarung von Direktversicherungen. Bezieht der Unternehmer-Ehegatte Einkünfte aus Gewerbebetrieb, so vermindert sich der Gewerbeertrag um die im Rahmen des Anstellungsvertrages geleisteten Lohnaufwendungen.

## III. Voraussetzungen für die steuerliche Anerkennung von Ehegattenarbeitsverträgen

Ehegattenarbeitsverhältnisse müssen ernsthaft vereinbart sein und tatsächlich durchgeführt werden (R 4.8 Abs. 1 EStR). Eine eindeutige Vereinbarung bedarf nicht notwendigerweise der Schriftform. Der Arbeitsvertrag kann auch mündlich oder stillschweigend vereinbart werden, wenn nur klare, eindeutige Vereinbarungen vorliegen und deren tatsächliche Durchführung gewährleistet ist. Die vertragliche Gestaltung und ihre Durchführung muss auch unter Dritten üblich sein. Wechselseitige Arbeitsverträge können nur für Teilzeitarbeiten anerkannt werden (H 4.8 EStR). Bei rückwirkend abgeschlossenen Verträgen kann die Rückwirkung steuerlich nicht anerkannt werden. Dennoch können Abfindungsverträge zwischen Ehegatten, wonach nachträglich Vergütungen gewährt werden, steuerlich beachtlich sein, wenn die betriebliche Veranlassung zu bejahen ist.

In tatsächlicher Hinsicht ist es erforderlich, dass der Arbeitnehmer-Ehegatte tatsächlich mitarbeitet, eine fremde Arbeitskraft ersetzt und sämtliche Arbeiten verrichtet, die sonst einer fremden Hilfe aufgetragen werden. Die Lohnsteuer sowie die Sozialversicherungsbeiträge sind einzubehalten und abzuführen.

Die Vereinbarung der Höhe des Arbeitslohns ist eine notwendige Bedingung für die steuerliche Anerkennung. Ebenso spricht es vorbehaltlich besonderer Umstände gegen die tatsächliche Durchführung, wenn der Arbeitnehmer-Ehegatte seinen Arbeitslohn nicht laufend wie eine fremde Arbeitskraft erhält. Dabei muss der Arbeitslohn aus der Sphäre des Arbeitgeber-Ehegatten in die Vermögenssphäre des Arbeitnehmer-Ehegatten fließen. Dies erfordert zum einen eine klare Trennung der sich aus der Ehe ergebenden Wirtschaftsgemeinschaft und der sich durch den Arbeitsvertrag ergebenden Rechtsbeziehungen. Ein Arbeitsverhältnis kann nicht anerkannt werden, wenn die Bezüge des mitarbeitenden Ehegatten auf ein privates Konto oder Unterkonto des Kapitalkontos des Arbeitgeber-Ehegatten gutgeschrieben werden, über das dem Arbeitnehmer-Ehegatten nur ein Mitverfügungsrecht zusteht. Gleiches gilt, wenn der Lohn auf ein Konto des Arbeitgeber-

Ehegatten, über das der Arbeitnehmer-Ehegatte lediglich Verfügungsvollmacht hat, gezahlt wird. Zahlungen des Arbeitsentgelts auf ein „Oder-Konto" sind jedoch unschädlich (BVerfG vom 07.11.1995, BStBl 1996 II S. 34). Ist der Arbeitslohn dem Arbeitnehmer-Ehegatten in dieser Weise zugeflossen, so ist es durchaus zulässig, wenn dieser daraus dem Arbeitgeber-Ehegatten ein Darlehen gewährt. Dieses muss jedoch ordnungsgemäß verbucht und bilanziert werden, des Weiteren sind eindeutige Vereinbarungen über eine angemessene Verzinsung und über die Rückzahlung des Darlehens zu treffen.

### IV. Leistungen im Rahmen von Ehegatten-Arbeitsverträgen

Ist das Arbeitsverhältnis dem Grunde nach anzuerkennen, so kann die Vergütung für die Arbeitsleistung des Arbeitnehmer-Ehegatten nur in der Höhe als Arbeitslohn behandelt werden, in der sie angemessen ist. Die Angemessenheitsprüfung ist auf der Basis des Fremdvergleichs durchzuführen: Maßgeblich ist der Arbeitslohn, den ein fremder Arbeitnehmer für eine gleichartige Tätigkeit erhalten hätte. Aus der Maßgeblichkeit des Fremdvergleichs folgt, dass andere Sozialleistungen, wie z. B. Aufwendungen für die Zukunftssicherung oder die Gewährung freier Unterkunft und Verpflegung, nur dann angemessen sind, wenn solche Zuwendungen in dem Betrieb des Unternehmers üblich sind.

Pensionszusagen zwischen Ehegatten im Rahmen von Arbeitsverträgen berechtigen grundsätzlich zur Bildung von Pensionsrückstellungen (H 6 a Abs. 9 EStR). An den Nachweis der Ernsthaftigkeit sind jedoch strenge Anforderungen zu stellen. Neben den genannten Voraussetzungen muss der Arbeitgeber-Ehegatte auch tatsächlich mit der Inanspruchnahme aus der gegebenen Pensionszusage rechnen. Daher ist die Bildung einer Pensionsrückstellung bei Pensionszusagen zwischen Ehegatten in Einzelunternehmen nur bei Zusagen auf Alters-, Invaliden- und Waisenrenten zulässig. Mit einer tatsächlichen Inanspruchnahme kann bei Zusagen auf Witwen- bzw. Witwer-Versorgungen nicht gerechnet werden, da bei Eintritt des Versorgungsfalls Anspruch und Verpflichtung in einer Person zusammentreffen würden.

### V. Einzelfragen

Die zu Ehegatten entwickelten Grundsätze können auf Verträge mit Verwandten nur bei wirtschaftlicher Interessengleichheit übertragen werden. Die genannten Grundsätze finden gleichfalls Anwendung, wenn der andere Ehegatte beherrschender Mitunternehmer ist, also wenn eine Beteiligung zu mehr als 50 % besteht. In diesem Fall ist jedoch die Mitunternehmergemeinschaft berechtigt, Pensionsrückstellungen für eine Witwen- bzw. Waisenrente zu bilden. Hat der Mitunternehmer-Ehegatte keine beherrschende Stellung, so ist dessen Arbeitnehmer-Ehegatte in gleicher Weise zu beurteilen wie ein fremder Arbeitnehmer. An die Anerkennung eines Arbeitsverhältnisses werden daher keine besonderen Anforderungen gestellt.

Die gemachten Ausführungen setzen voraus, dass die Eheleute nicht beide Mitunternehmer des infrage stehenden Gewerbebetriebes sind. Dies ist aber der Fall, wenn im Güterstand der Gütergemeinschaft der Gewerbebetrieb zum Gesamtgut der Eheleute gehört. Ein evtl. ausgezahlter Arbeitslohn gehört dann zu den Vergütungen i. S. des § 15 Abs. 1 Nr. 2 EStG.

(Dr. Lenz)

# 8. Die Betriebsaufspaltung im Steuerrecht

## I. Begriffliche Abgrenzung

Die Betriebsaufspaltung (Basp) ist eine Unternehmensform, bei der die Funktion eines Betriebes auf zwei verschiedene Unternehmen aufgeteilt wird. Wird ein bereits bestehender Betrieb in dieser Weise aufgespalten, so spricht man von einer „echten" oder „eigentlichen" Basp. Erfolgt die Aufspaltung bei Gründung der Unternehmung, so handelt es sich um eine „unechte" oder „uneigentliche" Basp. In der steuerlichen Behandlung besteht zwischen diesen Formen der Basp kein Unterschied. Bei der typischen Basp wird eine Aufspaltung in eine Betriebs-Kapitalgesellschaft und eine Besitz-Personengesellschaft vorgenommen. Ist die Besitzgesellschaft (BesG) eine Kapitalgesellschaft und die Betriebsgesellschaft (BetG) eine Personengesellschaft, so liegt eine „umgekehrte" Basp vor. Ist sowohl die Besitz- als auch die Betriebsgesellschaft eine Personengesellschaft, so handelt es sich um eine mitunternehmerische Basp. Bei der mitunternehmerischen Basp haben die Rechtsgrundsätze der Basp Vorrang vor der Anwendung des § 15 Abs. 1 Satz 1 Nr. 2 Satz 1 HS 2 EStG (Folge: kein SBV der mietenden Gesellschaft bei sog. Schwester-Personengesellschaften), BMF vom 28.04.1998, BStBl 1998 I S. 583.

## II. Voraussetzungen der Betriebsaufspaltung

Personelle Voraussetzung für das Vorliegen einer Basp ist, dass die hinter beiden Unternehmen stehenden Personen einen einheitlichen geschäftlichen Betätigungswillen haben (H 15.7 Abs. 6 EStR). Dies liegt vor im Falle der Beteiligungsidentität oder der Beherrschungsidentität. Letztere ist gegeben, wenn die Personen, die die BesG tatsächlich beherrschen, in der Lage sind, auch in der BetG ihren Willen durchzusetzen. Gesellschafter mit gleichgerichteten Interessen werden als geschlossene Personengruppe behandelt. Über die für fremde Dritte geltenden Grundsätze hinaus dürfen die Anteile von Ehegatten nur bei Vorliegen besonderer Umstände zusammengerechnet werden (planmäßige, gemeinsame Gestaltung der wirtschaftlichen Verhältnisse; Abschluss von sog. Stimmrechtsbindungsverträgen; vgl. BMF-Schreiben vom 18.11.1986, BStBl I S. 537). Ob durch Vereinbarung des Einstimmigkeitsprinzips die personelle Verflechtung durchbrochen wird, ist anhand der Gesamtumstände zu beurteilen. Umfasst das Einstimmigkeitsprinzip nicht nur außergewöhnliche Geschäfte, sondern auch die laufende Verwaltung der vermieteten WG, so ist keine Beherrschungsidentität auf gesellschaftsrechtlicher Grundlage gegeben. Aufgrund besonderer Umstände (z. B. Möglichkeit, wirtschaftlich Druck auszuüben) kann dennoch Beherrschungsidentität auf faktischer Grundlage vorliegen (BMF-Schreiben vom 07.10.2002, BStBl I S. 1028). Die sachliche Voraussetzung der Basp ist erfüllt, wenn der BetG Wirtschaftsgüter verpachtet werden, die für diese eine wesentliche Betriebsgrundlage sind (H 15.7 Abs. 4 EStR).

## III. Besonderheiten bei der laufenden Besteuerung

Die BesG beteiligt sich über die BetG am allgemeinen wirtschaftlichen Verkehr. Infolgedessen handelt es sich bei den Pachteinnahmen um gewerbliche Einkünfte. Geschäftsführergehälter sind bei der BetG als Betriebsausgaben abzugsfähig, woraus sich gewerbesteuerliche Vorteile gegenüber der GmbH & Co. KG ergeben. Hierin und in der Möglichkeit der Bildung von Pensionsrückstellungen für den Gesellschafter-Geschäftsführer liegen die eigentlichen steuerlichen Vorteile der Basp. Die Anteile an der BetG gehören grundsätzlich zum notwendigen Betriebsvermögen der BesG. Gleiches gilt für Darlehen eines Gesellschafters, die dazu dienen, die Vermögens- und Ertragslage der BetG zu verbessern.

Kennzeichnend für eine Basp ist die Verpachtung von Wirtschaftsgütern des Anlagevermögens an die BetG. In aller Regel wird die BetG im Verpachtungsvertrag verpflichtet, die gepachteten Wirtschaftsgüter instand zu halten und zu erneuern. Der damit eingegangenen Verpflichtung wird in der Bilanz durch Bildung einer Rückstellung für die Abnutzung der gepachteten Wirtschaftsgüter auf Basis der Wiederbeschaffungskosten Rechnung getragen. Da die Rückstellung für die Erneuerungsverpflichtung auf Basis der Wiederbeschaffungskosten i. d. R. höher ist als der Wertverzehr auf Basis der Anschaffungskosten, ergäbe sich bei der BetG eine höhere Gewinnminderung als bei der BesG infolge der AfA. Nach den allgemeinen Bilanzierungsgrundsätzen hätte die BesG in dieser Höhe einen Substanzerhaltungsanspruch zu aktivieren. Nach ständiger Rechtsprechung jedoch rechtfertigt das Vorliegen eines einheitlichen und geschäftlichen Betätigungswillens zwischen beiden Gesellschaften eine Durchbrechung der allgemeinen Bilanzierungsgrundsätze; der Anspruch der BesG und die Rückstellung der BetG müssen demzufolge in gleicher Höhe bilanziert werden (korrespondierende Bilanzierung). Gleiches gilt, wenn anlässlich der Betriebsverpachtung Umlaufvermögen mittels eines Sachdarlehens der BetG zur Verfügung gestellt werden. Der Sachleistungsanspruch des Verpächters ist in der Höhe zu bilanzieren, in der eine Rückstellung für die Rückgabeverpflichtung beim Pächter angesetzt wird.

Steuerliche Probleme können insbesondere auch dann entstehen, wenn der Pachtzins unangemessen ist. Ist der Pachtzins, den eine BetG an die BesG zahlt, überhöht, so liegt eine vGA vor. Der überhöhte Betrag wird dem Einkommen der BetG wieder hinzugerechnet. Ein unangemessen niedriger Pachtzins führt zumindest dann zu einer verdeckten Einlage bei der BesG, wenn diese nachhaltig Verluste erzielt. Grundsätzlich stellen aber unentgeltliche Nutzungsüberlassungen steuerrechtlich kein einlagefähiges Wirtschaftsgut dar (BFH-Beschluss vom 26.10.1987, BStBl 1988 II S. 348). Die Festsetzung eines angemessenen Pachtzinses ist mithin in der Praxis ebenso bedeutsam wie schwierig. In jedem Fall muss die BetG in der Lage sein, einen Gewinn zu erzielen, der der Verzinsung des Eigenkapitals zzgl. eines Risikozuschlags entspricht.

Gewerbesteuerlich ist weiterhin von Bedeutung, dass bei der typischen Basp die Kürzungsvorschrift des § 9 Nr. 1 Satz 2 GewStG keine Anwendung findet. Schüttet die BetG an die BesG Gewinnanteile aus, so greift ggf. das Schachtelprivileg gem. § 9 Nr. 2 a GewStG ein.

Ein Organschaftsverhältnis wird bei der Betriebsaufspaltung grundsätzlich nicht begründet, da die BesG und die BetG durch ein Nebenordnungs-, nicht jedoch durch ein Unterordnungsverhältnis gekennzeichnet sind. Das Besitzunternehmen kann jedoch dann Organträger sein, wenn die BesG mehrheitlich an der BetG beteiligt ist und eine eigene gewerbliche Betätigung, z. B. als geschäftsleitende Holdinggesellschaft, entfaltet.

## IV. Gewinnrealisierung bei der Betriebsaufspaltung

Die Einbringung von Vermögen aus der BesG führt zur Gewinnrealisierung (§ 6 Abs. 4, Abs. 6 Satz 2 EStG). Die Beendigung der Basp bei Wegfall entweder der persönlichen oder der sachlichen Voraussetzungen führt gleichfalls zur Gewinnrealisierung (Ausnahme: Billigkeitsregelung R 16 Abs. 2 Satz 4 EStR bei Eintritt minderjähriger Kinder in die Volljährigkeit). Veränderungen bei den persönlichen Voraussetzungen können insbesondere im Falle der Erbfolge oder bei einer Ehescheidung eintreten. Die sachliche Voraussetzung entfällt z. B. bei Ende des Pachtvertrages.

Wird aber die Basp so durchgeführt, dass nicht nur eine, sondern **die** wesentlichen Betriebsgrundlagen verpachtet werden, so steht der BesG bei dem Wegfall der persönlichen Voraussetzungen das sog. Verpächterwahlrecht zwischen Betriebsaufgabe und Betriebsfortführung offen (R 16 Abs. 5 EStR). (Dr. Lenz)

## 9. Die Abgrenzung von Herstellungs- und Erhaltungsaufwand bei Gebäuden

Bei der Instandsetzung und Modernisierung von Gebäuden, die betrieblich oder im Rahmen der Einkünfte aus Vermietung und Verpachtung genutzt werden, stellt sich die Frage, ob und inwieweit sofort abzugsfähiger Erhaltungsaufwand oder über die AfA zu verteilender Herstellungsaufwand vorliegt. Wie diese Frage zu beantworten ist, hängt davon ab, ob die allgemeinen Grundsätze des § 255 Abs. 2 HGB oder die besonderen Regeln des § 6 Abs. 1 Nr. 1 a EStG zur Anwendung kommen, der auch für die Überschusseinkünfte gilt (§ 9 Abs. 5 Satz 2 EStG).

### I. Allgemeine Grundsätze

#### 1. Abgrenzung von Herstellungskosten nach § 255 Abs. 2 HGB

Nach der Definition der Herstellungskosten in § 255 Abs. 2 Satz 1 HGB, die sowohl für die Gewinn- als auch für die Überschusseinkünfte heranzuziehen ist, sind nach Rechtsprechung und Verwaltungsauffassung als Herstellungskosten die Aufwendungen anzusehen, die für die Herstellung, die Erweiterung oder für die über den ursprünglichen Zustand hinausgehende wesentliche Verbesserung eines Gebäudes entstehen (insbesondere BFH-Urteile vom 09.05.1995, BStBl 1996 II S. 628, 630; S. 632, 637; vom 12.09.2001, BStBl 2003 II, 569, 574; vom 15.09.2004, BStBl 2005 II, 868; BMF-Schreiben vom 18.07.2003, BStBl 2003 I, 386).

#### a) Herstellung

Herstellungskosten entstehen primär bei den Herstellungsmaßnahmen zur ursprünglichen Errichtung eines Gebäudes.

Über diese ursprünglichen Herstellungsmaßnahmen hinaus können jedoch auch bei der Instandsetzung und Modernisierung von Gebäuden Herstellungsmaßnahmen anzunehmen sein. Grundsätzlich kommen zwei Fälle in Betracht, die als **Herstellungsmaßnahmen** zu qualifizieren sind:

- Aufwendungen für die Herstellung sind dann gegeben, wenn das Gebäude so sehr abgenutzt ist, dass es unbrauchbar geworden, also ein **Vollverschleiß** gegeben ist, und durch die Instandsetzungsarbeiten unter Verwendung der übrigen noch nutzbaren Teile ein neues Gebäude hergestellt wird.

- Aufwendungen für die Herstellung liegen außerdem auch dann vor, wenn ein bestehendes Gebäude durch Instandsetzungs- und Modernisierungsarbeiten so umgestaltet wird, dass es eine **Funktions- oder Zweckänderung** erfährt.

#### b) Erweiterung

Instandsetzungs- und Modernisierungsaufwendungen sind auch dann Herstellungskosten, wenn sie durch eine Erweiterung des Gebäudes entstehen, d. h. das Gebäude aufgestockt oder ein Anbau errichtet wird, die nutzbare Fläche vergrößert oder das Gebäude durch Zusatzausstattungen (z. B. zusätzliche Treppen oder Trennwände) in seiner Substanz vermehrt wird, ohne die Fläche zu vergrößern.

#### c) Über den ursprünglichen Zustand hinausgehende wesentliche Verbesserungen

Instandsetzungs- oder Modernisierungsaufwendungen sind schließlich auch dann als Aufwendungen für die Herstellung eines Gebäudes anzusehen, wenn sie zu einer über den ursprünglichen Zustand hinausgehenden wesentlichen Verbesserung führen.

Als ursprünglicher Zustand i. S. von § 255 Abs. 2 Satz 1 HGB ist dabei grundsätzlich der Zustand des Gebäudes im Zeitpunkt der Herstellung oder Anschaffung durch den Stpfl. oder – im Falle des unentgeltlichen Erwerbs – durch seinen Rechtsvorgänger anzusehen. Eine wesentliche Verbesserung ist dann gegeben, wenn die Maßnahmen zur Instandsetzung und Modernisierung des Gebäudes in ihrer Gesamtheit über eine zeitgemäße substanzerhaltende Erneuerung hinausgehen, den Gebrauchswert des Gebäudes insgesamt deutlich erhöhen und damit für die Zukunft eine erweiterte Nutzungsmöglichkeit geschaffen wird. Der Gebrauchswert eines Gebäudes wird maßgebend durch vier zentrale Ausstattungsbereiche bestimmt, nämlich die Heizungs-, Sanitär- und Elektroinstallationen und die Fenster. Eine deutliche Erhöhung des Gebrauchswertes tritt insbesondere dann ein, wenn bei mindestens drei der zentralen Ausstattungsmerkmale infolge von Instandsetzungs- und Modernisierungsmaßnahmen eine wesentliche Verbesserung eintritt und damit ein sog. Standardsprung vollzogen wird (BMF vom 18.07.2003, a. a. O., Tz. 28).

**2. Abgrenzungskonkurrenzen**
Soweit im Rahmen einer umfassenden Instandsetzungs- und Modernisierungsmaßnahme sowohl Herstellungs- als auch Erhaltungsaufwand vorliegt, sind die entsprechenden Aufwendungen grundsätzlich – ggf. im Wege der Schätzung – aufzuteilen, wenn sie einheitlich in Rechnung gestellt worden sind.

Aufwendungen, die sachlich mit beiden Aufwendungsarten im Zusammenhang stehen, sind entsprechend dem Verhältnis von Herstellungs- und Erhaltungsaufwendungen aufzuteilen.

Aufwendungen für ein Bündel von Einzelmaßnahmen, die bei isolierter Betrachtung teilweise Herstellungs-, teilweise Erhaltungsaufwendungen darstellen, sind insgesamt als Herstellungskosten zu beurteilen, wenn die Arbeiten in engem sachlichem Zusammenhang stehen. Dies ist dann der Fall, wenn die einzelnen Baumaßnahmen bautechnisch ineinandergreifen, weil die Erhaltungsarbeiten Voraussetzung für die Herstellungsarbeiten oder durch bestimmte Herstellungsarbeiten verursacht sind oder auch dann, wenn über Jahre hinweg planmäßig eine „Sanierung auf Raten" erfolgt.

**II. Besonderheiten nach § 6 Abs. 1 Nr. 1 a EStG für anschaffungsnahe Herstellungkosten**

Abweichend von den allgemeinen Grundsätzen des § 255 Abs. 2 HGB gehören Aufwendungen für Instandsetzungs- und Modernisierungsmaßnahmen, die innerhalb von drei Jahren nach der Anschaffung des Gebäudes durchgeführt werden, als sog. anschaffungsnahe Herstellungskosten zu den Herstellungskosten, wenn die Aufwendungen ohne Umsatzsteuer 15 % der Anschaffungskosten übersteigen. Nicht betroffen sind die klassischen Schönheitsreparaturen i. S. des Mietrechts, weil es sich insoweit nicht um „Aufwendungen für Instandsetzungs- und Modernisierungsmaßnahmen" handelt (BFH vom 25.08.2009, DStR 2009 S. 2476). Innerhalb des Zeitraums von drei Jahren, der taggenau zu berechnen ist, ist damit entgegen der o. g. Rechtsprechung des BFH auch eindeutiger Erhaltungsaufwand als Herstellungskosten zu behandeln. Nach Ablauf von drei Jahren gelten die allgemeinen Grundsätze wieder.

(Montag)

# 10. Das abweichende Wirtschaftsjahr bei der Einkommensteuer und der Gewerbesteuer

## I. Einkommensteuerliche Behandlung

Die Einkommensteuer ist eine Jahressteuer, die regelmäßig für ein Kalenderjahr, den sog. **VZ,** zu ermitteln und festzusetzen ist (§ 2 Abs. 7, § 25 Abs. 1 EStG). Das bedeutet allerdings nicht, dass der VZ zwangsläufig auch der Zeitraum ist, für den die Einkünfte zu ermitteln sind. Da Land- und Forstwirte sowie Gewerbetreibende ihre Einkünfte nicht nach dem VZ, sondern gem. § 4 a Abs. 1 EStG nach dem Wirtschaftsjahr zu ermitteln haben, können sich vielmehr Abweichungen ergeben. Wo diese Abweichungen zwischen Wirtschaftsjahr und VZ liegen und welche Folgen sich daraus ergeben, soll im Folgenden dargestellt werden.

**1. Abweichungen zwischen Wirtschaftsjahr und VZ**

Abweichungen zwischen Wirtschaftsjahr und VZ können sich sowohl aus der unterschiedlichen Dauer als auch aus dem unterschiedlichen Verlauf des Wirtschaftsjahres gegenüber dem VZ ergeben.

**a) Dauer des Wirtschaftsjahres**

Das Wirtschaftsjahr umfasst gem. § 8 b EStDV grundsätzlich einen Zeitraum von zwölf Monaten.

Bei der Eröffnung, dem Erwerb, der Aufgabe oder der Veräußerung ist jedoch auch ein kürzerer Zeitraum möglich (§ 8 b EStDV). In diesen Fällen entsteht ein sog. Rumpfwirtschaftsjahr. Ein **Rumpfwirtschaftsjahr** entsteht auch bei der Umstellung des Wirtschaftsjahres.

**b) Verlauf des Wirtschaftsjahres**

Bei **Land- und Forstwirten** verläuft das Wirtschaftsjahr grundsätzlich in der Zeit vom 1. Juli bis zum 30. Juni (§ 4 a Abs. 1 Nr. 1 EStG). Bestimmte Betriebe können jedoch auch einen anderen Zeitraum als Wirtschaftsjahr bestimmen:

– Betriebe mit einem Futterbauanteil von 80 % und mehr der Fläche der landwirtschaftlichen Nutzung den Zeitraum vom 1. Mai bis 30. April,

– Betriebe mit reiner Forstwirtschaft den Zeitraum vom 1. Oktober bis 30. September,

– Betriebe mit reinem Weinbau den Zeitraum vom 1. September bis 31. August.

Gartenbaubetriebe, Obstbaubetriebe, Baumschulbetriebe und reine Forstbetriebe können auch das Kalenderjahr als Wirtschaftsjahr bestimmen (§ 8 c Abs. 2 EStDV).

Bei **Gewerbetreibenden,** deren Firma im Handelsregister eingetragen ist, ist das Wirtschaftsjahr der Zeitraum, für den regelmäßig Abschlüsse gemacht werden (§ 4 a Abs. 1 Nr. 2 EStG). Das bedeutet, dass als Abschlusszeitpunkt jeder Zeitpunkt des Kalenderjahres zulässig ist.

Bei Gewerbetreibenden, deren Firma nicht im Handelsregister eingetragen ist, stimmen Wirtschaftsjahr und VZ regelmäßig überein (§ 4 a Abs. 1 Nr. 3 EStG). Liegt gleichzeitig Land- und Forstwirtschaft vor, kommt mit Zustimmung des Finanzamts auch die Wahl des für Land- und Forstwirte geltenden Wirtschaftsjahres in Betracht.

### c) Umstellung des Wirtschaftsjahres

Bei Gewerbetreibenden, deren Firma im Handelsregister eingetragen ist, darf die Umstellung des Wirtschaftsjahres auf einen vom Kalenderjahr abweichenden Zeitraum nur mit **Zustimmung** des Finanzamts vorgenommen werden (§ 4 a Abs. 1 Nr. 2 EStG). Die Zustimmung wird nur dann erteilt, wenn der Stpfl. gewichtige, in der Organisation des Betriebs liegende Gründe für die Umstellung anführen kann. Solche Gründe sind z. B. dann anzunehmen, wenn Inventurschwierigkeiten angeführt werden oder wenn ein Pächter sein Wirtschaftsjahr auf das vom Kalenderjahr abweichende Pachtjahr umstellen will, weil das Pachtjahr für die Abrechnung mit dem Verpächter maßgebend ist.

### 2. Folgen eines abweichenden Wirtschaftsjahres

Weicht das Wirtschaftsjahr vom VZ ab, so gelten für die Erfassung der innerhalb des Wirtschaftsjahres erzielten Einkünfte die folgenden Grundsätze:

Bei **Land- und Forstwirten** ist der Gewinn bei der Einkommensermittlung zeitanteilig auf die Kalenderjahre zu verteilen, auf die sich das Wirtschaftsjahr erstreckt (§ 4 a Abs. 2 EStG). Veräußerungsgewinne nach § 14 EStG sind jedoch dem Kalenderjahr zuzuordnen, in dem sie entstanden sind.

Bei **Gewerbetreibenden** ist der Gewinn in dem Kalenderjahr zu erfassen, in dem das Wirtschaftsjahr endet (§ 4 a Abs. 2 EStG).

Welche Folgen sich daraus ergeben, zeigt das folgende Beispiel für einen Gewerbetreibenden, der regelmäßig zum 31.05. Abschlüsse macht und sein Wirtschaftsjahr im Jahr 06 auf das Kalenderjahr umstellt. Der Gewerbetreibende hat im Jahr 06 zum einen den Gewinn für das Wirtschaftsjahr 01.06.05 bis 31.05.06 zu erfassen. Darüber hinaus muss er im VZ 06 aber auch den Gewinn versteuern, der im Rumpfwirtschaftsjahr 01.06.06 bis 31.12.06 anfällt. Dadurch kommt es im Jahr 06 zu einer Zusammenballung von Einkünften und möglicherweise zu erheblichen Progressionsnachteilen. Andererseits kann z. B. ein Gewerbetreibender, der seinen Betrieb am 01.02.01 eröffnet und zum 31.01.02 seinen ersten Abschluss macht, eine erhebliche Steuerpause erreichen.

## II. Gewerbesteuerliche Behandlung

Bei der Gewerbesteuer wird der Steuermessbetrag nach Ablauf des Erhebungszeitraumes festgesetzt. Erhebungszeitraum ist nach § 14 Satz 2 GewStG grundsätzlich das Kalenderjahr. Besteht die Gewerbesteuerpflicht nicht während eines ganzen Kalenderjahres, so tritt an die Stelle des Kalenderjahres als sog. abgekürzter Erhebungszeitraum der Zeitraum der Steuerpflicht.

Ein Gewerbebetrieb ist gem. § 10 GewStG mit dem **Gewerbeertrag** gewerbesteuerpflichtig, den er im Erhebungszeitraum bezogen hat. Weicht das Wirtschaftsjahr vom Kalenderjahr ab, so gilt der Gewerbeertrag bei einem Unternehmen, das nach den handelsrechtlichen Vorschriften zur Buchführung verpflichtet ist, als in dem Erhebungszeitraum bezogen, in dem das Wirtschaftsjahr endet. Bei einer Betriebseröffnung im Laufe des Kalenderjahres fällt daher im ersten Erhebungszeitraum nur dann Gewerbeertragsteuer an, wenn das Wirtschaftsjahr als Rumpfwirtschaftsjahr zum Ende des Kalenderjahres endet. Wird das abweichende Wirtschaftsjahr beibehalten, fällt im ersten Erhebungszeitraum keine Gewerbeertragsteuer an, weil das Wirtschaftsjahr in diesem Fall erst im zweiten Erhebungszeitraum endet.

(Montag)

## 11. Verlustausgleich und Verlustabzug bei der Einkommen- und Gewerbesteuer

### I. Einkommensteuer

Nach dem Leistungsfähigkeitsprinzip und seiner Konkretisierung durch das objektive Nettoprinzip sind Verluste, die innerhalb der sieben Einkunftsarten anfallen, also nicht aus Liebhaberei resultieren, einkommensteuerlich grundsätzlich mit positiven Einkünften zu verrechnen, soweit sie nicht in einem unmittelbaren wirtschaftlichen Zusammenhang mit steuerfreien Einnahmen stehen (§ 3 c Abs. 1 EStG). Findet diese Verrechnung in einem VZ statt, spricht man von einem **Verlustausgleich**. Erfolgt die Verrechnung über mehrere Perioden, liegt ein sog. **Verlustabzug** vor.

#### 1. Verlustausgleich

Grundlage der Einkommensermittlung ist die getrennte Ermittlung der Einkünfte, die für jede Einkunftsart gesondert aus der Zusammenfassung der einzelnen Einkunftsquellen resultieren. Soweit sich bei einzelnen Einkunftsquellen negative Ergebnisse ergeben, erfolgt bei der Zusammenfassung innerhalb der einzelnen Einkunftsarten grundsätzlich eine Verrechnung mit positiven Ergebnissen (sog. **interner** oder **horizontaler Verlustausgleich**).

Soweit nach dem horizontalen Verlustausgleich innerhalb einer Einkunftsart negative Einkünfte verbleiben, sind diese Verluste **grundsätzlich** im Rahmen eines sog. **externen** oder **vertikalen Verlustausgleiches** bei der Ermittlung des Gesamtbetrages der Einkünfte zu verrechnen. Die Verlustverrechnung wird dabei jedoch sowohl innerhalb der einzelnen Einkunftsart als auch bei der Ermittlung des Gesamtbetrags der Einkünfte durch eine Vielzahl spezieller Vorschriften inzwischen massiv eingeschränkt. Dazu zählen z. B. Abzugsverbote bei Verlustzuweisungsmodellen (§§ 2 b, 15 b EStG), für bestimmte Erwerbsaufwendungen (§ 4 Abs. 5, § 12 Nr. 1 Satz 2 EStG), Passivierungsverbote für Rückstellungen sowie Beschränkungen bei Auslandseinkünften (§ 2 a EStG), gewerblicher Tierzucht (§ 15 Abs. 4 EStG), Termingeschäften (§ 15 Abs. 4 EStG), beschränkter Haftung (§ 15 a EStG), sonstigen Leistungen (§ 22 Nr. 3 EStG), privaten Veräußerungsgeschäften (§ 23 Abs. 3 EStG) und bei beschränkter Steuerpflicht (§ 50 Abs. 2 EStG). Besonders schwerwiegend sind darüber hinaus auch die Einschränkungen, die sich durch die sog. Zinsschranke ergeben (§ 4 h EStG).

#### 2. Verlustabzug

Soweit nach Durchführung des Verlustausgleichs negative Einkünfte verbleiben, ist nach § 10 d EStG grundsätzlich ein **Verlustabzug,** d. h. eine **interperiodische Verlustrechnung,** durchzuführen. Dem Leistungsfähigkeitsprinzip entsprechend sollen dadurch die Härten gemildert werden, die sich durch das einkommensteuerliche Prinzip der Abschnittsbesteuerung (Periodizitätsprinzip) ergeben können.

Der Verlustabzug ist grundsätzlich bei allen Stpfl. durchzuführen, bei denen auch nach der Ermittlung des Gesamtbetrags der Einkünfte noch Verluste verbleiben. Bei beschränkt Stpfl. ist § 10 d EStG nur dann anzuwenden, wenn Verluste in wirtschaftlichem Zusammenhang mit inländischen Einkünften stehen und die Verluste sich aus Unterlagen ergeben, die im Inland aufbewahrt werden (§ 50 Abs. 2 Satz 1 EStG).

Nach § 10 d Abs. 1 EStG ist ein nicht ausgeglichener Verlust ab VZ 2001 nur noch bis zu einem Betrag von 511.500 Euro, bei Ehegatten von 1.023.000 Euro vom

Gesamtbetrag der Einkünfte des unmittelbar vorangegangenen VZ vorrangig vor Sonderausgaben, außergewöhnlichen Belastungen und sonstigen Abzugsbeträgen abzuziehen (sog. **Verlustrücktrag**).

Soweit ein **Verlustrücktrag** nicht möglich ist, sind nicht ausgeglichene negative Einkünfte in dem folgenden VZ im Rahmen eines sog. **Verlustvortrags** vom Gesamtbetrag der Einkünfte vorrangig vor Sonderausgaben, außergewöhnlichen Belastungen und sonstigen Abzugsbeträgen abzuziehen. Der Abzug ist bis zu einem Gesamtbetrag der Einkünfte von 1 Mio. Euro/bei Ehegatten 2 Mio. Euro unbeschränkt möglich. Darüber hinaus ist der Abzug beschränkt auf 60 % des 1 Mio. Euro übersteigenden Gesamtbetrags der Einkünfte (§ 10 d Abs. 2 EStG).

**3. Würdigung**

Im Ergebnis werden der Verlustausgleich und der Verlustabzug nach dem Steuerentlastungsgesetz inzwischen mit einer Vielzahl hochkomplexer und interdependenter Regelungen massiv eingeschränkt. Damit stellt sich nicht nur vom Leistungsfähigkeitsprinzip her die Frage nach der Verfassungsmäßigkeit (Gleichheitssatz nach Art. 3 Abs. 1 Grundgesetz). Problematisch sind vor allem auch die weitgehende Unbestimmtheit der Regelungen, die einen Verstoß gegen das Rechtsstaatsgebot (Art. 20 Abs. 3 Grundgesetz) indizieren.

**II. Gewerbesteuer**

Anders als bei der Einkommensteuer ist bei der Gewerbesteuer gem. § 10 a GewStG kein Verlustrücktrag, sondern nur ein Verlustvortrag möglich. Der maßgebende Gewerbeertrag kann bis zu einem Betrag i. H. von 1 Mio. Euro um die Fehlbeträge gekürzt werden, die sich für die vorangegangenen Erhebungszeiträume ergeben haben und die bei der Ermittlung des Gewerbeertrages für die vorangegangenen Erhebungszeiträume noch nicht berücksichtigt wurden. Soweit der maßgebende Gewerbeertrag 1 Mio. Euro übersteigt, können nicht berücksichtigte Fehlbeträge nach Einführung der sog. Mindestbesteuerung wie bei der Einkommen- und Körperschaftsteuer nur noch zu 60 % gekürzt werden (§ 10 a Satz 2 GewStG).

Bei Einzelgewerbetreibenden und Mitunternehmerschaften setzt die Berücksichtigung eines Gewerbeverlustes **Unternehmensgleichheit** voraus. Bei Kapitalgesellschaften ist § 8 c KStG entsprechend anzuwenden (§ 10 a Satz 10 GewStG).

Nach Auffassung des BFH setzt die Verlustverrechnung nach § 10 a GewStG auch **Unternehmergleichheit** voraus. Das bedeutet, dass nur die Person den Gewerbeverlust geltend machen kann, die den Verlust erlitten hat. Die Unternehmergleichheit ist daher z. B. dann nicht gegeben, wenn ein Einzelunternehmen nach dem Tod des Inhabers von den Erben weitergeführt wird. Bei Personengesellschaften führt das Prinzip der Unternehmergleichheit nach Auffassung von Rechtsprechung und Finanzverwaltung (R 10 a.3 Abs. 3 Satz 9 GewStR) dazu, dass die Verlustverrechnung beim Ausscheiden eines Gesellschafters in Höhe des Anteils dieses Gesellschafters ausgeschlossen ist.

(Montag)

## 12. § 15 a EStG

### I. Zweck und Bedeutung des § 15 a EStG

Obwohl ein Kommanditist im Außenverhältnis nur insoweit haftet, als die im Handelsregister eingetragene Einlage noch nicht geleistet ist (§ 171 Abs. 1, § 172 Abs. 1 HGB), und obwohl ein Kommanditist gem. § 167 Abs. 3 HGB grundsätzlich nur in Höhe seines Kapitalanteils und seiner noch rückständigen Einlage am Verlust der Gesellschaft teilnimmt, sind die laufenden Verlustanteile nach Auffassung des BGH in der Handelsbilanz auch dann mit dem Kapitalkonto zu verrechnen, wenn das Kapitalkonto durch die Verrechnung negativ wird. Dieses negative Kapitalkonto begründet jedoch grundsätzlich keine Nachschusspflicht, sondern lediglich die Verpflichtung, zukünftige Gewinnanteile zur Auffüllung des negativen Kapitalkontos zu verwenden, sodass nach der Begründung zu § 15 a EStG für den Kommanditisten im Verlustentstehungsjahr in der Regelfall weder rechtlich noch wirtschaftlich eine Belastung eintritt. § 15 a EStG sollte dementsprechend – vor allem auch um die Tätigkeit der sog. Verlustzuweisungsgesellschaften einzuschränken – sicherstellen, dass Verluste bei beschränkter Haftung lediglich mit späteren Gewinnen aus derselben Tätigkeit verrechnet werden können.

Ob und inwieweit dies gelingt, ist nach wie vor nicht abschließend geklärt, weil die Vorschrift eine Reihe von Wertungswidersprüchen enthält. Diese Wertungswidersprüche reichen zwar offenbar gundsätzlich nicht aus, um ernstliche Zweifel an der Verfassungsmäßigkeit der Vorschrift zu begründen (BVerfG vom 14.06.2006, HFR 2007 S. 274). Sie haben jedoch zu einer Vielzahl von Streitfragen geführt, die nicht nur die praktische Handhabung der Vorschrift erheblich belasten, sondern berechtigterweise auch die Frage nach der Abschaffung des § 15 a EStG aufwerfen, zumal mit der Mindestbesteuerung (§ 10 d Abs. 2 EStG) und § 15 b EStG, der dem § 15 a EStG vorgeht (§ 15 b Abs. 1 Satz 3 EStG), zusätzliche Verlustausgleichsbeschränkungen eingeführt wurden und die Gewinnerzielungsabsicht zunehmend restriktiver beurteilt wird (BFH vom 21.08.1990, BStBl 1991 II S. 564; vom 10.09.1991, BStBl 1992 II S. 328).

### II. Grundsätzliche Voraussetzungen und Rechtsfolgen

**Subjektiv** ist § 15 a EStG unmittelbar nur bei Kommanditisten anwendbar, die Einkünfte aus Gewerbebetrieb beziehen. **Sachlich** setzt § 15 a EStG voraus, dass Gewinnerzielungsabsicht besteht und dem Kommanditisten aufgrund seiner Mitunternehmerstellung Verluste zugerechnet werden, durch die sich bei ihm ein negatives Kapitalkonto ergibt oder erhöht. Wie das maßgebliche Kapitalkonto zu ermitteln ist, war zunächst strittig. Der BFH hat jedoch in ständiger Rechtsprechung klargestellt, dass nicht auf die steuerliche Gesamtbilanz der Gesellschaft, sondern allein auf die Steuerbilanz abzustellen ist, in der lediglich das Gesellschaftsvermögen ausgewiesen wird (BFH vom 15.05.2008, BStBl 2008 II S. 812) und zusätzlich das Mehr- oder Minderkapital aus der für einen Gesellschafter geführten Ergänzungsbilanz zu erfassen ist. Dieser Beurteilung hat sich die Finanzverwaltung angeschlossen (BMF vom 30.05.1997, BStBl 1997 I S. 627). Dass zu den Gewinnen, mit denen die nicht ausgleichsfähigen Verluste i. S. des § 15 a Abs. 1 EStG verrechnet werden können, nicht auch die Gewinne aus dem Sonderbetriebsvermögen, insbesondere Tätigkeitsvergütungen, gehören, hat der BFH inzwischen ebenfalls klargestellt (Urteil vom 13.10.1998, BStBl 1998 II S. 163).

Sind die Voraussetzungen des § 15 a EStG erfüllt, können die Verluste, die zur Entstehung oder Erhöhung eines negativen Kapitalkontos führen, weder mit anderen Einkünften aus Gewerbebetrieb noch mit Einkünften aus anderen Einkunftsarten ausgeglichen werden. Auch ein Verlustabzug nach § 10 d EStG ist nicht möglich. Die entsprechenden Verluste mindern vielmehr die Gewinne, die dem Kommanditisten in späteren Wirtschaftsjahren aus seiner Beteiligung an der Kommanditgesellschaft zuzurechnen sind (§ 15 a Abs. 2 EStG).

## III. Einzelheiten

Aufgrund von **Verweisungsvorschriften** gilt § 15 a über seinen grundsätzlichen Anwendungsbereich hinaus subjektiv gem. § 15 a Abs. 5 EStG nicht nur für Kommanditisten, sondern auch für andere Unternehmer, soweit deren Haftung der eines Kommanditisten vergleichbar ist.

Sachlich gilt § 15 a EStG nicht nur für gewerbliche Einkünfte, sondern sinngemäß auch für andere Einkünfte (§ 13 Abs. 5 EStG, § 18 Abs. 4 EStG, § 20 Abs. 1 Nr. 4 EStG, § 21 Abs. 1 EStG).

Abweichend von der Grundregel des § 15 a Abs. 1 Satz 1 EStG können Verluste **bei überschießender Außenhaftung** bis zur Höhe des Betrages, um den die im Handelsregister eingetragene Einlage des Kommanditisten seine geleistete Einlage übersteigt, auch insoweit ausgeglichen oder abgezogen werden, als durch den Verlust ein negatives Kapitalkonto entsteht oder sich erhöht. Voraussetzung ist allerdings, dass am Bilanzstichtag eine Außenhaftung nach § 171 Abs. 1 HGB besteht, derjenige, dem der Verlustanteil einkommensteuerrechtlich zuzurechnen ist, in das Handelsregister eingetragen ist, die bestehende Haftung nachgewiesen wird und eine Vermögensminderung aufgrund der Haftung nicht durch Vertrag ausgeschlossen oder nach Art und Weise des Geschäftsbetriebs unwahrscheinlich ist.

Nach der Rechtsprechung des BFH (BFH vom 14.05.1991, BStBl 1992 II S. 164) ist eine Vermögensminderung für den Kommanditisten dabei nur dann unwahrscheinlich, wenn die finanzielle Ausstattung der KG und deren gegenwärtige sowie zu erwartende Liquidität im Verhältnis zu dem vertraglich festgelegten Gesellschaftszweck und dessen Umfang so außergewöhnlich günstig ist, dass die finanzielle Inanspruchnahme des zu beurteilenden Kommanditisten unter Berücksichtigung der voraussichtlichen zukünftigen Entwicklung des Unternehmens nicht zu erwarten ist (BStBl 1994 I S. 355; EStR H 138 d).

Das Verlustausgleichspotenzial kann zwar durch höhere Einlagen oder eine Erweiterung der Außenhaftung im Verlustentstehungsjahr erhöht werden. Innerhalb von elf Jahren führen spätere Minderungen der Haftung oder der Einlage jedoch einerseits zu einer entsprechenden Erhöhung des laufenden Gewinns und andererseits zu einem verrechenbaren Verlust in gleicher Höhe (§ 15 a Abs. 3 EStG). Soweit nachträglich eine Erhöhung der Einlage bzw. Haftung erfolgt, nachdem lediglich verrechenbare Verluste entstanden sind, wird der für den früheren VZ festgestellte verrechenbare Verlust nach Auffassung des BFH (Urteil vom 13.12.1995, BStBl 1996 II S. 226) nicht ausgleichsfähig. § 15 a Abs. 3 EStG ist insoweit nicht im Sinne einer verfassungskonformen Auslegung zu erweitern und auch ein Verstoß gegen den Gleichheitssatz ist zu verneinen (BFH/NV 1998 S. 1078).

Soweit bei einer Veräußerung oder Betriebsaufgabe der Veräußerungspreis i. S. von § 16 Abs. 2 EStG in der Übernahme eines negativen Kapitalkontos besteht, entsteht grundsätzlich ein Veräußerungsgewinn, der nach §§ 16, 34 EStG zu versteuern ist. Der Veräußerungsgewinn vermindert sich jedoch gem. § 15 a Abs. 2 EStG insofern, als noch verrechenbare Verluste vorhanden sind.

Steht bereits vor der Veräußerung des Anteils oder der Betriebsaufgabe fest, dass ein Ausgleich des negativen Kapitalkontos mit Gewinnanteilen nicht mehr möglich ist, weil keine hinreichenden Gewinnanteile anfallen werden, entsteht zu diesem Zeitpunkt insoweit ein nicht begünstigter laufender Gewinn, als tatsächlich ein Verlustausgleich/-abzug erfolgt ist (vgl. BFH, BStBl 1984 II S. 751, 770).

(Montag)

# 13. Die ertragsteuerliche Behandlung von Familienkommanditgesellschaften

## I. Grundlegung

Familienpersonengesellschaften – insbesondere in der Rechtsform der KG – sind in der Praxis sehr häufig vorzufinden. Sie entstehen oft in der Weise, dass der Vater sein Einzelunternehmen in eine Kommanditgesellschaft einbringt, an der seine oft noch minderjährigen Kinder als Kommanditisten beteiligt werden. Bei diesen Gesellschaften fehlt im Unterschied zu Zusammenschlüssen von einander fremden Personen der natürliche Interessengegensatz. Deshalb werden von der Rechtsprechung und Finanzverwaltung an die steuerliche Anerkennung gesellschaftsvertraglicher Vereinbarungen besonders strenge Maßstäbe angelegt, die in R 15.9 EStR zusammengefasst sind.

## II. Die steuerliche Anerkennung der Familien-KG als solche

Zum Ersten gilt es dabei zu prüfen, ob eine Familien-KG als Mitunternehmerschaft anerkannt wird. Dies ist für die Betroffenen oft von weit reichender Bedeutung. Die Anerkennung führt nämlich regelmäßig dazu, dass die einzelnen Gesellschafter als Mitunternehmer anzusehen sind und damit Einkünfte aus Gewerbebetrieb gem. § 15 Abs. 1 Nr. 2 EStG haben.

Die Bedeutung der Anerkennung der Gesellschaft als solcher soll an einem Beispiel verdeutlicht werden:

Ein Familienvater mit sehr hohem Einkommen beteiligt seine beiden Söhne, die bisher noch keine eigenen Einkünfte erzielten. Ihr anteiliger Gewinn im Jahr 2010 soll jeweils 5.000 Euro betragen. Werden die Söhne steuerlich als Mitunternehmer anerkannt, so haben sie jeweils 5.000 Euro Einkünfte aus Gewerbebetrieb.

Einkommensteuer wäre aufgrund des Grundfreibetrages (2010: 8.004 Euro) hierauf für beide Kinder nicht zu entrichten. Würde dagegen diese Beteiligung nicht anerkannt, so würden diese 10.000 Euro als Gewinn des Vaters erfasst. Bei seinem hohen Einkommen ergäbe sich hierauf eine Steuerbelastung im Jahr 2010 von 2 × 2.250 Euro = 4.500 Euro (Einkommensteuer ohne Berücksichtigung von Solidaritätszuschlag, Kirchensteuer bzw. Gewerbesteueranrechnung).

Die Anerkennung einer Familien-KG setzt voraus, dass eine Mitunternehmerschaft vorliegt (vgl. hierzu R 15.9 EStR), dass der Gesellschaftsvertrag zivilrechtlich wirksam ist und auch verwirklicht wird und die tatsächliche Gestaltung mit den Bestimmungen im Gesellschaftsvertrag übereinstimmt, wobei insbesondere darauf geachtet wird, dass die aufgenommenen Familienangehörigen auch volle Gesellschaftsrechte ausüben. In praxi ist dabei von besonderer Bedeutung, dass bürgerlich-rechtliche Formvorschriften beachtet werden und der Vertragsinhalt keine Vereinbarungen enthält, die unter Dritten unüblich sind. Der Gesellschaftsvertrag einer Personengesellschaft bedarf grundsätzlich keiner Form. Auf ihn finden in Ermangelung besonderer Vorschriften die allgemeinen Bestimmungen über das Zustandekommen eines Vertrages Anwendung. Er kann also mündlich abgeschlossen werden oder auf schlüssigem (konkludentem) Verhalten beruhen. Gleichwohl kann er nach seinem besonderen Inhalt den Formvorschriften unterliegen, wenn er Vereinbarungen enthält, die nach anderen als gesellschaftsrechtlichen Vorschriften formbedürftig sind. Zum Beispiel ist eine notarielle Beurkundung des Gesellschaftsvertrages erforderlich, wenn eine Partei ihr ganzes Vermögen (§ 311 BGB), ein Grundstück (§ 313 BGB) oder einen Anteil an einer GmbH einbringt.

Häufig werden Kommanditanteile an die Familienangehörigen geschenkt. Eine notarielle Beurkundung des Schenkungsversprechens ist hier – im Gegensatz zur Schenkung von Anteilen an Kapitalgesellschaften – nicht erforderlich, weil die Schenkung durch die „Anwachsung" des Anteils am Gesellschaftsvermögen zivilrechtlich wirksam vollzogen wurde. Formerfordernisse können sich jedoch bei der Annahme der Schenkung ergeben: Schenkt beispielsweise ein Vater seinem sechzehnjährigen Sohn einen Kommanditanteil, so bedarf es zur Annahme der Schenkung einer entsprechenden Willenserklärung eines Ergänzungspflegers (§ 1909 BGB). Wegen des Verbots des Selbstkontrahierens (§ 181 BGB) fällt nämlich der Vater als Vertreter seines Sohnes aus; auch die Mutter kann nicht vertreten, da die Eltern nur gemeinsam den Sohn vertreten können. Neben dem Pfleger ist eine vormundschaftsgerichtliche Genehmigung des Gesellschaftsbeitritts nach §§ 1643, 1822 Nr. 3 BGB erforderlich.

Eine weitere wichtige Voraussetzung für die steuerliche Anerkennung der Familienpersonengesellschaft ist, dass der Gesellschaftsvertrag nur Vereinbarungen enthält, wie sie auch mit fremden Dritten üblich sind. Diese Voraussetzung ist nicht gegeben, wenn die Familienangehörigen nur in eingeschränktem Umfang über die Gewinnanteile verfügen dürfen. Ein Beispiel hierfür wäre, dass das Kind über Gewinne nur in dem von den Eltern gebilligten Umfange verfügen darf. Ein unüblicher und damit zur Nichtanerkennung führender Vertrag ist auch gegeben, wenn die Kinder nur befristet als Kommanditisten eingesetzt werden oder wenn den Eltern einseitig ein jederzeitiges Kündigungsrecht eingeräumt wird. Eine Familienpersonengesellschaft wird weiterhin nicht als Mitunternehmerschaft anerkannt, wenn Kinder nicht an den stillen Reserven beteiligt werden oder keinerlei Mitspracherecht erhalten.

### III. Anerkennung der Gewinnverteilung von Familienkommanditgesellschaften

Ist nach den skizzierten Grundsätzen die Beteiligung als solche anzuerkennen, so ist als Zweites die Angemessenheit der Gewinnverteilung zu prüfen. Von der Rechtsprechung wurden dazu Grundsätze aufgestellt, die in R 15.9 Abs. 3 EStR teilweise wiedergegeben sind.

Bei geschenkten Kommanditanteilen an nicht im Betrieb mitarbeitende nahe Familienangehörige wird eine durchschnittliche Rendite von bis zu 15 % des realen Wertes der Beteiligung anerkannt. Als realer Wert einschließlich Geschäftswert wird dabei nicht das Kapitalkonto, sondern der Anteil des Kommanditisten am geschätzten Gesamtwert der Unternehmung angesehen. Wie dieser Gesamtwert zu ermitteln ist, ist streitig. Es wurde in der Literatur sowohl das Stuttgarter Verfahren als auch beispielsweise eine überschlägige Addition der Netto-Teilwerte der Wirtschaftsgüter abzgl. der Schulden vorgeschlagen. Die Berechnung soll an einem Beispiel verdeutlicht werden:

Ein Unternehmen erzielte in den letzten Jahren einen durchschnittlichen Gewinn von 150.000 Euro. Ein Familienangehöriger bekam einen Kommanditanteil mit einem wahren Wert von 10.000 Euro geschenkt. 15 % Rendite darauf wären 1.500 Euro pro Jahr, d. h., eine Gewinnbeteiligung von bis zu 1 % wäre angemessen.

Gewinnanteile, die die Grenze übersteigen, sind den anderen Gesellschaftern zuzurechnen, sofern nicht auch bei ihnen Grenzen zu beachten sind.

Die Rendite darf allerdings nach der Rechtsprechung auch über 15 % liegen, wenn das Familienmitglied an entscheidender Stelle mitarbeitet.

(Prof. Dr. Bischoff)

# 14. Gewinnverwirklichung durch Steuerentstrickung

## I. Grundlegung

In einer Steuerbilanz sind regelmäßig stille Reserven durch die Unterbewertung von Aktiva bzw. Überbewertung von Passiva enthalten. Stille Reserven werden grundsätzlich erst bei der Veräußerung, Entnahme oder Betriebsaufgabe der betreffenden Wirtschaftsgüter steuerlich erfasst. Unter der Gewinnverwirklichung durch Steuerentstrickung versteht man die Versteuerung stiller Reserven ohne Vorliegen eines Umsatzgeschäftes, wenn die Steuerverhaftung eines Gegenstandes endet. Die Besteuerung der stillen Reserven findet lediglich bei Gewinneinkünften (§§ 13, 15 und 18 EStG) statt.

## II. Die Entstrickungstatbestände

Im EStG ist kein allgemeiner Entstrickungsgrundsatz normiert. Allerdings finden sich in den steuerrechtlichen Vorschriften (Ersatz-)Tatbestände, die im Folgenden besprochen werden sollen.

### 1. Entnahme

Die Entnahme (§ 4 Abs. 1 EStG) führt grundsätzlich zur Aufdeckung von stillen Reserven, da die Entnahme nach § 6 Abs. 1 Nr. 4 EStG grundsätzlich mit dem Teilwert anzusetzen ist. Beim Übergang eines Wirtschaftsgutes von einem Betriebsvermögen in ein anderes Betriebsvermögen desselben Stpfl. ist nach § 6 Abs. 5 Satz 1 EStG eine Buchwertfortführung möglich. Es tritt dann keine Gewinnrealisierung ein, wenn die spätere steuerrechtliche Erfassung der stillen Reserven gewährleistet ist.

§ 4 Abs. 1 EStG ist um einen allgemeinen Entstrickungstatbestand ergänzt worden. Nach § 4 Abs. 1 Satz 3 EStG steht der Ausschluss oder die Beschränkung des Besteuerungsrechts der Bundesrepublik Deutschland hinsichtlich des Gewinns aus der Veräußerung oder der Nutzung eines Wirtschaftsguts einer Entnahme für betriebsfremde Zwecke gleich. Der so einer Entnahme gleichgestellte Vorgang ist mit dem gemeinen Wert anzusetzen; ein sich hieraus ergebender Gewinn unterliegt der Sofortversteuerung. Für unbeschränkt Stpfl. besteht jedoch die Möglichkeit der Bildung eines Ausgleichspostens nach § 4 g EStG bei Verbringung eines Wirtschaftsguts des Anlagevermögens innerhalb der EU. Der Ausgleichsposten nach § 4 g EStG ist im Wirtschaftsjahr der Bildung und in den vier folgenden Wirtschaftsjahren zu jeweils einem Fünftel gewinnerhöhend aufzulösen.

### 2. Fingierte Veräußerung bei Wegzug ins Ausland

Gibt eine Person, die insgesamt mindestens zehn Jahre unbeschränkt steuerpflichtig war, ihren Wohnsitz oder gewöhnlichen Aufenthalt im Inland auf, so wird gem. § 6 AußenStG eine Veräußerung der Anteile an Kapitalgesellschaften mit wesentlicher Beteiligung des Wegziehenden fingiert. An die Stelle des Veräußerungspreises i. S. des § 17 Abs. 2 EStG tritt der gemeine Wert der Anteile im Zeitpunkt des Wegzuges.

### 3. Betriebsaufgabe

Zu einer Steuerentstrickung kommt es nach § 16 Abs. 3 EStG bei der Aufgabe des Gewerbebetriebes sowie eines Anteils i. S. des § 16 Abs. 1 Nr. 2 oder 3 EStG. Die Aufgabe gilt als Veräußerung. Soweit die dem Betrieb gewidmeten Wirtschaftsgüter nicht veräußert werden, gilt als Veräußerungspreis der gemeine Wert. Dabei sind Freibeträge gem. § 16 Abs. 4 EStG und der ermäßigte Steuersatz nach § 34 Abs. 1 EStG („Fünftel-Regelung") oder § 34 Abs. 3 EStG („halber durchschnittlicher Steuersatz") zu beachten.

### 4. Entstrickungstatbestände des UmwStG

An die Umwandlung und die Verschmelzung von Betrieben knüpft das UmwStG folgende Steuerentstrickungstatbestände:

Bei der Verschmelzung zweier Kapitalgesellschaften kann die übernehmende Kapitalgesellschaft die übernommenen Wirtschaftsgüter mit dem Teilwert, dem Buchwert oder einem Zwischenwert ansetzen. Dabei gilt für die übergehende Kapitalgesellschaft der Einbringungswert als der Veräußerungswert, der dem Buchwert gegenüberzusetzen ist, um den Übertragungsgewinn zu ermitteln. Dieser unterliegt sowohl der Körperschaftsteuer als auch der Gewerbesteuer.

Bei der Einbringung eines Betriebes oder Teilbetriebes hat die Kapitalgesellschaft die Möglichkeit, das übernommene Betriebsvermögen mit seinem Teilwert, seinem Buchwert beim Einbringenden oder einem Zwischenwert zu bilanzieren. Da für den Einbringenden als fiktiver Veräußerungspreis gem. § 20 Abs. 4 UmwStG der Wert gilt, mit dem die Kapitalgesellschaft das eingebrachte Betriebsvermögen ansetzt, ergibt sich für ihn eine Aufdeckung stiller Reserven beim Ansatz über dem Buchwert. Soweit der Ansatz der Kapitalgesellschaft unter dem Teilwert liegt, handelt es sich bei den neuen Anteilen, die der Einbringende als Gegenleistung für seinen (Teil-)Betrieb erhält, um sog. „einbringungsgeborene" Anteile. Auf Antrag des Einbringenden, beim Ende seiner unbeschränkten Einkommen- oder Körperschaftsteuerpflicht oder bei Auflösung der Kapitalgesellschaft sieht der Entstrickungstatbestand des § 21 Abs. 2 UmwStG die Versteuerung der stillen Reserven der Anteile nach den Grundsätzen des § 16 EStG vor. Als fiktiver Veräußerungspreis gilt der gemeine Wert der Anteile zum Entstrickungszeitpunkt, als fiktive Anschaffungskosten der Wert, mit dem die Kapitalgesellschaft das eingebrachte Betriebsvermögen bilanziert hat, abzgl. des Wertes der nicht in Anteilen bestehenden Gegenleistung (z. B. Geldzahlungen).

**5. Sonstige Steuerentstrickungstatbestände**

Weitere Entstrickungstatbestände ergeben sich bei der Liquidation einer Kapitalgesellschaft (§ 17 Abs. 4 EStG) und bei Beendigung der unbeschränkten Körperschaftsteuerpflicht wegen Verlegung der Geschäftsleitung oder des Sitzes ins Ausland oder Beginn einer Steuerbefreiung (§§ 11 ff. KStG).

§ 12 Abs. 1 KStG sieht eine zu § 4 Abs. 1 Satz 3 EStG vergleichbare Regelung für die Entstrickung bei Körperschaften vor. Mangels einer Privatsphäre bei Körperschaften wird gesetzestechnisch keine Entnahme, sondern eine Veräußerung des Wirtschaftsgutes zum gemeinen Wert fingiert. Die Bildung eines Ausgleichspostens nach § 4 g EStG ist bei Körperschaften ebenfalls zulässig.

**6. Tausch von Wirtschaftsgütern**

Wird ein einzelnes Wirtschaftsgut im Wege des Tausches übertragen, bemessen sich die Anschaffungskosten nach § 6 Abs. 6 EStG nach dem gemeinen Wert des hingegebenen Wirtschaftsgutes. Erfolgt die Übertragung im Wege der verdeckten Einlage, erhöhen sich die Anschaffungskosten der Beteiligung an der Kapitalgesellschaft um den Teilwert des eingelegten Wirtschaftsguts.

### III. Erweiterung der Steuerentstrickungstatbestände durch die Rechtsprechung

Hier ist insbesondere auf die geänderte Rechtsprechung zur Überführung von Gegenständen in eine in einem „DBA-Staat" gelegene Betriebsstätte hinzuweisen. Der BFH argumentierte bis zum Jahr 2008, dass in solchen Fällen die Entnahme zu fingieren sei, da ansonsten dem Fiskus die Besteuerung der stillen Reserven endgültig entzogen würde. Die dieser Auffassung zugrunde liegende sog. finale Entnahmetheorie gab der BFH wegen seines inzwischen geänderten Verständnisses zu den DBA auf. Die Finanzverwaltung hat auf diese Änderung mit einem Nichtanwendungserlass reagiert.

(Prof. Dr. Bischoff)

## 15. Die einkommensteuerlichen Folgen der unentgeltlichen und verbilligten Überlassung von Wohnraum

### I. Grundlagen

Von einer unentgeltlichen Nutzung von Wohnraum soll gesprochen werden, wenn einer Person Wohnraum ohne Gegenleistung überlassen wird oder die Gegenleistung lediglich eine „Anerkennung" darstellt. Kein Entgelt, sondern eine bloße „Anerkennung" wird in der Literatur bei einem Entgelt bis zu 10 % der ortsüblichen Miete angenommen.

Von einer verbilligten Überlassung wird ausgegangen, wenn die Gegenleistung (Miete) mehr als 10 % und weniger als 56 % der ortsüblichen Miete beträgt. Diese 56 %-Grenze ergibt sich aus § 21 Abs. 2 EStG. Beträgt die Miete mindestens 56 % bis 75 % der ortsüblichen Miete, ist die Einkunftserzielungsabsicht anhand einer Überschussprognose zu prüfen. Ist diese negativ, so ist die Vermietung teilentgeltlich. Die Werbungskosten, die auf den unentgeltlichen Teil entfallen, können nicht abgezogen werden.

### II. Die einkommensteuerlichen Folgen der unentgeltlichen Überlassung

Bei der unentgeltlichen Überlassung von Wohnraum erzielt der Eigentümer keine Einnahmen aus diesem Wohnraum. Dies impliziert andererseits, dass der Eigentümer auch keine Werbungskosten geltend machen darf.

### III. Die einkommensteuerlichen Folgen der verbilligten Überlassung

Beträgt die Miete mindestens 75 % der ortsüblichen Miete, so ist die Wohnungsüberlassung eine vollentgeltliche mit der Folge, dass der Vermieter den vollen Werbungskostenabzug hat. Das gleiche Ergebnis tritt ein, wenn die Überschussprognose positiv ausfällt (bei einer Miete von mehr als 56 % bis 75 % der ortsüblichen Miete).

Beträgt die Miete weniger als 56 % der ortsüblichen Miete, ist die Wohnungsüberlassung durch das nicht marktgerechte Verhalten des Stpfl. in einen entgeltlichen und einen unentgeltlichen Teil aufzuteilen. Der Wohnungseigentümer hat das tatsächlich erhaltene Nutzungsentgelt bei Zufluss als Einnahme aus Vermietung und Verpachtung zu erfassen. Jedoch sind nur die Werbungskosten, die auf den entgeltlichen Teil entfallen, abzugsfähig. Für den anteiligen Abzug ist das Verhältnis von gezahltem Entgelt zur ortsüblichen Miete maßgeblich.

Nach R 21.3 EStR handelt es sich bei der ortsüblichen Miete um die Kaltmiete zzgl. gezahlter Umlagen. Dabei ist bei dem Tatbestandsmerkmal „ortsüblich" von Wohnungen vergleichbarer Art, Lage und Ausstattung auszugehen.

### IV. Wohnungsvermietung an Angehörige

Mietverträge können grundsätzlich auch zwischen nahen Angehörigen abgeschlossen werden.

Wird eine Wohnung an Angehörige überlassen (z. B. von den Eltern an Kinder, von Kindern an bedürftige Eltern oder Ehegatten untereinander), besteht die Möglichkeit, diese Überlassung entweder als entgeltlich oder unentgeltlich zu gestalten. Es erfolgt jedoch keine einkommensteuerliche Anerkennung eines Mietverhältnisses zwischen Partnern einer nichtehelichen Lebensgemeinschaft über eine gemeinsam bewohnte Wohnung.

Aufgrund eines fehlenden Interessengegensatzes zwischen (nahen) Angehörigen werden Mietverträge grundsätzlich nur dann anerkannt, wenn sie bürgerlich-rechtlich wirksam abgeschlossen sind und sowohl die Gestaltung als auch die Durchführung des Vertragsinhalts einem Fremdvergleich standhalten. Fremdvergleich im steuerlichen Sinne bedeutet, dass auch ein fremder Dritter unter gleichen Umständen diesen Vertrag abgeschlossen hätte.

Kriterien für die steuerliche Anerkennung der Mietverträge unter Angehörigen sind:

- die Ernsthaftigkeit,
- die Eindeutigkeit des Inhalts (klare Vereinbarungen im Vorhinein, Schriftform),
- die tatsächliche Durchführung (tatsächliche, nachgewiesene Bezahlung in das Vermögen des Vermieters),
- Fremdvergleich (Form, Inhalt, Durchführung).

Diese Anforderungen sind auch an nachträgliche Vertragsänderungen zu stellen.

Zur Vermietung an Angehörige ist eine umfangreiche Rechtsprechung entwickelt worden.

So ist es z. B. bei der Vermietung an Kinder nicht mehr erforderlich (Änderungen gegenüber früherer Rechtsprechung), dass das Kind über eigene Einkünfte verfügt, aus denen es die Miete bestreiten kann. Es wird daher nicht mehr als missbräuchlich angesehen, wenn das Kind die Miete aus dem Barunterhalt der Eltern zahlt oder die Beträge miteinander verrechnet werden. Gleichwohl bestehen wenig Zweifel, dass diese Rechtsprechung auch für die verbilligte Vermietung anzuwenden ist. Das Mietverhältnis ist allerdings nicht anzuerkennen, wenn Eltern und Kinder noch eine Haushaltsgemeinschaft bilden.

## V. Fazit

Die unentgeltliche oder verbilligte Wohnraumüberlassung stellt von jeher einen Bereich dar, in dem versucht wird, positive Einkünfte auf Unterhaltsberechtigte ohne eigene Einkünfte zu transferieren.

Durch die vom Gesetzgeber eingeführte 56 %-Grenze des § 21 Abs. 2 EStG wurde hierfür für den Stpfl. ein Gestaltungsrahmen geschaffen.

Es ist zu empfehlen, den Gestaltungsspielraum nicht voll auszuschöpfen, sondern die Miethöhe etwas über 56 % zu vereinbaren, um bei den gegebenen Unsicherheiten der Schätzung der Marktmiete nicht unbeabsichtigt unter die noch geltende 56 %-Grenze zu rutschen. Zusätzlich ist bei einer Miete von bis zu 75 % darauf zu achten, dass innerhalb des Prognosezeitraums von 30 Jahren ein Totalüberschuss erreicht wird.

Auch besteht die Gefahr, dass das Mietverhältnis bei nahen Angehörigen steuerlich nicht anerkannt wird, trotz Einhaltung der 56 %-Grenze. Der Vertrag und die Durchführung sollten einem Fremdvergleich standhalten.

(Prof. Dr. Bischoff)

# 16. Der Spendenabzug im Ertragsteuerrecht

## I. Neuordnung des Spendenrechts ab 2007

Das steuerliche Spendenrecht wurde durch das Gesetz zur Stärkung des bürgerschaftlichen Engagements (Gemeinnützigkeitsreform) rückwirkend zum 01.01.2007 grundlegend reformiert. Unter dem Oberbegriff „Zuwendungen" können bei Vorliegen der entsprechenden Voraussetzungen Spenden und Mitgliedsbeiträge als Sonderausgaben geltend gemacht werden.

## II. Begriff der Zuwendungen

Zuwendungen i. S. des § 10 b EStG bzw. § 9 Abs. 1 Nr. 2 KStG sind Ausgaben, die von einem Stpfl. freiwillig und ohne Gegenleistung (unentgeltlich) zur Förderung gemeinnütziger, mildtätiger oder kirchlicher Zwecke (§§ 52–54 AO) geleistet werden. Dabei umfasst der Ausgabenbegriff „abfließende Güter in Geld oder Geldeswert" aber auch Sachzuwendungen und die Zuwendung von gebrauchten Wirtschaftsgütern. Nicht umfasst sind Nutzungen und Leistungen. Die Freiwilligkeit einer Ausgabe ist regelmäßig gegeben, wenn sie ohne rechtliche Verpflichtung geleistet wird. Die Zuwendung muss zudem unentgeltlich geleistet werden. Ab dem VZ 2007 ist die bis dahin problematische Abgrenzung zu nicht abziehbaren Mitgliedsbeiträgen in § 10 b Abs. 1 Satz 3 EStG gesetzlich geregelt.

## III. Zuwendungen an bestimmte Körperschaften für steuerbegünstigte Zwecke

Zuwendungen müssen der Förderung steuerbegünstigter Zwecke von Körperschaften i. S. des § 51 AO, die ihrerseits diese Zwecke selbstlos, ausschließlich und unmittelbar verfolgen, dienen. Welche Zwecke als steuerbegünstigt zu charakterisieren sind, ist §§ 52–54 AO zu entnehmen. Die dort genannten Zwecke lassen sich in drei Gruppen einteilen. Als erste Gruppe sind gemeinnützige Zwecke (§ 52 Abs.1 AO) zu nennen, wonach ein Zweck dann als gemeinnützig gilt, wenn durch deren Erfüllung die Allgemeinheit auf materiellem, geistigem oder sittlichem Gebiet selbstlos gefördert wird. In § 52 Abs. 2 AO sind die anerkannten Förderungsarten der Allgemeinheit abschließend aufgeführt. Als zweite Gruppe sind mildtätige Zwecke (§ 53 AO) zu nennen. Hierunter fallen Tätigkeiten, die ausschließlich und unmittelbar auf die selbstlose Unterstützung bedürftiger Personen, die die Voraussetzungen des § 53 Nr. 1–2 AO erfüllen, gerichtet sind. Als dritter steuerbegünstigter Zweck gilt der kirchliche Zweck (§ 54 AO). Danach verfolgt eine Körperschaft kirchliche Zwecke, wenn ihre Tätigkeit darauf gerichtet ist, eine Religionsgemeinschaft, die Körperschaft des öffentlichen Rechts ist, durch die in § 54 Abs. 2 AO exemplarisch genannten Tätigkeiten selbstlos zu fördern.

## IV. Abzugsbegrenzungen

Zuwendungen sind – unabhängig davon, welcher Zweck im Einzelnen gefördert wird – nach § 10 b Abs. 1 EStG bis zu 20 % des Gesamtbetrags der Einkünfte als Sonderausgaben abzugsfähig. Alternativ können Spender mit Gewinneinkünften 4 ‰ aus der Summe der gesamten Umsätze und der im Kalenderjahr aufgewendeten Löhne und Gehälter abziehen. Zuwendungen über diesen Höchstbeträgen werden auf die folgenden Veranlagungszeiträume übertragen und dort – wiederum im Rahmen der Höchstbeträge – als Sonderausgaben berücksichtigt (Spendenvortrag).

## V. Sonderformen von Zuwendungen

Zuwendungen an Stiftungen des öffentlichen Rechts und an steuerbefreite Stiftungen des privaten Rechts, die einen steuerbegünstigten Zweck verfolgen, können in den Vermögensstock einer Stiftung im Jahr der Zuwendung und in den folgenden neun Jahren auf Antrag abgezogen werden (§ 10 b Abs. 1 a EStG mit der Obergrenze von 1,0 Mio. Euro). Für Spenden an politische Parteien nach dem Parteiengesetz gewährt § 10 b Abs. 2 EStG i. V. m. § 34 g EStG bis zur Höhe von 1.650 Euro, bei zusammenveranlagten Ehegatten bis zur Höhe von 3.300 Euro, eine Tarifermäßigung von 50 % dieser Zuwendungen. Darüber hinausgehende Zuwendungen können bis zum Höchstbetrag von 1.650/3.300 Euro als Sonderausgaben abgezogen werden.

## VI. Formvorschriften

Die steuerliche Berücksichtigung von Zuwendungen ist an die Einhaltung bestimmter Formalien in Bezug auf den Empfänger der Zuwendung, den Spendenweg und die Art der Empfangsbestätigung geknüpft. Nach § 10 b Abs. 1 EStG muss die Zuwendung an eine inländische juristische Person des öffentlichen Rechts oder eine inländische öffentliche Dienststelle oder an einen in § 5 Abs. 1 Nr. 9 KStG bezeichneten Zuwendungsempfänger adressiert sein. Jeder dieser Zuwendungsempfänger muss befugt sein, selbst unmittelbar Zuwendungen entgegenzunehmen und hierüber Zuwendungsbestätigungen (Spendenbescheinigungen) auszustellen. Hinsichtlich der Zuwendungsbestätigung hat das BMF verbindliche Muster veröffentlicht, deren Verwendung zwingende Voraussetzung für den Spendenabzug (§ 50 Abs. 1 EStDV) ist. In bestimmten Spendensituationen kann das Erfordernis einer Spendenbescheinigung entfallen. Bei Zuwendungen in Katastrophenfällen oder bei Zuwendungen, die den Betrag von 200 Euro nicht übersteigen, reicht der Einzahlungsbeleg aus. Für unzutreffende Zuwendungsbestätigungen haftet vorrangig der Zuwendungsempfänger (§ 10 b Abs. 4 Satz 4 EStG). Die Haftungssumme beträgt 30 % der Zuwendung. Die Inanspruchnahme der handelnden Personen erfolgt nur bei erfolgloser Haftung gegenüber dem Zuwendungsempfänger.

## VII. Gewerbesteuerliche Abgrenzungen

Anders als bei der Einkommensteuer sind bei der Gewerbesteuer Mitgliedsbeiträge und Spenden an politische Parteien nicht abziehbar. Von dieser Ausnahme abgesehen, sind Zuwendungen auch gewerbesteuerlich abzugsfähig. Im Übrigen gelten die Sonderbestimmungen des EStG und des KStG für Sachzuwendungen und für Aufwendungen zugunsten einer spendenberechtigten Einrichtung auch bei der Gewerbesteuer entsprechend.

(Dr. Kieffer)

## 17. Die Besteuerung von Land- und Forstwirten

### Einleitung

Die Besteuerung der Land- und Forstwirte nimmt in allen wichtigen Steuergesetzen eine besondere Stellung ein. So existiert z. B. im Einkommensteuerrecht eine eigene Einkunftsart, im Bewertungsrecht wird die Ermittlung der Einheitswerte besonders geregelt, und nach dem Umsatzsteuergesetz unterliegen die Land- und Forstwirte einer besonderen Besteuerung. Diese Besonderheiten sind so vielfältig, dass im Rahmen dieser Ausführungen nur die wichtigsten Aspekte im Überblick behandelt werden können.

### I. Einkommensteuer

#### 1. Personen, die unter die Einkunftsart Land- und Forstwirtschaft fallen

Land- und Forstwirtschaft (LaFoWi) kann entweder im Rahmen eines land- und forstwirtschaftlichen Betriebes oder als Gewerbebetrieb ausgeübt werden. Daher führt sie entweder zu Einkünften nach §§ 13 bis 14 a EStG oder nach § 15 EStG. Die folgenden Ausführungen beziehen sich nur auf §§ 13 bis 14 a EStG.

#### 2. Umfang der Einkünfte

Die unter LaFoWi fallenden Einkünfte sind in § 13 Abs. 1 EStG aufgeführt. Es handelt sich hierbei hauptsächlich um Erträge aus Feldwirtschaft, Tierhaltung und Forstwirtschaft. Ebenso zählen hierzu Nebenbetriebe, die dem Hauptbetrieb dienen, wie z. B. Kiesgruben.

Von besonderer Bedeutung ist die Abgrenzung der Einkünfte aus LaFoWi zu Einkünften anderer Einkunftsarten, insbesondere aus Gewerbebetrieb und zur Liebhaberei.

Einkünfte aus Gewerbebetrieb liegen dann vor, wenn der LaFoWi-Betrieb unter § 2 GewStG fällt. Dies ist gegeben bei Gewerbebetrieben kraft Rechtsform und bei Einzelunternehmen und Personengesellschaften, wenn neben dem LaFoWi-Betrieb ein Gewerbe betrieben wird und die gesamte Tätigkeit als gewerblich angesehen werden muss.

Liebhaberei liegt vor, wenn die Land- und Forstwirtschaft nicht aus wirtschaftlichen, mit Gewinnerzielungsabsicht verbundenen, sondern aus persönlichen Gründen erfolgt. Sie wird angenommen, wenn voraussichtlich zwischen Gründung (Erwerb) und Beendigung des Betriebes kein Totalgewinn erzielt werden kann. Die Qualifizierung der LaFoWi als Liebhaberei führt dazu, dass Verluste nicht mit anderen positiven Einkünften ausgeglichen werden können.

#### 3. Gewinnermittlung

Es kommen im Wesentlichen folgende Gewinnermittlungsmethoden in Betracht:

- § 4 Abs. 1 EStG: für Landwirte, die zur Führung von Büchern verpflichtet sind, da sie die Grenzen des § 141 AO überschreiten.
- § 13 a EStG: Ermittlung nach Durchschnittssätzen für kleinere Land- und Forstwirte, auch wenn sie freiwillig Bücher führen (auf Antrag nach § 4 Abs. 1 oder § 4 Abs. 3 EStG möglich).
- § 4 Abs. 1 EStG: für Landwirte, die nicht unter § 13 a EStG fallen und freiwillig Bücher führen.
- § 4 Abs. 3 EStG: für Landwirte, die nicht unter § 13 a EStG fallen und die nicht freiwillig Bücher führen.

Sofern der Gewinn nach § 4 Abs. 1 oder § 4 Abs. 3 EStG ermittelt wird, sind folgende Besonderheiten zu beachten:

Es gilt grundsätzlich ein abweichendes Wirtschaftsjahr vom 01.07 bis 30.06.

Bei der Gewinnermittlung nach § 4 Abs. 1 EStG ist gewillkürtes Betriebsvermögen möglich.

Die überwiegende Anzahl der LaFoWi-Betriebe, insbesondere Klein- und Nebenbetriebe, unterliegt der Ermittlung des Gewinns nach Durchschnittssätzen gem. § 13 a EStG. Es handelt sich hierbei um eine pauschalierte Methode, die sich nach dem Hektarwert der selbst bewirtschafteten Fläche richtet. Sie ist vorzunehmen, wenn

1. der Stpfl. nicht zur Führung von Büchern verpflichtet ist,
2. die selbst bewirtschaftete Fläche der landwirtschaftlichen Nutzung ohne Sonderkulturen nicht 20 Hektar überschreitet,
3. die Tierbestände insgesamt 50 Vieheinheiten nicht übersteigen,
4. der Wert der selbst bewirtschafteten Sondernutzungen nicht mehr als 2.000 DM je Sondernutzung beträgt.

### 4. Veräußerung

Für die Veräußerung von land- und forstwirtschaftlichen Betrieben gelten grundsätzlich die Regelungen des § 16 EStG. Für kleine Betriebe wird in § 14 a EStG die ermäßigte Besteuerung von Gewinnen erweitert.

### II. Erbschaftsteuer

Im Rahmen der Erbschaftsteuer sind insbesondere die Vorschriften zur Bewertung des LaFoWi-Vermögens nach §§ 158–175 BewG zu beachten. Die Bewertung erfolgt getrennt für den Wirtschaftsteil, die Betriebswohnungen und die Wohneinheiten. Zur Ermittlung des Wirtschaftsteils wird der nachhaltige Reingewinn kapitalisiert. Dabei wird nicht der individuelle Reingewinn angesetzt, sondern in einem typisierenden Verfahren mit Hilfe von Anlage 14 des BewG festgestellt. In jedem Fall ist ein Mindestwert anzusetzen, der ebenfalls in einem typisierenden Verfahren ermittelt wird.

Die unentgeltliche Übertragung von LaFoWi-Vermögen ist grundsätzlich erbschaft- bzw. schenkungsteuerpflichtig, doch gelten wie beim Betriebsvermögen großzügige Verschonungsregeln (§ 13 b ErbStG). Da LaFoWi-Vermögen i. d. R. kein Verwaltungsvermögen hat und nur weniger als 10 Mitarbeiter beschäftigt werden, lässt sich bei einer 7-jährigen Betriebsfortführung der 85 %ige bzw. bei einer 10-jährigen Betriebsfortführung der 100 %ige Verschonungsabschlag erreichen.

### III. Umsatzsteuer

Nach § 24 UStG unterliegen die land- und forstwirtschaftlichen Betriebe einer Besteuerung nach Durchschnittssätzen. Der Steuersatz beträgt i. d. R. 5,5 %. Die Vorsteuern werden ebenfalls mit 5,5 % pauschaliert, sodass eine Zahllast für den land- und forstwirtschaftlichen Betrieb nicht entsteht. Eine Option zur Regelbesteuerung ist möglich.

### IV. Schluss

Wie zu Beginn der Ausführung erwähnt, konnte die Besteuerung der Land- und Forstwirte nur im Überblick behandelt werden. Zahlreiche Einzelaspekte mussten unberücksichtigt bleiben, so z. B. die Besteuerung bei Betriebsverpachtung und die Nießbrauchsbesteuerung.

(Dr. Kieffer)

## 18. Die einkommensteuerliche Behandlung des Nießbrauchs an Privatgrundstücken

### I. Grundlegung

Unter Nießbrauch versteht man das nicht übertragbare, unvererbliche und dingliche Recht, umfassende Nutzungen aus einem Gegenstand zu ziehen. Der Nießbrauch kann zum einen vom Eigentümer zugunsten der Berechtigten bestellt werden. Dies wird als Zuwendungsnießbrauch bezeichnet. Zum anderen kann der Nießbrauch bei Substanzübertragung des Grundstücks vom bisherigen Eigentümer „zurückbehalten" werden. In diesem Fall spricht man von Vorbehaltsnießbrauch. Die steuerliche Anerkennung des Nießbrauchs setzt die zivilrechtlich wirksame Bestellung sowie die tatsächliche Durchführung der getroffenen Vereinbarungen voraus.

Zu den ertragsteuerlichen Folgen des Nießbrauchs an Privatgrundstücken nimmt die Verwaltung im BMF-Schreiben vom 24.07.1998 (sog. Nießbraucherlass) umfassend Stellung.

### II. Der Zuwendungsnießbrauch

Nach dem Nießbraucherlass kann der Zuwendungsnießbrauch entgeltlich, teilweise entgeltlich oder unentgeltlich sein. Ein entgeltlicher Zuwendungsnießbrauch liegt vor, wenn der Wert der Nutzungsüberlassung dem Wert der Gegenleistung entspricht. Bei Verträgen zwischen fremden Dritten ist nach dem Erlass grundsätzlich von Entgeltlichkeit auszugehen, sofern Leistungen und Gegenleistungen nicht in einem deutlichen Missverhältnis stehen. Bei nahen Angehörigen sind die jeweils zu erbringenden Leistungen gegenüberzustellen. Sind die Leistungen nicht nach wirtschaftlichen Gesichtspunkten abgewogen, ist von einem teilweise entgeltlich bestellten Nießbrauch auszugehen. Wenn der Wert der Leistung weniger als 10 % des Wertes des Nießbrauchs beträgt, kann regelmäßig nicht mehr von einer Gegenleistung ausgegangen werden. In diesem Fall liegt ein unentgeltlicher Nießbrauch vor.

#### 1. Der entgeltliche Zuwendungsnießbrauch

Ein **Nießbraucher,** der aufgrund des Nießbrauchs ein Haus oder eine Wohnung ausschließlich selbst nutzt, hat wie jeder „normale" selbst nutzende Eigentümer seit dem Wegfall der Nutzungswertbesteuerung keine Einkünfte aus Vermietung und Verpachtung und folglich keine Werbungskosten aus diesem Objekt. Auch ein Sonderausgabenabzug nach § 10 e EStG bzw. eine Zulage nach dem Eigenheimzulagengesetz kommt nicht in Betracht, da der Nießbraucher nicht Eigentümer des Hauses oder der Wohnung ist.

Vermietet er den Wohnraum, so hat er Einnahmen aus Vermietung und Verpachtung und kann die ihm im Zusammenhang mit der Vermietung entstehenden Aufwendungen als Werbungskosten geltend machen. Hierzu zählen auch die Aufwendungen für den Erwerb des Nießbrauchs, die im Wege der AfA nach § 7 Abs. 1 EStG auf die voraussichtliche Nutzungsdauer zu verteilen sind.

Beim **Eigentümer** ist das für die Bestellung des Nießbrauchs gezahlte Entgelt im Jahr des Zuflusses als Einnahme aus Vermietung und Verpachtung zu erfassen. Erhält der Eigentümer Einnahmen für den Nießbrauch von mehr als fünf Jahren im Voraus, so kann er sie auf Antrag insgesamt gleichmäßig auf den Zeitraum verteilen, für den die Vorauszahlung geleistet wird. Andererseits kann er seine Aufwendungen für das Grundstück und die AfA auf das Gebäude als Werbungskosten geltend machen.

## 2. Der unentgeltliche Zuwendungsnießbrauch

Bei der Vermietung des Objekts hat der **Nießbraucher** bei unentgeltlichem Zuwendungsnießbrauch Einkünfte aus Vermietung und Verpachtung.

Nach dem Nießbraucherlass (Tz. 21) kann der Nießbraucher als Werbungskosten nur Aufwendungen abziehen, soweit er nach den vertraglichen Regelungen die Lasten zu tragen hat. Nicht als Werbungskosten abzugsfähig sind beim Nießbraucher insbesondere die AfA auf das Gebäude und die AfA auf das Nutzungsrecht.

Dem **Eigentümer** sind keine Einnahmen aus dem nießbrauchbelasteten Grundstück zuzurechnen. Dies hat zur Folge, dass die von ihm getragenen Grundstücksaufwendungen und die Gebäude-AfA nicht als Werbungskosten berücksichtigt werden können. Im Ergebnis lässt sich somit feststellen, dass beim unentgeltlichen Nießbrauch ein Teil der Aufwendungen und die AfA auf das Gebäude weder beim Nießbraucher noch beim Eigentümer einkommensteuerlich berücksichtigt werden können.

Dem Eigentümer kann bei Selbstnutzung durch den Nießbraucher die Eigenheimzulage gewährt werden, wenn der Nießbraucher naher Angehöriger nach § 15 AO des Eigentümers ist.

## III. Vorbehaltsnießbrauch

Beim Vorbehaltsnießbrauch kann im Gegensatz zum Zuwendungsnießbrauch die Frage nach entgeltlicher oder unentgeltlicher Bestellung nicht auftreten, da die Bestellung des Vorbehaltsnießbrauchs keine Gegenleistung des neuen Eigentümers (Erwerbers) ist, unabhängig davon, ob das Grundstück veräußert oder unentgeltlich übertragen wird.

Wie beim unentgeltlichen Zuwendungsnießbrauch hat der **Vorbehaltsnießbraucher** bei Fremdvermietung Einnahmen aus Vermietung und Verpachtung. Als Werbungskosten kann er die AfA auf das Gebäude geltend machen. Darüber hinaus kann er die von ihm getragenen Aufwendungen als Werbungskosten berücksichtigen, soweit er dazu vertraglich verpflichtet ist. Nicht berücksichtigungsfähig ist dagegen die AfA auf das Nutzungsrecht.

Nutzt der Vorbehaltsnießbraucher das Grundstück zu eigenen Wohnzwecken, ist die Gewährung der Eigenheimzulage regelmäßig ausgeschlossen.

Dem **Eigentümer** sind beim Vorbehaltsnießbrauch keine Einnahmen aus Vermietung und Verpachtung zuzurechnen. Folglich kann er auch keine Aufwendungen auf das Grundstück und keine AfA auf das Gebäude als Werbungskosten berücksichtigen.

Ist der Nießbrauch erloschen, so kann der Eigentümer (bei Fremdvermietung) AfA geltend machen. Wurde das Privatgrundstück unentgeltlich unter Vorbehalt des Nießbrauchs übertragen, bemessen sich die AfA nach den Anschaffungskosten des Eigentümers, wobei das AfA-Volumen um die auf den Zeitraum zwischen Anschaffung des Grundstücks und dem Erlöschen des Nießbrauchs entfallenden AfA-Beträge zu kürzen ist.

Im Gegensatz dazu ist bei einer unentgeltlichen Übertragung des Grundstücks unter Vorbehalt des Nießbrauchs nach dem Erlöschen des Nießbrauchs die AfA-Bemessungsgrundlage nach § 11 d EStDV zu ermitteln, wobei das AfA-Volumen um die AfA zu kürzen ist, die der Vorbehaltsnießbraucher während des Bestehens des Vorbehaltsnießbrauchs in Anspruch genommen hat.

(Prof. Dr. Bischoff)

# 19. Hinzurechnungen und Kürzungen bei der Ermittlung des Gewerbeertrags

## I. Grundlagen

Ausgangsgröße für die Ermittlung des Gewerbeertrags ist der nach den Vorschriften des EStG oder KStG ermittelte Gewinn aus Gewerbebetrieb. Der Gewerbesteuer unterliegt jedoch nur der bestehende Gewerbebetrieb. Als Objektsteuer soll die Gewerbesteuer die Ertragskraft des Gewerbebetriebs unabhängig davon erfassen, ob mit eigenen oder fremden Mitteln oder Wirtschaftsgütern gewirtschaftet wird. Um nun diesen Anforderungen gerecht zu werden, sehen die §§ 8, 9 GewStG sowohl Hinzurechnungen als auch Kürzungen vor, nach deren Berücksichtigung sich der Gewerbeertrag ergibt.

## II. Hinzurechnungen

Eine wesentliche Hinzurechnungsvorschrift ist § 8 Nr. 1 GewStG. Für die dort unter den Buchst. a bis f aufgeführten Aufwendungen erfolgt eine Hinzurechnung in Höhe von einem Viertel, soweit die Summe den Betrag von 100.000 Euro übersteigt. Nach § 8 Nr. 1 a GewStG unterliegen der Hinzurechnung sämtliche **Entgelte für Schulden** unabhängig von Laufzeit oder Entstehung (vgl. BMF-Schreiben vom 04.07.2008, BStBl 2008 I S. 730). Schuldentgelte sind die Gegenleistung für die Zurverfügungstellung von Fremdkapital. Als Schuldentgelte gelten auch der Aufwand aus nicht dem gewöhnlichen Geschäftsverkehr entsprechend gewährten Skonti und vergleichbaren Vorfälligkeitsnachlässen. Abschläge bei der Forfaitierung stellen ebenfalls Schuldentgelte dar. Nicht als Schuldentgelte zu berücksichtigen sind z. B. Abzinsungen gem. § 6 Abs. 1 Nr. 3 und 3 a EStG, Zahlungen bei Zins-Swap-Geschäften, die nicht mit dem kreditgebenden Institut geschlossen werden, Teilwertabschreibungen und Avalgebühren. **Renten und dauernde Lasten** unterliegen nach § 8 Nr. 1 b der Hinzurechnung. Dies gilt unabhängig von der Entstehung und davon, ob die Zahlungen auch beim Leistungsempfänger der Gewerbesteuer unterliegen. Ausgenommen von der Hinzurechnung sind Pensionszahlungen aufgrund einer unmittelbar vom Arbeitgeber erteilten Versorgungszusage. Nach § 8 Nr. 1 c sind **Gewinnanteile des stillen Gesellschafters** der Ausgangsgröße hinzuzurechnen. Die Hinzurechnung tritt auch dann ein, wenn die Zahlungen beim stillen Gesellschafter ebenfalls der Gewerbesteuer unterliegen. **Miet- und Pachtzinsen (einschließlich Leasingraten)** sind i. H. von 20 % anzusetzen, soweit sie für die Nutzung von beweglichen Wirtschaftsgütern des Anlagevermögens geleistet werden, die im Eigentum eines anderen stehen (§ 8 Nr. 1 d). Entsprechende Entgelte für die Nutzung von unbeweglichen Wirtschaftsgütern des Anlagevermögens sind i. H. von 50 % zu berücksichtigen (§ 8 Nr. 1 e). Nach § 8 Nr. 1 f ist ein Viertel der Aufwendungen für **zeitlich überlassene Rechte** (z. B. Lizenzen) hinzuzurechnen.

Nach § 8 Nr. 4 sind die **Gewinnanteile persönlich haftender Gesellschafter einer KGaA** hinzuzurechnen, die nicht auf das Grundkapital gemachte Einlagen betreffen. Sie erhöhen die Ausgangsgröße, da nach § 9 Abs. 1 Nr. 1 KStG der auf den Komplementär entfallende Gewinnanteil bzw. die Tantieme das körperschaftliche Einkommen gemindert haben. Die nach dem Teileinkünfteverfahren bzw. gem. § 8 b Abs. 1 KStG außer Ansatz bleibenden **Gewinnanteile** werden nach § 8 Nr. 5 hinzugerechnet, soweit es sich nicht um Schachteldividenden (§ 9 Nr. 2 a oder Nr. 7 GewStG) handelt.

Zur Vermeidung einer doppelten Erfassung von Verlusten sind gem. § 8 Nr. 8 GewStG die **Verlustanteile aus der Beteiligung an einer Personengesellschaft** wieder hinzuzurechnen, soweit sie bei der Ermittlung des Gewinns des Gesellschafters in Abzug gebracht worden sind. Bei den der Körperschaftsteuer unterliegenden Gewerbebetrieben sind die gem. § 9 Abs. 1 Nr. 2 KStG in Abzug gebrachten Spenden wieder hinzuzurechnen. Ausschüttungsbedingte Teilwertabschreibungen sowie Veräußerungs- bzw. Liquidationsverluste, denen schachtelbegünstigte Gewinnausschüttungen oder organschaftliche Gewinnabführungen vorausgegangen sind, werden dem Gewerbeertrag hinzugerechnet. Ausländische Steuern, die bei der Ermittlung der Einkünfte abgezogen wurden, werden hinzugerechnet, soweit sie auf freigestellte Gewinne entfallen.

### III. Kürzungen

Die Kürzungsvorschriften sind nur zum Teil durch den Objektcharakter der Gewerbesteuer begründet. Häufig verkörpern sie Befreiungsvorschriften, da bestimmte Teile des Gewerbeertrags nicht doppelt bzw. gar nicht erfasst werden sollen.

In § 9 Nr. 1 GewStG ist eine Kürzung für den zum Betriebsvermögen gehörenden und nicht von der Grundsteuer befreiten eigenen **Grundbesitz** vorgesehen, um eine Doppelbelastung sowohl mit Grund- als auch mit Gewerbesteuer zu vermeiden. Grundsätzlich beläuft sich die Kürzung auf 1,2 % des – gem. § 121 a BewG um 40 % erhöhten – Einheitswerts der Betriebsgrundstücke (§ 9 Nr. 1 Satz 1 GewStG). Daneben ist die erweiterte Kürzung für Wohnungsverwaltungsunternehmen vorgesehen. Diese umfasst den Teil des Gewerbeertrags, der auf die Verwaltung und Nutzung des eigenen Grundbesitzes entfällt (§ 9 Nr. 1 Satz 2 GewStG). Diese Vergünstigung ist ausgeschlossen, wenn der Grundbesitz ganz oder zum Teil dem Gewerbebetrieb eines Gesellschafters oder dem Gewerbebetrieb einer Personengesellschaft, an der der Gesellschafter beteiligt ist, dient. Die Kürzung ist nach § 9 Nr. 1 Satz 5 Nr. 1 a GewStG auch ausgeschlossen, soweit der Gewerbeertrag Sondervergütungen i. S. von § 15 Abs. 1 Satz 1 Nr. 2 EStG enthält, die der Gesellschafter von der Gesellschaft für seine Tätigkeit im Dienst der Gesellschaft oder für die Hingabe von Darlehen oder für die Überlassung von Wirtschaftsgütern, mit der Ausnahme der Überlassung von Grundbesitz, bezogen hat. Weiterhin sind die im Gewinn aus Gewerbebetrieb enthaltenen **Anteile am Gewinn aus der Beteiligung an einer Personengesellschaft** abzuziehen (§ 9 Nr. 2 GewStG). Diese Vorschrift korrespondiert mit der Hinzurechnungsvorschrift des § 8 Nr. 8 GewStG. Gleiches gilt auch, wenn zum Gewerbebetrieb Anteile an einer deutschen Kapitalgesellschaft gehören. § 9 Nr. 2 a GewStG sieht die Kürzung von **Gewinnen aus der Beteiligung an einer inländischen nicht steuerbefreiten Kapitalgesellschaft** vor, an der das Unternehmen seit Beginn des Erhebungszeitraums mindestens zu 15 % am Grund- oder Stammkapital beteiligt ist. **Gewinne aus Anteilen an ausländischen Kapitalgesellschaften** sind unter den gleichen Voraussetzungen zu kürzen, wenn die ausländische Kapitalgesellschaft ihre Bruttoerträge ausschließlich oder fast ausschließlich aus unter § 8 Abs. 1 Nr. 1 bis 6 AStG fallenden Tätigkeiten oder aus Beteiligungen an Gesellschaften bezieht, an deren Nennkapital sie seit mindestens zwölf Monaten zu mindestens einem Viertel unmittelbar beteiligt ist. Die nach § 8 Nr. 4 GewStG hinzugerechneten Tantiemen u. a. werden gekürzt, wenn sie bei der Ermittlung des Gewinns angesetzt worden sind (z. B. bei Beteiligung im Betriebsvermögen).

Der Gewerbebetrieb soll nur insoweit der Gewerbesteuer unterliegen, als er im Inland belegen ist. Daher ist nach § 9 Nr. 3 GewStG der Teil des gesamten Gewerbeertrags, der auf **nicht im Inland belegene Betriebsstätten** entfällt, von der Ausgangsgröße zu kürzen. Besonderheiten gelten für den Betrieb von Handelsschiffen im internationalen Verkehr. § 9 Nr. 5 GewStG sieht die Kürzung von Spenden vor.

(Dr. Lenz)

# 20. Die Abgeltungsteuer

## I. Begriff und Wirkung der Abgeltungsteuer

Mit der Einführung der Abgeltungsteuer ab 2009 wurde die Besteuerung von Kapitalanlagen, die natürliche Personen im Privatvermögen halten, vollständig reformiert. Diese Besteuerung ist abgekoppelt von der Besteuerung der übrigen Einkünfte und führt dem Grunde nach nicht mehr zu einer Erklärungspflicht. Durch zahlreiche Sondertatbestände wird dieser Regelfall jedoch zur Ausnahme, sodass Kapitalerträge auch weiterhin häufig zu erklären sind.

Die Abgeltungsteuer i. H. von 25 % zzgl. Solidaritätszuschlag (gesamt 26,37 %) wird grundsätzlich auf alle Kapitalerträge, wie Zinsen, Dividenden, Erträge aus nach 2004 abgeschlossenen Lebensversicherungen, Erträge aus stillen Beteiligungen, erhoben (§ 20 Abs. 1 EStG). Zusätzlich werden ab 2009 auch alle Gewinne und Verluste aus der Veräußerung von privaten Kapitalanlagen (z. B. Aktien, festverzinsliche Wertpapiere, Fondsanteile, Zertifikate, Termingeschäfte) besteuert (§ 20 Abs. 2 EStG). Bis 2009 waren solche Veräußerungen nur im Rahmen der Spekulationsgeschäfte steuerpflichtig.

Mit Einführung der Abgeltungsteuer wurde der Werbungskostenabzug bei den laufenden Einkünften vollständig gestrichen. Abzugsfähig sind nur noch Anschaffungs- und Veräußerungskosten bei Veräußerungsgewinnen. Außerdem wurde ein einheitlicher Sparer-Pauschbetrag von 801 Euro für Stpfl. (1.602 Euro für zusammenveranlagte Ehegatten) eingeführt. Die Abgeltungsteuer wird durch Steuerabzug an der Quelle durch die Kreditinstitute erhoben. Sie ist grundsätzlich mit dem Steuerabzug abgegolten.

## II. Ausnahmen

Folgende Kapitaleinkünfte unterliegen dem individuellen Steuersatz:

- Zinsen von Darlehen unter nahestehenden Personen,
- Zinsen aus Back-to-Back-Finanzierungen,
- Zinsen von Gesellschafterdarlehen an Kapitalgesellschaften, wenn die Beteiligung über 10 % beträgt und
- Erträge aus bestimmten Lebensversicherungen.

Weiterhin besteht ein Optionsrecht für Gesellschafter, die zu mindestens 25 % an einer Kapitalgesellschaft beteiligt sind, bei Ausschüttungen anstelle der Abgeltungsteuer die Besteuerung zum Teileinkünfteverfahren zu wählen. In diesem Falle werden die Ausschüttungen mit 60 % zum individuellen Steuersatz versteuert. Der Gesellschafter kann dann auch einen anteiligen Werbungskostenabzug i. H. von 60 % vornehmen. Dieses Optionsrecht steht auch Gesellschaftern zu, die mit mindestens 1 % beteiligt und gleichzeitig für die Kapitalgesellschaft beruflich tätig sind.

## III. Verlustverrechnung

Verluste, die unter der Abgeltungsteuer entstehen, können grundsätzlich mit Gewinnen aus der Abgeltungsteuer verrechnet werden. Dies gilt nicht für Aktienverkäufe; Verluste aus Aktienverkäufen können nur mit Gewinnen aus Aktienverkäufen verrechnet werden. Eine Verrechnung von Verlusten, die unter der Abgeltungsteuer entstehen, mit anderen Einkunftsarten ist nicht zulässig.

Zum Zwecke der Verlustverrechnung führen die Banken Verlustverrechnungstöpfe, in denen die entstandenen Verluste vorgetragen werden. Bei abgeltungsteuerpflichtigen Gewinnen werden diese mit dem Verlustverrechnungstopf verrechnet und die Abgeltungsteuer erstattet.

## IV. Übergangsregelungen

Mit dem Systemwechsel der Besteuerung von Kapitaleinkünften sind zahlreiche Übergangsregelungen geschaffen worden. Insbesondere ist darauf hinzuweisen, dass vor dem 01.01.2009 erworbene Wertpapiere Bestandsschutz genießen. Sofern sie außerhalb der Spekulationsfrist von einem Jahr veräußert werden, kann der Veräußerungsgewinn steuerfrei vereinnahmt werden. Für Zertifikate gelten Sonderregeln.

Spekulationsverluste, die bis zum 31.12.2008 entstanden sind (sog. „Altverluste"), können bis zum 31.12.2013 mit Veräußerungsgeschäften, die unter der Abgeltungsteuer entstehen, verrechnet werden.

## V. Veranlagungsverfahren

Grundsätzlich gilt die Besteuerung der Kapitaleinkünfte durch den Steuereinbehalt als abgegolten. Da die Abgeltungsteuer jedoch technisch nicht immer einbehalten werden kann und zahlreiche Ausnahmetatbestände existieren, ist häufig eine Veranlagung vorzunehmen. Es sind vier Veranlagungsverfahren denkbar:

**1. Pflichtveranlagung zum individuellen Steuersatz**

Bei Kapitalerträgen, die weiterhin dem individuellen Steuersatz unterliegen, ist eine Pflichtveranlagung zwingend erforderlich.

**2. Pflichtveranlagung zum Abgeltungsteuersatz**

Die Pflichtveranlagung zum Abgeltungsteuersatz ist immer dann erforderlich, wenn die Kapitalertragsteuer nicht einbehalten werden kann. Dies gilt z. B. für Zinsen aus Privatdarlehen bei nicht nahestehenden Personen und insbesondere auch bei Kapitalerträgen aus ausländischen Depots.

**3. Wahlveranlagung zum Abgeltungsteuersatz**

Banken können Spekulationsverluste, die ab 31.12.2008 vorgetragen werden (Altverluste), nicht mit Veräußerungsgewinnen, die unter der Abgeltungsteuer entstehen, verrechnen. In diesem Falle hat der Stpfl. im Rahmen der Wahlveranlagung zum Abgeltungsteuersatz eine Steuererklärung abzugeben. Gleiches gilt, wenn der Stpfl. einen nicht ausgeglichenen Verrechnungstopf einer Depotbank mit Gewinnen aus einer anderen Depotbank verrechnen möchte. In diesem Fall hat der Steuerpflichtige bis zum 15. Dezember eines Kalenderjahres eine Bescheinigung über die nicht verrechneten Verluste bei seinem Kreditinstitut zu beantragen.

**4. Wahlveranlagung zum individuellen Steuersatz**

Eine Wahlveranlagung zum individuellen Steuersatz ist immer dann sinnvoll, wenn der persönliche Steuersatz des Stpfl. niedriger ist als der Abgeltungsteuersatz. Erklärt der Steuerpflichtige seine Kapitaleinkünfte, nimmt das Finanzamt eine Günstigerprüfung vor.

## VI. Schlussbemerkung

Durch die einheitliche steuerliche Behandlung unterschiedlicher Kapitalanlageformen sollte die Besteuerung der Kapitalanlagen einfacher und transparenter werden. Die zahlreichen Ausnahmetatbestände und technischen Probleme führen jedoch dazu, dass dieses Ziel sich häufig ins Gegenteil verkehrt. (Dr. Kieffer)

# 21. Die Abzugsbesteuerung bei Bauleistungen

## I. Grundzüge der Regelung

Mit den §§ 48–48 d EStG wurde eine Quellensteuer für Bauleistungen eingeführt. Zweck des Gesetzes ist es, Schwarzarbeit und illegale Ausländerbeschäftigung im Baugewerbe einzudämmen sowie einen weiteren Steuerabzug einzuführen. Verbunden mit dem Steuerabzug (§§ 48, 48 a–48 d EStG) wurden ein neues Anmeldeverfahren, ein Freistellungsverfahren sowie ein Anrechnungsverfahren eingeführt (vgl. BMF-Schreiben vom 27.12.2002, BStBl 2002 I S. 1399).

§ 48 EStG sieht eine Verpflichtung zur Einbehaltung von 15 % der Gegenleistung für Rechnung des Leistenden bei Erbringung von Bauleistungen durch den Auftraggeber vor. Gegenleistung i. S. des § 48 EStG ist das Entgelt zzgl. Umsatzsteuer. Dabei unterliegen auch Abschlagszahlungen auf die vereinbarte Gegenleistung dem Abzugsverfahren. Der Solidaritätszuschlag wird auf den Steuerabzug nicht erhoben. Der Begriff der Bauleistung knüpft an die Definition der Bauleistung in § 211 Abs. 1 SGB III an und umfasst alle Leistungen, die der Herstellung, Instandsetzung, Instandhaltung, Änderung oder Beseitigung von Bauwerken dienen. In das Abzugsverfahren sind Empfänger von im Inland erbrachten Bauleistungen einbezogen, die Unternehmer i. S. des § 2 UStG oder eine juristische Person des öffentlichen Rechts sind. Es kommt nicht darauf an, ob der Erbringer der Bauleistung im Inland oder im Ausland ansässig ist. Durch die Bezugnahme auf den Unternehmerbegriff i. S. des § 2 UStG werden auch Wohnungsvermieter, die lediglich Einkünfte aus Vermietung und Verpachtung erzielen, mehr als zwei Wohnungen vermieten und nach § 4 Nr. 12 UStG steuerfreie Umsätze tätigen, zur Vornahme des Steuerabzugs verpflichtet. Aus Vereinfachungsgründen muss der Steuerabzug nicht vorgenommen werden, wenn der Leistende dem Leistungsempfänger eine im Zeitpunkt der Gegenleistung gültige Freistellungsbescheinigung i. S. des § 48 b EStG vorlegt oder die Bagatellgrenzen des § 48 Abs. 2 EStG von 15.000 Euro (wenn der Leistungsempfänger ausschließlich steuerfreie Umsätze aus Grundstücksvermietung tätigt) bzw. 5.000 Euro in den übrigen Fällen im laufenden Kalenderjahr voraussichtlich nicht überschritten werden. Bei der Ermittlung der Bagatellgrenzen sind die für denselben Leistungsempfänger erbrachten und voraussichtlich zu erbringenden Bauleistungen zusammenzurechnen.

## II. Auswirkungen für den Leistungsempfänger

Dem Leistungsempfänger, der seiner Verpflichtung zum Steuerabzug i. H. von 15 % nachkommt, wird steuerlich Rechtssicherheit gewährt, indem z. B. der Betriebsausgabenabzug gewährleistet wird. § 160 Abs. 1 Satz 1 AO ist insoweit nicht anwendbar. Falls die erbrachte Leistung als Arbeitnehmerüberlassung gewertet wird, sind die Haftungen des Leistungsempfängers als Entleiher (§ 42 d Abs. 6 und 8 EStG) und die Anwendung des Entleiher-Sicherungsverfahrens (§ 50 a Abs. 7 EStG) insoweit ebenfalls ausgeschlossen.

§ 48 a EStG regelt das Verfahren zur Anmeldung und Abführung des Steuerabzugs durch den Leistungsempfänger. Der Abzugsbetrag ist am zehnten Tag nach Ablauf des Anmeldezeitraums fällig und an das für den Leistenden zuständige Finanzamt für Rechnung des Leistenden abzuführen. Die Anmeldung ist nach amtlich vorgeschriebenem Vordruck abzugeben, in dem der Leistungsempfänger den Steuerabzug selbst zu berechnen hat.

Zur Abführung der Abzugsteuer muss somit zunächst das für den Leistenden zuständige Finanzamt ermittelt werden. Bei ausländischen Unternehmern richtet sich die Zuständigkeit des Finanzamts nach § 20 a Abs. 1, § 21 AO sowie nach § 1 Abs. 1 Umsatzsteuer-Zuständigkeitsverordnung, sodass für ausländische Auftragnehmer einer Nationalität immer dasselbe Finanzamt zuständig ist. Für die im Inland ansässigen Leistenden gelten die allgemeinen Zuständigkeitsvorschriften (§§ 19, 20 und 21 Abs. 1 Satz 1 AO).

Bei Verletzung der Abzugspflicht haftet der Leistungsempfänger gem. § 48 a Abs. 3 EStG. Die Haftung entfällt bei Vorliegen einer Freistellungsbescheinigung, auf deren Rechtmäßigkeit der Leistungsempfänger vertrauen konnte. Dies liegt insbesondere nicht vor, wenn die Freistellungsbescheinigung durch falsche Angaben oder unlautere Mittel erworben wurde und dies dem Leistungsempfänger bekannt oder infolge grober Fahrlässigkeit nicht bekannt war. Ein Verstoß gegen die Einbehaltungs- und Abzugspflicht kann zudem mit einer Geldbuße bis zu 25.000 Euro geahndet werden (§ 380 Abs. 2 AO).

### III. Auswirkungen für den Leistenden

Als Leistender (Auftragnehmer) gilt derjenige, der im Inland eine Bauleistung erbringt. Um nicht eine um 15 % reduzierte Vergütung zu erhalten, ist der Auftragnehmer – außerhalb der Bagatellregelungen – gezwungen, eine Freistellungsbescheinigung zu beantragen. Diese Bescheinigung wird gem. § 48 b Abs. 1 EStG auf Antrag durch das für den Auftragnehmer zuständige Finanzamt erteilt, wenn der zu sichernde Steueranspruch nicht gefährdet erscheint und ein inländischer Empfangsbevollmächtigter bestellt ist. Maßgeblich ist, ob nach der Einschätzung des Finanzamts der Leistende seine steuerlichen Pflichten zuverlässig erfüllt und Sicherungsmaßnahmen deshalb überflüssig sind. Die Freistellungsbescheinigung kann auf eine bestimmte Dauer für Bauleistungen des Antragstellers gewährt oder unter Angabe des Leistungsempfängers auf bestimmte Leistungen beschränkt werden. Die Aufhebung einer Freistellungsbescheinigung, die nur für bestimmte Bauleistungen gilt, ist dem Leistungsempfänger bekannt zu geben. Dieser ist damit nicht mehr schutzwürdig i. S. des § 48 a Abs. 3 EStG.

Die Anrechnung des Steuerabzugs (§ 48 c EStG) beim Leistenden kommt nur in Betracht, wenn der Leistungsempfänger den Abzugsbetrag angemeldet hat. Bei fehlender Abführung des Abzugsbetrags kann das Finanzamt die Anrechnung ablehnen. § 48 c Abs. 1 EStG bestimmt die Reihenfolge der Anrechnung: auf die angemeldete und einbehaltene Lohnsteuer für Arbeitnehmer, auf die Einkommen- bzw. Körperschaftsteuervorauszahlungen, auf die festgesetzte Einkommensteuer bzw. Körperschaftsteuer für den VZ, in dem die Bauleistung erbracht wurde, und auf vom Leistenden selbst abzuführende Abzugsbeträge (z. B. als Generalunternehmer für Subunternehmer). Bei negativer Zahllast ergibt sich grundsätzlich ein Erstattungsanspruch; dies gilt nicht bei der Anrechnung von Vorauszahlungen.

Für den Fall, dass der Leistende im Inland keine steuerlichen Pflichten zu erfüllen hat, kann er die Erstattung des Abzugsbetrags nach § 37 Abs. 2 AO beantragen. Die Frist für den Erstattungsantrag beträgt zwei Jahre, es sei denn, dass in einem Doppelbesteuerungsabkommen eine längere Frist festgelegt ist. Wird der Antrag nicht fristgerecht gestellt, entfällt der Erstattungsanspruch.

In § 48 d EStG wird das Verhältnis der Abzugsbesteuerung zur abkommensrechtlichen Steuerfreistellung geregelt. Die Verpflichtung zum Steuerabzug besteht unabhängig von einem Anspruch auf Steuerbefreiung nach einem Doppelbesteuerungsabkommen. Der Leistende muss eine Freistellungsbescheinigung beantragen oder später die Erstattung des Abzugsbetrags verlangen. (Dr. Lenz)

## 22. Die Zinsschranke im Körperschaftsteuerrecht

### I. Vorbemerkungen

Mit grundsätzlicher Wirkung zum VZ 2008 hat der Gesetzgeber eine gewinnabhängige Zinsabzugsbeschränkung eingeführt (Zinsschranke). Der Regelungen zur Zinsschranke zielen darauf ab, missbräuchliche grenzüberschreitende Gewinnverlagerungen zu vermeiden (z. B. durch eine übermäßige Fremdkapitalausstattung der inländischen Tochtergesellschaft durch die ausländische Muttergesellschaft). Die Grundlagen der Zinsschranke sind in § 4 h EStG verankert. Für Kapitalgesellschaften sieht § 8 a KStG besondere Vorschriften vor. Mit Schreiben vom 04.07.2008 (BStBl 2008 I S. 718) hat das BMF zur Anwendung der Zinsschrankenregelungen Stellung genommen.

### II. Konzeption der Zinsschranke

Die Regelungen zur Zinsschranke gelten für Zwecke der Einkommen- und der Körperschaftsteuer. Sie beschränken den Abzug von Zinsaufwendungen eines Betriebs. Eine Körperschaft verfügt regelmäßig über einen Betrieb i. S. der Zinsschranke. Die Abzugsbeschränkung greift unabhängig davon, ob die Zinsen an einen Gesellschafter oder einen Dritten (z. B. eine Bank) gezahlt werden.

Die Grundregel der Zinsschranke ist in § 4 h Abs. 1 EStG enthalten. Hiernach sind Zinsaufwendungen eines Betriebs in Höhe der Zinserträge abziehbar und darüber hinaus (Nettozinsaufwendungen) nur in Höhe des verrechenbaren EBITDA. Das verrechenbare EBITDA beträgt 30 % des um die Zinsaufwendungen und Abschreibungen erhöhten und um die Zinserträge geminderten maßgeblichen Gewinns (sog. steuerliches EBITDA). Sind die Nettozinsaufwendungen kleiner als das verrechenbare EBITDA, ist das nicht ausgeschöpfte Abzugsvolumen in die folgenden fünf Wirtschaftsjahre vorzutragen (EBITDA-Vortrag). Nettozinsaufwendungen, die das verrechenbare EBITDA übersteigen, sind bis zur Höhe der bestehenden EBITDA-Vorträge abziehbar. Darüber hinausgehende Zinsaufwendungen sind nicht abziehbar und außerbilanziell dem Einkommen hinzuzurechnen. Nicht abziehbare Zinsaufwendungen können zeitlich unbegrenzt vorgetragen werden (Zinsvortrag). Der Zinsvortrag erhöht in den Folgejahren die Zinsaufwendungen, nicht jedoch den maßgeblichen Gewinn und damit nicht die Bemessungsgrundlage für den Zinsabzug. Der Zinsvortrag und der EBITDA-Vortrag sind gesondert festzustellen (§ 4 h Abs. 4 Satz 1 EStG).

Die Regelungen zum EBITDA-Vortrag (§ 4 h Abs. 1 Satz 3 und 4 EStG) sind erstmals auf Wirtschaftsjahre anwendbar, die nach dem 31.12.2009 enden (§ 52 Abs. 12 d Satz 4 EStG). Das verrechenbare EBITDA im VZ 2010 kann auf Antrag um die fiktiv zu ermittelnden EBITDA-Vorträge der VZ 2007 bis VZ 2009 erhöht werden.

Die Zinsschranke ist nicht anzuwenden, wenn einer der in § 4 h Abs. 2 EStG genannten Ausnahmetatbestände greift (Freigrenze, Konzern-Klausel, Escape-Klausel). Betragen die Zinsaufwendungen nach Abzug der Zinserträge weniger als 3 Mio. Euro (Freigrenze), ist die Zinsschranke nicht anwendbar. Die Zinsschranke ist darüber hinaus nicht anzuwenden, wenn der Betrieb nicht oder nur anteilsmäßig zu einem Konzern gehört (Konzern-Klausel). Nach § 4 h Abs. 3 Satz 5 EStG ist ein Betrieb konzernzugehörig, wenn er nach dem maßgeblichen Rechnungslegungsstandard mit einem oder mehreren Betrieben konsolidiert wird oder werden könnte (Unterordnungskonzern). Ein Betrieb gilt darüber hinaus als konzernzugehörig, wenn die Finanz- und Geschäftspolitik mit einem oder mehreren anderen Betrieben einheitlich bestimmt werden kann (Gleichordnungskonzern, § 4 h Abs. 3 Satz 6 EStG). Trotz Konzernzugehörigkeit ist die Zinsschranke nicht anzuwenden, wenn die Eigenkapitalquote des Betriebs die des Konzerns um nicht mehr als 2 Prozentpunkte unterschreitet (Escape-Klausel; für Wirtschaftsjahre, die vor dem 01.01.2010 enden, gilt eine Toleranz-Grenze von 1 Prozentpunkt). Die Eigenkapitalquote ist in § 4 h Abs. 2 Satz 3 EStG legaldefiniert als das Verhältnis des Eigenkapitals zur Bilanzsumme.

### III. Besonderheiten bei Körperschaften
#### 1. Maßgeblicher Gewinn
Bei Körperschaften tritt gem. § 8 a Abs. 1 Satz 1 KStG anstelle des maßgeblichen Gewinns das maßgebliche Einkommen. Als maßgebliches Einkommen einer Körperschaft für Zwecke der Zinsschranke gilt das nach den Vorschriften des EStG und KStG ermittelte Einkommen mit Ausnahme der Regelungen zur Zinsschranke, zum Verlustabzug (§ 10 d EStG) und zum Spendenabzug (§ 9 Abs. 1 Nr. 2 KStG).

#### 2. Keine schädliche Gesellschafterfremdfinanzierung
Die § 8 a Abs. 2 und 3 KStG sehen eine Einschränkung der Konzern-Klausel sowie der Escape-Klausel vor. Die beiden Ausnahmetatbestände sind bei Körperschaften nur anwendbar, wenn keine schädliche Gesellschafterfremdfinanzierung vorliegt. Die Einschränkungen gelten auch bei Mitunternehmerschaften, die einer Kapitalgesellschaft unmittelbar oder mittelbar nachgeordnet sind (§ 4 h Abs. 2 Satz 2 EStG). Eine Kapitalgesellschaft kann sich auf die fehlende Konzernzugehörigkeit nicht berufen, wenn Fremdkapitalvergütungen an einen zu mehr als 25 % beteiligten Anteilseigner oder eine diesem nahestehende Person (i. S. des § 1 Abs. 2 AStG) oder an eine auf diesen rückgriffsberechtigte Person mehr als 10 % der Nettozinsaufwendungen betragen (§ 8 a Abs. 2 KStG). Die Beweislast für das Fehlen einer schädlichen Gesellschafterfremdfinanzierung obliegt dem Stpfl. Nach § 8 a Abs. 3 KStG ist die Escape-Klausel bei Körperschaften nur anwendbar, wenn der Stpfl. für sämtliche in- und ausländischen konzernzugehörigen Rechtsträger nachweist, dass keine schädliche Gesellschafterfremdfinanzierung vorliegt. Die schädliche Gesellschafterfremdfinanzierung bei einer Konzerngesellschaft führt zur Nichtanwendbarkeit der Escape-Klausel für alle Konzerngesellschaften. Der Begriff Gesellschafterfremdfinanzierung entspricht dem in § 8 a Abs. 2 KStG. Zu berücksichtigen sind jedoch nur Vergütungen auf Verbindlichkeiten, die in einem voll konsolidierten Konzernabschluss ausgewiesen sind (§ 8 a Abs. 3 Satz 2 KStG). Im Rahmen der Escape-Klausel liegt eine schädliche Gesellschafterfremdfinanzierung nur vor, wenn das Fremdkapital von außerhalb des Konzerns gewährt wird.

#### 3. Untergang des Zinsvortrags/EBITDA-Vortrags
Der Zinsvortrag und der EBITDA-Vortrag gehen nach § 4 h Abs. 5 Satz 1 EStG unter, wenn der Betrieb aufgegeben oder übertragen wird. In Fällen der Umwandlung geht der Zinsvortrag und der EBITDA-Vortrag nach § 4 Abs. 2 Satz 2 und § 20 Abs. 9 UmwStG nicht auf den übernehmenden Rechtsträger über. Bei einem schädlichen Beteiligungserwerb fällt der Zinsvortrag nach Maßgabe des § 8 c KStG weg (§ 8 a Abs. 1 Satz 3 KStG).

#### 4. Organkreisbetrieb
Ein Organkreis (Organträger und Organgesellschaft) gilt für Zwecke der Zinsschranke als ein Betrieb (§ 15 Satz 1 Nr. 3 Satz 2 KStG). Bei der Organgesellschaft sind die Regelungen zur Zinsschranke nicht anzuwenden. Sind im Einkommen, das dem Organträger zugerechnet wird, Zinsaufwendungen und -erträge enthalten, sind diese beim Organträger in die Berechnung der Zinsschranke einzubeziehen. Die nicht abziehbaren Zinsaufwendungen sind für den gesamten Organkreis zu ermitteln.

(Dr. Lenz)

## 23. Die verdeckte Gewinnausschüttung im Körperschaftsteuerrecht

### I. Begriff

Gemäß § 8 Abs. 3 Satz 2 KStG mindern verdeckte Gewinnausschüttungen (vGA) das Einkommen nicht. Da im Gesetz nicht geregelt ist, was eine vGA ist, war es Aufgabe der Rechtsprechung, hierzu Grundsätze herauszuarbeiten. Eine vGA ist bei einer Kapitalgesellschaft eine Vermögensminderung oder verhinderte Vermögensmehrung, die durch das Gesellschaftsverhältnis veranlasst ist, sich auf den Unterschiedsbetrag nach § 4 Abs. 1 Satz 1 EStG auswirkt und nicht auf einem den gesellschaftsrechtlichen Vorschriften entsprechenden Gewinnverteilungsbeschluss beruht (R 36 Abs. 1 KStR). Eine Veranlassung durch das Gesellschaftsverhältnis liegt dann vor, wenn ein ordentlicher und gewissenhafter Geschäftsleiter die Vermögensminderung oder Vermögensmehrung gegenüber einer Person, die nicht Gesellschafter ist, unter sonst gleichen Umständen nicht hingenommen hätte (H 36 III KStR). Das Verhalten eines ordentlichen und gewissenhaften Geschäftsleiters ist nicht Maßstab, wenn ein Rechtsgeschäft zu beurteilen ist, das nur mit Gesellschaftern abgeschlossen werden kann. Bei Rechtsverhältnissen, die im Rahmen der Erstausstattung einer Kapitalgesellschaft zustande gekommen sind, liegt eine vGA vor, wenn die Gestaltung darauf abstellt, den Gewinn nicht über eine Verzinsung des eingezahlten Kapitals und eine Vergütung für das Risiko des nicht eingezahlten Nennkapitals hinaus zu steigern (H 36 V KStR).

### II. Tatbestandsmerkmale der verdeckten Gewinnausschüttung

Die Vermögensminderung muss durch einen Gesellschafter (bei anderen Körperschaften z. B. ein Genosse oder Mitglied) oder eine Person, die diesem nahesteht, ausgelöst werden. Zuwendungen an nahestehende Personen sind dem Gesellschafter zuzurechnen; dies gilt auch, wenn der Gesellschafter selbst aus der Zuwendung keinen Vorteil hat (BFH-Urteil vom 18.12.1996, BStBl 1997 II S. 301; BMF vom 20.05.1999, BStBl 1999 I S. 514). Als nahestehend gelten solche Personen, zu denen der Gesellschafter in verwandtschaftlichen Beziehungen steht oder in anderer Art und Weise persönlich oder geschäftlich besonders verbunden ist. Auch juristische Personen können nahestehende Personen sein, so z. B. sog. Schwestergesellschaften, also Gesellschaften, an denen dieselben Gesellschafter beteiligt sind.

Der gewährte Vorteil muss zu einer Minderung des Einkommens der Kapitalgesellschaft oder zu einer verhinderten Vermögensmehrung führen. Eine vGA ist nicht nur in Höhe des Betrags anzunehmen, der dem Gesellschafter zufließt; entscheidend ist die Vermögensminderung bzw. die verhinderte Vermögensmehrung, die bei der Kapitalgesellschaft eintritt, soweit sie sich auf die Höhe des Einkommens auswirkt. Wird z. B. eine überhöhte Pensionszusage gewährt, so erfolgt ein Zufluss beim Gesellschafter erst bei Eingang der ersten Pensionszahlung, während bei der Gesellschaft schon die Bildung einer entsprechenden Rückstellung zur Einkommensminderung führt.

Grundsätzlich ist Voraussetzung für das Vorliegen einer vGA ein Leistungsungleichgewicht im Rahmen von Kauf-, Darlehens-, Dienst-, Miet- und Pachtverträgen. Die Rechtsprechung nimmt jedoch in einigen Fällen unabhängig davon eine vGA an. Im Verhältnis zwischen Gesellschaft und **beherrschendem** Gesellschafter ist eine Veranlassung durch das Gesellschaftsverhältnis auch anzunehmen, wenn es an einer zivilrechtlich wirksamen, klaren und im Voraus abgeschlossenen Vereinbarung darüber fehlt, ob und in welcher Höhe ein Entgelt für eine Leistung des Gesellschafters zu zahlen ist. Entsprechendes gilt, wenn nicht einer klaren Vereinbarung gemäß verfahren wird (H 36 III. KStR). Dies gilt auch für eine Befreiung vom Wettbewerbsverbot (BMF-Schreiben vom 04.02.1992, BStBl 1992 I S. 137). In diesen Fällen kommt es darauf an, ob der betreffende Gesellschafter im Zeitpunkt der Vereinbarung oder der Zuwendung allein oder im Zusammenwirken mit anderen einen beherrschenden Einfluss auf die Gesellschaft ausüben konnte (H 36 III KStR). Eine Beherrschung ist stets gegeben, wenn der Gesellschafter die Mehrheit der Stimmrechte besitzt. Stimmrechte von Gesellschaftern, die gleichgerichtete Interessen verfolgen, sind dabei zusammenzurechnen.

Vereinbarungen zwischen dem GF und der von ihm vertretenen GmbH sind außerdem dann steuerlich unbeachtlich, wenn sie gegen das Selbstkontrahierungsverbot (§ 181 BGB) verstoßen. Eine Befreiung vom Selbstkontrahierungsverbot ist nur wirksam, wenn sie in der Satzung geregelt und in das Handelsregister eingetragen ist. Jedoch führt allein die fehlende Handelsregistereintragung nicht zur vGA (BFH-Urteil vom 31.05.1995, BStBl 1996 II S. 246). Die Befreiung führt bei wirksamer Beschlussfassung zur nachträglichen Genehmigung von In-sich-Geschäften. Das steuerrechtliche Rückwirkungsverbot steht dem nicht entgegen, sofern dem Geschäft klare und von vornherein abgeschlossene Vereinbarungen zugrunde liegen (BFH-Urteil vom 23.10.1996, BStBl 1999 II S. 35).

Eine Vorteilsgewährung führt dann nicht zur Annahme einer vGA, wenn die Voraussetzungen für einen **Vorteilsausgleich** gegeben sind. Vorteile und Gegenvorteile müssen rechtlich miteinander verknüpft und insbesondere bei beherrschenden Gesellschaftern die Gegenvorteile dem Grunde und der Höhe nach durch im Voraus getroffene klare und eindeutige Vereinbarungen abgesichert sein.

Die objektive Beweislast für das Vorliegen von vGAs obliegt dem Finanzamt. Die Körperschaft hat aber die objektive Beweislast für die betriebliche Veranlassung geltend gemachter Betriebsausgaben. Sprechen erhebliche Beweisanzeichen für eine Veranlassung durch das Gesellschaftsverhältnis, so sind dem entgegenstehende Umstände von der Körperschaft darzulegen.

### III. Rechtsfolgen der verdeckten Gewinnausschüttung

Verdeckte Gewinnausschüttungen sind bei der Ermittlung des Einkommens der Kapitalgesellschaft hinzuzurechnen. Die vGAs bewirkt somit eine Einkommenserhöhung. Auf die vGA ist grundsätzlich Kapitalertragsteuer zu erheben. Eine Nacherhebung der Kapitalertragsteuer bei der Gesellschaft ist dann nicht zulässig, wenn die auf die vGA entfallende Einkommensteuer durch Veranlagung des Gesellschafters erhoben werden kann.

### IV. Rückgewähr der verdeckten Gewinnausschüttung

Die Rückgewähr einer vGA ist regelmäßig eine Einlage. Dies gilt nicht nur für eine freiwillige Rückgewähr, sondern auch bei Bestehen einer Rückzahlungsverpflichtung. Ausnahmsweise kann die vGA bis zur Aufstellung der Schlussbilanz mit Wirkung für die Vergangenheit beseitigt werden. Bei den zurückgewährten Beträgen handelt es sich demzufolge um Einlagen, die dem Einlagekonto (§ 27 KStG), jedoch erst im Zeitpunkt des Zuflusses (BFH-Urteil vom 29.05.1996, BStBl 1997 II S. 92), zuzuordnen sind und beim Gesellschafter zusätzliche Anschaffungskosten der Anteile darstellen.

(Dr. Lenz)

## 24. Der Verlustabzug im Körperschaftsteuerrecht
### I. Allgemeines zum Verlustabzug bei Körperschaften
Der in § 10 d EStG geregelte Verlustabzug ist auch bei der Ermittlung des körperschaftsteuerlichen Einkommens zu berücksichtigen (§ 8 Abs. 1 KStG). Nach § 10 d Abs. 1 Satz 1 EStG können nicht genutzte Verluste bis zu einem Betrag von 511.500 Euro vom Gesamtbetrag der Einkünfte (GdE) des unmittelbar vorangegangenen VZ abgezogen werden. Nicht im Rahmen des Verlustrücktrags ausgeglichene Beträge können zeitlich unbefristet vorgetragen werden. Die Nutzung des Verlustvortrags ist durch die Mindestbesteuerung des § 10 d Abs. 2 Satz 1 EStG beschränkt. Nach der Mindestbesteuerung können Verluste unbegrenzt nur bis zu einem GdE von 1 Mio. Euro und darüber hinaus bis zu 60 % des 1 Mio. Euro übersteigenden GdE genutzt werden. Ein verbleibender Verlustvortrag ist gesondert festzustellen (§ 10 d Abs. 4 Satz 1 EStG).

### II. Beschränkung des Verlustabzugs
#### 1. Verlustabzugsbeschränkung gem. § 8 Abs. 4 KStG a. F.
Da nach früherer Rechtsprechung ausschließlich die rechtliche Identität für die Fortführung des Verlustvortrags maßgeblich war, eröffnete sich die Möglichkeit, Verlustvorträge im Rahmen des Mantelkaufs zu erwerben. Zur Vermeidung des Handels mit Verlustmänteln sah § 8 Abs. 4 KStG a. F. eine Regelung vor, wonach für den Verlustabzug nach § 10 d EStG nicht nur die rechtliche, sondern auch die wirtschaftliche Identität mit der Gesellschaft erforderlich war, die den Verlust erlitten hat. Nach § 8 Abs. 4 KStG a. F. war der Verlustabzug insbesondere zu versagen, wenn mehr als 50 % der Anteile an der Kapitalgesellschaft übertragen worden sind und die Kapitalgesellschaft den Geschäftsbetrieb mit überwiegend neuem Betriebsvermögen fortführt bzw. wieder aufnimmt. Mit grundsätzlicher Wirkung zum VZ 2008 wurde § 8 Abs. 4 KStG a. F. aufgehoben und durch § 8 c KStG ersetzt. § 8 Abs. 4 KStG a. F. ist weiterhin auf Altfälle anwendbar, in denen mehr als 50 % der Kapitalgesellschaftsanteile innerhalb eines Fünfjahreszeitraums übertragen werden, der vor dem 01.01.2008 beginnt, und die Zuführung des schädlichen Betriebsvermögens vor dem 01.01.2013 erfolgt (§ 34 Abs. 6 Satz 3 KStG). In diesem Übergangszeitraum ist § 8 Abs. 4 KStG a. F. neben § 8 c KStG anzuwenden.

#### 2. Verlustabzugsbeschränkung gem. § 8 c KStG
Durch die Einführung des § 8 c KStG verfolgte der Gesetzgeber das Ziel, die Rechtsanwendung zu vereinfachen. Unabhängig von Betriebsvermögenszuführungen stellt § 8 c KStG für die Beschränkung des Verlustabzugs nur auf einen schädlichen Beteiligungserwerb ab. Ein schädlicher Beteiligungserwerb liegt vor, wenn innerhalb eines fünfjährigen Betrachtungszeitraums mehr als 25 % des gezeichneten Kapitals, der Mitgliedschafts-, Beteiligungs- oder Stimmrechte an einer Kapitalgesellschaft auf einen Erwerber oder eine diesem nahestehende Person übertragen werden. Bei einem schädlichen Beteiligungserwerb von bis zu 50 % fallen die nicht genutzten Verluste anteilig weg (§ 8 c Abs. 1 Satz 1 KStG). Bei einem schädlichen Beteiligungserwerb von mehr als 50 % gehen die nicht genutzten Verluste vollständig unter (§ 8 c Abs. 1 Satz 2 KStG).

Eine Gruppe von Erwerbern mit gleichgerichteten Interessen (Erwerberkreis) steht einem Erwerber gleich (§ 8 c Abs. 1 Satz 3 KStG). Nach Auffassung der Finanzverwaltung liegen gleichgerichtete Interessen vor, wenn eine Abstimmung zwischen den Erwerbern stattgefunden hat, wobei kein Vertrag vorliegen muss (BMF-Schreiben vom 04.07.2008, Tz. 27, BStBl 2008 I S. 736). Zu berücksichtigen sind entgeltliche und unentgeltliche Erwerbe. Unschädlich sind jedoch unentgeltliche Erwerbe im Rahmen eines Erbfalls oder im Rahmen der vorweggenommenen Erbfolge. Dem Erwerb einer Beteiligung werden Vorgänge gleichgestellt, die wirtschaftlich als Übertragung von Gesellschaftsrechten zu qualifizieren sind (z. B. Erwerb von Genussscheinen i. S. des § 8 Abs. 3 Satz 2 KStG). Der fünfjährige Betrachtungszeitraum beginnt beim ersten Beteiligungserwerb. Wird die 25 %-Grenze des § 8 c Abs. 1 Satz 1 KStG überschritten, beginnt ein neuer Betrachtungszeitraum. Nach § 8 c Abs. 1 Satz 2 KStG besteht ein eigener Fünfjahreszeitraum. Anteilserwerbe, die zu einer anteiligen Verlustabzugsbeschränkung geführt haben, werden für Zwecke der 50 %-Grenze nochmals berücksichtigt. Liegt ein schädlicher Beteiligungserwerb vor, gehen die im Zeitpunkt des erstmaligen Überschreitens der Grenze vorhandenen Verluste unter. Zu den Verlusten i. S. des § 8 c KStG zählen die festgestellten Verlustvorträge und der bis zum schädlichen Beteiligungserwerb unterjährig erzielte laufende Verlust. Ein bis zum Anteilserwerb erwirtschafteter Gewinn kann dagegen nicht mit noch nicht genutzten Verlusten verrechnet werden (BMF-Schreiben vom 04.07.2008, Tz. 31, BStBl 2008 I S. 736).

Durch das Bürgerentlastungsgesetz Krankenversicherung (vom 16.07.2009, BGBl 2009 I S. 1959) und das Wachstumsbeschleunigungsgesetz (vom 22.12.2009, BGBl 2009 I S. 3950) wurde § 8 c KStG durch drei Maßnahmen abgemildert (Konzernklausel, Sanierungsklausel, Verschonungsregelung). Nach § 8 c Abs. 1 Satz 5 KStG ist kein schädlicher Beteiligungserwerb anzunehmen, wenn an dem übertragenden und an dem übernehmenden Rechtsträger dieselbe Person zu jeweils 100 % mittelbar oder unmittelbar beteiligt ist (sog. Konzernklausel). Nach der Sanierungsklausel des § 8 c Abs. 1 a KStG soll ein Beteiligungserwerb unbeachtlich sein, wenn er zum Zwecke der Sanierung des Geschäftsbetriebs der Körperschaft erfolgt. Die Europäische Kommission qualifiziert die Sanierungsklausel als unzulässige staatliche Beihilfe und hat ein Vertragsverletzungsverfahren gegen Deutschland eingeleitet. Mit Schreiben vom 30.04.2010 gab das BMF bekannt, dass die Sanierungsklausel vorläufig nicht mehr angewendet wird. Entsprechende Bescheide sind unter Vorbehalt der Nachprüfung zu erlassen. § 8 c Abs. 1 Satz 6 ff. KStG enthält nunmehr eine Verschonungsregelung, wonach die nicht genutzten Verluste bei einem schädlichen Beteiligungserwerb in Höhe der im Anteil enthaltenen stillen Reserven erhalten bleiben. Bei einem schädlichen Beteiligungserwerb von bis zu 50 % ist auf die anteiligen stillen Reserven, bei einem schädlichen Beteiligungserwerb von mehr als 50 % ist auf die gesamten stillen Reserven abzustellen.

### III. Beschränkung eines übertragenen Verlustabzugs

Bei einer Verschmelzung geht ein Verlustvortrag der übertragenden Kapitalgesellschaft nicht auf den übernehmenden Rechtsträger über (§ 4 Abs. 2 Satz 2 UmwStG). Der Übertragungsgewinn kann jedoch mit den Verlustvorträgen unter Berücksichtigung der Mindestbesteuerung verrechnet werden. Ein verbleibender Verlustvortrag geht unter.

Bei einer Abspaltung vermindert sich der Verlustvortrag beim übertragenden Rechtsträger in dem Verhältnis, in dem es aufgrund der Abspaltung zu einer Vermögensübertragung kommt (§ 15 Abs. 3 UmwStG). Abzustellen ist auf den gemeinen Wert des abgespaltenen Vermögens zum gemeinen Wert des Gesamtvermögens. Im Falle einer Aufspaltung des Rechtsträgers geht der Verlustvortrag vollständig unter.

(Dr. Lenz)

## 25. Die Beteiligung an anderen Körperschaften im Körperschaftsteuerrecht (§ 8 b KStG)

### I. Konzeption des § 8 b KStG

Als zentrale Norm des geltenden Körperschaftsteuer-Systems enthält § 8 b KStG die sog. Dividendenfreistellung, die Regelungen zur Steuerbefreiung von Anteilsveräußerungsgewinnen sowie zur grundsätzlichen steuerlichen Irrelevanz von Wertverlusten bei Anteilen an Kapitalgesellschaften (sog. Beteiligungsertragsbefreiung). § 8 b Abs. 1 ist bei allen unbeschränkt oder beschränkt steuerpflichtigen Körperschaften anwendbar. Die Steuerbefreiung wird unabhängig von einer Beteiligungsquote und Behaltensfrist gewährt. Die Anwendung des § 8 b KStG wird im BMF-Schreiben vom 28.04.2003, BStBl 2003 I S. 292 ff. erläutert.

### II. Freistellung von Beteiligungserträgen

Absatz 1 enthält die allgemeine Regelung, dass Gewinnausschüttungen (auch vGA sowie Sachdividenden), Bezüge aufgrund einer Kapitalherabsetzung oder Auflösung, Vermögensübertragungen von unbeschränkt Körperschaftsteuerpflichtigen, die keine Gewinnausschüttungen vornehmen (vgl. § 20 Abs. 1 Nr. 9 EStG), sowie von Betrieben gewerblicher Art mit eigener Rechtspersönlichkeit bei der Ermittlung des Einkommens außer Ansatz bleiben. Den in § 8 b Abs. 1 Satz 1 KStG genannten Bezügen sind auch Einnahmen aus der Veräußerung von Dividendenscheinen und sonstigen Ansprüchen i. S. des § 20 Abs. 2 Satz 1 Nr. 2 Buchst. a EStG sowie Einnahmen aus der Abtretung von Dividendenansprüchen oder sonstigen Ansprüchen i. S. des § 20 Abs. 2 Satz 2 EStG gleichgestellt. Die Freistellung von Beteiligungserträgen gilt sowohl für Bezüge von inländischen als auch von ausländischen Kapitalgesellschaften. Nicht zu den Bezügen i. S. des § 20 Abs. 1 Nr. 1 EStG gehören Ausschüttungen, die als Zahlung aus dem steuerlichen Einlagekonto i. S. des § 27 KStG gelten. Diese Einlagenrückgewähr unterliegt der Steuerbefreiung nach § 8 b Abs. 2 KStG, soweit sie den Buchwert der Beteiligung übersteigt.

Bei der Freistellung von Beteiligungserträgen in Zusammenhang mit einer vGA ist das sog. materielle Korrespondenzprinzip zu berücksichtigen (§ 8 b Abs. 1 Satz 2 KStG). Das materielle Korrespondenzprinzip zielt auf eine korrespondierende Besteuerung der Kapitalgesellschaft und der Anteilseigner ab. Nach § 8 b Abs. 1 Satz 2 KStG wird die Steuerbefreiung der vGA auf Ebene des Empfängers nicht gewährt, wenn bei der leistenden Kapitalgesellschaft die Einkommenszurechnung gem. § 8 Abs. 3 Satz 2 KStG unterblieben ist (z. B. aufgrund materieller Bestandskraft des Steuerbescheids). Eine Ausnahme enthält § 8 b Abs. 1 Satz 4 KStG für Dreiecksgeschäfte, wonach die Beteiligungsertragsbefreiung anzuwenden ist, soweit die vGA das Einkommen einer dem Stpfl. nahestehenden Person erhöht hat.

§ 8 b Abs. 5 KStG regelt, dass 5 % der vereinnahmten und nach § 8 b Abs. 1 KStG steuerfreien Dividenden als Ausgaben gelten, die mit den steuerfreien Einnahmen in unmittelbarem wirtschaftlichem Zusammenhang stehen und nicht abzugsfähig sind. Der Kapitalertragsteuerabzug wird durch § 8 b Abs. 1 KStG nicht ausgeschlossen (§ 43 Abs. 1 Satz 3 EStG). Gezahlte Kapitalertragsteuer kann im Rahmen der KSt-Veranlagung in voller Höhe angerechnet werden. Bei beschränkt Stpfl. ohne inländisches BV hat der Kapitalertragsteuereinbehalt abgeltende Wirkung (§ 32 Abs. 1 Nr. 2 KStG).

## III. Steuerfreiheit für Veräußerungsgewinne

Absatz 2 regelt die Steuerbefreiung von Gewinnen aus der Veräußerung von Beteiligungen. Auch bei Veräußerungsgewinnen gelten 5 % als Ausgaben, die nicht als Betriebsausgaben abgezogen werden dürfen (§ 8 b Abs. 3 Sätze 1 und 2 KStG). Den Veräußerungsgewinnen werden Erträge aus der Auflösung von Gesellschaften sowie der Herabsetzung des Nennkapitals und Wertzuschreibungen aufgrund eines wieder erhöhten Teilwerts gleichgestellt. Bei Wertzuschreibungen gilt die Steuerbefreiung nicht, soweit der Anteil in den früheren Jahren steuerwirksam auf den niedrigeren Teilwert abgeschrieben und die Gewinnminderung nicht durch den Ansatz eines höheren Werts ausgeglichen worden ist. Die verdeckte Einlage von Anteilen wird wie eine Veräußerung behandelt, § 8 b Abs. 2 Satz 6 KStG.

Mit Wirkung zum VZ 2008 wurde das Abzugsverbot für Gewinnminderungen aus Beteiligungen insbesondere auf Gewinnminderungen in Zusammenhang mit einem Gesellschafterdarlehen erweitert (§ 8 b Abs. 3 Satz 4 bis 8 KStG). Voraussetzung ist, dass das Darlehen von einem Gesellschafter gewährt wird, der zu mehr als 25 % unmittelbar oder mittelbar an der Kapitalgesellschaft beteiligt ist. Dies gilt auch, wenn eine nahestehende Person i. S. des § 1 Abs. 2 AStG das Darlehen gewährt. Wird die Darlehensforderung des wesentlich beteiligten Gesellschafters auf den niedrigeren Teilwert abgeschrieben, ist diese gem. § 8 b Abs. 3 Satz 4 KStG steuerlich nicht zu berücksichtigen. Korrespondierend bleiben Gewinne aus einer Wertaufholung der Darlehensforderung bei der Ermittlung des Einkommens außer Ansatz. Das Abzugsverbot des § 8 b Abs. 3 Satz 4 KStG ist nicht anzuwenden, wenn der Stpfl. den Nachweis erbringt, dass ein Dritter das Darlehen zu unveränderten Konditionen gewährt bzw. stehen gelassen hätte.

## IV. Steuerliche Negierung von Beteiligungsverlusten

Korrespondierend zu den Steuerfreistellungen der Absätze 1 und 2 normiert Abs. 3 ein Abzugsverbot für Gewinnminderungen aus Beteiligungen. Dies umfasst sowohl Teilwertabschreibungen, Veräußerungsverluste als auch Verluste, die aus der Auflösung oder Herabsetzung des Nennkapitals der Gesellschaft entstehen.

## V. Besonderheiten

Hält eine Körperschaft Anteile an einer Körperschaft **über eine Personengesellschaft** (Mitunternehmerschaft), so gelten gem. Abs. 6 die in den Absätzen 1–5 genannten Regelungen. Dies gilt sowohl für die Bezüge, Gewinne und Gewinnminderungen, die dem Körperschaftsteuerpflichtigen im Rahmen des Gewinnanteils aus der Mitunternehmerschaft zugerechnet werden, als auch für Gewinne und Verluste, soweit sie bei der Veräußerung oder Aufgabe eines Mitunternehmeranteils auf nach Abs. 2 begünstigte Anteile entfallen.

Für **Kreditinstitute und Finanzdienstleistungsinstitute** sieht Abs. 7 eine Sonderregelung vor (BMF-Schreiben vom 25.07.2002, BStBl 2002 I S. 712): Danach sind die Absätze 1–6 nicht auf Anteile anzuwenden, die nach § 1 a des Gesetzes über das Kreditwesen (KWG) dem Handelsbuch zuzurechnen sind. Bei diesen Anteilen sind sowohl Beteiligungserträge, Veräußerungsgewinne als auch Beteiligungsverluste steuerlich wirksam. Gleiches gilt für Anteile, die von Finanzunternehmen i. S. des KWG im Rahmen des Eigenhandels erworben werden. Die Sonderregelung erstreckt sich auch auf inländische Betriebsstätten von Kreditinstituten, Finanzdienstleistungsinstituten und Finanzunternehmen mit Sitz in einem anderen Mitgliedstaat der EU oder in einem anderen Vertragsstaat des EWR-Abkommens. § 8 b Abs. 8 KStG schließt die Anwendung der Absätze 1–7 bei Lebens- und Krankenversicherungsunternehmen auf Kapitalanlagen aus. (Dr. Lenz)

# 26. Die Organschaft im Körperschaftsteuerrecht

## I. Begriff, Voraussetzungen und Bedeutung der Organschaft

### 1. Begriff

Die Organschaft ist ein spezifisch steuerrechtliches Institut, bei dem im Rahmen einer Verbundunternehmung rechtlich selbständige Kapitalgesellschaften unter einheitlicher Leitung stehen.

### 2. Voraussetzungen

Die körperschaftsteuerliche Organschaft ist in den §§ 14–19 KStG geregelt (R 56 ff. KStR). Während der Organträger (OT), also die leitende Unternehmung, entweder eine Personenunternehmung, die eine gewerbliche Tätigkeit i. S. des § 15 Abs. 1 Nr. 1 EStG ausübt, oder eine Kapitalgesellschaft sein kann, müssen die Organgesellschaften (OG) stets Kapitalgesellschaften sein. OT und OG müssen unbeschränkt steuerpflichtig sein (§ 14 Abs. 1 Nr. 2 KStG). Weiterhin muss die betreffende OG seit Beginn des Wirtschaftsjahrs ununterbrochen in die Gesamtunternehmung finanziell eingegliedert sein. Dazu muss der OT aufgrund unmittelbarer oder mittelbarer Beteiligung über die Mehrheit der Stimmrechte verfügen. Mittelbare Beteiligungen sind zu berücksichtigen, wenn die Beteiligung an jeder vermittelnden Gesellschaft die Mehrheit der Stimmrechte gewährt.

Weitere Voraussetzung der körperschaftsteuerlichen Organschaft ist der Abschluss eines Gewinnabführungsvertrags. Dieser muss bis zum Ende des Wirtschaftsjahrs der Begründung der Organschaft auf mindestens fünf Jahre abgeschlossen werden (§ 14 Abs. 1 Nr. 3 KStG). Das Einkommen der OG ist dem OT erstmals für das KJ zuzurechnen, in dem das WJ der OG endet, in dem der Gewinnabführungsvertrag wirksam wird (§ 14 Abs. 1 Nr. 3 Satz 2 KStG). Für andere Kapitalgesellschaften, z. B. GmbHs, gelten die Organschaftsbestimmungen entsprechend (§ 17 KStG). Der abzuschließende Gewinnabführungsvertrag hat aber aktienrechtlichen Bestimmungen zu entsprechen (Gewinnabführung darf Betrag gem. § 301 AktG nicht überschreiten; Verlustübernahme entsprechend § 302 AktG). Entsprechendes gilt für ausländische Organträger (§ 18 KStG). Nach dem Beschluss des BGH vom 24.10.1988 ist ein Gewinnabführungsvertrag zwischen GmbHs nur wirksam, wenn die Gesellschafterversammlungen der beherrschten und der beherrschenden Gesellschaft dem Vertrag zustimmen und sein Bestehen in das Handelsregister der beherrschten Gesellschaft eingetragen wird. Der Zustimmungsbeschluss der Gesellschafterversammlung der beherrschten Gesellschaft bedarf der notariellen Beurkundung. Der Gewinnabführungsvertrag muss während seiner gesamten Geltungsdauer tatsächlich durchgeführt werden. Eine vorzeitige Beendigung des Vertrags durch Kündigung ist unschädlich, wenn ein wichtiger Grund die Kündigung rechtfertigt. Die Kündigung oder Aufhebung des Gewinnabführungsvertrags auf einen Zeitpunkt während des Wirtschaftsjahrs der Organgesellschaft wirkt auf den Beginn dieses Wirtschaftsjahrs zurück. Die OG darf Beträge aus dem Jahresüberschuss nur insoweit in die Gewinnrücklagen (§ 272 Abs. 3 HGB) mit Ausnahme der gesetzlichen Rücklagen einstellen, als dies bei vernünftiger kaufmännischer Beurteilung wirtschaftlich begründet ist (§ 14 Abs. 1 Nr. 4 KStG). Negatives Einkommen der OG bleibt unberücksichtigt, soweit es in einem ausländischen Staat im Rahmen einer der deutschen Besteuerung des OT entsprechenden Besteuerung berücksichtigt wird (§ 14 Abs. 1 Nr. 5 KStG).

## 3. Bedeutung

Dem Rechtsinstitut der Organschaft kommt eine große Bedeutung zu, weil mit ihr ein Verlustausgleich bei Kapitalgesellschaften erreicht werden kann. Weiterhin können in mehrstufigen Unternehmen kapitalgesellschaftsspezifische Besteuerungsmerkmale auf Ebene der Organgesellschaft in Anspruch genommen werden bei gleichzeitiger Übertragung des wirtschaftlichen Erfolgs auf die Obergesellschaft.

## II. Einkommensermittlung und -zurechnung

Die OG hat ihre Einkünfte selbständig zu ermitteln, wobei nur die Verhältnisse des Organs maßgeblich sind. Die Ausnahmen von diesem Grundsatz sind in § 15 KStG genannt: Der (vorvertragliche) Verlustabzug i. S. des § 10 d EStG ist nicht zulässig. Weiterhin findet für Beteiligungseinkünfte (§ 8 b Abs. 1 bis 6 KStG) sowie für einen Übernahmeverlust i. S. des § 4 Abs. 6 UmwStG die Bruttomethode Anwendung, d. h., diese Vorschriften sind bei dem OT anzuwenden, soweit in dem ihm zugerechneten Einkommen entsprechende Bestandteile enthalten sind. Dies gilt auch für Gewinnanteile, die nach einem DBA freizustellen sind. Der an den OT abgeführte Gewinn bleibt bei der Ermittlung des Einkommens der OG unberücksichtigt. Das Einkommen der OG ist dem OT für das Kalenderjahr zuzurechnen, in dem die OG das Einkommen bezogen hat (H 62 KStR). Verdeckte GA an den OT werden wie vorweggenommene Gewinnabführungen behandelt. Sie stellen die tatsächliche Durchführung des Gewinnabführungsvertrags nicht infrage (R 61 Abs. 4 Satz 1 KStR). Ausgleichszahlungen an außenstehende Aktionäre sind immer vom Organ zu versteuern, und zwar i. H. von $^{20}/_{17}$ der geleisteten Ausgleichszahlungen. Dies gilt auch dann, wenn der OT die Ausgleichsverpflichtung erfüllt hat (§ 16 KStG). Löst die OG vorvertragliche Gewinn- oder Kapitalrücklagen zugunsten des abzuführenden Gewinns auf, so wird dadurch die Anerkennung der Organschaft nicht berührt; es finden die Vorschriften für Ausschüttungen Anwendung (R 60 Abs. 4 Sätze 4 und 5 KStR).

Weicht die handelsrechtliche Gewinnabführung der OG vom Steuerbilanzgewinn ab (z. B. aufgrund einer handelsrechtlich gebildeten Gewinnrücklage, die als Bestandteil des Einkommens der OG beim OT versteuert wird) und wird die Abweichung in organschaftlicher Zeit verursacht, liegen gem. § 14 Abs. 4 KStG organschaftliche Mehr- oder Minderabführungen vor. Der OT hat in der Steuerbilanz für Minderabführungen einen aktiven und für Mehrabführungen einen passiven Ausgleichsposten erfolgsneutral zu bilden. Der Ausgleichsposten ist in Höhe des Betrags anzusetzen, der dem Verhältnis der Beteiligung des OT am Nennkapital der OG entspricht. Im Zeitpunkt der Veräußerung der Organbeteiligung ist der Ausgleichsposten erfolgswirksam aufzulösen, wobei die Beteiligungsertragsbefreiung (§ 8 b Abs. 1 KStG) und das Teileinkünfteverfahren (§ 3 Nr. 40 i. V. m. § 3 c Abs. 2 EStG) anzuwenden sind. Kehrt sich der Effekt, der zur Bildung des Ausgleichspostens geführt hat, in der Folgezeit um (z. B. die handelsrechtliche Gewinnrücklage wird aufgelöst), ist der Ausgleichsposten erfolgsneutral aufzulösen. Die organschaftlichen Minderabführungen erhöhen und die organschaftlichen Mehrabführungen mindern das steuerliche Einlagekonto der OG (§ 27 Abs. 6 KStG).

Für Mehr- oder Minderabführungen, die ihre Ursache in vororganschaftlicher Zeit haben, sieht § 14 Abs. 3 KStG eine Sonderregelung vor. Hiernach gelten vororganschaftliche Mehrabführungen als Gewinnausschüttungen der OG an den OT. Eine vororganschaftliche Minderabführung ist entsprechend einer Einlage durch den OT in die OG zu behandeln.

(Dr. Lenz)

# 27. Genossenschaften im Körperschaftsteuerrecht

## I. Grundsätzliches zu Genossenschaften

Genossenschaften haben in Deutschland eine über hundertjährige Tradition, und ihnen kommt in der Bundesrepublik vor allem im Handel sowie im Banken- und landwirtschaftlichen Bereich große Bedeutung zu. So sind z. B. die meisten deutschen Kreditinstitute Genossenschaften.

Genossenschaften sind Zusammenschlüsse, die auf die Förderung des Erwerbs oder der Wirtschaft der Genossen gerichtet sind. Sie sind also ein Instrument für eigennützige Ziele ihrer Träger. Dies geschieht jedoch nicht – wie bei erwerbswirtschaftlichen Unternehmen – durch Maximierung von Gewinnen, die später den Gesellschaftern zugute kommen. Vielmehr hat die Genossenschaft im Mitgliedergeschäft keine Gewinnerzielungsabsicht. Sie fördert ihre Mitglieder unmittelbar durch die Abgabe von Leistungen zu günstigen Konditionen. Diese Zielsetzung wurde in § 1 GenG für eingetragene Genossenschaften festgeschrieben. Entgegen einer häufig vorzufindenden Meinung kann diese Zielsetzung aber auch z. B. mit einer GmbH oder AG verfolgt werden.

Umgekehrt gibt es Realgemeinden, die nur namensmäßig als Genossenschaften bezeichnet werden. Als Beispiel sind hier Hauberg-, Wald- und Forstgenossenschaften zu nennen.

## II. Körperschaftsteuerpflicht

Erwerbs- und Wirtschaftsgenossenschaften mit Sitz oder Geschäftsleitung im Inland sind (ob rechtsfähig wie die e.G. oder nichtrechtsfähig wie z. B. nichtrechtsfähige Molkerei- oder Konsumgenossenschaften) gem. § 1 Abs. 1 Nr. 2 KStG körperschaftsteuerpflichtig. Nicht körperschaftsteuerpflichtig sind die nur namensmäßig als Genossenschaften bezeichneten o. a. Realgemeinden. Sie werden vielmehr als Personengesellschaften besteuert.

## III. Persönliche Körperschaftsteuerbefreiungen

§ 5 Abs. 1 Nr. 14 KStG enthält für bestimmte land- und forstwirtschaftliche Erwerbs- oder Wirtschaftsgenossenschaften eine persönliche Steuerbefreiung. Hierunter fallen beispielsweise Zucht- und Dreschgenossenschaften. Voraussetzung für die Steuerbefreiung ist aber grundsätzlich, dass die Zweckgeschäfte der Genossenschaft im Wesentlichen auf den Kreis ihrer Genossen beschränkt bleiben und der satzungsmäßige Gegenstand der Genossenschaft auf die in § 5 Abs. 1 Nr. 14 KStG genannten Aufgaben beschränkt bleibt. Hierbei müssen mindestens 90 % der Einnahmen der Genossenschaft durch diese Geschäftätigkeit erzielt werden. Gewinne aus anderen Geschäften sind zu versteuern.

Persönlich steuerbefreit sind darüber hinaus gem. § 5 Abs. 1 Nr. 10 KStG Erwerbs- und Wirtschaftsgenossenschaften, soweit sie Wohnungen herstellen oder erwerben und diese den Mitgliedern aufgrund eines Mietvertrages oder eines genossenschaftlichen Nutzungsvertrages zum Gebrauch überlassen und/oder im Zusammenhang hiermit Gemeinschaftsanlagen oder Folgeeinrichtungen für die Mitglieder erwerben oder herstellen, sofern die daraus erzielten Einnahmen mindestens 90 % der gesamten Einnahmen dieser Genossenschaften betragen.

## IV. Besonderheiten bei körperschaftsteuerpflichtigen Genossenschaften

Soweit Genossenschaften i. S. des § 1 Abs. 1 Nr. 2 KStG nicht unter die dargestellten persönlichen Befreiungen fallen – und dies ist der Regelfall –, sind sie unbeschränkt steuerpflichtig. Sie haben wie Kapitalgesellschaften ihr Einkommen gem. §§ 7 ff. KStG i.V. m. § 5 EStG zu ermitteln. Wenn es sich um eingetragene Genossenschaften handelt, sind diese nach den Vorschriften des HGB buchführungspflichtig. Deshalb sind alle ihre Einkünfte gem. § 8 Abs. 2 KStG als Einkünfte aus Gewerbebetrieb zu behandeln. Bei der Ermittlung des Einkommens sind allerdings einige Besonderheiten zu beachten.

### 1. Rückvergütungen

In Anerkennung der Besonderheit, dass Genossenschaften eine Hilfsfunktion für die gewerbliche Betätigung ihrer Mitglieder ausüben, hat der Gesetzgeber für Erwerbs- und Wirtschaftsgenossenschaften i. S. des Genossenschaftsgesetzes den § 22 KStG geschaffen. Unter den in § 22 KStG aufgeführten Voraussetzungen sind Rückvergütungen aus dem Mitgliedergeschäft nicht als Gewinnausschüttung, sondern als Betriebsausgaben zu qualifizieren. Maßgeblich für die Höhe der Rückvergütung ist jeweils der Umfang der zwischen Genossenschaft und dem einzelnen Mitglied durchgeführten Geschäfte. Betreibt allerdings eine Genossenschaft auch Nichtmitgliedergeschäfte, so ist nur der Teil der Rückvergütungen als Betriebsausgabe abziehbar, der als Überschuss im Mitgliedergeschäft erwirtschaftet wurde. Die darüber hinausgehenden Vergütungen sind je nach Art der Gewährung offene oder vGA.

### 2. Freibetrag

Für unbeschränkt steuerpflichtige Erwerbs- und Wirtschaftsgenossenschaften i. S. des GenG, deren Tätigkeit sich auf den Betrieb der Land- und Forstwirtschaft beschränkt, ergibt sich aus § 25 KStG unter bestimmten Voraussetzungen ein Freibetrag von 15.000 Euro – höchstens jedoch in Höhe ihres Einkommens – für den VZ der Gründung und die folgenden neun Veranlagungszeiträume.

### 3. Halbeinkünfteverfahren

Bei Gewinnausschüttungen gilt das Teileinkünfteverfahren.

Die ausgeschütteten Gewinnanteile werden nach § 3 Nr. 40 d EStG zu 60 % angesetzt; umgekehrt können damit zusammenhängende Erwerbsaufwendungen (Betriebsausgaben, Werbungskosten) nach § 3 c Abs. 2 EStG nur noch zu 60 % abgesetzt werden.

## V. Abschließende Würdigung

In der Beratungspraxis stellt sich oft bei der Gründung von Gemeinschaftsunternehmen die Frage, in welcher Rechtsform diese betrieben werden sollen. Die dargelegten körperschaftsteuerlichen Vergünstigungen, insbesondere die Rückvergütungen und der Freibetrag, verdeutlichen, dass die e.G. zu Unrecht in der Beratungspraxis als Rechtsformalternative häufig vernachlässigt wird.

(Prof. Dr. Bischoff)

## 28. Offene und verdeckte Einlagen im Körperschaftsteuerrecht

### I. Grundlagen

Als Einlagen werden nach § 4 Abs. 1 Satz 5 EStG alle Wirtschaftsgüter bezeichnet, die der Stpfl. dem Betrieb zuführt.

Offene Einlagen sind im Wesentlichen Geld- oder Sacheinlagen, die zur Kapitalausstattung anlässlich der Gründung oder einer Kapitalerhöhung aufgrund des Gesellschaftsvertrags geleistet werden.

Eine verdeckte Einlage liegt nach R 40 Abs. 1 KStR analog vor, wenn:
- ein Gesellschafter oder eine nahestehende Person der Kapitalgesellschaft
- einen einlagefähigen Vermögensvorteil
- ohne Gegenleistung zuwendet
- und diese Zuwendung ihre Ursache im Gesellschaftsverhältnis hat.

Es sind nur solche Vermögensvorteile einlagefähig, die bei der empfangenden Kapitalgesellschaft bilanzierungsfähig sind, d. h., die sich durch Ansatz oder durch die Erhöhung eines Aktivpostens oder durch den Wegfall oder Verminderung eines Passivpostens ergeben. Einlagefähig sind somit Sachen, Rechte, sonstige Gegenstände oder der Verzicht auf Verbindlichkeiten.

Nicht einlagefähig sind dagegen insbesondere die Überlassung des Gebrauchs oder der Nutzung eines Wirtschaftsguts sowie die ganz oder teilweise unentgeltlichen Dienstleistungen.

Beispiel: Der Gesellschafter gewährt seiner GmbH ein zinsloses Darlehen. Der Zinsvorteil ist nicht einlagefähig. Wenn jedoch der Gesellschafter ein verzinsliches Darlehen gewährt und auf bereits angefallene Zinsen verzichtet, so stellt der Verzicht auf das bereits entstandene Nutzungsentgelt eine verdeckte Einlage dar.

### II. Auswirkungen der Einlagen bei der Kapitalgesellschaft

Eine offene Einlage bewirkt eine Reinvermögenserhöhung, die aber nach § 4 Abs. 1 EStG den Gewinn nicht erhöht. Bei offenen Einlagen werden Gesellschaftsrechte ausgegeben. Dementsprechend erhöhen sie gemäß ihrem Nominalwert das Stamm- bzw. Nennkapital.

Die verdeckten Einlagen erhöhen das zu einer Ausschüttung verwendbare Vermögen einer Kapitalgesellschaft, da sie kein Nennkapital werden. Handelsrechtlich sind sie als Ertrag zu behandeln. Die verdeckten Einlagen dürfen ebenfalls den steuerlichen Gewinn nicht erhöhen.

Nach dem Wegfall der Gliederungsrechnung für das verwendbare Eigenkapital gibt es ab 2001 das steuerliche Einlagenkonto, unter dem verdeckte Einlagen erfasst werden.

### III. Auswirkungen der Einlagen beim Anteilseigner

Die offenen Einlagen führen beim Gesellschafter zu Anschaffungskosten der Beteiligung.

Durch die verdeckte Einlage entstehen aufseiten des Gesellschafters nachträgliche Anschaffungskosten in Höhe des Werts dieser Einlage (§ 6 Abs. 6 EStG). Verdeckte Einlagen führen somit nicht zu einer sofortigen Minderung des Einkommens des Anteilseigners, es liegen insoweit keine Betriebsausgaben oder Werbungskosten vor. Eine steuerliche Wirkung tritt erst bei Veräußerung der Beteiligung ein, wenn diese zum Betriebsvermögen gehört oder bei Privatvermögen unter § 17 EStG fällt. Gemäß § 6 Abs. 6 Satz 2 EStG bildet i. d. R. der Teilwert des Einlagegutes den Bewertungsmaßstab für die nachträglichen Anschaffungskosten der Anteile der Kapitalgesellschaft, in welche das Wirtschaftsgut eingelegt wurde. Dabei gelten nach Literaturauffassung (vgl. Schmidt-Kommentar, 29. Auflage 2010, § 6 Rz. 741 ff. „Verdeckte Einlagen") § 6 Abs. 6 Satz 2 und 3 EStG nur, wenn sich Einlagegut und Kapitalgesellschaftsanteile in einem Betriebsvermögen befinden; oder wenn sich das Einlagegut zwar im Privatvermögen, aber zumindest die Kapitalgesellschaftsanteile sich im Betriebsvermögen befinden. Denn: Befinden sich die Anteile im Betriebsvermögen, so wird auch das aus dem Privatvermögen stammende Wirtschaftsgut der verdeckten Einlage Betriebsvermögen.

Zu beachten ist weiterhin, dass die Bewertung mit dem Buchwert gem. § 6 Abs. 6 Satz 3 i. V. m. § 6 Abs. 1 Nr. 5 Satz 1 Buchst. a EStG erfolgt, wenn ein Wirtschaftsgut des Betriebsvermögens sich noch innerhalb einer Dreijahresfrist zwischen Zuführung zur Kapitalgesellschaft und Anschaffung bzw. Herstellung im Herkunftsbetriebsvermögen befindet oder innerhalb der Frist in das Herkunftsbetriebsvermögen eingelegt wurde und die Frist bei verdeckter Einlage in die Kapitalgesellschaft noch nicht abgelaufen ist.

Befinden sich Kapitalgesellschaftsanteile und Wirtschaftsgut der verdeckten Einlage im Privatvermögen, wird nur unter den Voraussetzungen des § 23 Abs. 1 Satz 5 Nr. 2 EStG ein Veräußerungsgewinn realisiert.

Ist Gegenstand der verdeckten Einlage eine Beteiligung an einer Kapitalgesellschaft i. S. des § 17 EStG (wesentliche Beteiligung), so ist diese einer entgeltlichen Veräußerung des Anteils gleichgestellt. Als Veräußerungspreis fungiert hier der gemeine Wert der Anteile im Zeitpunkt der Einlage.

## IV. Abgrenzung der verdeckten Einlage gegenüber der verdeckten Gewinnausschüttung

Die vGA und die verdeckte Einlage haben Gemeinsamkeiten, weisen aber auch erhebliche Unterschiede auf.

Gemeinsam ist beiden, dass sie der zutreffenden Abgrenzung der Bereiche von Gesellschaft und Gesellschafter dienen. Die Abgrenzung ist mit Hilfe des Merkmals der gesellschaftlichen Veranlassung vorzunehmen, die ihrerseits durch einen Fremdvergleich zu bestimmen ist. Die Sphärenabgrenzung hat vor allem Bedeutung für die steuerliche Gewinnermittlung, für die nur betriebliche Vorgänge relevant sind. Gesellschaftlich veranlasste Ausgaben dürfen den steuerlichen Gewinn nicht mindern, gesellschaftlich veranlasste Einnahmen dürfen ihn nicht erhöhen. Trotz ihrer Spiegelbildlichkeit ist die wirtschaftliche Bedeutung entgegengesetzt. Tatsächlich ist die verdeckte Einlage ein erlaubtes gesellschaftliches Finanzierungsinstrument und ein Mittel zur Krisenbeseitigung und Unternehmenssanierung. Die vGA ist im Grunde genommen der Versuch, die (Gewerbe-)Steuerbelastung zu mindern. Sie ist also i. d. R. ein zunächst verschleierter (verdeckter) Sachverhalt. Dagegen ist die verdeckte Einlage nur eine besondere Form der Einlage (Abgrenzung zur offenen Einlage), die mit einer Verdeckung nichts zu tun hat.

Abschließend ist noch anzumerken, dass die Rückzahlung einer vGA durch den Gesellschafter steuerrechtlich eine Einlage in die Kapitalgesellschaft darstellt. Entscheidend hierfür ist, dass die Rückzahlung der vGA wie diese selbst ihre Ursache im Gesellschaftsverhältnis hat.

(Prof. Dr. Bischoff)

# 29. Die ertragsteuerliche Behandlung der Spaltung von Kapitalgesellschaften

## I. Einführung

Mit der Reform des Umwandlungs- und Umwandlungssteuerrechts (BGBl I 1994 S. 3210, 3267) hat der Gesetzgeber mit Wirkung zum 01.01.1995 über die besonderen Vorschriften zur Spaltung der von der Treuhandanstalt verwalteten Unternehmen (BGBl I 1991 S. 854) hinaus erstmals eine umfassende Neuregelung für die Spaltung von Kapitalgesellschaften geschaffen.

**Gesellschaftsrechtlich** vollzieht sich die Spaltung danach im Wege der partiellen Gesamtrechtsnachfolge bzw. der Sonderrechtsnachfolge nach § 123 UmwG entweder als Aufspaltung, Abspaltung oder Ausgliederung.

Bei der **Aufspaltung** geht das gesamte Vermögen eines Rechtsträgers unter Auflösung ohne Abwicklung auf mindestens zwei andere bereits bestehende (Aufspaltung durch Aufnahme) oder neu gegründete (Aufspaltung durch Neugründung) Rechtsträger über. Der bisherige Rechtsträger geht unter. Die Altgesellschafter werden an dem oder den übernehmenden Rechtsträgern beteiligt.

Bei der **Abspaltung** geht wie bei der Aufspaltung Vermögen auf bereits bestehende (Abspaltung zur Aufnahme) oder neu gegründete (Abspaltung zur Neugründung) Rechtsträger über. Im Gegensatz zur Aufspaltung geht der bisherige Rechtsträger jedoch nicht unter, sondern bleibt bestehen. Die Gesellschafter der übertragenden Gesellschaft erhalten Anteile an der übernehmenden Gesellschaft.

Auch bei der **Ausgliederung** wird Vermögen auf einen bestehenden oder neuen Rechtsträger übertragen. Die Anteile an der übernehmenden Gesellschaft gehen jedoch nicht auf die Gesellschafter der übertragenden Gesellschaft über, sondern gelangen unmittelbar in das Vermögen der übertragenden Gesellschaft.

**Steuerrechtlich** ist die Spaltung in Form der Ausgliederung als Einbringung in eine Kapitalgesellschaft (§§ 20 ff. UmwStG) oder als Einbringung in eine Personengesellschaft (§ 24 UmwStG) anzusehen. Die **Spaltung in Form der Aufspaltung** oder der **Abspaltung** wird anknüpfend an die handelsrechtlichen Grundsätze in den §§ 15, 16 UmwStG gesetzlich geregelt. Im Falle der Auf- oder Abspaltung auf andere Körperschaften gelten gem. § 15 Abs. 1 UmwStG die §§ 11 bis 13 UmwStG entsprechend, im Falle der Auf- oder Abspaltung auf eine Personengesellschaft, die im Folgenden nicht behandelt wird, gelten gem. § 16 UmwStG die §§ 3 bis 8, 10 und 15 UmwStG entsprechend.

## II. Spaltung auf eine Körperschaft

Bei der Spaltung einer Kapitalgesellschaft auf eine andere Kapitalgesellschaft hat die übertragende Kapitalgesellschaft die übergehenden Wirtschaftsgüter grundsätzlich mit dem gemeinen Wert anzusetzen (§ 15 Abs. 1, § 11 Abs. 1 UmwStG). Ertragsteuerneutral kann die Spaltung durch Ansatz der Buchwerte nur dann durchgeführt werden, wenn sowohl die speziellen Voraussetzungen des § 15 Abs. 1 Satz 2 UmwStG und § 15 Abs. 2 UmwStG als auch die allgemeinen Voraussetzungen des § 11 Abs. 2 UmwStG erfüllt sind. Diese steuerlichen **Grundvoraussetzungen** lassen sich nach § 15 UmwStG i. V. m. §§ 11 ff. UmwStG im Wesentlichen wie folgt konkretisieren:

- Die steuerneutrale Spaltung setzt voraus, dass auf die Übernehmerin ein Teilbetrieb, ein Mitunternehmeranteil oder eine 100%ige Beteiligung an einer Kapitalgesellschaft übergeht (§ 15 Abs. 1 UmwStG).
- Im Falle der Abspaltung muss das der übertragenden Kapitalgesellschaft verbleibende Vermögen ebenfalls ein Teilbetrieb sein (§ 15 Abs. 1 Satz 2 UmwStG).
- Mitunternehmeranteile und 100%ige Beteiligungen sind nicht begünstigt, wenn sie innerhalb eines Zeitraums von drei Jahren vor dem steuerlichen Übertragungsstichtag durch Übertragung von Wirtschaftsgütern erworben oder aufgestockt worden sind, die keinen Teilbetrieb darstellen (§ 15 Abs. 2 Satz 1 UmwStG).
- Eine steuerneutrale Spaltung ist dann nicht möglich, wenn durch die Spaltung die Veräußerung an außenstehende Personen vollzogen wird oder die Voraussetzungen für eine Veräußerung geschaffen werden (§ 15 Abs. 2 Satz 2 und 3 UmwStG). Dies ist dann der Fall, wenn innerhalb von fünf Jahren nach dem steuerlichen Übertragungsstichtag Anteile an einer an der Spaltung beteiligten Körperschaft übertragen werden, die mehr als 20 % der vor Wirksamwerden der Spaltung bestehenden Anteile ausmachen.
- Bei der Trennung von Gesellschafterstämmen setzt die Anwendung von § 11 Abs. 1 Satz 1 UmwStG voraus, dass die Beteiligungen an der übertragenden Kapitalgesellschaft mindestens fünf Jahre bestanden haben (§ 15 Abs. 2 Satz 5 UmwStG).

Allgemein ist darüber hinaus gem. § 11 Abs. 2 UmwStG Folgendes erforderlich:

- Es muss sichergestellt sein, dass die übergehenden Wirtschaftsgüter weiterhin der Körperschaftsteuer unterliegen.
- Das deutsche Besteuerungsrecht muss erhalten bleiben.
- Eine Gegenleistung darf nicht gewährt werden oder muss in Gesellschaftsrechten bestehen.

Sind die genannten Voraussetzungen erfüllt, ist der Buchwertansatz möglich mit der Folge, dass bei der übertragenden Körperschaft keine Gewinnrealisierung eintritt. Sind die Voraussetzungen nicht erfüllt, sind die stillen Reserven bei der übertragenden Gesellschaft zu realisieren.

Bei der übernehmenden Gesellschaft wird das übertragene Vermögen mit dem Wert angesetzt, mit dem es in der Schlussbilanz der übertragenden Kapitalgesellschaft berücksichtigt wurde (§ 15 Abs. 1, § 12 Abs. 1 Satz 1 UmwStG).

Die übernehmende Gesellschaft tritt grundsätzlich in die steuerliche Rechtsstellung der übertragenden Kapitalgesellschaft ein. Steuerliche Besitzzeiten werden angerechnet (§ 15 Abs. 1, § 12 Abs. 3, § 4 Abs. 2 und 3 UmwStG).

Verrechenbare Verluste, Verlustvorträge und insbesondere auch Zins- und EBITDA-Vorträge mindern sich im Verhältnis des übertragenen Vermögens zum Gesamtvermögen (§ 15 Abs. 3 UmwStG). Bei den Anteilseignern der übertragenden Körperschaft gelten die Anteile an der übertragenden Körperschaft grundsätzlich als zum gemeinen Wert veräußert und die an ihre Stelle tretenden Anteile als mit diesem Wert angeschafft (§ 13 Abs. 1 UmwStG). Auf Antrag ist insbesondere dann eine Fortführung des bisherigen Wertes möglich, wenn das deutsche Besteuerungsrecht erhalten bleibt (§ 13 Abs. 2 UmwStG).

(Montag)

# 30. Ertragsteuerliche Behandlung der Umwandlung einer Kapitalgesellschaft in eine Personengesellschaft

## I. Einkommen- und körperschaftsteuerliche Folgen der Umwandlung

Unabhängig davon, in welcher Form die Umwandlung einer Kapitalgesellschaft in eine Personengesellschaft handelsrechtlich erfolgt, gelten für die einkommen- und körperschaftsteuerliche Behandlung die §§ 3 bis 10 UmwStG. Die Vorschriften beziehen sich primär auf die Verschmelzung. Sie sind jedoch für den Formwechsel (§ 9 UmwStG) und die Spaltung (§ 16 UmwStG) entsprechend anzuwenden.

### 1. Behandlung beim übertragenden Rechtsträger

Bei der Umwandlung einer Kapitalgesellschaft in eine Personengesellschaft hat die **übertragende Kapitalgesellschaft** die Wirtschaftsgüter in ihrer Schlussbilanz grundsätzlich mit dem gemeinen Wert anzusetzen (§ 3 Abs. 1 UmwStG). Unabhängig von der Bewertung in der Handelsbilanz können einheitlich auf Antrag insbesondere dann die Buchwerte oder Zwischenwerte angesetzt werden (§ 3 Abs. 2 UmwStG), wenn

- die übergehenden Wirtschaftsgüter Betriebsvermögen der übernehmenden Personengesellschaft oder natürlichen Person werden,
- eine Gegenleistung nicht gewährt wird oder nur in Gesellschaftsrechten besteht und
- die deutsche Besteuerung sichergestellt bleibt.

Die Gesellschaft hat also dann, wenn ihre stillen Reserven nach der Übertragung steuerlich verstrickt bleiben, ein Wahlrecht, ob die Buchwerte fortgeführt werden oder die stillen Reserven ganz oder teilweise aufgedeckt und ein entsprechender Übertragungsgewinn realisiert wird. Soweit ein Übertragungsgewinn anfällt, unterliegt er sowohl der Körperschaft- als auch der Gewerbesteuer (§ 18 UmwStG). Soweit für die Körperschaft ein Körperschaftsteuererhöhungsbetrag nach § 38 Abs. 6 KStG festgesetzt wurde, geht dieser in der steuerlichen Schlussbilanz der Übertragerin zum (abgezinsten) Barwert zu passivierende Betrag im Wege der Gesamtrechtsnachfolge auf die Personengesellschaft über.

Besteht bei der übertragenden Körperschaft ein nach § 37 Abs. 5 KStG festgesetztes Körperschaftsteuerguthaben, ist dieser Anspruch bereits in der steuerlichen Schlussbilanz zum Barwert aktiviert und geht ebenfalls im Wege der Gesamtrechtsnachfolge auf die Personengesellschaft über.

### 2. Behandlung beim übernehmenden Rechtsträger und der Anteilseigner des übertragenden Rechtsträgers

Der **übernehmende Rechtsträger** hat die übergegangenen Wirtschaftsgüter mit den Werten der steuerlichen Schlussbilanz zu übernehmen (§ 4 Abs. 1 UmwStG). Er tritt steuerrechtlich grundsätzlich in die Rechtsstellung der übertragenden Körperschaft ein (§ 4 Abs. 2 UmwStG). Verrechenbare Verluste, Verlustvorträge und insbesondere auch Zins- und EBITDA-Vorträge gehen hingegen nicht über (§ 4 Abs. 2 Satz 3 UmwStG).

Die **Gesellschafter der umgewandelten Kapitalgesellschaft** erzielen nach § 7 UmwStG anteilig insoweit Einkünfte aus Kapitalvermögen, als ihnen die offenen Rücklagen als ausschüttbarer Gewinn zugerechnet werden (§ 7 UmwStG). Diese Einkünfte unterliegen einer Kapitalertragsteuer i. H. von 25 % (§ 43 Abs. 1 Nr. 1, § 43 a Abs. 1 Nr. 1 EStG).

Außerdem kann sich bei den Gesellschaftern der umgewandelten Kapitalgesellschaft ein Übernahmegewinn oder Übernahmeverlust als Differenz zwischen dem Wert der übernommenen Wirtschaftsgüter abzüglich der Kosten für den Vermö-

gensübergang und dem Wert der Anteile an der übertragenden Kapitalgesellschaft sowie der Einkünfte nach § 7 UmwStG ergeben (§ 4 Abs. 4 UmwStG).
- Soweit ein Übernahmegewinn entsteht, wird dieser Gewinn nach § 8 b KStG besteuert, wenn Kapitalgesellschaften als Mitunternehmer beteiligt sind. Bei natürlichen Personen erfolgt die Besteuerung nach § 3 Nr. 40, § 3 c II EStG.
- Ein entstehender Übernahmeverlust bleibt nach § 4 Abs. 6 Satz 1 UmwStG außer Ansatz, soweit er auf eine Kapitalgesellschaft als Mitunternehmerin der Personengesellschaft entfällt. Soweit der Übernahmeverlust auf eine natürliche Person entfällt, ist er nach § 4 Abs. 6 Satz 4 UmwStG zu 60 %, höchstens jedoch i. H. von 60 % der Bezüge i. S. des § 7 UmwStG zu berücksichtigen.

Soweit Anteile bestehen, die am steuerlichen Übertragungsstichtag noch nicht zum Betriebsvermögen der übernehmenden Personengesellschaft gehören, gilt Folgendes, um die Ermittlung des Übernahmeergebnisses zu ermöglichen:
- Anteile, die zwischen dem steuerlichen Übertragungsstichtag und der Eintragung der Umwandlung angeschafft werden, gelten als zum steuerlichen Übertragungsstichtag angeschafft (§ 5 Abs. 1 UmwStG).
- Anteile i. S. von § 17 EStG gelten als am steuerlichen Übertragungsstichtag mit den Anschaffungskosten in das Betriebsvermögen eingelegt (§ 5 Abs. 2 UmwStG).
- Anteile, die zum Betriebsvermögen eines Anteilseigners der übertragenden Kapitalgesellschaft gehören, gelten als am steuerlichen Übertragungsstichtag zum Buchwert in das Betriebsvermögen der Personengesellschaft überführt (§ 5 Abs. 3 UmwStG).

## II. Gewerbesteuer

Ergibt sich bei der Umwandlung einer Kapitalgesellschaft in eine Personengesellschaft bei der übertragenden Kapitalgesellschaft ein Übertragungsgewinn i. S. des § 3 UmwStG, so wird dieser Gewinn nach § 18 Abs. 1 UmwStG gewerbesteuerlich in voller Höhe erfasst. Ein gewerbesteuerlicher Verlustvortrag nach § 10 a GewStG geht nicht auf die übernehmende Personengesellschaft über (§ 18 Abs. 1 Satz 2 UmwStG).

Ein Übernahmegewinn oder -verlust ist gem. § 18 Abs. 2 UmwStG grundsätzlich nicht zu erfassen. Soweit innerhalb von fünf Jahren nach der Umwandlung eine Veräußerung oder eine Betriebsaufgabe erfolgt, unterliegt ein Auflösungs- oder Veräußerungsgewinn gem. § 18 Abs. 3 UmwStG der Gewerbesteuer.

## III. Grunderwerbsteuer

Grunderwerbsteuer fällt im Rahmen der Umwandlung einer Kapitalgesellschaft auf eine Personengesellschaft insoweit an, als Grundvermögen auf die übernehmende Personengesellschaft übergeht (§ 1 Abs. 1 Nr. 3 GrErwStG). Die Steuer bemisst sich nach dem Grundbesitzwert i. S. des § 138 Abs. 2 und 3 BewG. Darüber hinaus kann Grunderwerbsteuer auch dann entstehen, wenn die übertragende Körperschaft zu mindestens 95 % an einer Personen- oder Kapitalgesellschaft mit Grundvermögen beteiligt ist (§ 1 Abs. 2 a und 3 GrErwStG).

Auf einen nach § 1 Abs. 1 Nr. 3, Abs. 2 a oder 3 GrErwStG steuerbaren Rechtsvorgang, dem eine Umwandlung nach § 1 Abs. 1 Nr. 1 bis 3 des UmwG zugrunde liegt, wird nach § 6 a Satz 1 GrErwStG die Grunderwerbsteuer nicht erhoben. Zur Vermeidung von Missbräuchen gilt die Begünstigung nach § 6 a Satz 3 GrEwStG allerdings nur, wenn an dem Umwandlungsvorgang ausschließlich ein herrschendes Unternehmen und ein oder mehrere von diesem herrschenden Unternehmen abhängige Gesellschaften oder mehrere von einem herrschenden Unternehmer abhängige Gesellschaften beteiligt sind und bestimmte Fristen eingehalten werden.

(Montag)

# 31. Einbringungen nach § 20 UmwStG

## I. Grundsätze

Die Einbringung von Betriebsvermögen in eine Kapitalgesellschaft ist aus ertragsteuerlicher Sicht ein veräußerungs- bzw. tauschähnlicher Vorgang, bei dem die übernehmende Kapitalgesellschaft als Gegenleistung für das eingebrachte Betriebsvermögen neue Gesellschaftsanteile gewährt.

Zivilrechtlich kann sich die Einbringung auf unterschiedlichen Wegen vollziehen:

- **Gesamtrechtsnachfolge** liegt vor bei der Verschmelzung von Personenhandelsgesellschaften auf eine bestehende oder neu gegründete Kapitalgesellschaft (§ 2 UmwG), der Aufspaltung und Abspaltung von Vermögensteilen einer Personenhandelsgesellschaft auf eine Kapitalgesellschaft (§ 123 Abs. 1, 2 UmwG) und der Ausgliederung von Vermögensteilen auf eine Kapitalgesellschaft.

- **Einzelrechtsnachfolge** liegt vor bei Sacheinlagen i. S. des § 5 Abs. 4 GmbHG bzw. § 27 AktG oder einer Sachkapitalerhöhung aus Gesellschaftermitteln (§ 56 GmbHG, §§ 183, 194, 205 AktG).

- Im Wege des **Formwechsels** vollzieht sich die Einbringung bei der Umwandlung einer Personenhandelsgesellschaft in eine Kapitalgesellschaft nach § 190 UmwG, da der Formwechsel steuerlich nach § 25 UmwStG wie ein Rechtsträgerwechsel behandelt wird.

Die Einbringung führt grundsätzlich zu einer Gewinnrealisierung, wobei im Falle der Betriebsveräußerung nach § 16 Abs. 1 Nr. 1 EStG ggf. der Freibetrag nach § 16 Abs. 4 EStG und die Steuersatzermäßigung nach § 34 EStG zur Anwendung kommen. Abweichend von diesem Grundsatz ist die Gewinnrealisierung insbesondere dann zu vermeiden, wenn die Voraussetzungen des § 20 UmwStG vorliegen.

## II. Voraussetzungen des § 20 UmwStG

**Grundvoraussetzung** für die Anwendung des § 20 UmwStG ist, dass die **Gegenleistung** der übernehmenden Kapitalgesellschaft für das eingebrachte Vermögen **zumindest teilweise in neuen Gesellschaftsrechten** besteht.

Geeigneter **Einbringungsgegenstand** sind Betriebe, Teilbetriebe und Mitunternehmeranteile. Soweit Anteile an einer Kapitalgesellschaft gegen Gewährung von Gesellschaftsrechten in eine andere Kapitalgesellschaft eingebracht werden, liegt ein sog. Anteilstausch vor, dessen steuerliche Behandlung durch § 21 UmwStG geregelt wird.

## III. Bewertung des eingebrachten Betriebsvermögens und der Gesellschaftsanteile

Soweit ein Betrieb, Teilbetrieb oder Mitunternehmeranteil gegen Gewährung von Gesellschaftsrechten in eine Kapitalgesellschaft eingebracht wird, hat die übernehmende Gesellschaft das eingebrachte Betriebsvermögen grundsätzlich mit dem gemeinen Wert anzusetzen (§ 20 Abs. 2 Satz 1 UmwStG).

Auf Antrag kann das übernommene Betriebsvermögen gem. § 20 Abs. 2 Satz 2 UmwStG einheitlich jedoch auch mit dem Buchwert oder einem Zwischenwert angesetzt werden, soweit

- die körperschaftsteuerliche Erfassung der Wirtschaftsgüter bei der übernehmenden Körperschaft sichergestellt ist,

- die Passivposten des eingebrachten Betriebsvermögens die Aktivposten ohne Berücksichtigung des Eigenkapitals nicht übersteigen und
- das deutsche Besteuerungsrecht erhalten bleibt.

Welche Auswirkungen sich bei der übernehmenden Kapitalgesellschaft konkret ergeben, hängt davon ab, mit welchen Werten die eingebrachten Wirtschaftsgüter angesetzt werden.

- Wird das eingebrachte Betriebsvermögen mit dem Buchwert bewertet, tritt die Kapitalgesellschaft insbesondere in Bezug auf die AfA, steuermindernde Rücklagen und die Anrechnung von Besitzzeiten grundsätzlich in die Rechtsstellung des Einbringenden ein (§ 23 Abs. 1, § 12 Abs. 3, § 4 Abs. 2 Satz 3 UmwStG).
- Bei einem Zwischenwertansatz ist die AfA auf Basis der Zwischenwerte zu bemessen (§ 23 Abs. 3 UmwStG).
- Beim Ansatz des gemeinen Wertes gelten die eingebrachten Wirtschaftsgüter bei Einzelrechtsnachfolge als angeschafft, bei Gesamtrechtsnachfolge sind die Regelungen für den Zwischenwertansatz maßgebend (§ 23 Abs. 4 UmwStG).

### IV. Besteuerung der Anteilseigner

Der Wert, mit dem die übernehmende Gesellschaft die eingebrachten Anteile ansetzt, gilt für den Einbringenden als Veräußerungspreis der eingebrachten Anteile und als Anschaffungskosten der alten Anteile (§ 20 Abs. 3 Satz 1 UmwStG). Die Anteile bleiben grundsätzlich (vgl. auch § 17 Abs. 6 EStG) auch weiterhin steuerverhaftet. Dadurch können zusätzlich zu den stillen Reserven der eingebrachten Wirtschaftsgüter auch in den als Gegenleistung erhaltenen Gesellschaftsrechten stille Reserven entstehen. Diese Verdoppelung wird idealtypisch über 7 Jahre hinweg systematisch konsequent, aber hochkomplex und mit außerordentlichen Nachweisanforderungen wieder abgebaut. Dabei ist bei einer Veräußerung der als Gegenleistung erhaltenen oder der eingebrachten Anteile wie folgt zu differenzieren:

- Soweit innerhalb von 7 Jahren nach dem Einbringungszeitpunkt **erhaltene** Anteile veräußert werden, die nicht zum gemeinen Wert angesetzt wurden, ist der Gewinn aus der Einbringung rückwirkend im Wirtschaftsjahr der Einbringung als sog. Einbringungsgewinn I nach § 16 EStG zu versteuern. Dabei sind die Vergünstigungen der § 16 Abs. 4, § 34 Abs. 1 und 3 EStG nicht anwendbar (§ 22 Abs. 1 UmwStG). Der Einbringungsgewinn I stellt dabei die Differenz zwischen dem gemeinen Wert des eingebrachten Vermögens nach Übertragungskosten und dem Einbringungswert, vermindert jeweils um $\frac{1}{7}$ für jedes seit dem Einbringungszeitpunkt abgelaufene Wirtschaftsjahr, dar (§ 22 Abs. 1 UmwStG). Der Einbringungsgewinn I gilt gleichzeitig als nachträgliche Anschaffungskosten für die erhaltenen Anteile (§ 22 Abs. 1 Satz 4 UmwStG), sodass der Gewinn aus der Veräußerung der Anteile, der nach den allgemeinen Regeln besteuert wird, sich mindert. Bei der übernehmenden Gesellschaft kann der Einbringungsgewinn gewinnneutral als Erhöhungsbetrag angesetzt werden (§ 23 Abs. 2 UmwStG) und über die Abschreibungsdauer oder sofort als Aufwand abgezogen werden.
- Soweit **eingebrachte** Anteile an Kapitalgesellschaften als Teil des eingebrachten Betriebs, Teilbetriebs oder Mitunternehmeranteils innerhalb einer Frist von 7 Jahren veräußert werden, ist nach § 22 Abs. 2 UmwStG ein sog. Einbringungsgewinn II zu versteuern, wenn die Anteile unter dem gemeinen Wert eingebracht wurden und der Einbringende nicht nach § 8 b Abs. 2 KStG begünstigt ist.

(Montag)

# 32. Umsatzbesteuerung im EU-Binnenmarkt

## I. Vorbemerkung

Der Wegfall der Grenzkontrollen in der Europäischen Union (EU) ab 01.01.1993 erforderte auch eine Anpassung der Umsatzbesteuerung. Die unterschiedlichen Auffassungen über die Verwirklichung des Bestimmungslandprinzips und Ursprungslandprinzips sowie die verschiedenen Steuersätze ließen die Verwirklichung eines übergreifenden europäischen Umsatzsteuergesetzes nicht zu. Das durch die Binnenmarktrichtlinie und das sie umsetzende Binnenmarktgesetz geschaffene derzeitige Übergangssystem folgt für den kommerziellen und nicht kommerziellen Warenverkehr im Wesentlichen dem Bestimmungslandprinzip. Der innergemeinschaftliche Dienstleistungsverkehr ist ab dem 01.01.2010 neu geregelt.

## II. Innergemeinschaftliche Lieferungen

Eine innergemeinschaftliche Lieferung ist bei Vorliegen der Voraussetzungen des § 6 a UStG gegeben. Die umsatzsteuerliche Behandlung im kommerziellen und nicht kommerziellen Warenverkehr gestaltet sich aus Sicht der Bundesrepublik Deutschland (BRD) wie folgt:

### 1. Kommerzieller innergemeinschaftlicher Handel

Die Lieferung von einem Unternehmer aus der Bundesrepublik Deutschland an einen abnehmenden Unternehmer in das übrige Gemeinschaftsgebiet ist als innergemeinschaftliche Lieferung nach § 4 Nr. 1 b UStG vollständig von der Umsatzsteuer der Bundesrepublik Deutschland als Ursprungsland befreit. Mit der Steuerbefreiung korrespondiert die Erwerbsbesteuerung des die Lieferung empfangenden Unternehmers in einem anderen Mitgliedstaat der EU. Der Import unterliegt beim Empfänger als sog. innergemeinschaftlicher Erwerb der Umsatzsteuer des jeweils nationalen Staates. Gleichzeitig kann der Erwerber die Erwerbssteuer als Vorsteuer abziehen, wenn er vorsteuerberechtigt ist. Die Besteuerung eines etwaigen innergemeinschaftlichen Erwerbs in der BRD richtet sich nach den Voraussetzungen des § 1 Abs. 1 Nr. 5 UStG i. V. m. § 1 a UStG und ersetzt insoweit die gegenüber Drittstaaten bestehende Besteuerung der Einfuhr. Als steuerbefreite Lieferung wird auch das innergemeinschaftliche Verbringen eines Gegenstandes durch Unternehmer an sich selbst vom Inland in einen anderen Mitgliedstaat behandelt (§ 6 a Abs. 2 Satz 1 i. V. m. § 3 Abs. 1 a Satz 1 UStG).

### 2. Nicht kommerzieller innergemeinschaftlicher Handel

Wird ein Liefergegenstand von einem Unternehmer aus der Bundesrepublik an eine natürliche oder juristische Person als Nichtunternehmer oder sog. Halbunternehmer in einen anderen Mitgliedstaat befördert oder dahin versendet, gilt die Lieferung gem. § 3 c UStG in diesem Mitgliedstaat als ausgeführt. Der Unternehmer hat – für den Fall, dass er die sog. Lieferschwellen des § 3 c UStG überschreitet – in dem anderen Mitgliedstaat die dort geltenden steuerlichen Pflichten zu erfüllen. Lieferungen im Inland an Privatpersonen, bei denen der Liefergegenstand vom Abnehmer über die Grenze in einen anderen Mitgliedstaat befördert oder versendet wird, sind im Inland zu besteuern. Den Privatpersonen gleichzustellen sind juristische Personen oder Unternehmer ohne Vorsteuerabzug, wenn diese wegen Unterschreitens der Erwerbsschwelle nicht der Erwerbsbesteuerung unterliegen.

### 3. Lieferungen und Erwerb von neuen Fahrzeugen

Der Erwerb neuer Fahrzeuge ist ausnahmslos in dem Land, in dem der von der Umsatzsteuer zu erfassende Letztverbrauch stattfindet, zu besteuern. Dies bedeutet, dass eine Privatperson aus der BRD, die ihr neues Fahrzeug in einem anderen EU-Mitgliedstaat erworben hat, die Erwerbsteuer im Inland auf das Fahrzeug zu entrichten hat. Sofern umgekehrt eine Privatperson das neue Fahrzeug aus der BRD in das übrige Gemeinschaftsgebiet liefert, gilt sie umsatzsteuerrechtlich als Unternehmer.

**4. Lieferverkehr mit Drittländern**

Während im Binnenmarkt die bisherige Belastung der Einfuhr mit Einfuhrumsatzsteuer durch den Tatbestand des Erwerbs abgelöst wird, verbleibt es bei Warenbewegungen aus dem Inland in Drittstaaten und von Drittstaaten in das deutsche Zollgebiet bei den bisherigen Tatbeständen der Aus- und Einfuhr. Exporte i. S. des § 6 UStG sind daher i. d. R. umsatzsteuerfrei (§ 4 Nr. 1 a UStG), Importe unterliegen der Einfuhrumsatzsteuer.

**5. Reihen- und innergemeinschaftliche Dreiecksgeschäfte**

Reihen- und innergemeinschaftliche Dreiecksgeschäfte sind grundlegend in § 3 Abs. 6 und 7 UStG geregelt. Für die steuerliche Beurteilung des Reihengeschäftes ist jede Lieferung innerhalb der Reihe in Bezug auf den Ort und auf den Zeitpunkt für sich zu betrachten (§ 3 Abs. 6 Satz 5 UStG). Dabei gilt die „bewegte Lieferung" (Beförderungs- oder Versendungslieferung) dort als ausgeführt, wo die Beförderung oder Versendung an den Abnehmer beginnt. Die „unbewegte Lieferung" (Lieferung, der die Beförderungs- oder Versendungslieferung folgt) gilt hingegen als dort ausgeführt, wo die Beförderung oder Versendung endet. Unter Umständen muss sich der mittlere Unternehmer (erster Abnehmer) einer Reihe im Bestimmungsland registrieren lassen und dort den innergemeinschaftlichen Erwerb und die folgende Lieferung ab dem letzten Abnehmer versteuern. Dieses Ergebnis kann durch die Anwendung der EU-weiten einheitlichen Vereinfachungsregelung des § 25 b UStG unter bestimmten Voraussetzungen durch Übertragung der Steuerschuld auf den letzten Abnehmer vermieden werden. Dann gilt auch der Erwerb des ersten Abnehmers als besteuert (§ 25 b Abs. 3 UStG).

### III. Innergemeinschaftliche sonstige Leistungen

Für den innergemeinschaftlichen (Dienst-)Leistungsverkehr stellt sich die entscheidende Frage, wo der Ort der sonstigen Leistung angesiedelt ist. Hier bestimmt § 3 a Abs. 2 UStG, dass bei sonstigen Leistungen zwischen Unternehmen grundsätzlich der Unternehmensort des Leistungsempfängers maßgeblich ist, wenn keine Sonderregelungen einschlägig sind. Sonderregelungen, die zu einer Verlagerung des Orts der sonstigen Leistungen führen, sind in den Ausnahmetatbeständen des § 3 a Abs. 3–7 UStG sowie in den gesetzlichen Sonderfällen der §§ 3 b, 3 e und 3 f UStG geregelt. Für sonstige Leistungen an Nichtunternehmer ist nach dem Auffangtatbestand des § 3 a Abs. 1 UStG Leistungsort der Unternehmenssitz des Leistungserbringers.

### IV. Kontrollsystem und Umsatzsteuer-Identifikationsnummer

Der Wegfall der Zollgrenzen innerhalb der europäischen Gemeinschaft verlagert bestimmte Nachweis-, Aufzeichnungs- und Meldepflichten auf das Unternehmen. Kernpunkt hierfür ist die Umsatzsteuer-Identifikationsnummer (USt-IdNr.), die jedem Unternehmen im Binnenmarkt zusätzlich zur Steuernummer erteilt wird (§ 27 a UStG). Sie dient als Nachweis, dass die Leistungsbeziehungen nach innergemeinschaftlichen Regelungen besteuert werden. In der „zusammenfassenden Meldung", die jeder Unternehmer dem Bundeszentralamt für Steuern einreicht, wird die eigene USt-IdNr. angegeben und die jedes Kunden, an den steuerfrei geliefert worden ist.

(Dr. Kieffer)

## 33. Steuerbefreiungen bei der Grunderwerbsteuer

### I. Einleitung

Gegenstand der Grunderwerbsteuer sind Verkehrsvorgänge (Veräußerungen und sonstige Übertragungen) in Bezug auf inländische Grundstücke. In den §§ 3 bis 7 GrEStG sind verschiedene Steuerbefreiungsvorschriften aufgeführt, die im Wesentlichen dazu dienen, steuerliche Doppelbelastungen zu vermeiden.

### II. Allgemeine Befreiungsvorschriften

Nach § 3 Nr. 1 GrEStG ist der Erwerb eines Grundstücks von der Besteuerung ausgenommen, wenn der für die Berechnung maßgebende Wert 2.500 Euro nicht übersteigt. Hiermit sollen Bagatellfälle ausgenommen werden.

§ 3 Nr. 2 GrEStG befreit Grundstückserwerbe von Todes wegen und Grundstücksschenkungen unter Lebenden grundsätzlich von der Grunderwerbsteuerpflicht, um eine Doppelbelastung mit ErbSt und GrESt zu vermeiden. Anders verhält es sich bei Schenkungen unter Auflage (die Auflage wird als Gegenleistung behandelt) und gemischten Schenkungen. In diesen Fällen ist eine Aufteilung in einen entgeltlichen und einen unentgeltlichen Teil vorzunehmen.

In Höhe der Auflage liegt ein steuerbarer und steuerpflichtiger Vorgang vor. Der unentgeltliche Teil, der gem. § 3 Nr. 2 Satz 2 GrEStG steuerbefreit ist, unterliegt der Schenkungsteuer.

Nach § 3 Nr. 3 GrEStG ist der Erwerb eines Grundstücks durch einen Miterben zur Teilung des Nachlasses von der Besteuerung ausgenommen. Die Vorschrift erfasst nur den Erwerb durch Miterben, wobei der Erwerb sowohl durch Auseinandersetzungsvertrag als auch durch einen gesonderten Kaufvertrag erfolgen kann. Eine Steuerbefreiung ist ausgeschlossen, wenn die Erben Teile des Nachlasses gemeinsam an einen Dritten veräußern, um einen Miterben mit Geld abzufinden. Pflichtteilsberechtigte oder Vermächtnisnehmer zählen nicht zu den Miterben. Erfolgt eine Übertragung der Miterben auf einen Pflichtteilsberechtigten oder Vermächtnisnehmer, so liegt keine Steuerbefreiung nach § 3 Nr. 3 GrEStG vor, jedoch kommt hier die Befreiungsvorschrift des § 3 Nr. 2 GrEStG zur Anwendung, da es sich um einen Erwerb von Todes wegen handelt, der der Erbschaftsteuer unterliegt.

§ 3 Nr. 4 GrEStG befreit alle Erwerbsvorgänge durch einen Ehegatten von der Grunderwerbsteuer. Daneben wird die Vorschrift des § 3 Nr. 4 GrEStG bei der Einbringung in eine Personengesellschaft und dem Erwerb von einer Personengesellschaft, an der der Ehegatte beteiligt ist, analog angewendet.

Unter der Voraussetzung, dass die Grundstücksübertragung im Rahmen einer Vermögensauseinandersetzung nach der Scheidung erfolgt, findet die Steuerbefreiung auch bei geschiedenen Ehegatten Anwendung (**§ 3 Nr. 5 GrEStG**).

Ebenfalls begünstigt ist der Erwerb durch mit dem Veräußerer in gerader Linie verwandte Personen (**§ 3 Nr. 6 GrEStG**). Dies sind nach § 1589 Satz 1 BGB Personen, deren eine von der anderen abstammt, also z. B. Eltern, Kinder, Enkelkinder, nicht jedoch Geschwister. Den Abkömmlingen stehen die Stiefkinder gleich. Den Verwandten in gerader Linie sowie den Stiefkindern stehen deren Ehegatten gleich.

**§ 3 Nr. 7 GrEStG** befreit den Erwerb eines zum Gesamtgut gehörenden Grundstücks durch Teilnehmer an einer fortgesetzten Gütergemeinschaft zur Teilung des

Gesamtguts von der GrESt. Den Teilnehmern an der fortgesetzten Gütergemeinschaft stehen deren Ehegatten gleich.

Nach **§ 3 Nr. 8 GrEStG** ist der Rückerwerb eines Grundstücks durch den Treugeber bei Auflösung des Treuhandverhältnisses steuerbefreit, wenn für den Vorgang der treuhänderischen Übertragung Steuer entrichtet wurde.

**§ 4 GrEStG** enthält mehrere Sondervorschriften. Danach sind bestimmte Grunderwerbe durch Körperschaften des öffentlichen Rechts, durch ausländische Staaten oder durch ausländische Kultureinrichtungen von der Besteuerung ausgenommen.

**§ 7 GrEStG** begünstigt die Umwandlung von Bruchteils- und Gesamthandseigentum in Flächeneigentum. Die Steuerbefreiung erfolgt jeweils in Höhe der Beteiligungsquote an der Bruchteils- bzw. Gesamthandsgemeinschaft.

### III. Grunderwerbsteuerbefreiungen für Gesellschaften bzw. Gesellschafter

Die **§§ 5 und 6 GrEStG** enthalten Vergünstigungen für Grundstücksübertragungen zwischen Gesamthand und den an der Gesamthand beteiligten Personen (Miteigentümern).

Geht ein Grundstück von mehreren Miteigentümern oder einem Alleineigentümer **auf eine Gesamthand** über, so wird die Steuer insoweit nicht erhoben, als der Anteil des einzelnen am Vermögen der Gesamthand Beteiligten seinem Bruchteil am Grundstück entspricht bzw. soweit der veräußernde Alleineigentümer am Vermögen der Gesamthand beteiligt ist. Die Befreiung wird aber insoweit nicht gewährt, als sich der Anteil des Veräußerers am Vermögen der Gesamthand innerhalb von fünf Jahren nach dem Übergang des Grundstücks auf die Gesamthand vermindert (§ 5 Abs. 3 GrEStG). Für die Übertragung von einer Gesamthand auf Allein- oder Miteigentum bzw. auf eine Gesamthand sieht § 6 GrEStG eine entsprechende anteilige Befreiung vor.

Bei Grundstücksübertragungen im Zusammenhang mit der Auflösung einer Gesamthand ist jeweils die Auseinandersetzungsquote maßgebend. Die Steuerbefreiung erfolgt nicht, wenn der Erwerber bzw. sein Rechtsvorgänger seinen Anteil an der Gesamthand innerhalb der letzten fünf Jahre durch Rechtsgeschäft unter Lebenden erworben hat.

**§ 6 a GrEStG** begünstigt Umstrukturierungen im Konzern. Für einen nach § 1 Abs. 1 Nr. 3, Abs. 2 a oder 3 steuerbaren Rechtsvorgang aufgrund einer Umwandlung i. S. des § 1 Abs. 1 Nr. 1 bis 3 des Umwandlungsgesetzes wird die Steuer nicht erhoben; für die aufgrund einer Umwandlung übergehende Verwertungsbefugnis wird die Steuer nach § 1 Abs. 2 insoweit nicht erhoben. Dies gilt nur, wenn an dem Umwandlungsvorgang ausschließlich ein herrschendes Unternehmen und ein oder mehrere von diesem herrschenden Unternehmen abhängige Gesellschaften oder mehrere von einem herrschenden Unternehmen abhängige Gesellschaften beteiligt sind. Abhängig ist eine Gesellschaft, an deren Kapital das herrschende Unternehmen innerhalb von fünf Jahren vor und fünf Jahren nach dem Rechtsvorgang unmittelbar oder mittelbar oder teils unmittelbar, teils mittelbar zu mindestens 95 % ununterbrochen beteiligt ist.

(Dr. Lenz)

## 34. Das Vorsteuer-Vergütungsverfahren im Umsatzsteuerrecht

### I. Vorbemerkungen

Vergütungen von Vorsteuerbeträgen an im Ausland ansässige Unternehmer sind unter gewissen Voraussetzungen nicht im allgemeinen Besteuerungsverfahren (§§ 16, 18 UStG), sondern in einem besonderen Vorsteuer-Vergütungsverfahren geltend zu machen. Das Vorsteuer-Vergütungsverfahren ist aufgrund der Ermächtigung des § 18 Abs. 9 UStG in den §§ 59 bis 62 UStDV geregelt. Durch das Jahressteuergesetz 2009 wurde auf Grundlage einer EU-Richtlinie das Vorsteuer-Vergütungsverfahren neu geregelt. Ziel der Neuregelung war es, durch die Einführung eines elektronischen Verfahrens die Vorsteuererstattung für im EU-Ausland ansässige Unternehmer zu vereinfachen. Die Neuregelungen sind auf Vorsteuer-Vergütungsanträge anwendbar, die nach dem 31.12.2009 gestellt werden. Das BMF hat mit einem Schreiben vom 03.12.2009 (BStBl 2009 I S. 1520) zur Anwendung des Vorsteuer-Vergütungsverfahrens Stellung genommen. Die Abschn. 239 – 244 UStR 2008 sind auf Vergütungsanträge, die dem neuen Vorsteuer-Vergütungsverfahren unterliegen, nicht mehr anwendbar.

### II. Voraussetzungen für die Anwendung des Vorsteuer-Vergütungsverfahrens

Vergütungsberechtigt sind im Ausland ansässige Unternehmer. Der Unternehmer gilt gem. § 59 Satz 2 UStDV als im Ausland ansässig, wenn sich weder der Unternehmenssitz noch die Geschäftsleitung noch eine Betriebsstätte im Inland befindet und der Unternehmer keinen inländischen Wohnsitz unterhält. Zudem darf der Unternehmer im Vergütungszeitraum im Inland keine steuerbaren Umsätze gem. § 1 Abs. 1 Nr. 1 und Nr. 5 UStG oder ausschließlich Umsätze i. S. des § 59 Satz 1 UStDV erzielt haben (z. B. steuerfreie Umsätze gem. § 4 Nr. 3 UStG, Umsätze für die der Leistungsempfänger die Umsatzsteuer schuldet oder der Beförderungseinzelbesteuerung unterlegen haben). Die Wahl des Vergütungszeitraums steht dem Unternehmer frei. Der Vergütungszeitraum hat mindestens drei aufeinander folgende Monate im Kalenderjahr zu umfassen und darf höchstens ein Kalenderjahr betragen.

#### 1. Vorsteuer-Vergütungsverfahren für im EU-Ausland ansässige Unternehmer

Die Vorsteuer-Vergütung ist vom ausländischen Unternehmer zu beantragen. Der Antrag ist in elektronischer Form nach amtlich vorgeschriebenem Datensatz an die zuständige Behörde im Ansässigkeitsstaat des Unternehmers zu richten (§ 61 Abs. 1 UStDV). Nach Prüfung der Vorsteuerabzugsberechtigung und der USt-IdNr. übermittelt die ausländische FinBeh den Vergütungsantrag auf elektronischem Wege an das Bundeszentralamt für Steuern (BZSt). Die Weiterleitung erfolgt binnen 15 Tagen. Eine unmittelbare Antragstellung an das BZSt ist für im EU-Ausland ansässige Unternehmer nach dem neuen Vorsteuer-Vergütungsverfahren nicht mehr zulässig. Rechnungen und Einfuhrbelege sind als Kopie in elektronischer Form dem Vergütungsantrag beizufügen, wenn das Entgelt für den Umsatz oder die Einfuhr mindestens 1.000 Euro (bei Kraftstoffen 250 Euro) beträgt (§ 61 Abs. 2 Satz 3 UStDV). Liegen begründete Zweifel an der Rechtmäßigkeit des Vorsteuerabzugs vor, kann das BZSt die Vorlage der Originalbelege verlangen (§ 61 Abs. 2 Satz 4 UStDV). Dies gilt unabhängig von der Rechnungshöhe. Der Antrag ist bis spätestens zum 30.09. des nachfolgenden Kalenderjahres, in dem der Vergütungsanspruch entstanden ist, zu stellen. Die Höhe der Vergütung ist vom Unternehmer selbst zu berechnen (§ 61 Abs. 2 Sätze 1 und 2 UStDV). Die Vergütung muss mindestens 400 Euro betragen. Ist der Vergütungszeitraum das Kalenderjahr bzw. der letzte Zeitraum des Kalenderjahres, beträgt die Mindestvergütung 50 Euro (§ 61 Abs. 3 UStDV).

Sind die erforderlichen Unterlagen dem BZSt zugegangen, hat die Behörde eine Frist zur Bearbeitung des Antrags und zur Auszahlung der Vorsteuer-Vergütung von 4 Monaten und 10 Werktagen (§ 61 Abs. 5 Satz 1 UStDV). Nach Ablauf der Bearbeitungsfrist ist der Vergütungsbetrag zu verzinsen. Der Zinslauf endet mit der Zahlung. Für die Berechnung und die Festsetzung der Zinsen sind die §§ 238, 239 AO analog anzuwenden.

**2. Vorsteuer-Vergütungsverfahren bei im Drittstaat ansässigen Unternehmern**

Im Drittstaatsgebiet ansässige Unternehmer können den Vergütungsantrag nach amtlich vorgeschriebenem Vordruck in Papierform an das BZSt richten. Daneben besteht gem. § 61 a Abs. 1 Satz 2 UStDV die Möglichkeit, den Antrag in elektronischer Form durch Datenfernübertragung an das BZSt zu übermitteln. Der Unternehmer hat durch eine behördliche Bescheinigung des Ansässigkeitsstaats, die nicht älter als ein Jahr ist, den Nachweis zu erbringen, dass er als Unternehmer zu qualifizieren ist (§ 61 a Abs. 4 UStDV). Darüber hinaus bestehen gegenüber dem Vorsteuer-Vergütungsverfahren bei im EU-Ausland ansässigen Unternehmern eine Reihe von Abweichungen: Dem Antrag sind die Rechnungen und Einfuhrbelege im Original beizulegen. Die Antragsfrist endet am 30. Juni des Folgejahres. Die Mindesthöhe der Vergütung beträgt 1.000 Euro. Ist der Vergütungszeitraum das Kalenderjahr bzw. der letzte Zeitraum des Kalenderjahres, beträgt die Mindestvergütung 500 Euro. Die Verzinsung des Erstattungsbetrags bestimmt sich nach § 233 a AO (AEAO zu § 233 a Nr. 62).

**III. Vergütungsverfahren und normales Besteuerungsverfahren**

Das allgemeine Besteuerungsverfahren (§§ 16, 18 UStG) und das Vorsteuer-Vergütungsverfahren schließen sich für einen Voranmeldezeitraum gegenseitig aus. Erfüllt der ausländische Unternehmer im Laufe des Kalenderjahres abschnittsweise die Voraussetzungen des Vorsteuer-Vergütungsverfahrens und die des allgemeinen Besteuerungsverfahrens, sind beide Verfahren anzuwenden. Mit Beginn des Voranmeldezeitraums, in dem das allgemeine Besteuerungsverfahren durchzuführen ist, endet die Zuständigkeit des BZSt. Dies gilt auch, wenn der Unternehmer im Laufe des Kalenderjahres erneut die Voraussetzungen des Vorsteuer-Vergütungsverfahrens erfüllt. Nach Ablauf des Kalenderjahres hat der Unternehmer beim Finanzamt eine Jahreserklärung abzugeben. Sofern die Vergütungsbeträge bereits im Vergütungsverfahren berücksichtigt worden sind, werden sie bei der Jahressteuerfestsetzung nicht mehr berücksichtigt.

**IV. Vorsteuer-Vergütungsverfahren in einem anderen EU-Mitgliedstaat für im Inland ansässige Unternehmer**

Der Antrag auf Erstattung der Vorsteuer im Rahmen des Vorsteuer-Vergütungsverfahrens eines anderen EU-Mitgliedstaats ist an das BZSt zu richten. Die Anträge sind in elektronischer Form mittels Datenfernübertragung an das elektronische Portal des BZSt zu übermitteln. Nach Antragseingang wird dem Stpfl. eine elektronische Empfangsbestätigung übermittelt, die als Nachweis für die rechtzeitige Antragstellung gilt. Für jeden Mitgliedstaat, von dem eine Vorsteuererstattung beantragt wird, ist ein gesonderter Antrag einzureichen. Das BZSt prüft, ob die angegebene USt-IdNr. zutreffend ist und ob der Unternehmer zum Vorsteuerabzug berechtigt ist. Hiernach leitet sie den Antrag in elektronischer Form an die FinBeh des Mitgliedstaats weiter, die für die Vorsteuererstattung zuständig ist. Die Weiterleitung hat innerhalb von 15 Tagen nach Antragseingang beim BZSt zu erfolgen.

(Dr. Lenz)

# 35. Die Aufzeichnungspflichten im UstG

## I. Allgemeines

Nach § 22 Abs. 1 UStG sind steuerpflichtige Unternehmer verpflichtet, zur Feststellung der Steuer und der Grundlagen ihrer Berechnung Aufzeichnungen zu machen. Gleiches gilt auch für Nichtunternehmer unter bestimmten Voraussetzungen des innergemeinschaftlichen Erwerbs (letzter Abnehmer innergemeinschaftlicher Dreiecksgeschäfte, Übergang der Steuerschuldnerschaft). Sie müssen nach § 63 UStDV so beschaffen sein, dass sich ein sachverständiger Dritter innerhalb angemessener Zeit einen Überblick über die Umsätze und die abziehbaren Vorsteuern des Unternehmers verschaffen und die Grundlagen der Steuerberechnung feststellen kann. Die Aufzeichnungspflichten können im Rahmen der Buchführung oder aufgrund besonderer Aufzeichnungen erfüllt werden. Allgemeine Ordnungsgrundsätze regelt Abschn. 255 UStR. So sind insbesondere neben § 22 Abs. 1 UStG die allgemeinen Vorschriften der AO, insbesondere §§ 145 ff. AO, zu beachten.

## II. Aufzeichnungspflicht bei Regelbesteuerung

### 1. Aufzeichnungen der Entgelte, Teilentgelte, der Bemessungsgrundlagen und des innergemeinschaftlichen Erwerbs

Aus den Aufzeichnungen müssen nach § 22 Abs. 2 Nr. 1 bis 4 und 7 UStG zu ersehen sein:

a) die vereinbarten bzw. vereinnahmten Entgelte für vom Unternehmer ausgeführte Lieferungen und sonstige Leistungen, getrennt nach steuerpflichtigen/steuerfreien Umsätzen, Steuersätzen und Umsätzen, für die nach § 9 UStG optiert wurde;

b) die vereinnahmten Entgelte/Teilentgelte für noch nicht ausgeführte Lieferungen und sonstige Leistungen, getrennt nach steuerpflichtigen/steuerfreien Umsätzen und nach Steuersätzen;

c) die Bemessungsgrundlage für Umsätze, die den Lieferungen und sonstigen Leistungen gegen Entgelt (§ 3 Abs. 1 b, § 3 Abs. 9 a UStG) gleichgestellt werden (unentgeltliche Wertabgaben, früher: Eigenverbrauch), getrennt nach steuerpflichtigen/steuerfreien Umsätzen und nach Steuersätzen. Da die Steuerbarkeit von unentgeltlichen Wertabgaben von der Vorsteuerbehaftung der eingekauften Leistung abhängt, ist nur die durch einen Vorsteuerabzug entlastete Bemessungsgrundlage aufzuzeichnen;

d) die wegen unberechtigtem Steuerausweis geschuldeten Beträge;

e) die Bemessungsgrundlagen für den innergemeinschaftlichen Erwerb von Gegenständen sowie hierauf entfallende Steuerbeträge.

Nichtunternehmerische Leistungsempfänger, die bei innergemeinschaftlichem Erwerb Steuerschuldner sind, müssen die o. g. Tz. a) und b) beachten (§ 22 Abs. 2 Nr. 8 UStG).

Die Entgelte, Teilentgelte, Bemessungsgrundlagen, nach § 14 c UStG geschuldete Steuer- sowie Vorsteuerbeträge sind am Schluss des Voranmeldungszeitraums zusammenzurechnen (§ 63 Abs. 2 UStDV).

### 2. Aufzeichnungen der Vorsteuern und der Einfuhrumsatzsteuer

Aus den Aufzeichnungen müssen nach § 22 Abs. 2 Nr. 5 und 6 UStG ersichtlich sein:

a) die Entgelte für steuerpflichtige Lieferungen und Leistungen, die an den Unternehmer für sein Unternehmen ausgeführt worden sind;

b) die Bemessungsgrundlagen für die Einfuhr von Gegenständen sowie die entrichtete Einfuhrumsatzsteuer.

Die Aufzeichnungsvorschriften nach Tz. 2 a) und 2 b) entfallen, wenn der Unternehmer vom Vorsteuerabzug ausgeschlossen ist. Bei teilweisem Vorsteuerabzug muss ersichtlich sein, welche Beträge zum Vorsteuerabzug berechtigen und welche nicht (§ 22 Abs. 3 UStG).
Aufgezeichnet werden müssen auch Gegenstände, die der Unternehmer zur vorübergehenden Verwendung in das übrige Gemeinschaftsgebiet verbringt und hier bestimmte Voraussetzungen erfüllt sind (§ 22 Abs. 4 a Nr. 1–3 UStG), bzw. Gegenstände, die der Unternehmer aus dem übrigen Gemeinschaftsgebiet erhält (§ 22 Abs. 4 b UStG).

**3. Aufzeichnung nach der Netto- und Bruttomethode**
§ 22 UStG geht grundsätzlich von der Nettomethode aus, d. h. der getrennten Darstellung von Entgelt bzw. Bemessungsgrundlage und Steuersatz sowie Entgeltminderung nach § 17 UStG und Steuerminderung. Vereinfachend ist auch die Bruttomethode für alle Unternehmen nach § 63 Abs. 3 bis 5 UStDV möglich. Danach dürfen die Unternehmer die an sie ausgeführten Bruttoumsätze jeweils getrennt nach Steuersätzen aufzeichnen und am Schluss eines Voranmeldungszeitraums insgesamt in Bemessungsgrundlage und Steuer aufteilen.

**4. Vereinfachung der Trennung der Entgelte**
Grundsätzlich hat der Stpfl. die Entgelte/Teilentgelte nach verschiedenen Steuersätzen zu gliedern. Soweit dem Unternehmer die Trennung nicht möglich ist oder nicht zugemutet werden kann, darf der Unternehmer mit Zustimmung des Finanzamtes bestimmte Erleichterungen in Anspruch nehmen, die im Einzelnen in Abschn. 258, 259 UStR geregelt sind.

**III. Fiskalvertreter (§§ 22 a – 22 e UStG)**
Ausländische Unternehmer, die im Inland steuerfreie Umsätze ausführen und keine Vorsteuerbeträge abziehen, müssen trotz fehlender Umsatzsteuerzahllast Umsatzsteuererklärungen und zusammenfassende Meldungen abgeben. Sie können sich für diese Erklärungen durch einen Fiskalvertreter vertreten lassen.

**IV. Aufzeichnung bei Kleinunternehmern**
Kleinunternehmer haben statt der Aufzeichnungen nach § 22 Abs. 2 bis 4 UStG u. a. folgende Angaben zu machen (§ 65 UStDV):
1. die Werte der erhaltenen Gegenleistungen für die von ihnen ausgeführten Lieferungen und sonstigen Leistungen,
2. die Werte der unentgeltlichen sonstigen Leistung (§ 3 Abs. 9 a Satz 1 Nr. 2 UStG),
3. die unberechtigt ausgewiesene Steuer nach § 14 c Abs. 2 UStG,
4. die Bemessungsgrundlage für den innergemeinschaftlichen Erwerb.

**V. Aufzeichnung bei Besteuerung nach Durchschnittssätzen**
Soweit ein Unternehmer die Vorsteuern nach § 23 UStG ermittelt, ist er von den Aufzeichnungspflichten des § 22 Abs. 2 Nr. 5 und 6 UStG befreit (§ 66 UStDV). Land- und Forstwirte, die ihre Umsätze nach Durchschnittssätzen besteuern (§ 24 UStG), sind ebenfalls von den Aufzeichnungspflichten des § 22 UStG befreit (§ 67 UStDV). Einzelheiten hierzu regeln die Abschn. 260 – 263 UStR.

**VI. Schlussbemerkung**
Ein Verstoß gegen die Aufzeichnungspflichten hat keine unmittelbaren materiellrechtlichen Folgen. Ein Vorsteuerabzug kann deshalb z. B. nicht versagt werden. Das Fehlen von Aufzeichnungen berechtigt das Finanzamt aber zu Erzwingungsmaßnahmen (§§ 328 ff. AO) und zur Schätzung (§ 162 AO). Ein Verhalten des Stpfl., das den gesetzlichen Anforderungen an die Aufzeichnungspflichten nicht genügt, kann daneben bei leichtfertiger Handlungsweise eine Steuerordnungswidrigkeit (§ 377 AO) oder bei vorsätzlichem Handeln eine Steuerstraftat (§ 370 AO) darstellen.

(Dr. Kieffer)

## 36. Optionsrechte im Umsatzsteuerrecht

### I. Allgemeines
Das Umsatzsteuerrecht gewährt dem Unternehmer zahlreiche Möglichkeiten, durch Wahlrechte die Besteuerung zu beeinflussen. Die Optionsrechte dienen teilweise der Vermeidung von systembedingten Besteuerungshärten, aber auch der Verwaltungsvereinfachung.

### II. Verzicht auf Steuerbefreiungen (§ 9 UStG)
Nach § 9 UStG kann der Unternehmer bestimmte steuerfreie Umsätze als steuerpflichtig behandeln, wenn der Umsatz an einen anderen Unternehmer für dessen Unternehmen ausgeführt wird. Dies gilt für die Befreiungen nach § 4 Nr. 8 a bis g, Nr. 9 a, Nr. 12, Nr. 13 und Nr. 19 UStG, also u. a. für Umsätze des Geld- und Kapitalverkehrs, Umsätze, die unter das GrEStG fallen, und Vermietungs- und Verpachtungsumsätze mit Grundstücken. Für Umsätze gem. § 4 Nrn. 9 a, 12 UStG, also insbesondere Vermietungsumsätze bei Grundstücken, kann nur für die Steuerpflicht optiert werden, wenn der Leistungsempfänger das Grundstück ausschließlich für Umsätze verwendet oder zu verwenden beabsichtigt, die den Vorsteuerabzug nicht ausschließen. Der Unternehmer hat die Voraussetzungen nachzuweisen (§ 9 Abs. 2 UStG). Der Verzicht auf die Steuerbefreiung kann auf jeden einzelnen Umsatz angewendet werden (Grundsatz der Einzeloption). Die Option erfolgt frist- und formlos durch Anmeldung der betreffenden Umsätze in der Steuererklärung. Übt der Unternehmer das Optionsrecht aus, so hat er zunächst den jeweiligen Umsatz zu versteuern. Andererseits ist er nunmehr auch zur Rechnungserteilung mit gesondertem Steuerausweis berechtigt; zudem kann er den Vorsteuerabzug für bezogene Leistungen in Anspruch nehmen, die mit diesen Umsätzen in Zusammenhang stehen.

Die Ausübung der Option ist regelmäßig vorteilhaft, wenn der Leistungsempfänger bereit ist, die in Rechnung gestellte Umsatzsteuer zusätzlich zu vergüten (so bei Unternehmern, die zum Vorsteuerabzug berechtigt sind), oder wenn der Vorteil aus der Wahrnehmung des Vorsteuerabzugs größer ist als der Nachteil der Umsatzversteuerung. Letzteres ist z. B. im Allgemeinen der Fall bei der Errichtung und anschließenden Vermietung von Gebäuden. In diesem Zusammenhang ist zu beachten, dass bei Nutzungsänderungen von Grundstücken innerhalb von zehn Jahren (bei anderen Wirtschaftsgütern: fünf Jahre) seit Beginn der Verwendung gem. § 15 a UStG eine Korrektur des Vorsteuerabzugs zu erfolgen hat.

### III. Kleinunternehmeroption (§ 19 Abs. 2 UStG)
Bei inländischen Unternehmern, deren Umsatz im vorangegangenen Kalenderjahr 17.500 Euro nicht überschritten hat und im laufenden Jahr voraussichtlich 50.000 Euro nicht übersteigen wird, wird die Umsatzsteuer nicht erhoben. § 19 Abs. 2 UStG gewährt nun das Wahlrecht, die Umsätze der Regelbesteuerung zu unterwerfen. An die Option ist der Unternehmer fünf Kalenderjahre gebunden. Sie kann nur mit Wirkung vom Beginn eines Kalenderjahres an widerrufen werden, und zwar spätestens bis zur Unanfechtbarkeit der Steuerfestsetzung des Kalenderjahres, für das der Widerruf erfolgen soll.

### IV. Besteuerung nach vereinnahmten Entgelten (§ 20 UStG)
Im Regelfall hat der Unternehmer die Versteuerung nach vereinbarten Entgelten durchzuführen (Sollversteuerung), er hat also die Steuer ggf. vor Vereinnahmung des Entgelts zu entrichten. Hat der Gesamtumsatz (§ 19 Abs. 3 UStG) im vorangegangenen Kalenderjahr nicht mehr als 250.000 Euro (vom 01.07.2009 bis 31.12.2011: 500.000 Euro) betragen oder ist der Unternehmer nicht buchführungs-

pflichtig oder führt er Umsätze aus einer Tätigkeit als Freiberufler i. S. des § 18 Abs. 1 Nr. 1 EStG aus, so kann das Finanzamt ihm auf Antrag gestatten, seine Steuer nach den vereinnahmten Entgelten zu berechnen (Istversteuerung). Bei der Istversteuerung hat der Unternehmer einen Zinsvorteil, da der Zahlungseingang i. d. R. zeitlich nach der Rechnungserstellung erfolgt.

## V. Vorsteuerpauschalierung (§ 23 UStG, §§ 69 f. UStDV)

Auf der Grundlage der Ermächtigung in § 23 UStG sind in der UStDV Vorsteuerpauschalierungen vorgesehen, die der Vereinfachung dienen. §§ 69 f. UStDV gewährt bestimmten nicht buchführungspflichtigen Unternehmern, deren Umsatz im vorangegangenen Kalenderjahr 61.356 Euro nicht überstiegen hat, den Vorsteuerabzug nach allgemeinen Durchschnittssätzen. Die einzelnen Berufs- und Gewerbezweige sowie die Höhe der pauschalen Vorsteuer ergeben sich aus der in § 69 UStDV genannten Anlage.

## VI. Durchschnittssätze für Land- und Forstwirte (§ 24 UStG)

Für den Bereich der Land- und Forstwirtschaft erleichtert § 24 UStG die Umsatzbesteuerung durch die Festsetzung von Durchschnittssätzen, und zwar sowohl für die ausgeführten Umsätze als auch für die damit in Zusammenhang stehenden Vorsteuern. Da bei der Durchschnittssatzbesteuerung für die meisten Umsätze die Umsatzsteuer der pauschaliert festgesetzten Vorsteuer der Höhe nach entspricht, entsteht weder eine Zahllast noch ein Vorsteuererstattungsanspruch. Gleichwohl können die nach § 24 UStG besteuerten Unternehmer Rechnungen mit gesondertem Steuerausweis erteilen.

Nach § 24 Abs. 4 UStG kann nun der Land- oder Forstwirt für die Regelbesteuerung optieren. Die Option bindet den Unternehmer fünf Kalenderjahre. Soweit der Land- oder Forstwirt als Kleinunternehmer zu besteuern wäre, kann zusätzlich die Option gem. § 19 Abs. 2 UStG ausgeübt werden.

## VII. Differenzbesteuerung (§ 25 a UStG)

Die Differenzbesteuerung ist eine Umsatzbesteuerung mit Vorumsatzabzug. Die Steuer wird aus dem Unterschiedsbetrag zwischen dem Verkaufspreis und dem Einkaufspreis (Marge) herausgerechnet. Die Differenzbesteuerung ist auf alle beweglichen körperlichen Gegenstände anwendbar, ausgenommen Edelsteine und Edelmetalle. Voraussetzung ist, dass der Unternehmer ein Wiederverkäufer ist, der Gegenstand an den Wiederverkäufer im Gemeinschaftsgebiet geliefert wurde und für diese Lieferung die Umsatzsteuer entweder nicht geschuldet oder nicht erhoben wurde (§ 19 Abs. 1 UStG; § 25 a UStG). § 25 a UStG enthält mehrere Optionsrechte: Gemäß Abs. 2 kann für die Differenzbesteuerung bei Kunstgegenständen und Antiquitäten auch dann optiert werden, wenn die Gegenstände grundsätzlich mit Vorsteuerabzugsrecht erworben wurden. Absatz 4 räumt die Option ein, für Gegenstände, deren Einkaufspreis 500 Euro nicht übersteigt, die Bemessungsgrundlage basierend auf einer Gesamtdifferenz zu ermitteln. Schließlich räumt Abs. 8 dem Wiederverkäufer die Möglichkeit ein, bei jeder einzelnen Lieferung auf die Differenzbesteuerung zu verzichten. Der Verzicht auf die Differenzbesteuerung ist nicht möglich, wenn für die Besteuerung nach der Gesamtdifferenz (Abs. 4) optiert wird.

Besonderheiten gelten für den innergemeinschaftlichen Erwerb: Differenzbesteuerung einerseits und die Anwendung der Steuerbefreiung für innergemeinschaftliche Lieferungen andererseits schließen sich aus (vgl. Abs. 7). Die innergemeinschaftliche Lieferung neuer Fahrzeuge ist von der Differenzbesteuerung ausgenommen.

(Dr. Lenz)

# 37. Die Berichtigung des Vorsteuerabzugs

## I. Einführung

Das Recht auf Vorsteuerabzug entsteht sowohl dem Grunde als auch der Höhe nach im Zeitpunkt des Bezugs der Leistung. Die Verhältnisse dieses Zeitpunkts sind daher dafür maßgebend, ob der Unternehmer den Vorsteuerabzug in voller Höhe oder nur teilweise vornehmen kann bzw. ob er vom Vorsteuerabzug ausgeschlossen ist. Da sich die maßgebenden Verhältnisse ändern können, bildet der § 15 a UStG die notwendige Berichtigungsvorschrift. Durch diese Vorschrift wird der Vorsteuerabzug so berichtigt, dass er den tatsächlichen Verhältnissen bei der Verwendung des Wirtschaftsguts oder der sonstigen Leistung entspricht (Abschn. 214 Abs. 1 UStR).

## II. Berichtigung des Vorsteuerabzugs bei Wirtschaftsgütern des Anlagevermögens (§ 15 a Abs. 1 UStG)

Nach § 15 a Abs. 1 UStG ist die Vorsteuer zu berichtigen, wenn sich die Verhältnisse bei Wirtschaftsgütern ändern, die nicht nur einmalig zur Ausführung von Umsätzen verwendet werden. Dies sind i. d. R. Wirtschaftsgüter, die ertragsteuerlich abnutzbares oder nicht abnutzbares Anlagevermögen darstellen, aber auch immaterielle Wirtschaftsgüter (Abschn. 214 Abs. 2 UStR). Eine Änderung der Verhältnisse kann insbesondere durch Nutzungsänderungen (bspw. bei Grundstücken), Veräußerungen, die nicht als Geschäftsveräußerungen anzusehen sind, oder unentgeltliche Wertabgaben nach § 3 Abs. 1 b UStG verursacht sein. Eine Berichtigung des Vorsteuerabzuges findet nur innerhalb des Berichtigungszeitraums statt. Dieser beträgt bei allen Wirtschaftsgütern außer Grundstücken 5 Jahre; bei Grundstücken 10 Jahre. Bei einer kürzeren Verwendungsdauer ist diese maßgebend.

Die Berichtigung wird technisch in der Weise durchgeführt, dass die auf das Investitionsobjekt entfallenden Vorsteuerbeträge auf den Berichtigungszeitraum anteilsmäßig verteilt werden. Bei einer Änderung der Verhältnisse gegenüber dem Erstjahr wird die anteilige Vorsteuer entsprechend der prozentualen Änderung berichtigt. Hierzu ein Beispiel:

Eine Maschine wird im Jahr 01 angeschafft und zu 50 % für steuerpflichtige Zwecke verwendet. Die in Rechnung gestellte Vorsteuer beträgt 10.000 Euro, sodass im Erstjahr 5.000 Euro als Vorsteuer geltend gemacht werden können. Im zweiten Jahr wird die Maschine zu 80 % für steuerpflichtige Zwecke verwendet. Nun ist im Rahmen der Vorsteuerberichtigung die gesamte in Rechnung gestellte Vorsteuer auf den Berichtigungszeitraum von fünf Jahren zu verteilen, sodass auf jedes Jahr 2.000 Euro entfallen. Da eine Änderung der steuerpflichtigen Verhältnisse um plus 30 % stattgefunden hat, ist der Vorsteuer um 30 % von 2.000 Euro zu berichtigen. Der Stpfl. kann daher in den folgenden vier Jahren je 600 Euro als Vorsteuer geltend machen.

Bei Veräußerung wird fingiert, dass das Wirtschaftsgut bis zum Ablauf des Berichtigungszeitraums für das Unternehmen entsprechend den geänderten Verhältnissen verwendet wird (§ 15 a Abs. 8 u. 9 UStG).

## III. Berichtigung des Vorsteuerabzugs bei Wirtschaftsgütern des Umlaufvermögens (§ 15 a Abs. 2 UStG)

Nach § 15 a Abs. 2 UStG werden von der Vorsteuerberichtigung auch Wirtschaftsgüter erfasst, die ertragsteuerlich als Umlaufvermögen einzuordnen sind. In diesem Fall gibt es keinen Berichtigungszeitraum; eine Berichtigung ist im Zeitpunkt der tatsächlichen Verwendung durchzuführen, wenn diese von der ursprünglichen Verwendungsabsicht abweicht (Abschn. 217 a Abs. 1 UStR). Die Vorschrift ist insbesondere bei Grundstücken im Umlaufvermögen (z. B. gewerblicher Grundstückshandel) zu beachten. Erwirbt beispielsweise ein Unternehmer ein Grundstück mit Vorsteuer in der Absicht, es steuerpflichtig weiterzuveräußern, und veräußert er es 18 Jahre später steuerfrei, so hat er die Vorsteuer nach 18 Jahren zu berichtigen und zurückzuzahlen.

## IV. Berichtigung des Vorsteuerabzugs bei eingebauten Wirtschaftsgütern und sonstigen Leistungen an Wirtschaftsgütern (§ 15 a Abs. 3 UStG)

Die Berichtigungsvorschrift des § 15 a UStG gilt auch für alle eingefügten, nicht selbständig nutzbaren Gegenstände (die ertragsteuerlich entweder Anlage- oder Umlaufvermögen darstellen), die mit einem anderen Wirtschaftsgut, in das sie nachträglich eingehen, in einem einheitlichen Nutzungs- und Funktionszusammenhang stehen und dabei ihre körperliche und wirtschaftliche Eigenart verlieren (Bestandteil). Auf eine Werterhöhung bei dem Wirtschaftsgut, in das die Wirtschaftsgüter eingehen, kommt es nicht an. Für jeden eingebauten Bestandteil gilt ein eigenständiger Berichtigungszeitraum. Dieser bemisst sich grundsätzlich nach der Art des Wirtschaftsguts, in das der betroffene Gegenstand eingefügt wird (Abschn. 217 b Abs. 3 UStR).

Beispiel: Der Stpfl. kauft am 01.01.2006 ein bebautes Grundstück, welches er steuerpflichtig vermietet. Am 01.01.2010 werden neue Fenster eingebaut und Vorsteuern von 20.000 Euro abgezogen. Am 01.01.2012 werden nur noch 50 % steuerfrei vermietet. Für einen 8-jährigen Berichtigungszeitraum (2012–2019) sind pro Jahr ¹/₁₀ von 10.000 Euro = 1.000 Euro zu berichten. Nach § 15 a UStG gilt die Berichtigungsvorschrift auch für sonstige Leistungen an Wirtschaftsgütern, somit insbesondere für Erhaltungsaufwendungen an Grundstücken (Abschn. 217 b Abs. 5 UStR).

## V. Berichtigung des Vorsteuerabzugs bei nachträglichen Anschaffungs- oder Herstellungskosten (§ 15 a Abs. 6 UStG)

Für nachträgliche Anschaffungs- oder Herstellungskosten gilt die gesonderte Berichtigungsvorschrift nach § 15 a Abs. 6 UStG. Diese Vorschrift verweist hinsichtlich der Berichtigungsmodalitäten auf die Abs. 1–5. Bei nachträglichen Anschaffungs- und Herstellungskosten an Wirtschaftsgütern, die einkommensteuerrechtlich Anlagevermögen darstellen, gilt daher die Berichtigung „pro rata temporis". Bei nachträglichen Anschaffungs- oder Herstellungskosten des Umlaufvermögens ist die Berichtigung des Vorsteuerabzuges für den Besteuerungszeitraum vorzunehmen, in dem das Wirtschaftsgut verwendet wird.

## VI. Vereinfachungsregeln und Aufzeichnungspflichten

§ 44 UStDV enthält Regelungen zur Vereinfachung bei der Berichtigung des Vorsteuerabzugs. Nach § 44 Abs. 1 UStDV erfolgt keine Berichtigung, falls der auf die Anschaffungs- bzw. Herstellungskosten entfallende Vorsteuerbetrag 1.000 Euro nicht übersteigt. Gleiches gilt nach § 44 Abs. 2 UStDV, wenn die Änderung der Nutzungsverhältnisse weniger als 10 % beträgt und der absolute Betrag, um den der Vorsteuerabzug zu berichtigen ist, unter 1.000 Euro liegt. Betragen die auf die Anschaffungs- oder Herstellungskosten entfallenden Vorsteuern weniger als 2.500 Euro, so ist zwar eine Berichtigung vorzunehmen, diese Berichtigung erfolgt jedoch nach § 44 Abs. 3 UStDV einheitlich am Ende des Berichtigungszeitraums. Nach § 22 Abs. 4 UStG hat der Unternehmer entsprechende Aufzeichnungen zu führen (Abschn. 219 Abs. 1 UStR).

(Dr. Kieffer)

## 38. Rückgabe und Rücklieferung im UStG

### I. Lieferung im Rahmen des umsatzsteuerlichen Leistungsaustausches

Nach § 1 Abs. 1 Nr. 1 UStG unterliegt der Umsatzsteuer eine Lieferung, die ein Unternehmer im Inland gegen Entgelt im Rahmen seines Unternehmens ausführt. Eine Lieferung i. S. des § 3 Abs. 1 UStG ist eine Leistung im Rahmen eines Leistungsaustausches, bei der ein Unternehmer einem Dritten die Verfügungsmacht an einem Gegenstand verschafft (Abschn. 24 Abs. 1 Satz 1 UStR). Die Verschaffung der Verfügungsmacht ist ein Vorgang vorwiegend tatsächlicher Natur (Abschn. 24 Abs. 2 Satz 4 UStR). Der Inhaber der Verfügungsmacht muss faktisch in der Lage sein, den Gegenstand wie ein Eigentümer zu benutzen oder zu veräußern.

### II. Abgrenzung zwischen Rückgabe und Rücklieferung

Wird der Gegenstand einer Lieferung zurückgegeben, kann dies unterschiedliche steuerliche Folgen auslösen. Dabei ist insbesondere zwischen einer nichtsteuerbaren Rückgabe des gelieferten Gegenstandes durch den Käufer (Rückgängigmachung) und einer steuerbaren, neuen Leistungsaustausch begründenden Rücklieferung zu unterscheiden.

Die Frage, ob es sich um eine Rückgängigmachung einer Lieferung oder um eine steuerbare Rücklieferung handelt, ist nach der Rechtsprechung des BFH (BFH-Urteil vom 27.06.1995, BStBl II S. 756) regelmäßig aus der Sicht des ursprünglichen Leistungsempfängers zu beurteilen. Dieser Ansicht hat sich auch die Finanzverwaltung angeschlossen (Abschn. 1 Abs. 4 Satz 2 UStR). Danach liegt aus Empfängersicht kein steuerbarer Leistungsaustausch vor, wenn eine Lieferung lediglich rückgängig gemacht wird. Dies kann bei einer Rückgabe durch den Abnehmer innerhalb der branchenüblichen Fristen, bei Ausübung eines vertraglichen oder gesetzlichen Rücktrittsrechts oder bei einer Anfechtung des Vertrages (§§ 119 ff. BGB) der Fall sein. Demgegenüber liegt eine steuerbare Rücklieferung vor, wenn die Beteiligten ein neues Umsatzgeschäft eingehen und der Empfänger der Hinlieferung dieses neue Umsatzgeschäft dadurch erfüllt, dass er dem ursprünglichen Lieferer die Verfügungsmacht an dem zunächst gelieferten Gegenstand in Erwartung einer Gegenleistung (rück)liefert. Die ursprüngliche Lieferung bleibt unberührt. Die Rücklieferung stellt eine zweite Lieferung in umgekehrter Richtung dar. Dies ist im Fall eines Wiederkaufsrechts (§§ 456 ff. BGB) gegeben.

Eine Abgrenzung kann im Einzelfall schwierig sein. Abgrenzungskriterien (aus Sicht des ursprünglichen Leistungsempfängers) sind der Zeitraum zwischen Hin- und Rückgabe, der Grad der Abnutzung des Liefergegenstandes, der wirtschaftliche Gehalt des verwirklichten Sachverhalts, der Parteiwille sowie der genaue Wortlaut der ursprünglichen Vereinbarung zwischen den Lieferpartnern. In der Praxis wird regelmäßig eine weitere Abgrenzung zum Umtausch erforderlich sein. Beim Umtausch wird der ursprüngliche Liefergegenstand gegen einen anderen, unter Rückgabe des ersteren ausgetauscht (z. B. Hersteller- oder Händlergarantie). Im Fall des Umtauschs ist die erste Lieferung wie eine Rückgängigmachung, die zweite Lieferung wie eine weitere (normale) Lieferung zu behandeln.

### III. Auswirkungen auf Umsatzsteuer-Voranmeldungen

Im Fall einer Rückgabe des Liefergegenstandes ist im Rahmen einer Voranmeldung nichts zu unternehmen, wenn die Lieferung rückgängig gemacht wird, solange die Steuer noch nicht entstanden ist. Wird die Lieferung dagegen rückgängig gemacht, wenn die Steuer entstanden ist, also nach Ablauf des Voranmeldezeitraums, bleibt die Besteuerung für diesen Zeitraum bestehen und die Umsatzsteuer kann erst im Besteuerungszeitraum der Rückgängigmachung korrigiert werden.

## IV. Einzelfälle

Aufgrund der Schwierigkeiten der Abgrenzungen im Einzelfall hat die Thematik vermehrt die Rechtsprechung beschäftigt.

**Eigentumsvorbehalt:** Im Fall des Eigentumsvorbehaltskaufs liegt eine nichtsteuerbare Rückgängigmachung der ursprünglichen unter Eigentumsvorbehalt erfolgten Lieferung vor, wenn der Vorbehaltskäufer mit seinen Zahlungsverpflichtungen in Verzug gerät und der Verkäufer vom Kaufvertrag gem. §§ 346 ff. BGB zurücktritt. Hat der Vorbehaltskäufer jedoch bereits teilweise Zahlungen auf den Kaufpreis geleistet, so ist der Kaufvertrag evtl. in einen Mietvertrag umzudeuten. Die bereits geleisteten Zahlungen können dann Entgelt für die Nutzungsüberlassung darstellen (FG Köln, EFG 1998 S. 155).

**Sonder- und Umtauschaktionen:** Im Fall von Sonder- und Umtauschaktionen sah die Rechtsprechung in der Rückgabe von Diamanten gegen Zahlung des ursprünglich entrichteten Kaufpreises zzgl. einer 10 %igen Mehrerlösentschädigung und die Rückgabe der Diamanten gegen Kauf eines wertvolleren Diamanten im Rahmen einer Umtauschaktion keine Rückgängigmachung der ursprünglichen Lieferung (Hessisches FG, Urteil vom 23.05.2001, 6 K 3172/99). Ein aktuelles Urteil beschäftigte den BFH im Jahre 2008 (BFH, Urteil vom 12.11.2008, XI R 46/07). In dem zu entscheidenden Fall bot ein Umzugsunternehmen seinen Kunden an, von ihm zunächst verkaufte Umzugskartons im verwertbaren Zustand gegen ein bestimmtes Entgelt zurückzunehmen. Hier sah der BFH bei entsprechender Inanspruchnahme durch den Kunden eine selbständige Rücklieferung, die eine Berichtigung der Bemessungsgrundlage für die ursprüngliche Lieferung nicht erforderlich macht.

**Rücklieferung von nicht abgesetzten Erzeugnissen:** Eine Rücklieferung sah der BFH auch im Fall der Rücklieferung von nicht abgesetzten Erzeugnissen. Hier hatte der BFH über den Fall zu entscheiden, dass sich im Zusammenhang mit Preissenkungen der Verkäufer (eine Zigarettenfabrik) bereit erklärte, altpreisige Waren zum Ursprungspreis gegen niedrigpreisige Ware in Zahlung zu nehmen.

**Umtausch mit Baraufgabe:** Einen Fall eines Umtausches mit Baraufgabe lag dem FG Bremen in Jahre 1977 zur Entscheidung vor (FG Bremen vom 07.06.1977, EFG 1977 S. 513). Hier verpflichtete sich ein Teppichhändler innerhalb von zwei Jahren einen Teppich zum ursprünglichen Preis zurückzunehmen, wenn der Käufer einen neuen Teppich zu einem höheren Preis erwirbt. Das FG Bremen sah hierin einen von den Parteien gewollten Umtausch mit Baraufgabe, der eine Rücklieferung und somit zwei umsatzsteuerbare Vorgänge begründet.

(Dr. Kieffer)

## 39. Reihengeschäfte im Umsatzsteuerrecht

### I. Vorbemerkungen

Die zentralen Regelungen zur Behandlung von Reihengeschäften sind in den Bestimmungen zum Lieferort (§ 3 Abs. 5 a, 6 und 7 UStG) sowie in § 25 b UStG verankert, mit dem eine besondere Vereinfachungsregelung für innergemeinschaftliche Dreiecksgeschäfte eingeführt wurde (vgl. BMF-Schreiben vom 18.04.1997, BStBl 1997 I S. 529).

Wesentliches Merkmal der Neuregelung ist, dass es bei mehreren aufeinanderfolgenden Lieferungen, die im Rahmen einer Warenbewegung (Beförderung oder Versendung) ausgeführt werden, keine Fiktion eines einheitlichen Lieferorts und Lieferzeitpunkts mehr gibt. Der Lieferzeitpunkt ist für jede einzelne Lieferung zu bestimmen. Für den Lieferort gelten die folgenden Grundsätze: (1) Für jede Lieferung ist der Ort gesondert zu bestimmen; (2) die Warenbewegung kann immer nur einer Lieferung zugeordnet werden (Beförderungs- oder Versendungslieferung); (3) bei allen anderen Lieferungen findet keine Warenbewegung statt (ruhende Lieferungen); der Lieferort liegt entweder am Beginn oder am Ende der Beförderung oder Versendung.

### II. Reihengeschäfte

Als Reihengeschäfte werden die in § 3 Abs. 6 Satz 5 UStG beschriebenen Umsatzgeschäfte bezeichnet, die von mehreren Unternehmern über denselben Gegenstand abgeschlossen werden und bei denen dieser Gegenstand im Rahmen einer Beförderung oder Versendung unmittelbar vom ersten Unternehmer (Ort der Lieferung des ersten Unternehmers) an den letzten Abnehmer gelangt. Da die Warenbewegung nur einer Lieferung zugeordnet wird, kommt nur für diese **Beförderungs- oder Versendungslieferung** die Steuerbefreiung für Ausfuhrlieferungen (§ 6 UStG) oder für innergemeinschaftliche Lieferungen (§ 6 a UStG) in Betracht. Alle anderen Lieferungen in der Reihe sind **ruhende Lieferungen.** Sie werden entweder vor oder nach der Warenbewegung ausgeführt. Die Warenbewegung kann durch die Lieferung an den Abnehmer oder einen vom Lieferer oder Abnehmer beauftragten Dritten durchgeführt werden (§ 3 Abs. 6 Satz 1 UStG). Beauftragter Dritter kann z. B. ein Lagerhalter oder ein Lohnveredler sein. Sowohl der Abholfall als auch die Warenbewegung durch beauftragte Dritte gelten als Beförderungs- oder Versendungsfall.

Im Fall der Beförderungs- oder Versendungslieferung gilt die Lieferung dort als ausgeführt, wo die Beförderung oder Versendung an den Abnehmer oder in dessen Auftrag an einen Dritten **beginnt** (§ 3 Abs. 6 Satz 1 UStG). Die ruhenden Lieferungen, die der Beförderungs- oder Versendungslieferung **vorangehen,** gelten an dem Ort als ausgeführt, an dem die Warenbewegung **beginnt.** Die ruhenden Lieferungen, die der Beförderungs- oder Versendungslieferung **nachfolgen,** gelten an dem Ort als ausgeführt, an dem die Warenbewegung **endet.** Nach der Gesetzeskonzeption kommt der **Zuordnung** der Beförderung oder Versendung zu einer Lieferung oder Versendung des Reihengeschäfts entscheidende Bedeutung zu. Die Warenbewegung kann (1) dem ersten Unternehmer, (2) dem letzten Abnehmer, (3) einem mittleren Unternehmer, jedoch einheitlich für alle Beteiligten, zugeordnet werden. Anhand von Belegen, z. B. der Auftragserteilung an den selbständigen Beauftragten, ist zu beurteilen, wer die Beförderung durchgeführt oder die Versendung veranlasst hat. Wird der Gegenstand der Lieferung durch den ersten Unternehmer in der Reihe befördert oder versendet, ist seiner Lieferung die Beförderung oder Versendung zuzuordnen. Wird der Liefergegenstand durch den **letzten** Abnehmer befördert oder versendet, ist die Beförderung oder Versendung der Lieferung des letzten Lieferers in der Reihe zuzuordnen. Befördert oder versendet ein **mittlerer** Unternehmer in der Reihe den Liefergegenstand, so ist dieser zugleich Abnehmer der Vorlieferung und Lieferer seiner eigenen Lieferung. In diesem Fall ist die Warenbewegung grundsätzlich der Lieferung des vorangehenden Unternehmers zuzuordnen; diese Vermutung kann durch Vorlage von Belegen widerlegt werden, mit denen der mittlere Unternehmer nachweist, dass er den Gegenstand als **Lieferer** befördert oder versendet hat (§ 3 Abs. 6 Satz 6 UStG). Hiervon wird ausgegangen, wenn der Unternehmer unter der USt-IdNr. des Mitgliedstaates auftritt, in dem die Warenbewegung beginnt, und wenn er aufgrund der Lieferbedingungen Gefahr und Kosten der Warenbewegung übernommen hat.

Bei auf das Inland beschränkten Warenbewegungen finden die genannten Grundsätze gleichfalls Anwendung. Ist dabei ein in einem anderen Mitgliedstaat oder im Drittland ansässiger Unternehmer beteiligt, so muss er sich wegen der im Inland steuerpflichtigen Lieferung stets im **Inland** steuerlich **registrieren** lassen. Beginnt bei einem Reihengeschäft die Warenbewegung im Inland und endet sie in einem anderen Mitgliedstaat, so kann mit der Warenbewegung nur **eine** innergemeinschaftliche Lieferung bewirkt werden. Die Steuerbefreiung (§ 4 Nr. 1 b UStG) kommt nur bei der Beförderungs- oder Versendungslieferung zur Anwendung. Entsprechendes gilt für den innergemeinschaftlichen Erwerb (§ 1 a UStG) sowie für die Steuerbefreiung bei Ausfuhrlieferungen im Fall der Warenbewegung in das Drittlandsgebiet. Bei Reihengeschäften mit privaten Endabnehmern zwischen zwei Mitgliedstaaten gilt die Lieferung dort als ausgeführt, wo die Warenbewegung endet. Im Ergebnis wird damit sichergestellt, dass die Lieferung an den Nichtunternehmer in dem Bestimmungsland steuerbar ist.

Das **innergemeinschaftliche Dreiecksgeschäft** ist ein besonderer Fall des Reihengeschäfts (§ 25 b UStG). § 25 b UStG enthält eine Vereinfachungsregelung, mit der die steuerliche Registrierung des mittleren Unternehmers im Bestimmungsland vermieden wird.

Die in § 25 b Abs. 1 UStG genannten engen Voraussetzungen müssen kumulativ erfüllt sein. Es werden dann verschiedene innergemeinschaftliche Lieferungen fingiert und im Ergebnis wird als Vereinfachung die **Steuerschuld** für die Inlandslieferung unter den Voraussetzungen des § 25 b Abs. 2 UStG von dem ersten Abnehmer auf den letzten Abnehmer **übertragen.** Es gilt dann zugleich auch der innergemeinschaftliche Erwerb des ersten Abnehmers als besteuert (§ 25 b Abs. 3 UStG). Materielle Voraussetzung zur Übertragung der Steuerschuld ist, dass der erste Abnehmer dem letzten Abnehmer eine Rechnung erteilt, in der die Steuer nicht gesondert ausgewiesen ist und in der zusätzliche Angaben über das Vorliegen eines innergemeinschaftlichen Dreiecksgeschäfts gemacht werden. Besondere, in § 25 b Abs. 6 UStG geregelte Aufzeichnungspflichten sind zu beachten.

(Dr. Lenz)

## 40. Die Übertragung von Betriebsvermögen im Erbschaftsteuerrecht

### I. Grundsätze

Im Rahmen des Erbschaftsteuerreformgesetzes vom 24.12.2008 (BGBl I 2008 S. 3018) wurde die erbschaft- und schenkungsteuerliche Behandlung der Übertragung von Betriebsvermögen neu geregelt. Nach der Neuregelung, die grundsätzlich auf Erwerbe anzuwenden ist, für die die Steuer nach dem 31.12.2008 entsteht, gilt grundsätzlich Folgendes.

Die Übertragung des Anteils an einer Personengesellschaft ist ebenso wie die Übertragung der Anteile an einer Kapitalgesellschaft, die nicht an einer deutschen Börse zum Handel im regulierten Markt zugelassen sind, **grundsätzlich rechtsformneutral mit dem gemeinen Wert** zu bewerten (§§ 1, 12 Abs. 2 und 5 ErbStG, § 11 Abs. 2, § 109 Abs. 2 BewG). Ist der gemeine Wert nicht aus Verkäufen unter Dritten abzuleiten, die weniger als ein Jahr zurückliegen, kann ein vereinfachtes Ertragsverfahren angewendet werden (§ 11 Abs. 2, § 199 ff. BewG), wenn dies nicht zu offensichtlich unzutreffenden Ergebnissen führt. Offensichtlich unzutreffende Ergebnisse ergeben sich bei der Anwendung des vereinfachten Ertragswertverfahrens nach Auffassung der Finanzverwaltung regelmäßig bei komplexen Strukturen von verbundenen Unternehmen, bei Neugründungen und bei einem Branchenwechsel (koordinierter Ländererlass vom 25.06.2009, BStBl 2009 I S. 698, Abschn. 19). Sofern dies nicht ebenfalls zu unzutreffenden Ergebnissen führt, soll in diesen Fällen der Substanzwert als Mindestwert anzusetzen sein.

**Rechtsformabhängig** ergeben sich jedoch insoweit Differenzierungen, als für begünstigtes Betriebsvermögen nach § 13 b Abs. 1 ErbStG ein sog. Verschonungsabschlag gewährt werden kann. Dies ist dann der Fall, wenn

- das sog. Verwaltungsvermögen bestimmte Grenzen nicht überschreitet (§ 13 b Abs. 2 ErbStG),

- innerhalb der Lohnsummenfrist eine Mindestlohnsumme eingehalten wird (§ 13 Abs. 1 ErbStG)

- und die Behaltensfristen nicht verletzt werden (§ 13 a Abs. 5 ErbStG).

### II. Begünstigtes Vermögen

Zum begünstigten Vermögen gehören gem. § 13 b Abs. 1 ErbStG neben inländischem Betriebsvermögen (§§ 95 ff. BewG) insbesondere auch Beteiligungen an Personengesellschaften und Anteile an Kapitalgesellschaften, die im Rahmen des Erwerbs ertragsteuerlichen Betriebsvermögens übergehen. Die Begünstigung gilt dabei unabhängig von der Beteiligungshöhe (§ 13 b Abs. 1 Nr. 2 ErbStG). Soweit Beteiligungen an Kapitalgesellschaften im Privatvermögen liegen, sind sie demgegenüber nur dann begünstigt, wenn eine unmittelbare Beteiligung am Nennkapital von mehr als 25 % oder eine sog. Poolvereinbarung besteht (§ 13 b Abs. 1 Nr. 3 ErbStG).

### III. Abgrenzung des Verwaltungsvermögens

#### 1. Grundfall

Soweit begünstigtes Vermögen vorliegt, hängt die Gewährung des Verschonungsabschlags von 85 % im gesetzlichen **Grundfall des § 13 a Abs. 1 ErbStG** darüber hinaus davon ab, ob, inwieweit und seit wann das begünstigte Vermögen sog. **Verwaltungsvermögen** enthält. Dabei ist wie folgt zu differenzieren:

- Beteiligungen an einer Personengesellschaft sind dem Grunde nach unabhängig von der Beteiligungshöhe kein schädliches Verwaltungsvermögen. Die Beteiligung an einer Kapitalgesellschaft ist demgegenüber grundsätzlich nicht begünstigt, wenn die unmittelbare Beteiligung am Nennkapital 25 % oder weniger beträgt und keine Poolvereinbarung besteht (§ 13 b Abs. 2 Nr. 2 ErbStG). Liegt der Wert des Verwaltungsvermögens bei mehr als 50 %, kommt der Verschonungsabschlag nicht in Betracht (§ 13 b Abs. 2 ErbStG).

- Soweit der Wert des Verwaltungsvermögens nicht bei mehr als 25 % liegt, ist das Vermögen gleichwohl insoweit nicht begünstigt, als es dem Betrieb im Besteuerungszeitpunkt weniger als zwei Jahre zuzurechnen ist (§ 13 b Abs. 2 Nr. 3 ErbStG).

Soweit nach diesen Grundsätzen begünstigtes Betriebsvermögen verbleibt, wird der sog. **Verschonungsabschlag i. H. von grundsätzlich 85 %** gewährt (§ 13 a Abs. 1, § 13 b Abs. 4 ErbStG). Dieser **Verschonungsabschlag** kann rückwirkend entfallen:

- Anteilig verfällt der Verschonungsabschlag in dem prozentualen Umfang, in dem die Summe der maßgebenden Lohnsummen innerhalb der Lohnsummenfrist von 5 Jahren 400 % der Ausgangslohnsumme (Mindestlohnsumme) unterschreitet (§ 13 Abs. 1 ErbStG). Dies gilt dann nicht, wenn die Ausgangslohnsumme 0 Euro beträgt oder der Betrieb nicht mehr als 20 Beschäftigte hat (§ 13 a Abs. 1 Satz 4 ErbStG).

- Zeitanteilig verfällt der Verschonungsabschlag insoweit, als innerhalb der Behaltensfrist von 5 Jahren eine schädliche Disposition, insbesondere eine Veräußerung, erfolgt (§ 13 Abs. 5 ErbStG).

Führt der Verschonungsabschlag nicht zur Freistellung, wird ein sog. **Abzugsbetrag** gewährt, der maximal 150.000 Euro beträgt und größenabhängig gekürzt wird (§ 13 a Abs. 2 ErbStG). Der verbleibende Betrag wird voll versteuert. Dabei kann bei Erwerbern der Steuerklasse II und III ein Entlastungsbetrag nach § 19 a ErbStG zur Anwendung kommen. Eine Stundung nach § 21 ErbStG kommt nur insoweit in Betracht, als Betriebsvermögen vorliegt.

**2. Optionsfall**

**Alternativ** zum gesetzlichen Grundfall kann unwiderruflich auch die **Option** für einen Verschonungsabschlag i. H. von 100 % ausgeübt werden. Diese Möglichkeit besteht dann, wenn der Erwerber den Betrieb für 10 Jahre fortführt, die Lohnsumme nach 10 Jahren nicht weniger als 1000 % der Lohnsumme im Erwerbszeitpunkt beträgt und der Anteil des Verwaltungsvermögens am gesamten Betriebsvermögen 10 % nicht übersteigt (§ 13 a Abs. 8 ErbStG).

**IV. Schlussbemerkung**

Mit dem Inkrafttreten des neuen Erbschaft- und Schenkungsteuergesetzes sowie des Bewertungsgesetzes zum 01.01.2009 sollte eine Verbesserung der steuerlichen Rahmenbedingungen für die Unternehmensnachfolge erreicht werden. Ob dies gelungen ist, wird sowohl hinsichtlich der Zielsetzung als auch der steuerrechtlichen Umsetzung in Frage gestellt. Nachdem erste Korrekturen bereits Ende 2009 im Rahmen des Wachstumsbeschleunigungsgesetzes erfolgt sind, sind im Rahmen des Jahressteuergesetzes 2010 weitere Korrekturen vorgesehen.

(Montag)

# 41. Die Bewertung von Unternehmen im Erbschaftsteuerrecht

## I. Einführung

Während Betriebsvermögen und Anteile an Kapitalgesellschaften nach den früheren Bewertungsvorschriften mit systematisch völlig unterschiedlichen Werten in die Besteuerungsgrundlage bei der Erbschaft- und Schenkungsteuer eingingen, hat das Bundesverfassungsgericht insoweit für Klarheit gesorgt und festgestellt, dass in sämtlichen Fällen der gemeine Wert zu ermitteln ist. Im Rahmen des Erbschaftsteuerreformgesetzes 2009 hat der Gesetzgeber die Grundnormen für die Bewertung von Betriebsvermögen und Anteilen an Kapitalgesellschaften in § 11 BewG aufgenommen und darüber hinaus in den §§ 199 ff. BewG ein vereinfachtes Ertragswertverfahren geregelt.

## II. Neuregelung der Bewertung

Der Wert des Betriebsvermögens oder des Anteils am Betriebsvermögen wird nach § 151 Abs. 1 Nr. 2 BewG gesondert festgestellt; Gleiches gilt nach § 151 Abs. 1 Nr. 3 BewG für Anteile an Kapitalgesellschaften nach § 11 Abs. 2 BewG. Dabei nimmt das zuständige Betriebsstättenfinanzamt nicht nur eine Wertfeststellung vor, sondern nimmt Informationen auf, die für die Anwendung der Begünstigungsregelungen nach §§ 13 a, 13 b ErbStG erforderlich sind. Der Wert von Anteilen von Kapitalgesellschaften nach § 11 Abs. 2 BewG ist immer unter Berücksichtigung der tatsächlichen Verhältnisse und Wertverhältnisse zum Bewertungsstichtag festzustellen (Anteilswert). Entsprechendes gilt für den Wert des Betriebsvermögens. Bewertungsgegenstand nach § 2 Abs. 1 BewG ist grundsätzlich die sog. wirtschaftliche Einheit, wobei bei der Abgrenzung auf die Verkehrsanschauung abzustellen ist. Die Bestimmung und die Festlegung des Umfangs des Betriebsvermögens, die sich grundsätzlich nach § 95 BewG richtet, bereitet deshalb in der Praxis erhebliche Abgrenzungsprobleme.

### 1. Allgemeines zur Bewertung des Betriebsvermögens und von Anteilen an Kapitalgesellschaften

Grundsätzlich ist bei der Bewertung des Betriebsvermögens (bspw. Einzelunternehmen, Freiberufler, Praxen, Beteiligungen an Personengesellschaften) als auch bei Anteilen an einer Kapitalgesellschaft, sofern nicht der Sonderfall einer börsennotierten Kapitalgesellschaft gegeben ist, als steuerlicher Wert der gemeine Wert i. S. des § 9 BewG anzusetzen. Ein solcher Wert ermittelt sich vorrangig aus dem Wert von Verkäufen, die weniger als ein Jahr vor dem Besteuerungszeitpunkt stattgefunden haben (§§ 11 Abs. 2, 109 BewG). Liegen solche Verkäufe nicht vor, ist die Ermittlung des gemeinen Wertes unter Berücksichtigung der Ertragsaussichten oder einer anderen anerkannten, im gewöhnlichen Geschäftsverkehr für nicht steuerliche Zwecke üblichen Methode zu ermitteln (vergleichsorientierte Bewertungsmethode, Multiplikatorenmethode). Für die Ermittlung des Unternehmenswertes anhand der Ertragsaussichten wird vom Gesetzgeber ein verbindliches Bewertungsverfahren nicht vorgeschrieben. In der Regel dürfte sich die Bewertung am IDW-Standard S 1 orientieren. Diese leitet den Unternehmenswert aus dem Barwert der zukünftigen Einzahlungsüberschüsse ab.

Für die ertragsorientierte Bewertung sieht das Gesetz als weiteres Wahlrecht das vereinfachte Ertragswertverfahren nach § 200 BewG vor, wenn es nicht zu offensichtlich unzutreffenden Ergebnissen führt.

## 2. Vereinfachtes Ertragswertverfahren

Das „vereinfachte Ertragswertverfahren" – geregelt in §§ 199 – 203 BewG i. V. m. § 11 Abs. 2 BewG – multipliziert den nachhaltig erzielbaren Jahresertrag mit einem Kapitalisierungsfaktor. Besonderheiten gelten beim vereinfachten Ertragswertverfahren für bestimmte Vermögensteile und damit zusammenhängende Schulden, die dann nicht mit einzubeziehen sind, wenn sie aus dem zu bewertenden Unternehmen herausgelöst werden können, ohne die eigentliche Unternehmertätigkeit zu beeinträchtigen. Diese Vermögens- und Schuldpositionen werden mit ihrem gemeinen Wert berücksichtigt. Als solche besondere Vermögenspositionen kommen im Betriebsvermögen gehaltene Miet-, Wohngrundstücke in Betracht.

Für die Ermittlung des nachhaltig zu erzielenden Jahresertrages ist als Ausgangsgröße der in der Vergangenheit tatsächlich erzielte Durchschnittsertrag heranzuziehen. Hierfür werden die letzten drei vor dem Bewertungsstichtag abgelaufenen Wirtschaftsjahre herangezogen. Eine Ausnahme von dem Dreijahreszeitraum besteht lediglich in den Fällen, in denen sich der Charakter des Unternehmens nach dem Gesamtbild der Verhältnisse nachhaltig verändert hat oder das Unternehmen neu entstanden ist. Zur Ermittlung des Jahresertrages wird der in der Vergangenheit erzielte Durchschnittsertrag um bestimmte Korrekturposten verändert. Beispielsweise wird der hierin enthaltene Ertragsteueraufwand wieder hinzugerechnet und ein angemessener Unternehmerlohn abgezogen, sofern er im Durchschnittsertrag nicht enthalten ist. Zur Abgeltung der Ertragsteuern wird sodann das Betriebsergebnis um 30 % gemindert.

Der so ermittelte Jahresertrag ist mit einem Kapitalisierungsfaktor als reziproker Faktor des Kapitalisierungszinses zu multiplizieren. Bei der Ermittlung des Kapitalisierungszinssatzes ist von der langfristigen Rendite für längerfristige öffentliche Anleihen auszugehen. Dieser Zinssatz ist von der Deutschen Bundesbank anhand der Zinsstrukturdaten jeweils auf den 1. Börsentag des Jahres zu errechnen. Der maßgebende Zinssatz wird jeweils vom Bundesministerium im Bundessteuerblatt veröffentlicht und gilt dann für sämtliche Bewertungen dieses Jahres. Der Basiszinssatz ist um einen Risikozuschlag von 4,5 % zu erhöhen. Durch diesen Risikozuschlag werden pauschal neben dem Unternehmerrisiko auch andere Korrekturposten berücksichtigt.

## 3. Der Mindestwert

Zu beachten ist, dass bei sämtlichen Bewertungsverfahren – also auch beim hier dargestellten Ertragswertverfahren – die Untergrenze der Bewertung zu berücksichtigen ist. Diese ist die Summe der gemeinen Werte der Einzelwirtschaftsgüter und der sonstigen aktiven Ansätze abzgl. der Schulden und sonstigen Abzüge des Unternehmens. Die Prüfung, ob der Ansatz des Mindestwertes in Betracht kommt, führt in der Praxis zu erheblichen Schwierigkeiten.

## III. Widersprüchlichkeit der Bewertungsverfahren

Der Gesetzgeber hat zur Ermittlung des Unternehmenswertes im Wesentlichen zwei große Bewertungsverfahren zugelassen. Das in § 11 Abs. 2 BewG genannte Ertragswertverfahren orientiert sich an den zukünftigen Ertragsaussichten, während sich das hierzu korrespondierende Wahlrecht des vereinfachten Ertragswertverfahrens grundsätzlich an den vergangenen Erträgen orientiert. Es kann daher zu unterschiedlichen Unternehmenswerten kommen und somit zu abweichenden Auffassungen zwischen dem Steuerpflichtigem und dem Finanzamt.

(Dr. Kieffer)

## 42. Die Bewertung des Grundvermögens im Erbschaftsteuerrecht

### I. Einleitung

Nachdem das Bundesverfassungsgericht mit Beschluss vom 07.11.2006 die Bewertung des Grundbesitzes auf Basis der Bedarfswerte für Zwecke der Erbschaft- und Schenkungsteuer für verfassungswidrig erklärt hat, wurde mit dem Jahressteuergesetz 2008 die Bewertung des Grundvermögens in den §§ 176 ff. BewG neu konzipiert. Durch diese Vorschriften orientiert sich die Wertermittlung in standardisierten Bewertungsverfahren an dem Verkehrswert. Die „alten Bedarfswerte" (§§ 138 ff. BewG) sind nur noch für die Grunderwerbsteuer von Bedeutung. Der Umfang des zu bewertenden Grundvermögens betrifft die wirtschaftliche Einheit und ist somit nicht nur auf Grund und Boden beschränkt, sondern umfasst auch Gebäude, sonstige Bestandteile, Zubehör, das Wohnungseigentum sowie das Teileigentum und das Erbbaurecht.

### II. Bewertung unbebauter Grundstücke

Unbebaute Grundstücke i. S. des § 178 BewG werden durch einen mittelbaren Preisvergleich (sog. Vergleichswertverfahren) auf der Basis der von den Gutachterausschüssen der Gemeinden jährlich zu ermittelnden Bodenrichtwerte (§ 196 BauGB) bewertet. Bei einem Bodenrichtwert handelt es sich um den durchschnittlichen Lagewert des Grund und Bodens pro qm von bebauten und unbebauten Grundstücksflächen in einem Gebiet mit im Wesentlichen gleichen Lage- und Nutzungsverhältnissen. Dabei werden hinsichtlich der Bodenrichtwerte sog. „Richtzonen" gebildet, die jeweils Gebiete umfassen, die nach Art und Maß der baulichen Nutzung weitgehend übereinstimmen. Für die Ableitung des Bodenrichtwerts ist an den bisherigen Grundsätzen zur Wertermittlung (R 162 Satz 2 ErbStR 2003) festzuhalten. Der bisher in § 145 Abs. 3 BewG a. F. gewährte Unsicherheitsabschlag bei Bewertung von unbebauten Grundstücken i. H. von 20 % ist dagegen entfallen.

### III. Bewertung bebauter Grundstücke

#### 1. Vergleichswertverfahren

Für die in § 181 BewG aufgeführten Grundstücksarten gelten unterschiedliche Bewertungsermittlungsvorschriften. Das Vergleichswertverfahren ist regelmäßig anzuwenden für Ein- und Zweifamilienhäuser, Wohnungseigentum und Teileigentum. Hierbei wird der Marktwert aus tatsächlich realisierten Kaufpreisen von anderen Grundstücken abgeleitet. Grundlage bilden hier die von den Gutachterausschüssen mitgeteilten Vergleichspreise. Anstelle von Preisen für Vergleichsgrundstücke können auch Vergleichsfaktoren angesetzt werden, die von den Gutachterausschüssen für geeignete Bezugseinheiten, insbesondere Flächeneinheiten des Gebäudes, ermittelt und mitgeteilt werden (§ 183 BewG).

#### 2. Ertragswertverfahren

Das Ertragswertverfahren (§ 185 BewG) ist für Mietwohngrundstücke sowie für Geschäftsgrundstücke und gemischt genutzte Grundstücke anzuwenden, für die sich auf dem örtlichen Grundstücksmarkt eine übliche Miete ermitteln lässt. Grundsätzlich orientiert sich das Ertragswertverfahren an dem nachhaltig erzielbaren Ertrag des Grundstücks unter Berücksichtigung typisierender Faktoren hinsichtlich Bewirtschaftungskosten, Restnutzungsdauer und Liegenschaftszins. Bei diesem Verfahren werden zunächst Bodenwert und Gebäudeertragswert getrennt ermittelt. Der Bodenwert erfolgt auf der Grundlage der Bewertung unbebauter Grundstücke auf Basis der von den Gutachterausschüssen der Gemeinden jährlich zu ermittelnden Bodenrichtwerte. Für die Ermittlung des Gebäudeertragswerts wird als Ausgangsgröße die Jahresnettokaltmiete bzw. übliche Miete herangezogen. Diese wird um Bewirtschaftungskosten gekürzt, die aus Vereinfachungsgründen nach Erfahrungssätzen in Abhängigkeit der Grundstücksart und der Restnutzungsdauer bestimmt werden. Der nach Abzug der Bewirtschaftungskosten verbleibende Reinertrag des Grundstücks ist um die Bodenwertverzinsung zu kürzen. Zur Ermittlung des Zinssatzes ist auf die von den Gutachterausschüssen ermittelten örtlichen Liegenschaftszinsen abzustellen. Der nach Kürzung um die Bodenwertverzinsung verbleibende Gebäudereinertrag wird mit einem Vervielfältiger multipliziert, sodass das Ergebnis den Gebäudeertragswert darstellt. Der Vervielfältiger orientiert sich wiederum an dem von den Gutachterausschüssen ermittelten örtlichen Liegenschaftszins sowie der Restnutzungsdauer des Gebäudes. Gebäudeertragswert und Bodenwert bilden insgesamt den Grundstückswert.

**3. Sachwertverfahren**

Das Sachwertverfahren bildet die Auffangvorschrift, wenn kein Vergleichswert vorliegt oder sich bei Geschäfts- und gemischten Grundstücken keine auf dem örtlichen Grundstücksmarkt übliche Miete ermitteln lässt. Dies dürfte beispielsweise häufig bei Zweifamilienhäusern der Fall sein, da diese Grundstücksarten individuell gestaltet sind, sodass es an einer Vergleichbarkeit fehlt. Im Sachwertverfahren werden der Bodenwert und der Wert des Gebäudes getrennt ermittelt. Sonstige bauliche Anlagen, insbesondere Außenanlagen, sind i. d. R. mit dem Gebäudewert und dem Bodenwert abgegolten. Für die Ermittlung des Gebäudesachwertes gelten typisierende normale Herstellungskosten, die mit der Grundfläche multipliziert werden. Bodenwert und Gebäudewert ergeben zusammen den vorläufigen Sachwert des Grundstücks. Dieser wird zur Anpassung an den gemeinen Wert mit einer Wertzahl multipliziert, die den Wertunterschieden auf den regionalen Grundstücksmärkten Rechnung tragen soll.

**4. Bewertung von Erbbaurechten und Gebäuden auf fremdem Grund und Boden**

In §§ 192 ff. BewG wird dem Umstand Rechnung getragen, dass das Erbbaurecht und das Eigentum am Grundstück auseinanderfallen. Das Erbbaurecht und das Erbbaugrundstück werden daher getrennt bewertet, wobei vorrangig das Vergleichsverfahren angewendet werden soll.

Bei der Bewertung von Gebäuden auf fremdem Grund und Boden werden das Gebäude und der fremde Grund und Boden getrennt bewertet. Für das Gebäude gilt i. d. R. das Ertragswertverfahren. Der Wert des belasteten Grundstücks ist mit dem Bodenwert abgezinst auf den Besteuerungszeitpunkt zzgl. des über die Restlaufzeit des Nutzungsrechts kapitalisierten Entgelts zu ermitteln.

## IV. Nachweis des niedrigeren gemeinen Werts

Durch die Regelung des § 198 BewG besteht die Möglichkeit, im Wege eines Gegenbeweises nachzuweisen, dass gegenüber einem Wertansatz, der auf einer der soeben dargestellten Bewertungsmethoden beruht, ein niedrigerer gemeiner Wert besteht. Als geeignetes Beweismittel erkennt der BFH hier Gutachten eines öffentlich bestellten und vereidigten Sachverständigen sowie des örtlich zuständigen Gutachterausschusses an.

(Dr. Kieffer)

## 43. Verbindlichkeit von Auskünften und Zusagen der Finanzbehörden

### I. Begriffsabgrenzung

Auskünfte und Zusagen der Finanzbehörden geben den Stpfl. die Möglichkeit, die steuerliche Beurteilung von Sachverhalten und Rechtsfragen durch die Finanzbehörden zu erfahren und zudem ggf. eine Bindungswirkung der Behörde zu erreichen. Die Erteilung von Auskünften und Zusagen belastet die Verwaltung; daher werden Auskünfte und Zusagen nur in bestimmten Fällen gewährt. Die Zusage sowie die verbindliche Auskunft i. S. des § 89 Abs. 2 AO entfaltet eine Bindungswirkung der Finanzbehörde. Andere Auskünfte sind grundsätzlich unverbindlich.

### II. Gesetzlich geregelte Auskünfte und Zusagen

**1. Lohnsteueranrufungsauskunft (§ 42 e EStG)**

Gemäß § 42 e EStG hat das Betriebsstättenfinanzamt auf Anfrage eines Beteiligten Auskunft zu geben, ob und inwieweit im Einzelnen die Vorschriften über die Lohnsteuer anzuwenden sind. Auskunftsberechtigt sind danach der Arbeitgeber und der Arbeitnehmer sowie andere Personen, die für die Lohnsteuer haftbar gemacht werden können. Die Anrufungsauskunft bezieht sich auf einen konkreten Sachverhalt, wobei der Auskunftsersuchende nicht verpflichtet ist, entsprechend der Auffassung des Finanzamts zu verfahren. Falls infolgedessen Haftungs- oder Nachforderungsbescheide ergehen, kann im Rahmen des Rechtsbehelfs gegen diese Bescheide die strittige Rechtsfrage geklärt werden. Das Finanzamt kann Erklärungen unter Vorbehalt abgeben. Die erteilte Anrufungsauskunft stellt nicht nur eine Wissenserklärung des Finanzamtes dar. Sie ist vielmehr ein feststellender VA (§ 118 Satz 1 AO), mit dem sich das Finanzamt selbst bindet. Der Arbeitgeber ist berechtigt, eine ihm erteilte Anrufungsauskunft im Klagewege inhaltlich überprüfen zu lassen (BFH-Urteil vom 30.04.2009, DStR 2009 S. 1582).

**2. Die verbindliche Zolltarif- oder Ursprungsauskunft (Art. 12 Zollkodex)**

Die verbindliche Zolltarifauskunft bezieht sich auf den Zolltarif, den Zollsatz und auf die Zolltarifstelle für den Fall der Einfuhr von Waren. Die Auskunft wird auf Antrag schriftlich von der OFD erteilt.

**3. Verbindliche Zusagen aufgrund einer Außenprüfung (§§ 204 bis 207 AO)**

Eine verbindliche Zusage gem. § 204 AO kann im Anschluss an eine Außenprüfung über die zukünftige steuerrechtliche Behandlung eines im Prüfungsbericht dargestellten, für die Vergangenheit geprüften Sachverhaltes beantragt werden, wenn die Kenntnis der steuerrechtlichen Behandlung für die geschäftlichen Maßnahmen des Stpfl. von Bedeutung ist.

Unter den genannten Voraussetzungen **soll** die Finanzbehörde dem Stpfl. auf Antrag eine verbindliche Zusage geben. Sie entscheidet über die Erteilung einer Zusage nach pflichtgemäßem Ermessen; ein Rechtsanspruch auf eine verbindliche Zusage besteht nicht. Gegen die Erteilung und die Ablehnung einer verbindlichen Zusage nach § 204 AO ist der Einspruch gegeben. Die verbindliche Zusage ist schriftlich zu erteilen und als verbindlich zu kennzeichnen (§ 205 Abs. 1 AO). Weitere Voraussetzungen für die Verbindlichkeit sind Angaben über den zugrunde gelegten Sachverhalt, die getroffene Entscheidung, ihre Begründung unter Angabe der maßgebenden Rechtsvorschriften sowie für welche Steuern und für welchen Zeitraum die verbindliche Zusage gilt (§ 205 Abs. 2 AO). Nur wenn sich der verwirklichte Sachverhalt mit dem der verbindlichen Zusage zugrunde gelegten deckt, entfaltet die Zusage eine Bindungswirkung der Finanzbehörde (§ 206 Abs. 1 AO). Sie entfällt allerdings, wenn die verbindliche Zusage zuungunsten des Antragstellers geltendem Recht widerspricht (§ 206 Abs. 2 AO).

Die verbindliche Zusage tritt außer Kraft, wenn die Rechtsvorschriften, auf denen die Entscheidung beruht, geändert werden (§ 207 Abs. 1 AO). Im Übrigen kann die Finanzbehörde die verbindliche Zusage nur mit Wirkung für die Zukunft aufheben oder ändern, es sei denn, dass die Zusage erschlichen wurde, von einer sachlich unzuständigen Behörde erlassen worden ist oder der Stpfl. der Aufhebung oder Änderung zustimmt (§ 207 Abs. 2 und Abs. 3 AO). Die verbindliche Zusage aufgrund einer Außenprüfung lässt die Vorschriften über andere Auskünfte oder Zusagen unberührt; dadurch auftretende Konkurrenzprobleme sind durch Auslegung der Erklärungen der Beteiligten zu lösen.

### III. Auskunft über Verfahrensfragen

Die FinBeh soll die Abgabe von Erklärungen, die Stellung von Anträgen oder die Berichtigung von Erklärungen oder Anträgen anregen, wenn diese offensichtlich nur versehentlich oder aus Unkenntnis unterblieben oder unrichtig abgegeben oder gestellt worden sind. Sie erteilt, soweit erforderlich, Auskunft über die den Beteiligten im Verwaltungsverfahren zustehenden Rechte und die ihnen obliegenden Pflichten (§ 89 Abs. 1 AO). Bei einem eindeutigen Verstoß der FinBeh gegen diese Fürsorgepflicht kann es geboten sein, die zu Unrecht festgesetzte Steuer wegen sachlicher Unbilligkeit zu erlassen, sofern dem Stpfl. nicht durch Wiedereinsetzung in den vorigen Stand (§ 110 AO) oder durch Änderung des bestandskräftigen Steuerbescheides nach § 173 Abs. 1 Nr. 2 AO geholfen werden kann (vgl. AE zu § 89 AO 1.2).

### IV. Verbindliche Auskunft nach § 89 Abs. 2 AO

In § 89 Abs. 2 AO wurde die Erteilung der verbindlichen Auskunft gesetzlich geregelt. In dem BMF-Schreiben vom 29.12.2003 (BStBl 2003 I S. 742) sind wesentliche Verfahrensvorschriften zur Erteilung einer verbindlichen Auskunft aufgeführt. Nach § 89 Abs. 2 AO können die Finanzämter bzw. das BZSt auf Antrag eine verbindliche Auskunft über einen noch nicht verwirklichten Sachverhalt erteilen, wenn im Hinblick auf die erheblichen steuerlichen Auswirkungen ein besonderes Interesse besteht. Die verbindliche Auskunft entfaltet zugunsten des Stpfl. Bindungswirkung, wenn der später verwirklichte Sachverhalt nicht oder nur unwesentlich von dem ursprünglichen Sachverhalt abweicht. Dies gilt selbst dann, wenn die Auskunft geltendem Recht widerspricht. Ist eine verbindliche Auskunft zugunsten des Stpfl. rechtswidrig, tritt keine Bindungswirkung ein. Die verbindliche Auskunft ist ein Verwaltungsakt, gegen den Einspruch eingelegt werden kann.

Für Anträge auf Erteilung einer verbindlichen Auskunft besteht eine Gebührenpflicht (§ 89 Abs. 3–5 AO). Die Gebühr wird grundsätzlich nach dem Gegenstandswert berechnet. Sie beträgt mindestens 121 Euro und höchstens 91.456 Euro (BMF-Schreiben vom 08.12.2006, BStBl 2007 I S. 227 Tz. 2.3). Ist der Gegenstandswert nicht bestimmbar, auch nicht im Wege der Schätzung, so wird eine Zeitgebühr erhoben. Die Zeitgebühr beträgt 50 Euro je angefangene halbe Stunde Bearbeitungszeit. Die Gebühr wird durch VA festgesetzt. Gegen die Gebührenfestsetzung ist der Einspruch statthaft. Der Gebührenbescheid kann nach §§ 129–131 AO geändert werden.

(Dr. Lenz)

# 44. Das wirtschaftliche Eigentum im Steuerrecht

## I. Vorbemerkungen

Im Steuerrecht richtet sich häufig ein Steueranspruch danach, wem ein Wirtschaftsgut zuzurechnen ist. Eine allgemeine Zurechnungsanweisung, die grundsätzlich für alle Steuerarten verbindlich ist, enthält § 39 AO. Die Zurechnung richtet sich im Grunde nach der bürgerlich-rechtlichen Behandlung; Wirtschaftsgüter sind daher dem Eigentümer zuzurechnen (§ 39 Abs. 1 AO). Die wirtschaftliche Betrachtungsweise im Steuerrecht erfordert aber in einer Reihe von Fällen eine davon abweichende Zurechnung. Allgemeine Grundsätze hierzu und Regelungen über Einzelfälle enthält § 39 Abs. 2 AO. Erfolgt eine Zurechnung bei Anwendung der wirtschaftlichen Betrachtungsweise, so wird in diesem Zusammenhang vom wirtschaftlichen Eigentum gesprochen.

## II. Bedeutung des wirtschaftlichen Eigentums

Die Frage der Zurechnung von Wirtschaftsgütern ist bei den Ertragsteuern ebenso von Bedeutung wie bei den Substanzsteuern. Lediglich die Grunderwerbsteuer knüpft im Wesentlichen an die bürgerlich-rechtliche Gestaltung der Rechtsvorgänge an. Im Vollstreckungsverfahren nach der AO ist ebenfalls das zivilrechtliche Eigentum entscheidend.

## III. Begriff des wirtschaftlichen Eigentums

§ 39 Abs. 2 Nr. 1 AO definiert das wirtschaftliche Eigentum wie folgt: Übt ein anderer als der Eigentümer die tatsächliche Herrschaft über ein Wirtschaftsgut in der Weise aus, dass er den Eigentümer im Regelfall für die gewöhnliche Nutzungsdauer von der Einwirkung auf das Wirtschaftsgut wirtschaftlich ausschließen kann, so ist ihm das Wirtschaftsgut zuzurechnen. Grundlage der wirtschaftlichen Betrachtungsweise und der darauf aufbauenden steuerrechtlichen Zurechnung ist der Gedanke, dass für die Besteuerung nicht die äußeren rechtlichen Formen, sondern die tatsächlichen Verhältnisse maßgebend sind.

## IV. Erwerb und Übergang des wirtschaftlichen Eigentums

Der Erwerb und der Übergang der tatsächlichen Herrschaft ist unabhängig vom Erwerb und Übergang der privatrechtlichen Rechtsposition. Je nach den Gegebenheiten des Einzelfalls kann die Herrschaft mit dem Übergang des Besitzes, der Gefahr, der Nutzungen und der Lasten erlangt werden. Das wirtschaftliche Eigentum an einem Grundstück geht im Allgemeinen im Zeitpunkt des Übergangs der Nutzungen und Lasten über; bei Warenlieferungen geht das wirtschaftliche Eigentum auf den Empfänger über, wenn der Versender das seinerseits Erforderliche getan hat, also die Waren einem Spediteur übergibt (Zeitpunkt des Gefahrenübergangs, vgl. § 446 BGB).

## V. Einzelfälle

### 1. Zurechnung bei Treuhandverhältnissen

Bei Treuhandverhältnissen sind die Wirtschaftsgüter dem Treugeber zuzurechnen (§ 39 Abs. 2 Nr. 1 Satz 2 AO). Ein Treuhandverhältnis ist dadurch gekennzeichnet, dass der bürgerlich-rechtliche Eigentümer (Treuhänder) im Innenverhältnis aufgrund schuldrechtlicher Vereinbarungen dem Treugeber verpflichtet ist, seine Rechte nicht im eigenen Interesse, sondern im Interesse des Treugebers auszuüben (uneigennützige Treuhand). Unter Berücksichtigung der schuldrechtlichen Vereinbarungen ist das Wirtschaftsgut bei wirtschaftlicher Betrachtungsweise dem Treugeber zuzurechnen. Bürgerlich-rechtliches und wirtschaftliches Eigentum fallen somit auseinander.

**2. Sicherungsübereignung**

Die Sicherungsübereignung ist ein übliches Kreditsicherungsinstrument, bei dem der Kreditnehmer im Besitz der Sache verbleibt, bürgerlich-rechtlich jedoch der Kreditgeber Eigentümer der zur Sicherung übereigneten Sachen wird. Bei wirtschaftlicher Betrachtungsweise ist aber das Sicherungsgut dem Sicherungsgeber zuzurechnen (§ 39 Abs. 2 Nr. 1 Satz 2 AO).

**3. Eigenbesitz**

Ein Wirtschaftsgut, das jemand in Eigenbesitz hat, ist dem Eigenbesitzer zuzurechnen (§ 39 Abs. 2 Nr. 1 Satz 2 AO). Eigenbesitzer ist, wer ein Wirtschaftsgut als ihm gehörig besitzt. Eigenbesitz liegt vor, wenn jemand über ein Wirtschaftsgut objektiv die tatsächliche Sachherrschaft ausübt und zugleich subjektiv einen Herrschaftswillen hat. Der Eigenbesitzer erkennt nämlich im Gegensatz zum Sicherungsgeber und zum Käufer beim Eigentumsvorbehalt das Eigentumsrecht des anderen nicht an. So ist z. B. der Dieb Eigenbesitzer.

**4. Leasing und andere Sonderfälle**

Pächter und Mieter sind im Allgemeinen Fremdbesitzer und grundsätzlich nicht Inhaber des wirtschaftlichen Eigentums. Eine andere Beurteilung ist nur in Ausnahmefällen geboten, wenn nämlich aufgrund vertraglicher Gestaltung der Pächter bzw. Mieter die tatsächliche Herrschaftsgewalt über das Wirtschaftsgut ausübt. Dies kann z. B. unter bestimmten Voraussetzungen beim sog. Finanzierungs-Leasing der Fall sein. Einzelheiten sind den BMF-Schreiben zur ertragsteuerlichen Behandlung von Leasingverträgen über bewegliche und über unbewegliche Wirtschaftsgüter zu entnehmen (vgl. H 4.2 Abs. 1 Leasing EStR). Danach kommt es insbesondere auf die Vereinbarung von Grundmietzeiten, Kauf- oder Mietverlängerungsoptionen, auf die Aufteilung des Mehrerlöses bei Teilamortisationsverträgen sowie auf den Leasinggegenstand an.

Eine vom Zivilrecht abweichende Zuordnung von Wirtschaftsgütern ist vor allem möglich bei der Errichtung eines Gebäudes auf fremdem Grund und Boden. Maßgeblich ist dabei immer, wer aufgrund der Vereinbarungen die tatsächliche Herrschaftsgewalt hat. Demzufolge ist auch beim unentgeltlichen Vorbehaltsnießbrauch an Grundstücken der Vorbehaltsnießbraucher i. d. R. wirtschaftlicher Eigentümer.

**5. Gesamthandsgemeinschaften**

In § 39 Abs. 2 Nr. 2 AO ist die Zurechnung von Wirtschaftsgütern geregelt, die mehreren zur gesamten Hand zustehen. Da die Berechtigung eines jeden Beteiligten am Gegenstand durch die gleiche Berechtigung der übrigen eingeschränkt wird, lässt sich eine rechnerische Beteiligungsquote an dem Wirtschaftsgut so lange nicht feststellen, wie die gesamthänderische Bindung besteht. Dies ist das wesentliche Merkmal einer Gesamthandsgemeinschaft im Gegensatz zu einer Bruchteilsgemeinschaft, an der jeder seinen Anteil an dem gemeinschaftlichen Gegenstand ermitteln und darüber verfügen kann. § 39 Abs. 2 Nr. 2 AO nimmt eine Zurechnung dergestalt vor, dass bei im Gesamthandseigentum stehenden Wirtschaftsgütern eine anteilige Zurechnung erfolgt, soweit eine getrennte Zurechnung für die Besteuerung erforderlich ist, so z. B. bei der Einkommensteuer, nicht jedoch bei der Umsatzsteuer. Ob eine Gesamthandsgemeinschaft vorliegt, richtet sich nach bürgerlichem Recht. Gesamthandsgemeinschaften sind die GbR, die OHG, die KG sowie die Güter- und die Erbengemeinschaften. (Dr. Lenz)

## 45. Der Steuerbescheid unter dem Vorbehalt der Nachprüfung

### I. Begriff, Voraussetzungen und Bedeutung

Im Rahmen von sog. Vorbehaltsfestsetzungen können Steuerbescheide ergehen, ohne dass der betreffende Steuerfall abschließend geprüft wurde und ohne dass dies einer besonderen Begründung bedarf; die Steuerfestsetzung erfolgt dann unter dem Vorbehalt der Nachprüfung (§ 164 AO). Dies setzt voraus, dass eine abschließende Prüfung (nach Aktenlage oder im Rahmen einer Außen- oder Sonderprüfung) tatsächlich noch nicht vorgenommen wurde. Den Vorbehaltsfestsetzungen kommt eine besondere Bedeutung zu, da sie die Finanzbehörde in die Lage versetzen, Steuerfestsetzungen zügig aufgrund der Angaben der Stpfl. vorzunehmen, dabei aber gleichzeitig eine spätere Überprüfung und ggf. Korrektur möglich bleibt. Der Steuerfall wird somit nur formell, nicht jedoch materiell bestandskräftig.

### II. Arten der Vorbehaltsfestsetzungen

**1. Kraft ausdrücklichen Vermerks**

Vorbehaltsfestsetzungen müssen, sofern nicht der Vorbehalt kraft Gesetzes gilt, auf dem Steuerbescheid vermerkt werden. Der Vorbehalt der Nachprüfung ist bei allen Festsetzungen zulässig, für die die Vorschriften über das Steuerfestsetzungsverfahren gelten, also z. B. bei gesonderten Feststellungen, Steuermessbeträgen, Zerlegungen, Zinsen und Zulagen.

**2. Kraft Gesetzes**

Vorbehaltsfestsetzungen sind z. T. in Einzelsteuergesetzen (z. B. § 39 Abs. 3 b, § 39 a Abs. 4 EStG) normiert. Daneben stehen jedoch Vorauszahlungsbescheide und Steueranmeldungen stets unter dem Vorbehalt der Nachprüfung (§ 164 Abs. 1 Satz 2, §§ 167, 168 AO). Als wichtigste Steueranmeldungen wären die Voranmeldungen und die Jahresanmeldung bei der Umsatzsteuer, die Lohnsteuer- sowie die Kapitalertragsteueranmeldungen zu nennen.

### III. Rechtsfolgen der Vorbehaltsfestsetzung

Bei Vorbehaltsfestsetzungen bleibt der gesamte Steuerfall offen; der Vorbehalt der Nachprüfung ist eine unselbständige Nebenbestimmung, die nicht selbständig anfechtbar ist und die keine Auswirkung auf den Ablauf der Festsetzungsfrist hat. Die Vorbehaltsfestsetzung ist eine Ermessensentscheidung. Ergeht daher eine solche Festsetzung, obwohl eine abschließende Prüfung bereits stattgefunden hat oder feststeht, dass diese nicht mehr erfolgen wird, so liegt ein Ermessensverstoß vor. Eine Vorbehaltsfestsetzung im Hinblick auf eine ausstehende Außenprüfung ist aber zulässig. Der Vorbehalt muss auf dem Bescheid kenntlich gemacht sein, da nur der erklärte Inhalt des Bescheides maßgeblich ist. Vorbehaltsfestsetzungen können mit einem Vorläufigkeitsvermerk versehen werden (§ 165 Abs. 3 AO).

Vorbehaltsbescheide unterscheiden sich in ihrer Wirkung nicht von anderen Steuerbescheiden. Sie sind vollziehbar und vollstreckbar. Aufgrund des Vorbehalts der Nachprüfung kann die Steuerfestsetzung jederzeit berichtigt werden (§ 164 Abs. 2 Satz 1 AO); der geänderte Steuerbescheid kann wieder unter dem Vorbehalt der Nachprüfung ergehen. Auch bei Vorbehaltsfestsetzungen gilt § 176 AO, wonach Änderungen der Rechtsprechung und von Verwaltungsvorschriften bei der Korrektur von Rechtsfehlern nicht zum Nachteil des Stpfl. berücksichtigt werden dürfen.

## IV. Berichtigungsmöglichkeiten des Steuerpflichtigen

Gegen die Vorbehaltsfestsetzung kann der Stpfl. innerhalb der Rechtsbehelfsfrist Einspruch einlegen oder aber er kann auch nach Ablauf der Rechtsbehelfsfrist einen Antrag auf Aufhebung oder Änderung der Vorbehaltsfestsetzung stellen. Dabei können neue Tatsachen vorgebracht werden, Rechtsfehler korrigiert oder Anträge gestellt werden. Ein Anspruch auf unverzügliche Entscheidung über den Änderungsantrag besteht nicht. Die Entscheidung kann bis zur abschließenden Prüfung des Steuerfalls, die innerhalb angemessener Frist vorzunehmen ist, hinausgeschoben werden (§ 164 Abs. 2 Satz 3 AO).

## V. Wegfall bzw. Aufhebung des Vorbehalts der Nachprüfung

Die Änderung einer Vorbehaltsfestsetzung führt zur Aufhebung des Vorbehalts, wenn der Berichtigungsbescheid nicht gleichfalls mit dem Vorbehalt der Nachprüfung versehen wird. Ansonsten kann der Vorbehalt der Nachprüfung jederzeit aufgehoben werden (§ 164 Abs. 3 Satz 1 AO). Der Stpfl. kann die Aufhebung oder Änderung der Steuerfestsetzung jederzeit beantragen. Eine Verpflichtung der Nachprüfung besteht jedoch nicht, solange das Verhalten der Finanzbehörde unter Berücksichtigung der Interessen des Stpfl. und des Interesses der Finanzbehörde an einer rationellen Abwicklung nicht ermessensfehlerhaft ist.

Der Vorbehalt ist aufzuheben, wenn der Steuerfall abschließend geprüft ist oder wenn eine Außenprüfung stattgefunden hat und sich Änderungen gegenüber der Steuerfestsetzung unter Vorbehalt der Nachprüfung nicht ergeben haben (§ 164 Abs. 3 Satz 3 AO). Dies gilt jedoch nur, wenn die Außenprüfung eine abschließende Prüfung ist. Erstrecken sich z. B. USt-Sonderprüfungen nur auf einzelne Voranmeldungszeiträume, so kann die Festsetzung der Jahresumsatzsteuer dennoch unter dem Vorbehalt der Nachprüfung ergehen; bei LSt-Außenprüfungen handelt es sich jedoch um abschließende Prüfungen.

Legt der Stpfl. gegen die Vorbehaltsfestsetzung Einspruch ein, so ist die Finanzbehörde zwar zur Prüfung der Sache in vollem Umfang verpflichtet, dennoch wird dadurch eine abschließende Prüfung i. S. des § 164 AO nicht ersetzt. Der Vorbehalt der Nachprüfung kann von der Finanzbehörde andererseits auch jederzeit ohne weitere Nachprüfung aufgehoben werden.

Nach Ablauf der Festsetzungsfrist entfällt der Vorbehalt automatisch. Die verlängerten Festsetzungsfristen im Falle der Steuerhinterziehung und der leichtfertigen Steuerverkürzung sind ebenso wie andere Tatbestände, die eine Ablaufhemmung bei der Festsetzungsfrist bewirken (z. B. Ablaufhemmung bei Bindung an einen Grundlagenbescheid), nicht anwendbar (§ 164 Abs. 4 AO).

## VI. Rechtsbehelfe

Vorbehaltsfestsetzungen können mit dem Einspruch angegriffen werden. Der Vorbehalt für sich ist unselbständige Nebenbestimmung zum Steuerbescheid und damit nicht anfechtbar. Der Einspruch kann damit begründet werden, dass der Bescheid nicht unter dem Vorbehalt der Nachprüfung hätte ergehen dürfen oder dass der Bescheid materielle Fehler enthält. Die Aufhebung oder Änderung der Vorbehaltsfestsetzung kann ebenso mit dem Einspruch angegriffen werden wie die Aufhebung des Vorbehalts gem. § 164 Abs. 3 AO. Gleiches gilt für die Ablehnung des Antrags auf Aufhebung oder Änderung der Vorbehaltsfestsetzung. Entscheidet die Finanzbehörde über einen Antrag des Stpfl. ohne triftigen Grund nicht in angemessener Frist, so kann dagegen ebenfalls Einspruch (§ 347 Abs. 1 Satz 2 AO) eingelegt werden. (Dr. Lenz)

# 46. Das Steuergeheimnis

## I. Grundlagen

Das Steuergeheimnis ist in § 30 AO geregelt. Es soll den Persönlichkeitsbereich des Stpfl., der im Besteuerungsverfahren weit gehende Mitwirkungs- oder Offenbarungspflichten hat, dadurch schützen, dass es Amtsträger und Gleichgestellte zur Geheimhaltung verpflichtet. Der Vorschrift liegen insoweit **fiskalische** und **rechtsstaatliche Motive** zugrunde: Sie soll zum einen die Bereitschaft zur wahrheitsgemäßen Auskunftserteilung fördern und dadurch zur Sicherung des Steueraufkommens beitragen; sie soll zum anderen verhindern, dass die Finanzbehörde ihre Kenntnisse über die steuerlichen Verhältnisse der Stpfl. beliebig weiterverwendet.

Das Steuergeheimnis hat keinen Verfassungsrang; es leitet sich aber aus dem Recht auf informationelle Selbstbestimmung ab und ist insoweit ein Ausfluss des allgemeinen Persönlichkeitsrechts, das durch Art. 1 Abs. 1 und Art. 2 Abs. 1 GG geschützt wird.

## II. Gegenstand

Das Steuergeheimnis erstreckt sich gem. § 30 Abs. 1 AO auf Kenntnisse, die im Zusammenhang mit einem Verwaltungs-, Gerichts-, Straf- oder Bußgeldverfahren in Steuersachen dienstlich bekannt geworden sind. Es schützt die „Verhältnisse eines anderen" in ihrer Gesamtheit. Das Steuergeheimnis gilt von daher sowohl für die rechtlichen und wirtschaftlichen als auch für die persönlichen Verhältnisse. Geschützt werden daher z. B. neben den steuerrechtlichen Merkmalen wie Einkommen, Vermögen und Umsatz auch die privaten Wohn- und Lebensverhältnisse, die Kinderzahl und der Familienstand. Darüber hinaus schützt das Steuergeheimnis aber auch **fremde Betriebs- und Geschäftsgeheimnisse.** Es erstreckt sich insoweit z. B. auf Kundenkarteien, Kalkulationsunterlagen, Fabrikationsverfahren, Rezepte, Konstruktionsunterlagen und geplante Werbekampagnen.

## III. Verpflichteter Personenkreis

Träger des Steuergeheimnisses sind Amtsträger und ihnen gleichgestellte Personen (§ 30 Abs. 1 und Abs. 3 AO).

Zu den Amtsträgern gehören gem. § 7 Nr. 1 AO insbesondere nach deutschem Recht bestellte Beamte oder Richter. Zu den Amtsträgern gehören gem. § 7 Nr. 2 und Nr. 3 AO darüber hinaus aber auch andere Personen, die in einem sonstigen öffentlich-rechtlichen Amtsverhältnis stehen (z. B. Minister) oder die auf andere Weise dazu bestellt sind, Aufgaben der öffentlichen Verwaltung wahrzunehmen (z. B. Verwaltungsangestellte).

Den Amtsträgern sind gleichgestellt die für den öffentlichen Dienst besonders Verpflichteten (z. B. Fahrer, Boten und Werkstudenten), die durch Handschlag nach protokollierter Belehrung zur Verschwiegenheit verpflichtet werden. Gleichgestellt sind darüber hinaus auch amtlich zugezogene Sachverständige und die Träger von Ämtern der Kirchen und anderer Religionsgemeinschaften, die Körperschaften des öffentlichen Rechts sind.

Das Steuergeheimnis gilt demnach insbesondere **nicht** für die steuerberatenden Berufe. Bei diesem Personenkreis ergibt sich die Verschwiegenheitspflicht aus dem Berufsgeheimnis.

Die Geheimhaltungspflicht ist zeitlich nicht begrenzt. Sie gilt daher auch dann noch, wenn Amtsträger oder gleichgestellte Personen bereits aus dem Dienst ausgeschieden sind. Auch Pensionäre haben also das Steuergeheimnis zu wahren.

## IV. Geschützter Personenkreis
Das Steuergeheimnis schützt „andere". Es erfasst damit nicht nur Stpfl., sondern auch alle weiteren Personen, die in irgendeiner Form betroffen sind. Das Steuergeheimnis gilt daher z. B. auch für Gewährsleute und für Personen, die der deutschen Steuerpflicht überhaupt nicht unterliegen.

## V. Verletzungshandlungen
Das Steuergeheimnis wird insbesondere durch die **Offenbarung** und die **Verwertung** der Verhältnisse und Berufs- und Geschäftsgeheimnisse verletzt.

Eine Offenbarung liegt dann vor, wenn der zur Geheimhaltung Verpflichtete sich so verhält, dass die geschützten Kenntnisse bekannt werden oder bekannt werden könnten. Ein Offenbarungswille muss nicht vorliegen.

Verwertet werden die geschützten Kenntnisse dann, wenn sie zum eigenen oder fremden Vorteil verwendet werden.

Darüber hinaus wird das Steuergeheimnis auch dann verletzt, wenn geschützte Daten im automatischen Verfahren abgerufen werden.

## VI. Offenbarungsgründe
Die Verletzung des Steuergeheimnisses ist dann nicht rechtswidrig, wenn eine Offenbarungsbefugnis besteht. Welche Offenbarungsgründe möglich sind, wird durch die Aufzählung in § 30 Abs. 4 und Abs. 5 AO abschließend festgelegt. Die Offenbarung ist demnach zulässig, wenn sie der Durchführung steuerlicher Verwaltungs-, Gerichts-, Straf- oder Bußgeldverfahren dient. Daher ist z. B. die Amtshilfe und die Versendung von Kontrollmitteilungen statthaft. Bei Kreditinstituten ist jedoch § 30 a AO zu beachten.

Die Offenbarung ist auch zulässig, wenn sie gesetzlich zugelassen wird. Das ist z. B. bei den Mitteilungen an steuererhebungsberechtigte Religionsgemeinschaften (§ 31 Abs. 1 AO), bei Mitteilungen zur Bekämpfung der illegalen Beschäftigung und des Leistungsmissbrauchs (§ 31 a AO), bei Mitteilungen an Strafverfolgungsbehörden zur Bekämpfung der Geldwäsche und der Terrorismusfinanzierung (§ 31 b AO), bei Mitteilungen zur Sammlung geschützter Daten (§ 88 a AO) und im Rahmen des Vollstreckungsverfahrens (§ 249 Abs. 2 Satz 2 AO) der Fall.

Eine Offenbarungsbefugnis besteht auch, wenn der Betroffene zustimmt oder wenn die Offenbarung der Durchführung bestimmter Strafverfahren wegen nicht steuerlicher Straftaten dient.

Die Offenbarung ist außerdem bei einem zwingenden öffentlichen Interesse statthaft. Ein zwingendes öffentliches Interesse besteht insbesondere an der Verfolgung von Verbrechen, schweren Vergehen, schweren Wirtschaftsstraftaten; es besteht aber auch an der Richtigstellung unwahrer Informationen, die das Vertrauen in die Verwaltung erschüttern können.

Schließlich ist die Offenbarung auch dann zulässig, wenn der Betroffene vorsätzlich falsche Angaben gemacht hat.

## VII. Folgen einer unbefugten Verletzung des Steuergeheimnisses
**Strafrechtlich** kann die Verletzung des Steuergeheimnisses nach § 355 StGB mit einer Freiheitsstrafe bis zu zwei Jahren oder mit einer Geldstrafe bestraft werden, wenn die Tat vorsätzlich begangen wurde.

**Disziplinarrechtlich** kann die Verletzung des Steuergeheimnisses schon bei fahrlässigem Verhalten geahndet werden. Die Folgen richten sich nach der Schwere des Falles.

**Zivilrechtlich** kann die Verletzung des Steuergeheimnisses zu Schadensersatzansprüchen führen. Anspruchsgrundlage ist § 839 BGB i. V. m. Art. 34 GG.

(Montag)

## 47. Steuerstraftaten und Steuerordnungswidrigkeiten

Um die Einhaltung der Steuergesetze sicherzustellen, hat der Gesetzgeber Pflichtverletzungen unter Strafe gestellt oder auch mit einem Bußgeld belegt. Je nachdem ob eine Strafe oder ein Bußgeld droht, wird zwischen Steuerstraftaten und Steuerordnungswidrigkeiten unterschieden.

### I. Steuerstraftaten

**1. Begriff und Rechtsgrundlagen**

Steuerstraftaten sind rechtswidrige Taten, die mit einer Freiheitsstrafe oder einer Geldstrafe bedroht sind. Welche Taten das sind, ergibt sich aus den §§ 369 bis 376 AO. Ergänzend sind die allgemeinen Gesetze über das Strafrecht heranzuziehen.

**2. Steuerhinterziehung**

Die Hauptform der Steuerstraftaten ist die Steuerhinterziehung nach § 370 Abs. 1 AO. Dieser Straftatbestand soll das öffentliche Interesse am vollständigen und rechtzeitigen Aufkommen der einzelnen Steuern schützen.

**a) Voraussetzungen**

Eine Steuerhinterziehung begeht, wer den Finanzbehörden oder anderen Behörden unrichtige oder unvollständige Angaben über steuererhebliche Tatsachen macht und dadurch Steuern verkürzt oder für sich oder einen anderen nicht gerechtfertigte Steuervorteile erlangt. Wegen einer Steuerhinterziehung kann auch bestraft werden, wer die Finanzbehörden pflichtwidrig über steuerlich erhebliche Tatsachen in Unkenntnis lässt oder wer pflichtwidrig die Verwendung von Steuerzeichen oder Steuerstemplern unterlässt. Voraussetzung ist aber stets, dass eine Steuerverkürzung eintritt oder ungerechtfertigte Steuervorteile erlangt werden.
Darüber hinaus ist gem. § 370 Abs. 2 AO auch der **Versuch** einer Steuerhinterziehung strafbar. Ein Versuch liegt nach der Formulierung in § 22 StGB dann vor, wenn der Täter nach seiner Vorstellung von der Tat unmittelbar zur Verwirklichung der Tat angesetzt hat. Eine versuchte Steuerhinterziehung ist demnach z. B. die Abgabe unrichtiger Steuererklärungen.
Eine Steuerverkürzung liegt insbesondere dann vor, wenn geschuldete oder fällige Steuern nicht, nicht in voller Höhe oder nicht rechtzeitig festgesetzt wurden; ungerechtfertigte Steuervorteile sind erlangt (§ 370 Abs. 1 AO), soweit sie zu Unrecht gewährt oder belassen werden (§ 370 Abs. 4 AO).
Die Steuerhinterziehung setzt **Vorsatz** voraus. Vorsatz liegt vor, wenn der Straftatbestand in **Kenntnis** der Tatumstände **willentlich** verwirklicht wird.

**b) Hinterziehungsfolgen**

Die Steuerhinterziehung wird mit einer Freiheitsstrafe bis zu fünf Jahren oder mit einer Geldstrafe bestraft (§ 370 Abs. 1 AO). In besonders schweren Fällen ist die Strafe eine Freiheitsstrafe von sechs Monaten bis zu zehn Jahren.
Als **Nebenfolgen** kann das Gericht bei einer Freiheitsstrafe von mindestens einem Jahr die Fähigkeit, öffentliche Ämter zu bekleiden, und die passive Wahlfähigkeit aberkennen (§ 375 Abs. 1 AO).
Für die hinterzogenen Steuern sind Hinterziehungszinsen zu zahlen (§ 235 AO).

**c) Selbstanzeige**

Eine Bestrafung erfolgt dann nicht, wenn der Täter rechtzeitig **Selbstanzeige** erstattet (§ 371 AO). Die strafbefreiende Selbstanzeige setzt voraus, dass der Täter unrichtige Angaben bei der Finanzbehörde berichtigt oder ergänzt oder unterlassene Angaben nachholt. Straffreiheit tritt allerdings nur insoweit ein, als die hinterzogenen Steuern innerhalb einer von der Finanzbehörde gesetzten angemessenen Frist entrichtet wurden.

Die strafbefreiende Selbstanzeige ist ausgeschlossen, wenn vor der Anzeige ein Amtsträger der Finanzbehörde zur steuerlichen Prüfung oder zur Ermittlung einer Steuerstraftat oder einer Steuerordnungswidrigkeit erschienen ist. Die Straffreiheit tritt außerdem dann nicht ein, wenn dem Täter oder seinem Vertreter wegen der Tat die Einleitung eines Straf- oder Bußgeldverfahrens bekannt gegeben wurde. Schließlich kommt Straffreiheit auch dann nicht in Betracht, wenn die Tat im Zeitpunkt der Anzeige bereits entdeckt war und der Täter dies wusste oder bei verständiger Würdigung der Sachlage damit rechnen musste.

### 3. Weitere Steuerstraftaten

Neben der Steuerhinterziehung als Hauptform kommen als Steuerstraftaten auch in Betracht der **Bannbruch** (§ 372 AO), der gewerbsmäßige und bandenmäßige **Schmuggel** (§ 373 AO), die **Steuerhehlerei** (§ 374 AO), die **Wertzeichenfälschung** und deren Vorbereitung (§ 369 Abs. 1 Nr. 3 AO) sowie die **Begünstigung** (§ 369 Abs. 1 Nr. 4 AO) sowie die gewerbs-/bandenmäßige Schädigung des Umsatzsteueraufkommens (§ 26 c UStG).

## II. Steuerordnungswidrigkeiten

### 1. Begriff und Rechtsgrundlagen

Steuerordnungswidrigkeiten sind Zuwiderhandlungen, die nach den Steuergesetzen mit einer Geldbuße geahndet werden können (§ 377 AO). Welche Handlungen das sind, wird im Wesentlichen in den §§ 377 bis 384 AO geregelt. Ergänzend gilt der allgemeine Teil des Ordnungswidrigkeitengesetzes.

### 2. Leichtfertige Steuerverkürzung

Eine der Hauptformen der Steuerordnungswidrigkeiten ist die leichtfertige Steuerverkürzung gem. § 378 Abs. 1 AO. Nach dieser Vorschrift handelt ordnungswidrig, wer als Stpfl. oder bei der Wahrnehmung der Angelegenheiten eines Stpfl. eine unter den Voraussetzungen für eine Steuerhinterziehung genannte Tat leichtfertig, d. h. **grob fahrlässig**, begeht. Die Ordnungswidrigkeit kann mit einer Geldbuße bis zu 50.000 Euro geahndet werden (§ 378 Abs. 2 AO). Eine Geldbuße wird nicht festgesetzt, wenn eine rechtzeitige **Selbstanzeige** erfolgt und verkürzte Steuern in angemessener Frist nachentrichtet werden (§ 378 Abs. 3 AO).

### 3. Steuergefährdung

Als weitere Steuerordnungswidrigkeit ist die Steuergefährdung nach § 379 AO anzuführen. Eine Steuergefährdung begeht, wer vorsätzlich oder leichtfertig unrichtige Belege ausstellt oder nach Gesetz buchungs- und aufzeichnungspflichtige Vorgänge nicht oder unrichtig verbucht oder verbuchen lässt und es dadurch ermöglicht, dass Steuern verkürzt oder ungerechtfertigte Steuervorteile erlangt werden. Wegen einer Steuergefährdung kann darüber hinaus auch belangt werden, wer die Anzeigepflicht nach § 138 Abs. 2 AO verletzt, wer die Pflicht zur Kontenwahrheit verletzt oder wer gegen bestimmte Auflagen verstößt.

Liegt eine Steuergefährdung vor, kommt gem. § 379 Abs. 4 AO eine Geldbuße bis zu 5.000 Euro in Betracht.

### 4. Weitere Steuerordnungswidrigkeiten

Abgesehen von der leichtfertigen Steuerverkürzung und der Steuergefährdung werden als Steuerordnungswidrigkeiten auch die Gefährdung der Abzugsteuern (§ 380 AO), die Verbrauchsteuergefährdung (§ 381 AO), die Gefährdung der Eingangsabgaben (§ 382 AO), der unzulässige Erwerb von Steuererstattungs- und Vergütungsansprüchen (§ 383 AO), die zweckwidrige Verwendung des Identifikationsmerkmals des § 139 a AO (§ 383 a AO) sowie die Zuwiderhandlungen nach dem Steuerberatungsgesetz (§§ 160 ff. StBerG) geahndet. (Montag)

## 48. Der Verwaltungsakt im Steuerrecht

### I. Begriff und Funktion

Jede Verfügung, Entscheidung oder andere hoheitliche Maßnahme, die eine Behörde zur Regelung eines Einzelfalles auf dem Gebiet des öffentlichen Rechts trifft und die auf unmittelbare Rechtswirkung nach außen gerichtet ist, ist ein Verwaltungsakt (§ 118 Satz 1 AO). Der Verwaltungsakt ist insoweit die rechtliche Form, in der eine Finanzbehörde ihre hoheitlichen Aufgaben nach außen hin erfüllt.

### II. Bestimmtheit und Form (§ 119 AO)

Aus Gründen der Rechtssicherheit muss der Verwaltungsakt inhaltlich bestimmt sein, er muss die Rechtslage für den Stpfl. konkretisieren.

Für den Erlass eines Verwaltungsaktes besteht **kein Formzwang**; Verwaltungsakte können also i. d. R. schriftlich, mündlich oder in anderer Form erlassen werden. Mündliche Verwaltungsakte sind schriftlich zu bestätigen, wenn ein berechtigtes Interesse besteht und die Bestätigung unverzüglich verlangt wird.

Schriftliche Verwaltungsakte müssen die erlassende Behörde erkennen lassen und die Unterschrift oder Namenswiedergabe des Behördenleiters, seines Vertreters oder seines Beauftragten enthalten. Unterschrift und Namenswiedergabe sind dann nicht erforderlich, wenn der Verwaltungsakt formularmäßig oder mit Hilfe automatischer Anlagen erlassen wurde.

### III. Nebenbestimmungen (§ 120 AO)

Ein Verwaltungsakt, auf den ein Anspruch besteht, darf nur dann mit einer Nebenbestimmung versehen werden, wenn die Nebenbestimmung gesetzlich zugelassen ist oder wenn sie sicherstellen soll, dass die gesetzlichen Voraussetzungen des Verwaltungsaktes erfüllt werden (§ 120 AO).

Verwaltungsakte, die im Ermessen der Finanzbehörde stehen, können mit einer **Befristung,** einer **Bedingung,** einem **Widerrufsvorbehalt,** einer **Auflage** oder einem **Auflagenvorbehalt** verknüpft werden.

Eine **Befristung** ist eine Bestimmung, nach der eine Vergünstigung oder Belastung zu einem bestimmten Zeitpunkt endet oder für eine bestimmte Zeit gilt. Eine Befristung liegt z. B. vor, wenn Aussetzung der Vollziehung bis zum Ablauf eines Monats nach Bekanntgabe der Einspruchsentscheidung gewährt wird. Eine **Bedingung** ist eine Bestimmung, nach der der Eintritt oder Wegfall einer Vergünstigung oder einer Belastung von dem ungewissen Eintritt eines zukünftigen Ereignisses abhängt. Eine Bedingung liegt z. B. dann vor, wenn eine Steuer bis zur rechtskräftigen Feststellung von Gegenansprüchen gestundet wird.

Eine **Auflage** ist eine Bestimmung, durch die dem Begünstigten ein Tun, Dulden oder Unterlassen vorgeschrieben wird. Eine Auflage liegt z. B. dann vor, wenn eine Stundung gegen Sicherheitsleistung gewährt wird.

Ein **Auflagenvorbehalt** ist eine Bestimmung, durch die sich die Behörde die Möglichkeit offenhält, eine Auflage nachträglich in den Verwaltungsakt aufzunehmen, zu ändern oder zu ergänzen.

### IV. Begründung (§ 121 AO)

Schriftliche oder schriftlich bestätigte Verwaltungsakte sind schriftlich zu begründen, soweit dies zum Verständnis erforderlich ist. Auf die Begründung kann verzichtet werden, wenn das Interesse an einer schriftlichen Begründung fehlt.

Auch wenn die Begründung fehlt, ist der Verwaltungsakt nicht nichtig, sofern die erforderliche Begründung nachträglich gegeben wird (§ 126 Abs. 1 Nr. 2 AO). Die Heilung kann bis zur Klage erfolgen (§ 126 Abs. 2 AO).

Wird aufgrund einer fehlenden Begründung die Anfechtungsfrist versäumt, ist Wiedereinsetzung in den vorigen Stand zu gewähren (§ 126 Abs. 3 AO).

## V. Bekanntgabe (§ 122 AO)

Ein Verwaltungsakt ist demjenigen Beteiligten bekannt zu geben, für den er bestimmt ist oder der von ihm betroffen ist. Die Bekanntgabe an Bevollmächtigte ist zulässig.

Die Bekanntgabe setzt voraus, dass der Adressat handlungsfähig ist (§ 79 AO). Fehlt die Handlungsfähigkeit, ist an den Vertreter (§ 34 AO) bekannt zu geben.

Ein schriftlicher Verwaltungsakt wird grundsätzlich mit der Post zugesandt. In Ausnahmefällen ist auch die öffentliche Bekanntmachung oder eine Zustellung nach den Vorschriften des Verwaltungszustellungsgesetzes möglich.

Ein schriftlicher Verwaltungsakt, der im Geltungsbereich der AO durch die Post übermittelt wird, gilt mit dem dritten Tage nach der Aufgabe zur Post als bekannt gegeben. Außerhalb des Geltungsbereichs der AO wird die Bekanntgabe einen Monat nach der Aufgabe zur Post unterstellt. Diese Fiktionen gelten nur dann nicht, wenn der Verwaltungsakt nicht oder zu einem späteren Zeitpunkt zugegangen ist. Im Zweifel hat die Behörde den Zugang des Verwaltungsaktes und den Zeitpunkt des Zugangs nachzuweisen. Zugegangen ist der Verwaltungsakt dann, wenn der Verwaltungsakt derart in den Machtbereich des Adressaten gelangt ist, dass dieser unter Ausschluss unbefugter Dritter Kenntnis nehmen kann und dies nach allgemeinen Gepflogenheiten auch zu erwarten ist.

## VI. Wirksamkeit

Ein Verwaltungsakt, der nicht nichtig ist, wird bei der Bekanntgabe mit dem Inhalt wirksam, mit dem er bekannt gegeben wird (§ 124 Abs. 1 AO). Es gilt also die sog. **Erklärungstheorie.**

Ein Verwaltungsakt, der nicht nichtig ist, bleibt wirksam, soweit und solange er nicht korrigiert wird oder sich erledigt. Ein **nichtiger Verwaltungsakt** ist unwirksam. Nichtig ist ein Verwaltungsakt dann, wenn er an einem besonders schwerwiegenden Fehler leidet und dies bei verständiger Würdigung aller in Betracht kommenden Umstände offenkundig ist (§ 125 Abs. 1 AO).

Unabhängig davon ist ein Verwaltungsakt nichtig (§ 125 Abs. 2 AO), wenn er die erlassende Behörde nicht erkennen lässt oder wenn er aus tatsächlichen Gründen nicht befolgt werden kann. Nichtig ist ein Verwaltungsakt auch dann, wenn er die Begehung einer rechtswidrigen Tat verlangt oder gegen die guten Sitten verstößt.

## VII. Korrektur

Die Rechtswidrigkeit eines Verwaltungsaktes ist unbeachtlich, wenn ein heilbarer Verfahrens- oder Formfehler vorliegt (§ 126 AO), wenn Vorschriften über das Verfahren, die Form oder die örtliche Zuständigkeit verletzt wurden, in der Sache aber keine andere Entscheidung getroffen werden konnte (§ 127 AO), oder wenn eine Umdeutung möglich ist (§ 128 AO). Im Übrigen gelten die allgemeinen Korrekturvorschriften der §§ 129 ff. AO und die besonderen Korrekturvorschriften der §§ 172 ff. AO. Die Vorschriften der §§ 172 ff. AO gelten dabei anstelle der §§ 130, 131 AO ausschließlich für Steuerbescheide und gleichgestellte Bescheide.

## VIII. Rechtsbehelfe

Wer geltend macht, durch einen Verwaltungsakt beschwert zu sein, kann einen Rechtsbehelf einlegen. Im außergerichtlichen Rechtsbehelfsverfahren ist einheitlich der Einspruch gegeben. Ist das außergerichtliche Rechtsbehelfsverfahren erfolglos, ist grundsätzlich die Klage beim FG möglich. (Montag)

## 49. Die Erledigung der Hauptsache im finanzgerichtlichen Verfahren

### I. Einführung

Die Frage, wie die Erledigung der Hauptsache im finanzgerichtlichen Verfahren zu behandeln ist, ist eine Frage des Prozesskostenrechts. Sie stellt sich dann, wenn einem Klagebegehren während der Rechtshängigkeit durch außerhalb des Rechtsbehelfsverfahrens liegende Ereignisse die Grundlage entzogen wird. Um zu verhindern, dass der Kläger in einem derartigen Fall die Kosten des Verfahrens in vollem Umfang allein zu tragen hat, weil er die Klage entweder kostenpflichtig zurücknehmen muss (§ 136 Abs. 2 FGO) oder diese kostenpflichtig abgewiesen wird, stellt § 138 Abs. 1 FGO insoweit einen allgemeinen prozessrechtlichen Grundsatz klar: Die Kostenentscheidung ist unter Berücksichtigung des bisherigen Sach- und Streitstandes nach billigem Ermessen zu treffen. Vor diesem Hintergrund sollen die folgenden Ausführungen vor allem die Voraussetzungen und das Verfahren zur Anwendung des § 138 FGO offenlegen. Da die Vorschrift selbst äußerst unvollständig ist, muss dabei in erster Linie auf die Grundsätze zurückgegriffen werden, die Wissenschaft und Praxis erarbeitet haben.

### II. Grundsätzliche Voraussetzungen

#### 1. Erledigung der Hauptsache

Die „Hauptsache" in einem Prozess ist das Klagebegehren. Dieses Klagebegehren erledigt sich dann, wenn ihm durch außerhalb des Rechtsbehelfsverfahrens liegende Ereignisse die Grundlage entzogen wird und es nur noch einer Kostenentscheidung bedarf. Zu den Ereignissen, die zur Erledigung der Hauptsache führen, gehört insbesondere die Aufhebung und Änderung eines angefochtenen Verwaltungsakts durch die Finanzbehörde.

#### 2. Erledigungserklärung

Dass die Hauptsache sich erledigt hat, muss dem Gericht durch Erledigungserklärungen zur Kenntnis gebracht und auf diese Weise in das Verfahren eingeführt werden. Die Tatsache, dass sich die Hauptsache erledigt hat, ist aufgrund der im Prozess bestehenden Dispositionsmaxime für sich genommen für den Prozessablauf bedeutungslos. Die Dispositionsmaxime, die auch als Verfügungsgrundsatz bezeichnet wird, bewirkt nämlich, dass die Beteiligten das Gericht durch ihre Anträge in seiner Entscheidung binden und dem Gericht dadurch die Prozessherrschaft grundsätzlich nehmen (§ 65 Abs. 1 FGO).

Die Erledigungserklärung ist eine Prozesshandlung, die mündlich oder schriftlich vorgenommen werden kann. Erklärungsberechtigt sind die Beteiligten.

### III. Einzelheiten zum Verfahren

Die Erledigung der Hauptsache kann sowohl im Klage- als auch im Rechtsmittelverfahren von den Beteiligten einseitig oder gemeinsam erklärt werden.

#### 1. Beiderseitige Erledigungserklärungen

Erklären die Beteiligten **gemeinsam,** dass die Hauptsache erledigt ist, hat das Gericht nicht mehr zu überprüfen, ob die Erledigung tatsächlich eingetreten ist. Prozessual wirksame Erklärungen der Beteiligten sind für das Gericht bindend. Sie beenden die Rechtshängigkeit, sodass durch Beschluss nur noch über die Kosten zu entscheiden ist.

Die Kostenentscheidung ergeht unter Berücksichtigung der bisherigen Sach- und Rechtslage nach billigem Ermessen (§ 138 Abs. 1 FGO).

## 2. Einseitige Erledigungserklärungen

Einseitige Erledigungserklärungen können sowohl durch den Kläger als auch durch den Beklagten erfolgen.

### a) Einseitige Erledigungserklärungen des Klägers

Erklärt der Kläger die Erledigung der Hauptsache, so ist in dieser Erklärung keine kostenpflichtige Klagerücknahme (§ 136 Abs. 2 FGO), kein Klageverzicht und auch keine Klageänderung zu sehen. In der Erklärung wird vielmehr lediglich behauptet, dass dem ursprünglichen Klagebegehren wegen eines außerprozessualen Ereignisses nunmehr die Grundlage fehle.

Da diese einseitige Behauptung nicht konstitutiv sein kann, hat das Gericht zu prüfen, ob die Hauptsache sich tatsächlich erledigt hat. Ist das der Fall, entscheidet das Gericht durch Urteil und stellt dabei die Erledigung der Hauptsache im Tenor ausdrücklich fest.

Wie das Verfahren in der Hauptsache abzuwickeln ist, wenn diese sich entgegen der Behauptung des Klägers nicht erledigt hat, ist umstritten. In Literatur und Rechtsprechung (BFHE 79, 779; 85, 370; 86, 717; BFH/NV 2000 S. 1226; 2003 S. 935; 2007 S. 934) ist vor allem strittig, ob der ursprüngliche Klageantrag trotz der Erledigungserklärung noch besteht oder ob er zumindest hilfsweise geltend gemacht werden muss. Sachlich erscheint unabhängig davon, ob dies hilfsweise beantragt wurde, eine Entscheidung über den ursprünglichen Klageantrag geboten.

### b) Einseitige Erledigungserklärungen des Beklagten

Die einseitige Erledigungserklärung des Beklagten ist eine Anregung an das Gericht, die Frage der Erledigung zu prüfen. Darüber hinaus eröffnet sie dem Kläger die Möglichkeit, ebenfalls eine Erledigungserklärung abzugeben und damit die bereits erläuterte beiderseitige Erledigungserklärung herbeizuführen. Für den Fall, dass die Hauptsache erledigt ist und der Kläger seinen Klageantrag dennoch aufrechterhält, hat das Gericht die Klage abzuweisen und dem Kläger die Kosten aufzuerlegen (§ 135 Abs. 1 FGO). Das Gericht darf sich nicht darauf beschränken, die Erledigung der Hauptsache festzustellen. Diese Möglichkeit besteht nicht, weil der Kläger nach der Dispositionsmaxime das Verfahren in Gang setzt, den Streitgegenstand bestimmt und durch seine Anträge den Prozessrahmen absteckt (§ 65 Abs. 1 FGO). Wird der Klageantrag aufrechterhalten, würde das Gericht mit der Feststellung, dass die Hauptsache erledigt ist, nicht über das im Klageantrag konkretisierte Klagebegehren entscheiden (BFH, BStBl 1979 II S. 375, 378; 1982 II S. 407).

Ist die Hauptsache nicht erledigt, entscheidet das Gericht durch Urteil. Der Erledigungserklärung des Beklagten wird dabei keine Bedeutung zugemessen.

## 3. Fehlende Erledigungserklärungen

Wurde die Erledigung der Hauptsache nicht durch den Kläger erklärt, muss das Gericht die Klage kostenpflichtig abweisen, wenn die Erledigung eingetreten ist. Ist die Hauptsache nicht erledigt, wird über das Klagebegehren entschieden.

(Montag)

# 50. Das Klagesystem der FGO

## I. Bedeutung des Klagesystems

Artikel 19 Abs. 4 GG garantiert jedem, der durch die öffentliche Gewalt in seinen Rechten verletzt wird, die Möglichkeit, den Rechtsweg einzuschlagen. Auf dem Finanzrechtsweg wird die **Rechtsschutzgarantie** des Grundgesetzes durch das differenzierte Klagesystem der FGO gewährt. Den möglichen Klagebegehren entsprechend sieht dieses Klagesystem unterschiedliche Klagearten vor.

Die Wahl der richtigen Klageart gehört zu den **Zulässigkeitsvoraussetzungen** des gerichtlichen Rechtsbehelfsverfahrens. Das bedeutet allerdings nicht, dass die Klage bereits dann als unzulässig abgewiesen wird, wenn das Klagebegehren mit der gewählten Klageart nicht zu vereinbaren ist. Unzulässig wird die Klage erst dann, wenn der Stpfl. trotz der Belehrung, zu der der Vorsitzende im Rahmen seiner Prozessfürsorgepflichten verpflichtet ist (§ 76 Abs. 2 FGO), keine Richtigstellung vornimmt.

## II. Klagearten

Bei den Klagearten der FGO kann grundsätzlich zwischen Anfechtungsklagen, Leistungsklagen und Feststellungsklagen unterschieden werden.

### 1. Anfechtungsklagen (§ 40 Abs. 1 FGO)

Mit der Anfechtungsklage wird eine unmittelbare Rechtsänderung angestrebt. Sie ist gem. § 40 Abs. 1 FGO auf die Aufhebung oder als Abänderungsklage in den Fällen des § 100 Abs. 2 FGO, d. h. bei sog. Geldverwaltungsakten, auf die Änderung eines Verwaltungsakts gerichtet. Eine Anfechtungsklage kommt daher z. B. dann in Betracht, wenn die Finanzbehörde einen rechtswidrigen Steuerbescheid erlassen und diesen Steuerbescheid in der Einspruchsentscheidung bestätigt hat. Mit der Anfechtungsklage könnte in einem solchen Fall beantragt werden, den angegriffenen Steuerbescheid und die dazu ergangene Einspruchsentscheidung aufzuheben bzw. zu ändern.

### 2. Leistungsklagen (§ 40 Abs. 1 FGO)

Mit einer Leistungsklage soll eine Finanzbehörde gem. § 40 Abs. 1 FGO zu einem Tun, Dulden oder Unterlassen verurteilt werden. Je nachdem ob das angestrebte Verwaltungshandeln als Verwaltungsakt zu qualifizieren ist oder nicht, werden Verpflichtungsklagen und sonstige Leistungsklagen unterschieden.

#### a) Verpflichtungsklagen (§ 40 Abs. 1 FGO)

Mit einer Verpflichtungsklage soll der Beklagte gem. § 40 Abs. 1 FGO zum Erlass eines Verwaltungsakts verurteilt werden.

Die sog. **Verpflichtungsklage i. e. S.** ist darauf gerichtet, die Finanzbehörde zum Erlass eines bereits abgelehnten Verwaltungsakts zu verurteilen. Eine Verpflichtungsklage i. e. S. kommt daher z. B. dann in Betracht, wenn ein Stundungsantrag abgelehnt wurde. Mit der Verpflichtungsklage kann in einem solchen Fall beantragt werden, die Einspruchsentscheidung aufzuheben und die beklagte Finanzbehörde zur Stundung der Steuer zu verurteilen.

Die zweite Form der Verpflichtungsklage ist die **sog. Untätigkeitsklage.** Die Untätigkeitsklage kommt gem. § 40 Abs. 1 FGO dann in Betracht, wenn die Finanzbehörde den angestrebten Verwaltungsakt weder erlassen noch abgelehnt hat, wenn die Finanzverwaltung also untätig geblieben ist. Die Untätigkeitsklage ist daher z. B. dann gegeben, wenn die Finanzbehörde den angestrebten Feststellungsbescheid nicht erlässt. Mit der Untätigkeitsklage kann in einem solchen Fall beantragt werden, die beklagte Behörde zur Ausfertigung des gewünschten

Bescheides zu verurteilen. In diesem Zusammenhang ist jedoch zu beachten, dass eine Untätigkeitsklage grundsätzlich nur dann in Betracht kommt, wenn zuvor ein Untätigkeitseinspruch nach § 347 Abs. 1 Satz 2 AO eingelegt wurde.

**b) Sonstige Leistungsklagen**

Wird mit der Verpflichtungsklage eine Leistung angestrebt, die nicht als Verwaltungsakt zu qualifizieren ist, liegt eine sonstige Leistungsklage vor. Eine sonstige Leistungsklage ist daher z. B. dann gegeben, wenn eine Finanzbehörde dazu verurteilt werden soll, Auskünfte zu erteilen, Akteneinsicht zu gewähren oder Erstattungen vorzunehmen. Eine Klagefrist besteht nicht (§ 47 FGO). Ein Vorverfahren ist nicht erforderlich (§ 44 Abs. 1 FGO).

**3. Feststellungsklagen (§ 41 FGO)**

Begehrt der Kläger eine Feststellung darüber, ob ein Steuerrechtsverhältnis besteht oder ob ein Verwaltungsakt nichtig ist, so ist die Feststellungsklage gem. § 41 FGO gegeben. Die Feststellungsklage kommt daher z. B. dann in Betracht, wenn festgestellt werden soll, ob ein Stpfl. der Außenprüfung unterliegt.

Mit Ausnahme der Fälle, in denen die Feststellung der Nichtigkeit eines Verwaltungsakts angestrebt wird, ist die Feststellungsklage nur dann zulässig, wenn der Stpfl. sein Klagebegehren nicht auch durch eine Anfechtungs- oder Leistungsklage verfolgen kann oder hätte verfolgen können. Die Feststellungsklage ist insoweit subsidiär. Damit wird sichergestellt, dass die Regelungen, die für das Vorverfahren und die Klagefristen bei Anfechtungs- und Verpflichtungsklagen gelten, nicht unterlaufen werden können.

**4. Sprungklagen nach § 45 FGO und Klagen nach § 46 FGO**

Die Sprungklage nach § 45 FGO und die Klage nach § 46 FGO sind keine besonderen Klagearten. Sie sind vielmehr dem jeweiligen Klagebegehren entsprechend entweder Anfechtungs- oder Verpflichtungsklage. Die Besonderheit besteht lediglich darin, dass die Klagen nach §§ 45, 46 FGO ohne vorherigen Abschluss des Vorverfahrens zulässig sind.

**a) Sprungklage nach § 45 FGO**

Die Sprungklage nach § 45 FGO ist ohne Vorverfahren dann zulässig, wenn die Behörde, die über den außergerichtlichen Rechtsbehelf zu entscheiden hat, innerhalb eines Monats nach Zustellung der Klageschrift dem Gericht gegenüber zustimmt. Das Gericht hat jedoch zeitlich befristet die Möglichkeit, die Klage zur Durchführung des Vorverfahrens an die zuständige Finanzbehörde abzugeben.

Die Sprungklage ist auch im Rahmen eines Sicherungsverfahrens (§§ 324 ff. AO) möglich. Sie setzt dabei jedoch keine Zustimmung der Finanzbehörde voraus. Eine Abgabe an die Finanzbehörde ist ebenfalls nicht zulässig (§ 45 Abs. 4 FGO).

**b) Klagen nach § 46 FGO**

Nach § 46 Abs. 1 FGO ist eine Klage auch dann ohne vorherigen Abschluss des Vorverfahrens zulässig, wenn über einen außergerichtlichen Rechtsbehelf ohne Mitteilung eines Grundes sachlich nicht in angemessener Frist entschieden wurde.

**III. Schlussbemerkung**

Theoretisch ist die Rechtsschutzgarantie des Art. 19 Abs. 4 GG mit den genannten Klagearten der FGO weitgehend verwirklicht. In der Praxis sind angesichts überlanger Prozessdauer jedoch längst verfassungsrechtliche Bedenken anzumelden. Auf Dauer dürfte nur über eine systematische Reform des Steuerrechts eine Entlastung der Gerichte und damit ein grundgesetzkonformer Rechtsschutz zu realisieren sein.

(Montag)

# 51. Revision und Beschwerde

## I. Einführung

Revision und Beschwerde zum BFH sind die Rechtsmittel der FGO. Als Rechtsmittel, d. h. als Rechtsbehelfe gegen die Entscheidungen eines FG, sollen sie auf dem Finanzrechtsweg dazu beitragen, die Rechtsschutzgarantie des Art. 19 Abs. 4 GG zu verwirklichen.

## II. Revision

Die Revision dient als Rechtsmittel, mit dem die Urteile eines FG angefochten werden können, sowohl der Einhaltung der Verfahrensvorschriften als auch der einheitlichen Rechtsanwendung.

### 1. Zulassung der Revision

Nach dem endgültigen Wegfall der früher zulässigen Streitwertrevision und der zulassungsfreien Revision bei Vorliegen besonders schwerwiegender Verfahrensmängel (§ 116 FGO a. F.) steht den Beteiligten die Revison gegen das Urteil des FG an den BFH nur noch dann zu, wenn das FG oder auf Beschwerde gegen die Nichtzulassung der BFH die Revision zugelassen hat (§ 115 Abs. 1 FGO).

Die Revision ist nach § 115 Abs. 2 FGO nur dann zuzulassen, wenn

- die Rechtssache grundsätzliche Bedeutung hat,

- die Fortbildung des Rechts oder die Sicherung einer einheitlichen Rechtsprechung eine Entscheidung des BFH erfordert oder

- ein Verfahrensmangel geltend gemacht wird und vorliegt, auf dem die Entscheidung beruhen kann.

### 2. Verfahren der Nichtzulassungsbeschwerde

Hat das FG die Revision nicht zugelassen, kann die Nichtzulassung der Revision durch Beschwerde, die sog. Nichtzulassungsbeschwerde, angefochten werden (§ 116 Abs. 1 FGO).

Die Beschwerde ist abweichend von der früheren Rechtslage beim BFH einzulegen, und zwar innerhalb eines Monats nach Zustellung des vollständigen Urteils (§ 116 Abs. 2 Satz 1 FGO). Die Nichtzulassungsbeschwerde muss das angefochtene Urteil bezeichnen (§ 116 Abs. 2 Satz 2 FGO). Außerdem soll der Beschwerdeschrift eine Ausfertigung oder Abschrift des Urteils, gegen das Revision eingelegt werden soll, beigefügt werden (§ 116 Abs. 2 Satz 3 FGO). Die Beschwerde ist innerhalb von zwei Monaten nach der Zustellung des vollständigen Urteils unmittelbar beim BFH zu begründen. Die Begründungsfrist kann auf Antrag einmalig um einen weiteren Monat verlängert werden (§ 116 Abs. 3 FGO). Der BFH entscheidet nach § 116 Abs. 5 FGO durch einen Beschluss, der anders als bisher grundsätzlich begründet werden soll.

Wird der Nichtzulassungsbeschwerde aufgrund eines Verfahrensmangels i. S. von § 115 Abs. 2 Nr. 3 FGO stattgegeben, kann der BFH das angefochtene Urteil in seinem Beschluss aufheben und den Rechtsstreit zur anderweitigen Verhandlung und Entscheidung an das FG zurückverweisen (§ 116 Abs. 6 FGO). Wird der Nichtzulassungsbeschwerde stattgegeben, ohne dass ein Verfahrensmangel i. S. des § 115 Abs. 2 Nr. 3 FGO vorliegt, so wird das Beschwerdeverfahren ab dem Beschluss als Revisionsverfahren ohne förmliche Revisionseinlegung durch den

Beschwerdeführer fortgesetzt (§ 116 Abs. 7 FGO). Mit der Zustellung des Beschlusses beginnt für den Beschwerdeführer die Revisionsbegründungsfrist.

### 3. Revisionsverfahren

Wurde die Revision zugelassen, ist sie abweichend von der früheren Rechtslage unmittelbar beim BFH einzulegen (§ 120 Abs. 1 FGO), und zwar wie die Nichtzulassungsbeschwerde schriftlich innerhalb eines Monats nach Zustellung des vollständigen Urteils. Die Revision muss das angefochtene Urteil bezeichnen, ihr soll eine Ausfertigung oder Abschrift des Urteils beigefügt werden.

Innerhalb von zwei Monaten nach Zustellung des vollständigen Urteils ist die Revision zu begründen. Die Begründungsfrist kann vor dem Fristablauf verlängert werden. Die Begründung muss enthalten:

- die Erklärung, inwieweit das Urteil angefochten und dessen Aufhebung beantragt wird, d. h. die sog. Revisionsanträge,
- sowie die Angabe der Revisionsgründe (§ 120 Abs. 3 FGO).

Die Revision kann gem. § 118 Abs. 1 FGO nur darauf gestützt werden, dass das angefochtene Urteil auf einer Rechtsverletzung beruht, d. h., dass geltendes Recht nicht oder unrichtig angewendet wurde. Da der BFH gem. § 118 Abs. 2 FGO an die tatsächlichen Feststellungen gebunden ist, können neue Tatsachen oder Beweismittel nicht als Revisionsbegründung herangezogen werden. Der BFH ist **Rechtsinstanz** und keine Tatsacheninstanz.

Sind die Zulässigkeitsvoraussetzungen für eine Revision nicht erfüllt, so verwirft der BFH die Revision gem. § 126 Abs. 1 FGO durch Beschluss.

Ist die Revision zulässig, aber unbegründet, ist sie als unbegründet zurückzuweisen (§ 126 Abs. 2 FGO). Hält der BFH die Revision einstimmig für unbegründet und eine mündliche Verhandlung nicht für erforderlich, kann er durch Beschluss entscheiden (§ 126 a FGO).

Wenn die Revision begründet ist, kann der BFH durch Urteil oder Gerichtsbescheid in der Sache selbst entscheiden oder das angefochtene Urteil aufheben und die Sache zur anderweitigen Verhandlung und Entscheidung zurückverweisen (§ 126 Abs. 3 FGO).

### III. Beschwerde

#### 1. Zulässigkeitsvoraussetzungen

Die Beschwerde ist als Nichtzulassungsbeschwerde mit den bereits erläuterten Besonderheiten insbesondere gegen die Nichtzulassung der Revision statthaft (§ 116 FGO). Darüber hinaus ist die Revision auch gegen die Entscheidungen eines FG, die nicht Urteile oder Vorbescheide sind, und gegen die Entscheidung des Vorsitzenden eines FG statthaft (§ 128 Abs. 1 FGO). § 128 Abs. 2 FGO enthält insoweit jedoch Einschränkungen, die sich insbesondere auf prozessleitende und prozessgestaltende Verfahrensentscheidungen beziehen.

Die Beschwerde ist schriftlich oder zur Niederschrift einzulegen (§ 129 FGO). Empfangsbehörde ist das FG.

Die Beschwerdefrist beträgt zwei Wochen. Sie beginnt mit der Bekanntgabe der angefochtenen Entscheidung. Es besteht ebenfalls Vertretungszwang.

#### 2. Beschwerdeentscheidung

Hilft das FG der Beschwerde nicht ab (§ 130 FGO), entscheidet der BFH durch Beschluss (§ 132 FGO). (Montag)

## 52. Verspätungszuschlag, Säumniszuschlag und Prozesskosten

Abgesehen davon, dass sowohl der Verspätungszuschlag als auch der Säumniszuschlag zu den steuerlichen Nebenleistungen (§ 3 Abs. 3 AO) gehören, sind zwischen den im Thema genannten Begriffen keine sachlichen Verbindungen erkennbar. Bei der Erörterung des Themas ist die gegenseitige Abgrenzung der angesprochenen Fragen daher nicht erforderlich, die Ausführungen zu den einzelnen Begriffen können vielmehr jeweils für sich stehen.

### I. Verspätungszuschlag

#### 1. Zweck

Der Verspätungszuschlag ist eine **steuerliche Nebenleistung** (§ 3 Abs. 3 AO), die den rechtzeitigen Eingang der Steuererklärung und mittelbar auch die rechtzeitige Festsetzung und Entrichtung der Steuer sicherstellen soll. Sie ist insoweit keine Strafe und kein Zwangsgeld, sondern ein Druckmittel eigener Art, das sowohl repressiven als auch präventiven Charakter hat.

#### 2. Voraussetzungen

Ein Verspätungszuschlag kann gem. § 152 AO gegen denjenigen festgesetzt werden, der seiner Verpflichtung zur Abgabe einer Steuererklärung nicht oder nicht fristgemäß nachkommt. Die Festsetzung unterbleibt, wenn das Versäumnis entschuldbar erscheint. Das ist dann der Fall, wenn der Erklärungspflichtige die seinen persönlichen Verhältnissen entsprechende Sorgfalt angewendet hat.

#### 3. Grundsätze der Ermessensausübung

Die Festsetzung des Verspätungszuschlags ist eine Ermessensentscheidung. Diese Ermessensentscheidung soll neben dem Zweck des Verspätungszuschlags auch der Dauer der Fristüberschreitung, der Höhe des festzusetzenden Zahlungsanspruchs, den entstandenen Vorteilen, dem Verschulden und der wirtschaftlichen Leistungsfähigkeit des Erklärungspflichtigen Rechnung tragen (§ 152 Abs. 2 AO). Der Verspätungszuschlag darf 10 % der festgesetzten Steuer nicht übersteigen und ab dem 01.01.2002 höchstens 25.000 Euro betragen.

#### 4. Verfahren und Rechtsbehelfe

Die Festsetzung des Verspätungszuschlags erfolgt regelmäßig zusammen mit der Festsetzung der Steuer; sie ist jedoch ein selbständiger, belastender Verwaltungsakt. Dieser Verwaltungsakt kann nach § 130 Abs. 1 oder § 131 Abs. 1 AO korrigiert werden.

Ist die Festsetzung rechtswidrig, kann sie gem. § 130 Abs. 1 AO, auch nachdem sie unanfechtbar geworden ist, ganz oder teilweise mit Wirkung für die Vergangenheit oder für die Zukunft zurückgenommen werden.

Ist die Festsetzung rechtmäßig, kann sie gem. § 131 Abs. 1 AO, auch nachdem sie unanfechtbar geworden ist, ganz oder teilweise mit Wirkung für die Zukunft widerrufen werden. Dies gilt nur dann nicht, wenn ein Verwaltungsakt gleichen Inhalts erlassen werden müsste oder wenn der Widerruf aus anderen Gründen unzulässig ist.

Gegen die Festsetzung des Verspätungszuschlags ist der Einspruch gegeben (§ 347 Abs. 1 AO). Hat der Einspruch keinen Erfolg, ist Anfechtungsklage möglich.

### II. Säumniszuschlag

#### 1. Zweck

Der Säumniszuschlag ist eine steuerliche Nebenleistung (§ 3 Abs. 3 AO), die die pünktliche Zahlung fälliger Steuern sicherstellen soll. Er ist weder Strafe noch Bußgeld, sondern ein Druckmittel.

## 2. Voraussetzungen

Der Säumniszuschlag entsteht, wenn eine Steuer oder eine zurückzuzahlende Steuervergütung nicht bis zum Ablauf des Fälligkeitstages entrichtet wird (§ 240 Abs. 1 AO). Verschulden ist nicht erforderlich. Bei einer Säumnis bis zu fünf Tagen (Schonfrist) wird grundsätzlich kein Säumniszuschlag erhoben (§ 240 Abs. 3 Satz 1 AO). Die Schonfrist gilt jedoch dann nicht, wenn bar oder durch Scheck gezahlt wird (§ 240 Abs. 3 Satz 2, § 224 Abs. 2 Nr. 1 AO).

## 3. Rechtsfolgen

Der Säumniszuschlag entsteht mit der Tatbestandsverwirklichung kraft Gesetzes. Er beträgt für jeden angefangenen Monat der Säumnis 1 % des abgerundeten rückständigen Steuerbetrags; abzurunden ist auf den nächsten durch 50 Euro teilbaren Betrag.

## 4. Verfahren und Rechtsbehelfe

Säumniszuschläge werden ohne vorherige Festsetzung verwirklicht (§ 218 Abs. 1 AO). Ein Leistungsgebot ist dann erforderlich, wenn der Säumniszuschlag nicht zusammen mit der Steuer beigetrieben wird (§ 254 AO). Gegen ein solches Leistungsgebot ist der Einspruch gegeben (§ 347 Abs. 1 AO).
Der Säumniszuschlag kann auch durch Abrechnungsbescheid festgesetzt werden (§ 218 Abs. 2 AO). Gegen einen Abrechnungsbescheid ist der Einspruch gegeben (§ 347 Abs. 1 AO).

## III. Prozesskosten

Prozesskosten sind Aufwendungen, die im Zusammenhang mit der Durchführung eines Prozesses entstehen. Da der Finanzrechtsweg anders als das außergerichtliche Rechtsbehelfsverfahren kostenpflichtig ist, muss der Kostenfrage bei einem anstehenden Prozess stets Beachtung geschenkt werden. Bedeutsam ist dabei vor allem die Frage, welche Kosten erstattungsfähig sind und wer die Kosten zu tragen hat.

## 1. Erstattungsfähige Kosten

Auf dem Finanzrechtsweg sind als Prozesskosten neben den **Gerichtskosten (Auslagen und Gebühren)** die Aufwendungen erstattungsfähig, die die Beteiligten zur zweckentsprechenden Rechtsverfolgung oder Rechtsverteidigung notwendigerweise aufzubringen hatten (§ 139 Abs. 1 FGO). Erstattungsfähig sind auch Kosten des Vorverfahrens, wenn das Gericht die Zuziehung eines Bevollmächtigten für notwendig erklärt (§ 139 Abs. 3 FGO).
Die Aufwendungen der Finanzbehörden sind nicht zu erstatten (§ 139 Abs. 2 FGO).

## 2. Grundsätze zur Kostentragung

Für die Frage, wer die angefallenen Kosten trägt, gelten im Wesentlichen die folgenden Grundsätze:
a) Wer unterliegt, trägt die Kosten (§ 135 Abs. 1 FGO).
b) Wer ohne Erfolg ein Rechtsmittel (Beschwerde, Revision) einlegt, trägt die Kosten (§ 135 Abs. 2 FGO).
c) Wird der Prozess nur zum Teil gewonnen, sind die Kosten gegeneinander aufzuheben oder verhältnismäßig aufzuteilen (§ 136 Abs. 1 FGO). Aufteilungsmaßstab ist der Streitwert.
d) Wer obsiegt, kann dennoch mit den Kosten belastet werden, wenn die Entscheidung auf Tatsachen beruht, die er früher hätte geltend machen oder beweisen können und sollen (§ 137 FGO).
e) Wer eine Klage oder ein Rechtsmittel zurücknimmt oder einen Antrag auf Wiedereinsetzung stellt, trägt die Kosten (§ 136 Abs. 2 und 3 FGO).
f) **Bei Erledigung der Hauptsache** entscheidet das Gericht nach billigem Ermessen, wer die Kosten zu tragen hat (§ 138 Abs. 1 FGO). (Montag)

## 53. Die Klagevoraussetzungen der FGO

### I. Bedeutung der Klagevoraussetzungen

Artikel 19 Abs. 4 GG garantiert jedem, der durch die öffentliche Gewalt in seinen Rechten verletzt wird, die Möglichkeit, den Rechtsweg einzuschlagen. Soll Klage zum FG erhoben werden, ist zu prüfen, ob die formellen Voraussetzungen für eine Klage erfüllt sind. Ist das nicht der Fall, wird die Klage i. d. R. sofort als unzulässig abgewiesen. Die Abweisung erfolgt trotz zunächst fehlender Zulässigkeitsvoraussetzungen nur dann nicht, wenn konkrete Prozessfürsorgepflichten bestehen und der Kläger die erforderlichen Voraussetzungen nach entsprechender Belehrung durch das Gericht vervollständigt. Ist die Klage als unzulässig abzuweisen, wird die Frage ihrer Begründetheit nicht mehr geprüft. Um dieser Gefahr zu entgehen, muss eine Klage im Wesentlichen die folgenden Voraussetzungen erfüllen:

### II. Zusammenstellung der Klagevoraussetzungen

**1. Finanzrechtsweg**

Eine Klage zu einem FG ist nur dann zulässig, wenn der Finanzrechtsweg gegeben ist. Diese Voraussetzung ist zum einen bei öffentlich-rechtlichen Streitigkeiten über Abgabeangelegenheiten erfüllt, soweit die Abgabe der Gesetzgebung des Bundes unterliegt und durch Bundes- oder Landesfinanzbehörden verwaltet wird. Der Finanzrechtsweg ist darüber hinaus aber auch bei berufsrechtlichen und öffentlich-rechtlichen Streitigkeiten über Prüfungs- und Zulassungsangelegenheiten des Steuerberatungsgesetzes und bei anderen öffentlich-rechtlichen Streitigkeiten (z. B. nach dem Wohnungsbauprämiengesetz) gegeben, für die der Finanzrechtsweg ausdrücklich eröffnet ist (§ 33 FGO).

Bei Steuerstraf- und Bußgeldverfahren kommt der Finanzrechtsweg nicht in Betracht. Für diese Verfahren sind ausschließlich die ordentlichen Gerichte zuständig.

**2. Vorverfahren**

Eine Klage setzt grundsätzlich den erfolglosen Abschluss eines Vorverfahrens voraus (§ 44 Abs. 1 FGO). Der Abschluss eines Vorverfahrens ist nur dann nicht erforderlich,
- wenn ein außergerichtlicher Rechtsbehelf wie bei der allgemeinen Leistungsklage (§ 40 Abs. 1 FGO) und der Feststellungsklage (§ 41 Abs. 1 FGO) nicht gegeben ist,
- wenn Sprungklage (§ 45 FGO) erhoben wurde oder
- wenn der Abschluss des Vorverfahrens von der Behörde ohne Mitteilung eines zureichenden Grundes verzögert wurde (§ 46 FGO).

**3. Klageart**

Auch die Wahl der richtigen Klageart gehört zu den Zulässigkeitsvoraussetzungen des gerichtlichen Rechtsbehelfsverfahrens. Die Klage wird aber nicht bereits dann als unzulässig abgewiesen, wenn das Klagebegehren mit der gewählten Klageart nicht zu vereinbaren ist. Unzulässig wird die Klage erst dann, wenn den Stpfl. auch die Belehrung, die der Vorsitzende im Rahmen seiner Prozessfürsorgepflichten vorzunehmen hat (§ 76 Abs. 2 FGO), nicht zur Richtigstellung veranlasst.

Dem jeweiligen Klagebegehren entsprechend kommt die Anfechtungsklage (§ 40 Abs. 1 FGO), die Leistungsklage (§ 40 Abs. 1 FGO) oder die Feststellungsklage (§ 41 Abs. 1 FGO) in Betracht.

**4. Klagebefugnis**

Eine Klage setzt i. d. R. voraus, dass der Kläger geltend macht, durch ein Verwaltungshandeln in seinen Rechten verletzt worden zu sein (§ 40 Abs. 2 FGO). Für die

Klagebefugnis bei einheitlichen Feststellungsbescheiden gelten besondere Regeln (§ 48 FGO).

**5. Klagefrist**

Die Klage ist nur dann zulässig, wenn die Klagefrist gewahrt wird (§ 47 FGO). Bei Fristversäumnis kommt auf Antrag Wiedereinsetzung in den vorigen Stand in Betracht, wenn kein Verschulden vorliegt (§ 56 FGO).

Bei der Anfechtungsklage beginnt die Klagefrist mit der Bekanntgabe der Einspruchs- oder Beschwerdeentscheidung; in den Fällen des § 45 FGO (insbesondere Sprungklage) und in den Fällen, in denen kein außergerichtlicher Rechtsbehelf gegeben ist, beginnt sie mit der Bekanntgabe des Verwaltungsakts. Die Frist beträgt einen Monat.

Entsprechendes gilt auch für eine Verpflichtungsklage, wenn der Antrag auf Vornahme eines Verwaltungsakts abgelehnt wurde. Für andere Klagen (sonstige Leistungsklagen und Feststellungsklagen) gelten keine Klagefristen.

**6. Klageverzicht**

Die Klage ist unzulässig, wenn nach Erlass des Verwaltungsakts gegenüber der zuständigen Behörde auf die Klage verzichtet wurde (§ 50 FGO). Der Klageverzicht ist nur dann wirksam, wenn er schriftlich oder zur Niederschrift erklärt wurde.

**7. Verfahrenshandlungsfähigkeit**

Die Klage setzt voraus, dass der Kläger Verfahrenshandlungen vornehmen kann (§ 58 FGO). Verfahrenshandlungsfähigkeit, d. h. Prozessfähigkeit, liegt vor bei Geschäftsfähigen nach BGB, bei beschränkt Geschäftsfähigen, soweit sie geschäftsfähig sind, und bei gesetzlichen Vertretern (§ 34 AO).

**8. Beklagter (Passivlegitimation)**

Die Klage muss gegen die zutreffende Behörde gerichtet werden. Welche Behörde das im Einzelfall ist, wird durch § 63 FGO geregelt. Klagegegner ist demnach regelmäßig das Finanzamt. Wird die Klage gegen die falsche Behörde gerichtet, hat der Vorsitzende des Gerichts seine Prozessfürsorgepflicht wahrzunehmen (§ 76 Abs. 2 FGO). Erfolgt keine Korrektur, ist die Klage als unzulässig abzuweisen.

**9. Empfangsbehörde**

Die Klage ist grundsätzlich bei dem Gericht einzureichen, das sachlich und örtlich zuständig ist (§§ 64, 35 ff. FGO). Erfolgt die Klage bei einem unzuständigen Gericht, hat der Vorsitzende darauf hinzuweisen, dass ein Antrag nach § 70 Abs. 1 FGO gestellt und die Abweisung der Klage insoweit abgewendet werden kann (§ 76 Abs. 2 FGO).

**10. Form**

Für die Klage ist grundsätzlich die Schriftform vorgesehen; sie kann auch zur Niederschrift des Urkundsbeamten der Geschäftsstelle erhoben werden (§ 64 Abs. 1 FGO); möglich sind insbesondere auch Telegramm und Telefax.

**11. Inhalt**

Die Klage **muss** neben dem Kläger, dem Beklagten und dem Streitgegenstand bei Anfechtungsklagen auch den angefochtenen Verwaltungsakt oder die angefochtene Entscheidung bezeichnen. Sind diese Voraussetzungen nicht oder nicht in vollem Umfang erfüllt, hat der Vorsitzende den Kläger innerhalb einer bestimmten Frist zu der erforderlichen Ergänzung aufzufordern (§ 65 Abs. 2 FGO). Die Klage soll einen bestimmten Antrag enthalten und die zur Begründung dienenden Tatsachen und Beweismittel angeben (§ 65 Abs. 1 FGO). (Montag)

## 54. Billigkeitsregelungen im Steuerrecht

### I. Billigkeit

Die Frage der Billigkeit stellt sich dann, wenn es um die Gerechtigkeit in atypischen Einzelfällen geht. Billigkeitsüberlegungen sollen dazu beitragen, dass die Gerechtigkeitsvorstellungen, die einem Gesetz zugrunde liegen, nicht nur in den typisierten Regelfällen, sondern auch in Ausnahmefällen verwirklicht werden. Die Billigkeit ist insoweit **Einzelfallgerechtigkeit.**

### II. Billigkeitsgründe

Die Notwendigkeit für eine Billigkeitsregelung kann sich nach der ständigen Rechtsprechung des BFH sowohl aus sachlichen als auch aus persönlichen Gründen ergeben.

#### 1. Persönliche Billigkeitsgründe

Persönliche Billigkeitsgründe liegen dann vor, wenn der Stpfl. aus persönlichen oder wirtschaftlichen Gründen einer Billigkeitsmaßnahme bedarf und einer solchen Maßnahme würdig ist. Einer Billigkeitsmaßnahme bedarf es dann, wenn die Anwendung der für den Regelfall geltenden Vorschriften die persönliche oder wirtschaftliche Existenz des Stpfl. vernichten oder zumindest ernstlich gefährden würde. Würdig ist der Stpfl. einer Billigkeitsmaßnahme dann, wenn er die mangelnde Leistungsfähigkeit nicht selbst herbeigeführt oder durch sein Verhalten nicht in eindeutiger Weise gegen die Interessen der Allgemeinheit verstoßen hat.

#### 2. Sachliche Billigkeitsgründe

Aus sachlichen Gründen kommt eine Billigkeitsmaßnahme dann in Betracht, wenn sich in Ausnahmefällen Rechtsfolgen ergeben, die der Gesetzgeber nicht gewollt hat oder bei deren Kenntnis er i. S. der Einzelfallgerechtigkeit entschieden hätte. Darüber hinaus können Billigkeitsmaßnahmen aus sachlichen Gründen auch dann angezeigt sein, wenn sich in einzelnen Ausnahmefällen Grundgesetzverletzungen ergeben oder wenn der BFH ein Urteil fällt, das zum Nachteil des Stpfl. von der bestehenden Verwaltungsübung abweicht.

### III. Billigkeitsmaßnahmen

Liegen persönliche oder sachliche Billigkeitsgründe vor, kann die Finanzverwaltung im Rahmen einer Ermessensentscheidung eine der gesetzlich vorgesehenen Billigkeitsmaßnahmen ergreifen.

#### 1. Abweichende Festsetzung aus Billigkeitsgründen (§ 163 AO)

Liegen Billigkeitsgründe vor, können Steuern niedriger festgesetzt werden oder steuererhöhende Besteuerungsgrundlagen bei der Festsetzung unberücksichtigt bleiben (§ 163 AO). Im Rahmen einer solchen abweichenden Festsetzung aus Billigkeitsgründen kann mit Zustimmung des Stpfl. darüber hinaus bei Steuern vom Einkommen zugelassen werden, dass steuererhöhende Besteuerungsgrundlagen zeitlich später erfasst, steuermindernde Besteuerungsgrundlagen vorgezogen werden.

#### 2. Stundung (§ 222 AO)

Ist die Steuererhebung nur im Zeitpunkt der Fälligkeit, also nicht auf Dauer, unbillig, kommt als vorübergehende Billigkeitsmaßnahme eine Stundung in Betracht (§ 222 AO). Die Stundung wird allerdings nur dann gewährt, wenn der Anspruch durch die Stundung nicht gefährdet erscheint. Sie setzt i. d. R. einen **Antrag** und eine **Sicherheitsleistung** voraus. Für die Dauer der Stundung werden

Zinsen erhoben. Auf diese Zinsen, die für jeden vollen Stundungsmonat 0,5 % betragen, kann jedoch ganz oder teilweise verzichtet werden, wenn auch insoweit Billigkeitsgründe vorliegen (§ 234 AO).

**3. Billigkeitserlass (§ 227 AO)**
Erscheint die Steuererhebung **auf Dauer** unbillig, kommt ein völliger oder teilweiser Erlass der Ansprüche aus dem Steuerschuldverhältnis in Betracht (§ 227 AO). Bereits entrichtete Beträge können erstattet oder angerechnet werden.

**4. Vollstreckungsaufschub (§ 258 AO)**
Soweit die Vollstreckung vorübergehend unbillig ist, kann die Vollstreckungsbehörde sie einstweilen einstellen, beschränken oder aufheben, d. h., die Behörde kann gem. § 258 AO Vollstreckungsaufschub gewähren.

**5. Aussetzung der Vollziehung (§ 361 AO, § 69 FGO)**
Ein Verwaltungsakt bleibt grundsätzlich auch dann vollziehbar, wenn er angefochten wurde. Die Aussetzung der Vollziehung soll jedoch auf **Antrag** dann erfolgen, wenn die Vollziehung für den Betroffenen eine unbillige, nicht durch überwiegende öffentliche Interessen gebotene Härte zur Folge hätte (§ 361 AO, § 69 FGO).

## IV. Ermessen
Billigkeitsmaßnahmen sind Ermessensentscheidungen. Das bedeutet, dass die Behörde ihr Ermessen entsprechend dem Zweck der Ermächtigung auszuüben hat und die Grenzen des Ermessens einhalten muss (§ 5 AO). Bei Billigkeitsmaßnahmen ist insoweit vor allem die Orientierung am Leistungsfähigkeitsprinzip angezeigt. Daher läge ein Ermessensfehlgebrauch z. B. dann vor, wenn ein Stundungsgesuch allein wegen einer Vorstrafe abgelehnt würde.

## V. Korrektur
Für die Korrektur von Billigkeitsmaßnahmen gelten die allgemeinen Regeln der §§ 130, 131 AO. Da es sich um **begünstigende** Verwaltungsakte handelt, sind insbesondere § 130 Abs. 2, § 131 Abs. 2 AO anzuwenden. Daraus ergeben sich im Einzelnen die folgenden Konsequenzen:
War die Maßnahme **rechtmäßig,** so kann sie nur dann mit Wirkung für die Zukunft zurückgenommen werden,
– wenn der Widerruf zugelassen oder vorbehalten war,
– wenn eine Auflage nicht erfüllt wurde,
– wenn die Finanzbehörde aufgrund nachträglich eingetretener Tatsachen berechtigt wäre, den Verwaltungsakt nicht zu erlassen, und wenn ohne den Widerruf das öffentliche Interesse gefährdet würde (§ 131 Abs. 2 AO).
War die Maßnahme **rechtswidrig,** darf sie mit Wirkung für die Zukunft oder für die Vergangenheit ganz oder teilweise zurückgenommen werden,
– wenn sie von einer sachlich unzuständigen Behörde kommt,
– wenn sie durch unlautere Mittel erwirkt wurde,
– wenn sie durch unrichtige oder unvollständige Angaben erwirkt wurde,
– wenn die Rechtswidrigkeit dem Begünstigten bekannt war oder bekannt sein musste (§ 130 Abs. 2 AO).

## VI. Rechtsbehelfe
Als Rechtsbehelf für die Anfechtung von Billigkeitsmaßnahmen ist der Einspruch gegeben.
Hat der Einspruch keinen Erfolg, ist die **Anfechtungs-** oder die **Verpflichtungsklage** statthaft (§ 40 Abs. 1 FGO). (Montag)

# 55. Die Außenprüfung

## I. Grundlagen
Die Außenprüfung ist ein besonderes **Sachaufklärungsverfahren**. Die gesetzlichen Grundlagen finden sich in den §§ 193 bis 207 AO. Ergänzende Vorschriften enthält die Betriebsprüfungsordnung (Steuer). Diese Verwaltungsanweisung schafft jedoch keine Rechte und Pflichten für den Stpfl., sondern bindet bei Ermessensentscheidungen lediglich die Finanzbehörden. Gesetzliche Sonderregelungen gelten für die Lohnsteuer (§ 42 f. EStG), die Kapitalertrag- und Körperschaftsteuer (§ 50 b EStG) und die Aufsichtsratsteuer (§ 73 d EStDV), die Feuerschutzsteuer (§ 9 Abs. 2, 3 FeuerschStG), die Versicherungsteuer (§ 10 VersStG) sowie für gesonderte Feststellungen nach § 180 Abs. 2 AO (§ 7 der VO zu § 180 Abs. 2 AO, BStBl 1987 I S. 2, zuletzt geändert durch Gesetz vom 20.12.2008, BGBl I S. 2850).

## II. Prüfungsvoraussetzungen (§ 193 AO)
Eine Außenprüfung ist zulässig bei den Stpfl., die einen gewerblichen oder land- und forstwirtschaftlichen Betrieb unterhalten, und bei Freiberuflern.
Bei anderen Stpfl. kann die Außenprüfung durchgeführt werden, soweit sie die Verpflichtung dieser Stpfl. betrifft, für Rechnung eines anderen Steuern zu entrichten oder einzubehalten und abzuführen. Eine Außenprüfung ist schließlich auch dann möglich, wenn die für die Besteuerung erheblichen Verhältnisse der Aufklärung bedürfen und eine Prüfung an Amtsstelle nach Art und Umfang des zu prüfenden Sachverhalts nicht zweckmäßig ist.

## III. Prüfungsumfang (§ 194 AO)
Die Außenprüfung kann sich auf eine oder mehrere Steuerarten, einen oder mehrere Besteuerungszeiträume oder ausschließlich auf bestimmte Sachverhalte erstrecken. Bei der Prüfung einer Personengesellschaft können die Verhältnisse der Gesellschafter insoweit einbezogen werden, als diese Verhältnisse für die einheitlichen Feststellungen von Bedeutung sind oder dies im Einzelfall zweckmäßig ist. Die steuerlichen Verhältnisse anderer Personen können insoweit geprüft werden, als der Stpfl. für Rechnung dieser Personen Steuern zu entrichten oder einzubehalten und abzuführen hat oder hatte. Werden anlässlich der Außenprüfung Feststellungen über die Verhältnisse anderer Personen getroffen, so ist die Auswertung dieser Feststellungen durch **Kontrollmitteilungen** insoweit zulässig, als die Feststellungen für die Besteuerung dieser Personen von Bedeutung sind oder die Feststellungen im Zusammenhang mit einer unerlaubten Hilfeleistung in Steuersachen stehen. Bei Außenprüfungen in Kreditinstituten sollen jedoch keine Kontrollmitteilungen über Guthabenkonten oder Depots erfolgen (§ 30 a Abs. 3 AO).

## IV. Prüfungsdurchführung
Ob eine Außenprüfung durchgeführt wird, ist **Ermessensfrage**. Um die Ermessensausübung zu vereinheitlichen, wurden die Betriebe nach bestimmten Kriterien größenmäßig klassifiziert. Zu unterscheiden sind Großbetriebe, Mittelbetriebe, Kleinbetriebe und Kleinstbetriebe, wobei mit Wirkung ab 01.01.1998 neue Größenklassen festgelegt wurden (BStBl 1997 I S. 576).
Die Besteuerungsgrundlagen sind zugunsten wie zuungunsten des Stpfl. zu überprüfen (§ 199 Abs. 1 AO).
Während der Außenprüfung ist der Stpfl. über die festgestellten Sachverhalte und deren Auswirkungen zu unterrichten, wenn dadurch Zweck und Ablauf der Prüfung nicht beeinträchtigt werden (§ 199 Abs. 2 AO).
Die Außenprüfung erfolgt grundsätzlich durch die Finanzbehörde, die für die Besteuerung zuständig ist (§ 195 AO).

Der Prüfungsumfang wird in einer schriftlichen **Prüfungsanordnung** bekannt gegeben (§ 196 AO). Die Bekanntgabe soll in angemessener Zeit vor dem Prüfungsbeginn erfolgen, wenn der Prüfungszweck dadurch nicht gefährdet wird (§ 197 Abs. 1 AO).

Der **Beginn der Prüfung** ist auf Antrag des Stpfl. zu verlegen, wenn gewichtige Gründe dafür sprechen (§ 197 Abs. 2 AO). Bei Prüfungsbeginn hat der Prüfer sich unverzüglich auszuweisen und Datum und Uhrzeit aktenkundig zu machen (§ 198 AO).

Der Stpfl. hat **Mitwirkungspflichten**. Er muss dem Prüfer während der üblichen Geschäfts- oder Betriebszeit einen geeigneten Raum und die erforderlichen Hilfsmittel unentgeltlich zur Verfügung stellen. Er ist insbesondere dazu verpflichtet, Auskünfte zu erteilen, Aufzeichnungen, Bücher, Geschäftspapiere und andere Urkunden zur Einsicht und Prüfung vorzulegen und die zum Verständnis erforderlichen Erläuterungen zu geben (§ 200 AO).

Wenn sich eine Änderung der Besteuerungsgrundlagen ergibt und der Stpfl. nicht darauf verzichtet, wird das Ergebnis der Außenprüfung in einer **Schlussbesprechung** erörtert (§ 201 AO). Bei der **abgekürzten Außenprüfung** (§ 203 AO) ist eine Schlussbesprechung nicht erforderlich.

Das Prüfungsergebnis wird im **Prüfungsbericht** festgehalten. Vor der Auswertung ist der Prüfungsbericht dem Stpfl. auf Antrag zur Stellungnahme zuzuleiten (§ 202 AO).

## V. Prüfungsauswirkungen

Mit dem Beginn der Prüfung wird die Festsetzungsverjährung für die Steuern, auf die sich die Prüfung erstreckt, gehemmt (§ 171 Abs. 4 AO).

Steuerbescheide, die aufgrund einer Außenprüfung ergangen sind oder bestätigt wurden, können nur bei einer Steuerhinterziehung oder einer leichtfertigen Steuerverkürzung berichtigt werden (§ 173 Abs. 2 AO). Eine Vorbehaltsfestsetzung ist nicht mehr möglich (§ 164 AO).

Nach dem Beginn der Prüfung ist die strafbefreiende Selbstanzeige bei einer Steuerhinterziehung nicht mehr möglich (§ 371 Abs. 2 AO).

## VI. Zusagen

### 1. Voraussetzungen

Wenn die Kenntnis der zukünftigen steuerrechtlichen Behandlung geschäftspolitisch von Bedeutung ist, kann die Finanzbehörde dem Stpfl. im Anschluss an eine Außenprüfung verbindlich zusagen, wie ein für die Vergangenheit geprüfter und im Prüfungsbericht dargestellter Sachverhalt in Zukunft steuerrechtlich behandelt wird (§ 204 AO).

### 2. Form

Die Zusage ergeht schriftlich und muss den Sachverhalt, eine begründete Entscheidung, die betroffenen Steuern und den Bindungszeitraum enthalten. Sie ist als verbindlich zu kennzeichnen (§ 205 AO).

### 3. Bindungswirkung

Die Zusage ist grundsätzlich dann für die Besteuerung bindend, wenn der später verwirklichte Sachverhalt sich mit dem Sachverhalt deckt, der der Zusage zugrunde gelegt wurde (§ 206 AO). Bei Rechtsänderungen tritt die Zusage außer Kraft. Während Änderungen für die Zukunft möglich sind, kommt eine rückwirkende Aufhebung nur dann in Betracht, wenn der Stpfl. zustimmt, die Zusage von einer sachlich unzuständigen Behörde erlassen oder durch unlautere Mittel erwirkt wurde (§ 207 AO).

(Montag)

# 56. Zwangsmittel

## I. Begriff und Bedeutung

Zwangsmittel sind Vollstreckungsmaßnahmen wegen anderer Leistungen als Geldforderungen. Sie dienen der Durchsetzung eines Verwaltungsakts, der auf Vornahme einer Handlung oder auf Duldung oder Unterlassung gerichtet ist (§ 328 AO). Die Anwendung von Zwangsmitteln erfolgt daher insbesondere dann, wenn es darum geht, steuerliche Mitwirkungspflichten durchzusetzen.

**Erzwingbar** ist z. B. die Aufforderung zur Abgabe von Steuererklärungen, die Aufforderung zur Aufstellung einer Bilanz, ein Auskunftsverlangen oder die Aufforderung zur Duldung einer Außenprüfung.

**Nicht erzwingbar** sind Mitwirkungshandlungen, für die ein Auskunfts- oder Vorlageverweigerungsrecht besteht (§§ 102 ff. AO), oder eine Versicherung an Eides statt (§ 95 Abs. 6 AO). Darüber hinaus sind Zwangsmittel im Besteuerungsverfahren vor allem auch dann unzulässig, wenn der Stpfl. durch Zwangsmittel gezwungen würde, sich selbst wegen einer von ihm begangenen Steuerstraftat oder Steuerordnungswidrigkeit zu belasten (§ 393 Abs. 1 AO).

## II. Zwangsmittelarten

### 1. Zwangsgeld (§ 329 AO)

Das am häufigsten angewendete Zwangsmittel ist das Zwangsgeld. Das einzelne Zwangsgeld darf ab dem 01.01.2002 25.000 Euro nicht überschreiten. Es kann zur Durchsetzung von vertretbaren und unvertretbaren Handlungen angeordnet werden. Unvertretbar ist eine Handlung dann, wenn sie nur vom Stpfl. ausgeführt werden kann. Vertretbare Handlungen können auch von einem anderen vorgenommen werden.

### 2. Ersatzvornahme (§ 330 AO)

Wird die Verpflichtung, eine vertretbare Handlung vorzunehmen, nicht erfüllt, so kann die Vollstreckungsbehörde auf Kosten des Stpfl. einen anderen mit der Vornahme beauftragen (§ 330 AO). Es kommt zu einer sog. **Ersatzvornahme.**

Im Rahmen einer Ersatzvornahme kann z. B. die Aufstellung der Bilanz durch einen Sachverständigen oder das Abholen der Bücher von einer Fernbuchstelle im Rahmen der Außenprüfung angeordnet werden.

### 3. Unmittelbarer Zwang (§ 331 AO)

In den Fällen, in denen Zwangsgeld oder Ersatzvornahme nicht zum Ziel führen, unpraktisch, unzweckmäßig oder unverhältnismäßig sind, kommt die Anwendung unmittelbaren Zwangs in Betracht: Die Vollstreckungsbehörde kann die Handlung, Duldung oder Unterlassung erzwingen oder selbst vornehmen (§ 331 AO).

### 4. Ersatzzwangshaft (§ 334 AO)

Ist ein gegen eine natürliche Person festgesetztes Zwangsmittel uneinbringlich, kann als **Beugehaft,** nicht als Strafe, auch die Ersatzzwangshaft angeordnet werden (§ 334 AO).

## III. Ermessensausübung im Zwangsverfahren

Ob ein Zwangsmittel zur Anwendung kommt, liegt im Ermessen der Behörde. Im Rahmen des **Entschließungsermessens** prüft sie, ob ein Zwangsmittel überhaupt zweckmäßig ist. Im Rahmen ihres **Auswahlermessens** stellt sich für die Behörde die Frage, **welches** Zwangsmittel zweckmäßig ist. Als Orientierungsmaßstab für die Ermessensausübung gilt insoweit der Grundsatz, dass das Zwangsmittel zu bestimmen ist, das den Stpfl. und die Allgemeinheit am wenigsten beeinträchtigt und gleichzeitig in einem angemessenen Verhältnis zu seinem Zweck steht (§ 328 Abs. 2 AO). Die Anwendung unmittelbaren Zwangs kommt dabei nur dann in Betracht, wenn andere Zwangsmaßnahmen versagen oder untauglich erscheinen (§ 331 AO).

### IV. Ablauf des Zwangsverfahrens

Die Einleitung des Zwangsverfahrens setzt einen Verwaltungsakt voraus, der auf Vornahme einer Handlung oder auf Duldung oder Unterlassung gerichtet ist. Wird der Verwaltungsakt nicht befolgt, muss für den Fall, dass die Ermessensausübung für ein Zwangsmittel spricht, zunächst die **Androhung** eines bestimmten Zwangsmittels erfolgen (§ 332 AO). Die Androhung muss grundsätzlich schriftlich vorgenommen werden und für jede einzelne Verpflichtung ergehen. In der Androhung muss eine angemessene Frist zur Erfüllung der Verpflichtung bestimmt sein. Bei der Androhung eines Zwangsgeldes muss die Höhe des Zwangsgeldes, bei der Androhung einer Ersatzvornahme die Höhe der voraussichtlich anfallenden Kosten genannt werden.

Wird die Verpflichtung innerhalb der Frist, die die Androhung setzt, nicht erfüllt oder handelt der Stpfl. der Verpflichtung zuwider, so setzt die Behörde das Zwangsmittel fest (§ 333 AO). Die Umwandlung des Zwangsgeldes in die Ersatzzwangshaft erfolgt auf Antrag der Behörde durch das Amtsgericht (§ 334 AO).

Wird die Verpflichtung nach der Festsetzung des Zwangsmittels erfüllt, so ist der Vollzug einzustellen (§ 335 AO).

### V. Korrektur

Sowohl die Androhung als auch die Festsetzung eines Zwangsmittels ist ein belastender Verwaltungsakt. Für die Korrektur gelten § 130 Abs. 1, § 131 Abs. 1 AO.

Das bedeutet, dass die **rechtswidrige** Androhung oder Festsetzung eines Zwangsmittels, auch nachdem sie unanfechtbar geworden ist, ganz oder teilweise mit Wirkung für die Vergangenheit oder für die Zukunft zurückgenommen werden kann (§ 130 Abs. 1 AO). Die **rechtmäßige** Androhung oder Festsetzung eines Zwangsmittels kann, auch nachdem sie unanfechtbar geworden ist, ganz oder teilweise für die Zukunft widerrufen werden (§ 131 Abs. 1 AO). Dies gilt nur dann nicht, wenn erneut ein Verwaltungsakt gleichen Inhalts erlassen werden müsste oder wenn der Widerruf aus anderen Gründen unzulässig ist.

### VI. Rechtsbehelfe

Gegen die Androhung und die Festsetzung eines Zwangsmittels ist der Einspruch gegeben. Hat der Einspruch keinen Erfolg, ist Klage beim FG möglich.

(Montag)

# 57. Die Haftung für Steuerschulden

## I. Begriff der Haftung

Zivilrechtlich wird Haftung üblicherweise definiert als die Unterwerfung des Vermögens unter den Zugriff von Gläubigern in der Zwangsvollstreckung. Die Haftung kann dabei beschränkt oder unbeschränkt sein. Haftung bedeutet das Eintreten für eine fremde Schuld. Muss jemand für eine fremde Steuerschuld eintreten, so spricht man von steuerlicher Haftung. Das Steuerrecht unterscheidet streng zwischen dem Steuerschuldner (§ 43 AO) und dem Haftungsschuldner (§ 191 Abs. 1 Satz 1 AO). Haftungsschuldner ist nicht, wer selbst Steuerschuldner ist. Notwendige Voraussetzung für die Haftung für Steuerschulden anderer (Fremdhaftung) ist ein Haftungstatbestand.

## II. Haftungstatbestände

Die Haftung für Steuerschulden kann sich zum einen aus steuerrechtlichen Haftungstatbeständen, zum anderen aber auch aus gesetzlichen Haftungstatbeständen des Zivilrechtes ergeben. Darüber hinaus können sich aber Personen auch vertraglich zur Haftung für Steuerschulden verpflichten.

Als wichtigste Gruppe sollen zunächst Haftungstatbestände der AO aufgeführt werden. Aus § 69 AO i. V. m. §§ 34 ff. AO ergibt sich die persönliche und unbeschränkte Haftung der gesetzlichen Vertreter insoweit, als Steueransprüche infolge vorsätzlicher oder grob fahrlässiger Pflichtverletzungen des Vertreters nicht oder nicht rechtzeitig festgesetzt bzw. erfüllt oder unberechtigterweise Steuern erstattet werden. Als Vertreter i. S. des § 69 AO sind dabei beispielsweise Eltern, Vormund, Vermögensverwalter, Pfleger oder auch Geschäftsführer und Vorstände anzusehen. § 71 AO begründet die Haftung von Steuerhinterziehern, Steuerhehlern oder Teilnehmern einer solchen Tat. Die Haftung erstreckt sich dabei auf die verkürzten Steuern und die zu Unrecht gewährten Steuervorteile nebst Zinsen nach § 235 AO. Wie bei den beiden vorangegangenen Haftungstatbeständen knüpft § 72 AO an eine Pflichtverletzung an. Hier wird die Haftung insbesondere bei einer vorsätzlichen oder fahrlässigen Verletzung der Kontenwahrheit begründet. Die Haftung erstreckt sich auf die Steueransprüche, deren Verwirklichung durch die Handlung beeinträchtigt wird.

Andersartige Motive liegen dem § 70 Abs. 1 AO zugrunde. Er bestimmt, dass der Vertretene für die ihm zu Unrecht gewährten Steuervorteile und verkürzten Steuern haftet, wenn sie durch eine Steuerhinterziehung oder leichtfertige Steuerverkürzung des Vertreters i. S. der §§ 34 ff. AO bewirkt wurden. Diese Vorschrift findet nur in Ausnahmefällen Anwendung, da in den meisten Fällen der Vertretene auch Steuerschuldner ist.

Die letzte Gruppe von Haftungstatbeständen der AO knüpft daran an, dass sich die Haftungssubstanz, auf die normalerweise zurückgegriffen werden kann, in fremder Hand befindet oder befunden hat. Dementsprechend haftet nach § 73 AO die Organgesellschaft für solche Steuern der Organträger, für die die Organschaft von Bedeutung ist. Nach § 75 AO haftet, wer ein Unternehmen oder einen gesondert geführten Betrieb übernimmt, für die Betriebssteuern und Steuerabzugsbeträge (Lohnsteuer, Kapitalertragsteuer) des übernommenen Betriebes. Als Betriebssteuern gelten alle Steuern, die durch die Existenz des Betriebes ausgelöst werden. Dies sind unstreitig USt, GewSt und Verbrauchsteuern produzierender Betriebe.

Eine Besonderheit stellt der Haftungstatbestand des § 74 AO dar. § 74 AO begründet bei Personen mit wesentlicher mittelbarer oder unmittelbarer Beteiligung die Haftung für Steuern, die während des Bestehens der wesentlichen Beteiligung entstanden sind. Allerdings ist die Haftung beschränkt auf pfändbare Gegenstände des wesentlich Beteiligten, die dem Unternehmen dienen und für dieses von wesentlicher Bedeutung sind. § 74 AO begründet also eine Objekthaftung.

Außer in der AO findet sich noch in Einzelsteuergesetzen eine Vielzahl von Haftungstatbeständen. In diesem Rahmen können nur einige bedeutsame exemplarisch herausgestellt werden. Gemäß § 38 Abs. 3 i. V. m. § 42 d EStG haftet der Arbeitgeber für die Einbehaltung und Abführung der Lohnsteuer. Gemäß § 44 Abs. 5 EStG haftet die den Verkaufsauftrag ausführende Stelle oder die die Kapitalerträge auszahlende Stelle für die Kapitalertragsteuer. § 25 d UStG bestimmt, dass der Unternehmer für die Steuer aus einem vorangegangenen Umsatz haftet, soweit diese in einer Rechnung ausgewiesen wurde, der Aussteller der Rechnung die Steuer nicht entrichtet oder diese nicht (mehr) entrichten kann und der Unternehmer bei Abschluss des Vertrags über seinen Eingangsumsatz davon Kenntnis hatte oder Kenntnis hätte haben müssen.

Auch außerhalb des Steuerrechts finden sich Haftungstatbestände, die sicherstellen, dass Steueransprüche realisiert werden können. § 25 HGB bestimmt, dass derjenige, der eine Firma fortführt, für alle im Betriebe des Geschäftes begründeten Verbindlichkeiten des früheren Inhabers haftet. Er haftet also z. B. für die Umsatz- und Gewerbesteuer, nicht aber für die Einkommensteuer des früheren Inhabers. Allerdings kann die Haftung wirksam durch eine entsprechende Vereinbarung und deren Eintragung ins Handelsregister ausgeschlossen werden. Die Haftung des Erwerbers bei Fortführung der Firma gem. § 25 HGB geht über den Haftungsrahmen des § 75 AO hinaus, da es weder eine zeitliche Beschränkung noch eine Beschränkung auf bestimmte Steuerarten gibt. Beim früheren Geschäftsinhaber besteht unter den Voraussetzungen des § 26 HGB eine fünfjährige Nachhaftung für frühere Geschäftsverbindlichkeiten. Weitere Haftungstatbestände ergeben sich aus den §§ 128, 161 Abs. 2, § 171 HGB, nach denen ein OHG-Gesellschafter und ein Komplementär für Gesellschaftsschulden unbegrenzt und ein Kommanditist auf seine (Haft-)Einlage begrenzt haften. Dies gilt auch für Steuerschulden der Gesellschaft.

Die Haftung kann sich schließlich auch dadurch ergeben, dass sich Dritte vertraglich (z. B. durch Bürgschaftsvertrag) verpflichten, für Steuerschulden einzustehen.

### III. Voraussetzungen für die Geltendmachung eines Haftungsanspruches

Soweit die Haftung auf einem gesetzlichen Haftungstatbestand beruht, setzt die Geltendmachung des Haftungsanspruches einen wirksamen Haftungsbescheid voraus. Dieser bedarf der Schriftform (§ 191 Abs. 1 AO). Die Festsetzungsfrist für den Haftungsbescheid beträgt i. d. R. vier Jahre und beginnt mit Ablauf des Kalenderjahres, in dem der Haftungstatbestand verwirklicht wurde. Ein Haftungsbescheid darf darüber hinaus grundsätzlich nicht mehr ergehen, wenn die Steuerschuld erloschen oder die Festsetzungsfrist der Steuerschuld abgelaufen ist (Ausnahme Steuerhinterzieher und -hehler).

Steuerschuldner und Haftungsschuldner bilden nur eine unechte Gesamtschuldnerschaft, denn nach § 219 AO darf der Haftungsschuldner aufgrund des Haftungsbescheides nur in Anspruch genommen werden, wenn eine Vollstreckung ins bewegliche Vermögen des Steuerschuldners ohne Erfolg war oder aussichtslos scheint. Nach § 191 Abs. 1 AO steht die Inanspruchnahme des Haftungsschuldners im gebundenen Ermessen (§ 5 AO) der Finanzbehörde. Es gilt also das Opportunitätsprinzip.

Bei einer Haftung für Steuerschulden kraft Vertrages kann die Finanzverwaltung ihre Ansprüche nur nach zivilrechtlichen Vorschriften geltend machen.

(Prof. Dr. Bischoff)

# 58. Außergerichtliche Rechtsbehelfe in Steuersachen

## I. Vorbemerkung

In einem Massenverfahren, wie dem Besteuerungsverfahren mit Millionen von Bescheiden jährlich, sind Fehler unvermeidbar. Jedem durch solche fehlerhaften Entscheidungen der Finanzbehörde in seinen Rechten verletzten Bürger steht nach Art. 19 Abs. 4 GG der Rechtsweg offen. Dies würde jedoch zu einer kaum zu bewältigenden Flut von finanzgerichtlichen Verfahren führen, wenn der Gesetzgeber nicht außergerichtliche Vorverfahren geschaffen hätte. Diese sollen der Finanzverwaltung Gelegenheit geben, ihre Entscheidungen nochmals zu überprüfen, um damit ein aufwendiges gerichtliches Verfahren zu vermeiden.

Nach § 44 Abs. 1 FGO ist grundsätzlich eine Klage vor einem FG erst zulässig, wenn in einem Vorverfahren der außergerichtliche (ordentliche) Rechtsbehelf ganz oder teilweise erfolglos geblieben ist.

Rechtsbehelfe lassen sich in zwei große Gruppen unterteilen: die ordentlichen und die außerordentlichen Rechtsbehelfe. Von herausragender praktischer Bedeutung sind dabei die ordentlichen Rechtsbehelfe.

## II. Ordentliche außergerichtliche Rechtsbehelfe

Ordentliche außergerichtliche Rechtsbehelfe sind förmlich, i. d. R. fristgebunden, aber nicht kostenpflichtig. Die AO kennt nur noch einen außergerichtlichen ordentlichen Rechtsbehelf, den Einspruch.

Der Einspruch ist nach § 347 Abs. 1 AO statthaft gegen alle Verwaltungsakte, die aufgrund der AO in Abgabenangelegenheiten ergehen. Dazu gehören alle Abgabenangelegenheiten, die durch Bundes- und Landesbehörden erhoben, verwaltet und vollstreckt werden. Dazu gehören z. B. nicht Realsteuern wie Grund- und Gewerbesteuern. Weiterhin ist der Einspruch statthaft bei berufsrechtlichen Angelegenheiten gem. § 164 a StBGerG. Ergänzend ist ein Einspruch statthaft bei Untätigkeit einer Finanzbehörde (§ 347 Abs. 1 Satz 2 AO).

Gegen Realsteuerbescheide ist als außergerichtlicher Rechtsbehelf nicht der Einspruch, sondern der Widerspruch statthaft.

## III. Voraussetzungen für ordentliche außergerichtliche Rechtsbehelfe

Ein steuerliches Rechtsbehelfsverfahren ist nur zulässig, wenn es statthaft ist. Der Finanzrechtsweg steht demnach beispielsweise gegen eine rechtswidrige Ablehnung eines Erlasses der Gewerbesteuer aus Billigkeitsgründen offen, da es sich hierbei um einen Verwaltungsakt handelt, der von den Gemeinden erteilt wird.

Ferner muss der Stpfl. durch eine Maßnahme der Verwaltung beschwert sein. Gemäß § 350 AO ist beschwert, wer von einem Verwaltungsakt oder der Untätigkeit einer Finanzbehörde in seinen Rechten tatsächlich verletzt wurde.

Die Beschwer kann sich nur aus dem jeweiligen Verwaltungsakt oder der Unterlassung ergeben.

Schließlich ist die Form des Rechtsbehelfs zu beachten. Nach § 357 AO muss ein Rechtsbehelf schriftlich eingereicht, zur Niederschrift erklärt oder telegrafisch eingelegt werden. Ein Rechtsbehelf kann nur innerhalb der Rechtsbehelfsfrist eingelegt werden, die regelmäßig einen Monat nach Bekanntgabe des Verwaltungsaktes abläuft. War der Verwaltungsakt allerdings mit keiner Rechtsbehelfsbelehrung versehen, so ergibt sich regelmäßig eine verlängerte Frist von einem Jahr. Bei Steueranmeldungen kann ein Rechtsbehelf nur einen Monat nach Einreichung der Anmeldung eingelegt werden. Gemäß § 355 Abs. 2 AO ist ein Untätigkeitseinspruch unbefristet. Einlegen darf einen Rechtsbehelf nur eine Person, die zur Vornahme von Verfahrenshandlungen fähig ist. Überwiegend wird dies aus § 79 AO abgeleitet.

Soweit der Rechtsbehelf nicht vom Beschwerten, sondern von seinem Steuerberater oder einem anderen Angehörigen der steuerberatenden Berufe eingelegt werden soll, muss eine Vollmacht des Beraters vorliegen. Nicht zuletzt muss der Rechtsbehelf an die richtige Behörde adressiert sein. Sie wird aus der Rechtsbehelfsbelehrung ersichtlich. Nicht erforderlich ist, dass der Beschwerte seinen Rechtsbehelf richtig bezeichnet hat. Gemäß § 357 Abs. 1 AO ist auf das Gewollte abzustellen.

### IV. Außerordentliche Rechtsbehelfe

Neben den ordentlichen Rechtsbehelfen kennt das Verwaltungsrecht noch außerordentliche Rechtsbehelfe. Sie sind nicht in der AO geregelt. Rechtsgrundlage ist vielmehr der eingangs angeführte Art. 19 GG. Außerordentliche Rechtsbehelfe sind formlos, kostenlos und fristenlos. Als außerordentliche Rechtsbehelfe ergeben sich die Dienstaufsichtsbeschwerde und die Gegenvorstellung.

Die Dienstaufsichtsbeschwerde ist eine an eine übergeordnete Behörde gerichtete Anregung zur Nachprüfung oder zum Einschreiten. Sie kann sowohl gegen dienstliches Verhalten als auch auf Überprüfung des sachlichen Inhalts einer behördlichen Maßnahme gerichtet sein. Die Dienstaufsichtsbeschwerde ist u. a. notwendig, weil einige Verwaltungsakte nicht mit ordentlichen außergerichtlichen Rechtsbehelfen anfechtbar sind. Dies gilt z. B. für Verwaltungsakte der obersten Finanzbehörden des Bundes und der Länder sowie für Entscheidungen des Zulassungsausschusses, um auch ein auf die Steuerberaterprüfung bezogenes Beispiel zu nennen.

Die Gegenvorstellung ist der Dienstaufsichtsbeschwerde ähnlich, richtet sich aber nicht an die Dienstaufsichtsbehörde, sondern an die Behörde, deren Maßnahme angegriffen oder bemängelt wird.

### V. Wirkung der außergerichtlichen Rechtsbehelfe

Im Gegensatz zu formlosen Rechtsbehelfen und Korrekturanträgen wird durch Einlegung eines förmlichen Rechtbehelfs der Eintritt der formellen und materiellen Bestandskraft verhindert.

Die Finanzbehörde, die über den Einspruch entscheidet, hat die Sache in vollem Umfang erneut zu prüfen und ist zu einer förmlichen Entscheidung gem. § 367 AO verpflichtet. Die Einlegung des außergerichtlichen Rechtsbehelfs, des Einspruchs, kann nach § 367 Abs. 2 Satz 2 AO zur Verböserung führen. Nur ein Einspruch ermöglicht die Aussetzung der Vollziehung des strittigen Steuerbetrages gem. § 361 AO.

Die Finanzbehörde hat eine Einspruchsentscheidung schriftlich abzufassen, zu begründen und mit einer Rechtsbehelfsbelehrung zu versehen. Eine Einspruchsentscheidung ist nicht erforderlich, wenn die Finanzbehörde dem Einspruchsbegehren in vollem Umfang gem. § 367 Abs. 2 Satz 2 AO entsprechen will. Die Korrekturmöglichkeit ergibt sich aus § 172 Abs. 1 Nr. 2 a AO.

Ist der Einspruch unzulässig, so wird er gem. § 358 Satz 2 AO als unzulässig verworfen. Ist der Einspruch nicht begründet, so wird er als unbegründet zurückgewiesen.

(Prof. Dr. Bischoff)

## 59. Die Korrektur von Steuerverwaltungsakten

### I. Begriffsbestimmung

Nach Tipke ist der Begriff „Korrektur" als Oberbegriff für die in der AO verwendeten Termini „Aufhebung", „Änderung", „Widerruf" und „Rücknahme" anzusehen. Entfällt ein Verwaltungsakt vollinhaltlich, so spricht man von einer „Aufhebung". Wird der Inhalt eines Verwaltungsaktes dagegen nur partiell korrigiert, so wird dies „Änderung" genannt. Ein rechtmäßiger Verwaltungsakt wird durch „Widerruf", ein rechtswidriger durch „Rücknahme" aufgehoben. Rechtswidrig ist ein Verwaltungsakt, wenn er ohne Rechtsgrundlage oder unter einem Verstoß gegen Rechtsnormen formeller oder materieller Art oder ermessensfehlerhaft erlassen wurde.

### II. Voraussetzungen für die Korrektur von Steuerverwaltungsakten

Die Korrektur von Steuerverwaltungsakten kann nur unter folgenden Voraussetzungen erfolgen:

1. Es muss ein wirksamer – also kein nichtiger (§ 125 AO) – Verwaltungsakt vorliegen.
2. Der Sachverhalt muss sich unter eine Korrekturvorschrift subsumieren lassen.
3. Die Korrektur muss zeitlich noch zulässig sein. Sofern eine Festsetzungsfrist für den Verwaltungsakt besteht, ist die Korrektur grundsätzlich nur bis zum Ablauf dieser Frist zulässig (§ 169 Abs. 1 AO).
4. Treu und Glauben dürfen der Korrektur nicht entgegenstehen. Insbesondere darf die Änderung oder Aufhebung des Verwaltungsaktes nicht verwirkt sein. Eine Verwirkung wird nach herrschender Meinung angenommen, wenn der Stpfl. aus dem Untätigsein der Behörde den Eindruck gewonnen hat, dass der Fiskus keinen Anspruch mehr geltend macht.

### III. Die Korrekturvorschriften im Einzelnen

Von den angeführten Voraussetzungen für die Korrektur von Steuerverwaltungsakten kommt den Korrekturvorschriften besondere Bedeutung zu. Im Folgenden sollen die wichtigsten Vorschriften dargestellt werden:

**1. Die Korrekturvorschriften der AO**

a) Korrekturvorschriften für alle Verwaltungsakte

Alle Steuerverwaltungsakte, die Schreib- und Rechenfehler oder andere offenbare Unrichtigkeiten enthalten, die bei Erlass eines Verwaltungsaktes entstehen, können gem. § 129 AO korrigiert werden. Keine offenbaren Unrichtigkeiten i. S. des § 129 AO sind alle Fehler der Rechtsanwendung.

b) Allgemeine Korrekturvorschriften für „Nicht-Steuerbescheide"

Die §§ 130 ff. AO enthalten allgemeine Korrekturvorschriften, die allerdings (u. a.) nicht auf Steuerbescheide angewendet werden dürfen. § 130 AO regelt die Rücknahme eines rechtswidrigen und § 131 AO den Widerruf eines rechtmäßigen sonstigen Verwaltungsaktes. Aus Gründen des Vertrauensschutzes dürfen (relativ) begünstigende Verwaltungsakte nur in den in § 130 Abs. 2 bzw. § 131 Abs. 2 AO aufgeführten Fällen korrigiert werden.

c) Korrektur von Steuerbescheiden

Für Steuerbescheide (§ 155 Abs. 1 Satz 2 AO), Freistellungsbescheide (§ 155 Abs. 1 Satz 3 AO), Steuervergütungsbescheide (§ 155 Abs. 4 AO), Feststellungsbescheide (§ 181 AO), Zerlegungsbescheide (§ 185 i. V. m. § 184 Abs. 1 AO), Eintragung eines Freibetrages auf der Lohnsteuerkarte (§ 39 a Abs. 4 EStG i. V. m.

§§ 179, 181 Abs. 1 AO), um nur die wichtigsten Beispiele zu nennen, finden sich in der AO eine Reihe besonderer Korrekturvorschriften:
Steuerbescheide unter Vorbehalt der Nachprüfung können gem. § 164 AO bis zum Ablauf der Festsetzungsfrist geändert werden. Für vorläufig festgesetzte Steuern enthält § 165 Abs. 2 AO eine spezielle Korrekturvorschrift. Aus § 172 AO ergeben sich Korrekturmöglichkeiten bei Zöllen und Verbrauchsteuern, bei der Zustimmung des Stpfl. zur Korrektur, bei Steuerbescheiden, die von sachlich unzuständigen Behörden erlassen wurden, und bei Steuerbescheiden, die durch unlautere Mittel erwirkt wurden.

Gemäß § 173 AO müssen Steuerbescheide aufgehoben werden, soweit Tatsachen oder Beweismittel nachträglich bekannt werden, die zu einer höheren Steuer führen. Führen die nachträglich bekannt gewordenen Tatsachen oder Beweismittel zu einer niedrigeren Steuer, so ist der Bescheid nur zu korrigieren, wenn den Stpfl. am nachträglichen Bekanntwerden kein grobes Verschulden trifft. Vergessen, Irrtümer und bloße Nachlässigkeiten sind keine grobe Fahrlässigkeit. Eine Tatsache i. S. des § 173 AO ist jeder vom Willen des Stpfl. unabhängige Sachverhalt, der ganz oder zum Teil einen steuerlichen Tatbestand erfüllt. § 174 AO enthält Korrekturvorschriften für verschiedene Fälle widerstreitender Steuerfestsetzung, wie z. B. die Mehrfacherfassung. Nach § 175 Abs. 1 Nr. 1 AO ist bei Erlass oder Korrektur eines Grundlagenbescheides der Folgebescheid zu ändern. Hierbei ist die Ablaufhemmung der Festsetzungsfrist gem. § 171 Abs. 10 AO zu berücksichtigen. Gemäß § 175 Abs. 1 Nr. 2 AO ist bei Eintritt eines Ereignisses mit steuerlicher Rückwirkung der Steuerbescheid zu berichtigen. Nach § 175 Abs. 2 AO gilt als ein solches Ereignis auch der Wegfall einer Voraussetzung für eine Steuervergünstigung.

Bei allen Korrekturen von Steuerbescheiden darf gem. § 176 AO zulasten des Stpfl. weder eine Änderung der Rechtsprechung noch eine darauf beruhende Änderung der Richtlinien berücksichtigt werden (Vertrauensschutz). Bei der Punktberichtigung von Steuerbescheiden sind gem. § 177 AO gegenläufige Rechtsfehlersalden in anderen Punkten zu berücksichtigen. Es sind also steuererhöhende Rechtsfehlersalden mit steuermindernden Punktberichtigungen zu verrechnen.

**d) Sonstige spezielle Korrekturvorschriften nach der AO**

Hier sind vor allem die speziellen Korrekturvorschriften für Zerlegungsbescheide (§ 189 AO), Zuteilungsbescheide (§ 190 AO), Zusagen aufgrund einer Außenprüfung (§ 207 AO) und Aufteilungsbescheide (§ 280 AO) zu nennen. Streitig ist in der Literatur, ob bei der Korrektur von Zusagen ohne vorherige Außenprüfung („allgemeine" Zusagen) §§ 130 ff. oder § 207 AO analog Anwendung finden. Da das Gesetz die Voraussetzungen nicht regelt, regelt es auch seine Folgen nicht. §§ 130 ff. sind teleologisch zu reduzieren und die verdeckte Lücke durch analoge Anwendung des § 207 AO zu schließen.

**2. Korrekturvorschriften nach Einzelsteuergesetzen**

Korrekturvorschriften finden sich nicht nur in der AO, sondern auch in Einzelsteuergesetzen. Exemplarisch seien angeführt:

– § 10 d EStG: Korrektur von ESt-Bescheiden wegen des Verlustvortrages,
– § 5 Abs. 2, § 6 Abs. 2, § 7 Abs. 2, § 8 BewG: Korrektur der Festsetzung nicht laufend veranlagter Steuern wegen Eintritts von Bedingungen oder Ereignissen,
– § 35 b GewStG: Änderung des GewSt-Messbescheides bei Änderung des ESt-, KSt- oder Feststellungsbescheides.

(Prof. Dr. Bischoff)

# 60. Gemeinnützigkeit nach der AO

## I. Einführung

Verfolgt eine Körperschaft steuerbegünstigte Zwecke, so werden ihr in einer Reihe von Einzelsteuergesetzen Steuervergünstigungen gewährt. Nach der abschließenden Aufzählung des § 51 AO sind steuerbegünstigte Zwecke:

- gemeinnützige Zwecke, § 52 AO
- mildtätige Zwecke, § 53 AO
- kirchliche Zwecke, § 54 AO

Die AO regelt als Mantelgesetz nur die Grundbegriffe und enthält Rahmenbestimmungen, die für alle in Betracht kommenden Steuerarten von Bedeutung sind, begründet aber selbst keine Steuervergünstigung.

## II. Der Begriff der Gemeinnützigkeit (§ 52 AO)

Nach § 52 AO sind gemeinnützige Zwecke gegeben, wenn die Allgemeinheit von einer Körperschaft auf materiellem, geistigem oder sittlichem Gebiet selbstlos gefördert wird. Die Voraussetzungen im Einzelnen:

### 1. Körperschaft

Es muss sich um eine Körperschaft handeln. Eine natürliche Person oder eine Personengesellschaft kann also nie gemeinnützig i. S. des § 52 AO sein.

### 2. Die Tätigkeit muss auf die Förderung der Allgemeinheit gerichtet sein

Eine Förderung der Allgemeinheit ist nicht gegeben, wenn der Kreis der Personen, dem die Förderung zugutekommt, fest abgeschlossen ist (z. B. Familie, Belegschaft eines Unternehmens) oder infolge seiner Abgrenzung dauernd nur sehr klein sein kann (z. B. Abgrenzung nach räumlichen oder beruflichen Merkmalen) oder wenn sich der Personenkreis von der Allgemeinheit absondern will.

Nach § 52 Abs. 2 AO gilt als Förderung der Allgemeinheit insbesondere die Förderung von Wissenschaft, Religion, Völkerverständigung, Umweltschutz, Heimatgedanken, Jugendhilfe, Altenhilfe, Sport, traditionellem Brauchtum, Karneval, Pflanzen- und Tierzucht.

### 3. Auf sittlichem, materiellem oder geistigem Gebiet

### 4. Selbstlosigkeit (§ 55 AO)

Selbstlosigkeit ist gegeben, wenn

- nicht in erster Linie eigenwirtschaftliche Zwecke verfolgt werden,
- die Mittel ausschließlich für die satzungsmäßigen Zwecke verwendet werden,
- die Mitglieder der Körperschaft nach ihrem Ausscheiden nicht mehr als die eingezahlten Kapitalanteile und den gemeinen Wert der Sacheinlagen zurückerhalten,
- die Körperschaft keine Personen durch zweckfremde Angaben oder unverhältnismäßig hohe Vergütungen begünstigt,
- bei Auflösung der Gesellschaft das Vermögen nur für steuerbegünstigte Zwecke verwendet wird,
- die Körperschaft ihre Mittel grundsätzlich zeitnah für ihre steuerbegünstigten satzungsmäßigen Zwecke verwendet.

### 5. Festschreibung der steuerbegünstigten Zwecke in der Satzung

Die steuerbegünstigte Zwecksetzung der Körperschaft muss in der Satzung festgeschrieben sein. Die Anforderungen an die Satzung sind in § 60 AO kodifiziert.

### III. Umfang der Steuervergünstigung

Regelmäßig ist die Steuervergünstigung insoweit ausgeschlossen, als die gemeinnützige Körperschaft einen wirtschaftlichen Geschäftsbetrieb i. S. des § 14 AO betreibt (vgl. § 64 AO).

Ein wirtschaftlicher Geschäftsbetrieb nach § 14 AO setzt dabei eine selbständige, nachhaltige Tätigkeit, durch die Einnahmen oder andere wirtschaftliche Vorteile erzielt werden und die über den Rahmen einer Vermögensverwaltung hinausgeht (Gewinnerzielungsabsicht nicht erforderlich!), voraus.

Allerdings ist ein wirtschaftlicher Geschäftsbetrieb i. S. des § 14 AO insoweit unschädlich, als es sich um einen Zweckbetrieb handelt.

Ein Zweckbetrieb ist nach § 65 AO gegeben, wenn der wirtschaftliche Geschäftsbetrieb dazu dient, die steuerbegünstigten satzungsmäßigen Zwecke zu verwirklichen, die Zwecke nur durch einen solchen Geschäftsbetrieb erreicht werden können und der wirtschaftliche Geschäftsbetrieb zu nicht begünstigten Betrieben derselben oder ähnlichen Art nicht in größerem Umfange in Wettbewerb tritt, als es bei Erfüllung der steuerbegünstigten Zwecke unvermeidbar ist.

### IV. Folgen der Gemeinnützigkeit

#### 1. Die Folgen bei der gemeinnützigen Körperschaft

Gemeinnützigen Körperschaften wird eine Reihe von steuerlichen Vergünstigungen gewährt. Als wichtigste seien hier genannt:

– die Körperschaftsteuerbefreiung nach § 5 Abs. 1 Nr. 9 KStG
– die Gewerbesteuerbefreiung gem. § 3 Nr. 6 GewStG
– die Grundsteuerbefreiung gem. § 3 Abs. 1 Nr. 3 GrStG
– der begünstigte Umsatzsteuersatz von 7 % gem. § 12 Abs. 2 Nr. 8 UStG

#### 2. Folgen von Zuwendungen an gemeinnützige Körperschaften

Neben den unmittelbaren Begünstigungen der gemeinnützigen Körperschaften ergeben sich bei Zuwendungen an gemeinnützige Gesellschaften noch steuerliche Vergünstigungen. Zuwendungen an gemeinnützige Körperschaften sind von der Erbschaft- und Schenkungsteuer gem. § 13 Abs. 1 Nr. 16 b ErbStG befreit. Sie können gem. § 10 b Abs. 1 EStG bis zur Höhe von insgesamt 20 % des Gesamtbetrages der Einkünfte oder 4 ‰ der Summe der gesamten Umsätze und der im Kalenderjahr aufgewendeten Löhne und Gehälter vom Zuwendenden als Sonderausgaben abgezogen werden. Bei Überschreiten dieser Höchstsätze kommt eine Berücksichtigung im Rahmen der Höchstbeträge in den folgenden VZ als Sonderausgaben in Betracht.

In § 9 Nr. 2 KStG findet sich für Körperschaften eine § 10 b Abs. 1 EStG ähnliche Kürzungsvorschrift. Bei der Gewerbesteuer werden die Spenden – soweit bei der Gewinnermittlung abgezogen – grundsätzlich nach § 8 Nr. 9 GewStG hinzugerechnet und einheitlich in einem bestimmten Umfang gem. § 9 Nr. 5 GewStG als Kürzung berücksichtigt.

(Prof. Dr. Bischoff)

# 61. Die Schätzung von Besteuerungsgrundlagen

## I. Vorbemerkungen

Die Besteuerungsgrundsätze in der AO verlangen, dass die Finanzbehörden den Sachverhalt mit einer an Sicherheit grenzenden Wahrscheinlichkeit feststellen (§ 88 AO). Die Beteiligten haben bei der Ermittlung des Sachverhaltes mitzuhelfen (§ 90 AO). Es sind nun aber Fälle denkbar, in denen trotz der Ausschöpfung aller der in § 92 AO genannten Beweismittel die Besteuerungsgrundlagen nicht exakt ermittelt oder berechnet werden können. Die Finanzbehörden haben dann unter Anwendung des § 162 AO die Besteuerungsgrundlagen zu schätzen.

## II. Begriff des Schätzens

Schätzen bedeutet, einen Wahrscheinlichkeitsschluss aus Indizien in der Weise zu ziehen, dass die Besteuerungsgrundlagen, die sich nicht mit Sicherheit ermitteln oder berechnen lassen, so angesetzt werden, wie es der größtmöglichen Richtungswahrscheinlichkeit entspricht (RFH E, RStBl 25, 257). Da sich das Schätzen nur auf die Besteuerungsgrundlagen bezieht, beinhaltet es kein Ermessen, das sich auf die Rechtsfolgen bezieht. Die Finanzbehörden haben somit keinen Spielraum hinsichtlich der Rechtsfolgen, wohl aber bei der Beurteilung der Fragen, welcher Ansatz bei der Beurteilung der Besteuerungsgrundlagen der wahrscheinlichste ist.

## III. Schätzungstatbestand

Schätzung kommt immer dann in Betracht, wenn die Ermittlung der Besteuerung mit angemessenem Aufwand unmöglich ist. Zu nennen sind insbesondere folgende Fälle:

1. Die Ermittlung der Besteuerungsgrundlagen ist objektiv unmöglich. Dies ist z. B. der Fall bei der Schätzung der Nutzungsdauer eines Wirtschaftsgutes.
2. Der Stpfl. hat seine Mitwirkungspflichten verletzt.
3. Die Ermittlung der Besteuerungsgrundlagen ist unmöglich, ohne dass der Stpfl. dies zu vertreten hat. Beispielsweise wurden die Besteuerungsgrundlagen infolge höherer Gewalt, z. B. durch Brand, vernichtet.
4. Die Schätzung der Besteuerungsgrundlagen ist nach den Einzelsteuergesetzen vorgeschrieben. Zu nennen ist z. B. die Ermittlung des Gewinns für Land- und Forstwirte nach § 13 a EStG.

## IV. Schätzung nach § 162 Abs. 5 AO

Nach § 162 Abs. 5 AO können die in einem Grundlagenbescheid noch festzustellenden Besteuerungsgrundlagen von der für den Erlass des Folgebescheides zuständigen Finanzbehörde geschätzt werden, wenn der Grundlagenbescheid noch nicht ergangen ist. Ergeht später der Grundlagenbescheid, so ist der Folgebescheid entsprechend anzupassen.

## V. Gegenstand der Schätzung

Nach § 162 AO sind die Besteuerungsgrundlagen Gegenstand der Schätzung. Sie betrifft somit quantifizierbare Größen wie Umsatz, Gewinn, Vermögen. Nicht geschätzt werden darf die Steuer selbst.

Die herrschende Meinung vertritt darüber hinaus die Auffassung, dass auch eine Sachverhaltsschätzung möglich ist. Somit können auch Fakten eines Sachverhaltes, z. B. die Tatsache, dass jemand ein Gewerbe betreibt, Gegenstand der Schätzung sein (andere Ansicht z. B. Tipke).

## VI. Methoden der Schätzung

Als Schätzungsmethoden kommen insbesondere in Betracht:
- Richtsatzschätzung (äußerer Betriebsvergleich); hier werden die Besteuerungsgrundlagen des Betriebes mit den Erfahrungswerten der Finanzverwaltung aus sog. Richtsatzsammlungen verglichen;
- Vergleich mit Besteuerungsgrundlagen früherer Perioden desselben Betriebes (innerer Betriebsvergleich);
- Nachkalkulationen des Umsatzes durch Anwendung des betrieblichen Aufschlagssatzes auf den Waren- und Materialeinsatz (innerer Betriebsvergleich);
- Gesamtvermögensvergleich durch Errechnung des steuerpflichtigen Einkommens aus dem Vermögenszuwachs, den nicht abziehbaren Ausgaben für Lebensunterhalt und den steuerfreien Zuflüssen;
- Geldverkehrsrechnung durch Gegenüberstellung der Ausgaben mit den Geldzuflüssen aus Einkünften, Beständen oder sonstigen Quellen.

## VII. Rahmen und Höhe der Schätzung

Es liegt im Wesen der Schätzung, dass die geschätzten Größen von den tatsächlichen Verhältnissen mehr oder minder abweichen. Die Finanzbehörden haben daher einen gewissen Spielraum, innerhalb dessen sie zu mehr oder minder sicheren Annahmen gezwungen sind. Die Schätzung muss sich aber in diesem Rahmen bewegen. Dabei darf nicht immer die Besteuerungsgrundlage angenommen werden, die im ungünstigsten Fall zutreffen würde. Vielmehr haben die Finanzbehörden bei der Ausnutzung des Schätzungsrahmens auch den Anlass der Schätzung zu berücksichtigen.

Soweit die Schätzung objektiv unmöglich ist, ist zunächst grundsätzlich von den Annahmen auszugehen, die der Stpfl. trifft. Diese sind vom Finanzamt zu überprüfen und zu übernehmen, soweit sie nicht wesentlich voneinander abweichen. Soweit der Stpfl. pflichtwidrig seine Mitwirkungspflichten verletzt hat, kann an die obere Grenze des Schätzungsrahmens gegangen werden (BFH, BStBl 1967 I S. 349).

Ist die Ermittlung der Besteuerungsgrundlagen unmöglich, ohne dass der Stpfl. dies zu vertreten hat, sollte von einem Mittelwert ausgegangen werden.

## VIII. Rechtsbehelf

Gegen den Schätzungsbescheid ist Einspruch nach § 348 AO gegeben. Er ist begründet, wenn entweder die Voraussetzungen des § 162 AO nicht erfüllt sind oder wenn das Ergebnis sachlich unzutreffend ist. Der Stpfl., der seine Mitwirkungspflichten verletzt hat, kann diese noch im Rechtsbehelfsverfahren oder im Klageverfahren vor dem FG – nicht mehr vor dem BFH – erbringen. Die FG können, müssen aber nicht, eine eigene Schätzung vornehmen. Sie dürfen sich dabei auch anderer Schätzungsmethoden als die Finanzbehörden bedienen. Der BFH darf hingegen nur überprüfen, ob die Schätzung zulässig war oder ob Verfahrensfehler vorgekommen sind.

## IX. Verhältnis der Schätzung zum Steuerstrafverfahren

Die Schätzung ist Teil des Steuerermittlungsverfahrens, das Steuerstrafverfahren hingegen Teil des Strafrechts. Die Schätzung kann daher nicht im Steuerstrafverfahren Indiz für die Steuerschuld des Stpfl. sein. Die Strafgerichte müssen daher die Besteuerungsgrundlagen aufgrund freier Beweiswürdigung selbständig ermitteln.

(Dr. Kieffer)

## 62. Die Steuerhoheit

Die Frage nach der Steuerhoheit konkretisiert sich in den Fragen nach der Steuergesetzgebungshoheit, der Steuerertragshoheit und der Steuerverwaltungshoheit. Wie diese Fragen zu beantworten sind, regeln die Art. 105 ff. GG.
Nach der Auffassung des Bundesverfassungsgerichts geht das Grundgesetz von einem Steuerbegriff aus, der mit dem Steuerbegriff des § 3 Abs. 1 AO übereinstimmt. Die folgenden Ausführungen beziehen sich insoweit auf alle Geldleistungen, die keine Gegenleistung für eine besondere Leistung darstellen und von einem öffentlich-rechtlichen Gemeinwesen zur Erzielung von Einnahmen allen auferlegt werden, bei denen der Tatbestand zutrifft, an den das Gesetz die Leistungspflicht knüpft.

### I. Die Steuergesetzgebungshoheit

Die Steuergesetzgebungshoheit als das Recht, Steuergesetze zu erlassen, steht nach Art. 105 GG nur dem Bund und den Ländern zu. Dabei ist zwischen der ausschließlichen Gesetzgebung des Bundes und der konkurrierenden Gesetzgebung zu unterscheiden: Im Bereich der ausschließlichen Gesetzgebung des Bundes haben die Länder die Befugnis zur Gesetzgebung nur, wenn und soweit sie hierzu in einem Bundesgesetz ausdrücklich ermächtigt werden (Art. 71 GG). Im Bereich der konkurrierenden Gesetzgebung haben die Länder die Befugnis zur Gesetzgebung, solange und soweit der Bund von seinem Gesetzgebungsrecht keinen Gebrauch macht (Art. 72 GG).
Der **Bund** hat gem. Art. 105 Abs. 1 GG die ausschließliche Gesetzgebungsbefugnis für Zölle, d. h. für Steuern, die nach den Vorschriften des Zolltarifs bei Warenbewegungen über die Grenze entstehen.
Die ausschließliche Gesetzgebungsbefugnis des Bundes erstreckt sich außerdem auf die Finanzmonopole, d. h. auf das Recht des Staates, durch die Herstellung oder den Vertrieb bestimmter Waren Einnahmen zu erzielen. Nach der Abschaffung des Zündwarenmonopols steht dem Bund nur noch das Branntweinmonopol zu.
Der Bund hat außerdem die konkurrierende Gesetzgebung über die übrigen Steuern, wenn deren Aufkommen ihm ganz oder zum Teil zusteht oder wenn in Sonderfällen ein Bedürfnis nach einer bundesgesetzlichen Regelung besteht (Art. 105 Abs. 2 GG) und es sich weder um örtliche Verbrauch- und Aufwandsteuern (Art. 105 Abs. 2 a GG) noch um Kirchensteuer handelt. Bei Bundesgesetzen, deren Steueraufkommen den Ländern oder Gemeinden ganz oder zum Teil zufließt, ist die Zustimmung des Bundesrates erforderlich (Art. 105 Abs. 3 GG).
Die **Gesetzgebungsbefugnisse der Länder** liegen zum einen im Bereich der konkurrierenden Gesetzgebung (Art. 105 Abs. 2 GG). Darüber hinaus haben die Länder die Gesetzgebungsbefugnis über die örtlichen Verbrauch- und Aufwandsteuern, solange und soweit diese keiner bundesgesetzlich geregelten Steuer gleichartig sind (Art. 105 Abs. 2 a GG).
Die **Gemeinden** haben grundsätzlich keine Steuergesetzgebungshoheit. Ihnen wird durch das Grundgesetz lediglich das Recht eingeräumt, die Hebesätze der Realsteuern, d. h. der Grundsteuer und der Gewerbesteuer, festzusetzen (Art. 106 Abs. 6 GG). Diese Regelung schließt jedoch nicht aus, dass die Länder den Gemeinden das Recht zur Erhebung örtlicher Verbrauch- und Aufwandsteuern übertragen.
In den Kommunalabgabengesetzen finden sich daher Bestimmungen, nach denen die Gemeinden örtliche Steuersatzungen erlassen können. Entsprechende Regelungen gelten z. B. für die Hundesteuer, die Vergnügungsteuer und auch für die Zweitwohnungsteuer, die das Bundesverwaltungsgericht und auch das Bundesverfassungsgericht (BStBl 1984 II S. 72) grundsätzlich für zulässig erklärt haben.

## II. Steuerertragshoheit

Die Steuerertragshoheit als das Recht zur Vereinnahmung des Steueraufkommens wird durch die Art. 107 und 108 des Grundgesetzes geregelt. Die Verteilung des Steueraufkommens ergibt sich daraus wie folgt:

Dem **Bund** steht der Ertrag der Finanzmonopole und insbesondere das Aufkommen der Zölle, bestimmter Verbrauchsteuern, der Kapitalverkehrsteuern, der Versicherungsteuer, der Wechselsteuer und der Abschöpfungen zu (Art. 106 Abs. 1 GG). Den **Ländern** steht das Aufkommen der sog. Landessteuern zu. Dazu zählen insbesondere die Vermögensteuer, die Kraftfahrzeugsteuer, die Grunderwerbsteuer und die Erbschaftsteuer (Art. 106 Abs. 2 GG).

**Gemeinsam** steht dem Bund und den Ländern das Aufkommen der sog. Gemeinschaftsteuern zu: Gemeinschaftsteuern sind die Einkommensteuer, die Körperschaftsteuer und die Umsatzsteuer, soweit das Aufkommen der Einkommensteuer und der Umsatzsteuer nicht den Gemeinden zugewiesen wird (Art. 106 Abs. 3 GG). Die Verteilung der Anteile am Umsatzsteueraufkommen auf Bund und Länder regelte das Maßstäbegesetz (BGBl I 2001, 2302), das durch das Finanzausgleichsgesetz (BGBl I 2001, 3955) konkretisiert wird.

Am Aufkommen der Einkommensteuer und der Körperschaftsteuer sind Bund und Länder zur Hälfte beteiligt (Art. 106 Abs. 3 Satz 2 GG).

Den **Gemeinden** steht ein Anteil am Einkommensteueraufkommen, das Aufkommen der Realsteuern, das Aufkommen der örtlichen Verbrauch- und Aufwandsteuern und ein Teil des Länderanteils an den Gemeinschaftsteuern zu (Art. 106 Abs. 5 bis 7 GG). Im Rahmen der Abschaffung der Gewerbekapitalsteuer sind die Gemeinden darüber hinaus auch am Umsatzsteueraufkommen beteiligt worden (Art. 106 Abs. 5 a GG).

Darüber hinaus erfolgt ein **Finanzausgleich.** Der **horizontale** Finanzausgleich vollzieht sich zwischen den Ländern, der **vertikale** Finanzausgleich vollzieht sich zwischen Bund und Ländern (Art. 107 GG).

## III. Die Steuerverwaltungshoheit

Die Frage, wer die Steuern zu verwalten hat, bestimmt gem. § 1 AO unter anderem den Anwendungsbereich der Abgabenordnung. Sie wird vor allem durch Art. 108 GG i. V. m. dem Finanzverwaltungsgesetz geregelt.

**Bundesfinanzbehörden** sind zuständig für die Verwaltung der Zölle, des Branntweinmonopols als letztem Finanzmonopol, die bundesgesetzlich geregelten Verbrauchsteuern einschließlich der Einfuhrumsatzsteuer und die Abschöpfungen (Art. 108 Abs. 1 GG). Bundesfinanzbehörden sind das Bundesfinanzministerium, das Bundesamt für Finanzen sowie die Oberfinanzdirektionen, Hauptzollämter und Zollfahndungsämter (§ 1 Finanzverwaltungsgesetz).

**Landesfinanzbehörden** verwalten die übrigen Steuern (Art. 108 Abs. 2 GG). Sie werden im Auftrag des Bundes tätig, soweit sie Steuern verwalten, die ganz oder zum Teil dem Bund zufließen. Landesfinanzbehörden sind die Länderfinanzministerien, die Oberfinanzdirektionen und die Finanzämter (§ 2 Finanzverwaltungsgesetz).

Die **Gemeinden** verwalten die Realsteuern, soweit es um die Steuerfestsetzung, die Steuererhebung und das Zerlegungsverfahren geht. Im Übrigen sind die Landesfinanzbehörden zuständig. Die Gemeinden sind darüber hinaus auch für die Verwaltung der Gemeindesteuern zuständig, soweit ihnen diese Aufgabe von den Ländern zugewiesen wurde (Art. 108 Abs. 4 Satz 2 GG).

(Montag)

# 63. Festsetzungs- und Zahlungsverjährung

## I. Abgrenzung der Begriffe

Im Steuerrecht sind die Festsetzungs- und die Zahlungsverjährung zu unterscheiden. Der Eintritt der Festsetzungsverjährung hindert die Festsetzung eines zu beanspruchenden Betrages durch einen Verwaltungsakt oder die Berichtigung eines Verwaltungsaktes. Dagegen trifft die Zahlungsverjährung den festgesetzten fälligen Zahlungsanspruch.

## II. Festsetzungsverjährung

### 1. Grundsätzliches

Gegenstand der Festsetzungsverjährung ist die Verjährung eines noch nicht festgesetzten Steueranspruches. Sie ist in §§ 169 bis 171 AO geregelt. Die Festsetzungsverjährung tritt ein, wenn die Festsetzungsfrist abgelaufen ist, und hat zur Folge, dass die Steuerfestsetzung sowie ihre Aufhebung oder Änderung nicht mehr zulässig ist. Der Steueranspruch erlischt. Sinn dieser Regelung ist es, dass nach Ablauf einer angemessenen Zeit Rechtssicherheit eintritt und der Stpfl. nicht mehr mit Steuer(nach)forderungen zu rechnen braucht.

### 2. Dauer der Festsetzungsverjährung

Gemäß § 169 Abs. 2 AO beträgt die Festsetzungsfrist bei Verbrauchsteuern und Verbrauchsteuervergütungen ein Jahr, für alle anderen Steuern und Steuervergütungen vier Jahre. Die Festsetzungsfrist verlängert sich bei leichtfertiger Steuerverkürzung auf fünf Jahre und bei Steuerhinterziehung auf zehn Jahre. Für die Fristwahrung durch die Finanzbehörden ist es ausreichend, dass die Steuerfestsetzung vor Fristablauf das Finanzamt verlassen hat.

### 3. Fristbeginn

Gemäß § 170 Abs. 1 AO beginnt die Festsetzungsverjährungsfrist grundsätzlich mit Ablauf des Kalenderjahres, in dem die Steuer entstanden ist. Allerdings ergeben sich aus § 170 Abs. 2 bis 6 AO eine Reihe von Anlaufhemmungen: So beginnt die Festsetzungsfrist bei gesetzlichen Erklärungs-, Anmeldungs- und Anzeigepflichten erst mit Ablauf des Kalenderjahres, in dem die Steuererklärung, die Steueranmeldung oder Anzeige eingereicht wird. Sie beginnt jedoch spätestens mit Ablauf des dritten Jahres, das auf das Kalenderjahr folgt, in dem die Steuer entstanden ist.

Weitere Sonderregelungen finden sich z. B. für Steuerzeichen und Erbschaftsteuer. Eine Anlaufhemmung tritt auch ein, wenn eine Steuer oder eine Steuervergütung nur auf Antrag festgesetzt wird; in diesem Falle beginnt die Festsetzungsfrist nicht vor Ablauf des Kalenderjahres, in dem der Antrag gestellt wird.

### 4. Ablaufhemmung

Aus § 171 AO ergeben sich zahlreiche Fälle der Ablaufhemmung. So ist eine Ablaufhemmung vorgesehen, solange die Steuerfestsetzung wegen höherer Gewalt innerhalb der letzten sechs Monate des Fristablaufes nicht erfolgen kann. Eine Ablaufhemmung ist auch vorgesehen, wenn beim Erlass eines Steuerbescheides eine offenbare Unrichtigkeit unterlaufen ist. In diesem Falle endet die Festsetzungsfrist nicht vor Ablauf eines Jahres nach Bekanntgabe dieses Steuerbescheides.

Von besonderer praktischer Bedeutung sind die Ablaufhemmungen durch Anträge, die die Steuerfestsetzung betreffen, durch Rechtsbehelfe, durch den Beginn einer Außenprüfung, durch den Beginn einer Fahndungsprüfung, durch (nicht verjährte) Strafverfolgung und bei vorläufigen Bescheiden i. S. des § 165 AO. Darüber hinaus ergibt sich aus § 171 Abs. 10 AO eine Ablaufhemmung für Folgebescheide bis zum Ablauf von zwei Jahren nach Bekanntgabe des Grundlagenbescheides.

### III. Zahlungsverjährung

Fällige Ansprüche aus dem Steuerschuldverhältnis – also Zahlungsansprüche – unterliegen der Zahlungsverjährung. Gegenstand der Zahlungsverjährung sind aber keineswegs nur Steueransprüche des Steuergläubigers, sondern alle Ansprüche des Steuerschuldners, wie z. B. ein Erstattungsanspruch nach einer Doppelzahlung.

Die Zahlungsverjährung ist in den §§ 228 bis 232 AO geregelt. Die Zahlungsverjährung tritt ein, wenn die Zahlungsverjährungsfrist abläuft, und hat zur Folge, dass der (Steuer-)Anspruch und die von ihm abhängigen Zinsen erlöschen.

Die Zahlungsverjährungsfrist beträgt einheitlich für alle Ansprüche aus dem Steuerschuldverhältnis fünf Jahre.

**1. Beginn der Zahlungsverjährung**

Die Zahlungsverjährung beginnt mit Ablauf des Kalenderjahres, in dem der Zahlungsanspruch erstmalig fällig geworden ist (§ 229 Abs. 1 Satz 1 AO). Die Steuerschuld ist i. d. R. einen Monat nach Bekanntgabe des Steuerverwaltungsaktes fällig.

**2. Anlaufhemmung**

Anlaufhemmungen ergeben sich insbesondere bei Umsatzsteuervorauszahlungen und bei anderen Fälligkeitssteuern. Hier wird der Steueranspruch bereits fällig, bevor die Steuer angemeldet oder festgesetzt worden ist. Die Verjährung beginnt jedoch nicht vor Ablauf des Kalenderjahres, in dem die Steueranmeldung oder die Steuerfestsetzung wirksam geworden ist.

**3. Unterbrechungshandlungen**

So genannte „Unterbrechungshandlungen" i. S. des § 231 Abs. 1 Satz 1 AO haben zur Folge, dass mit Ablauf des Kalenderjahres, in dem die Unterbrechung geendet hat, eine neue volle, fünfjährige Verjährungsfrist zu laufen beginnt. Bei diesen Unterbrechungen sind insbesondere Zahlungsaufschub, Stundungen, Aussetzung der Vollziehung, Sicherheitsleistungen, Vollstreckungen sowie jede Maßnahme der Finanzbehörde zur Ermittlung von Wohnsitz bzw. Aufenthaltsort zu nennen.

**4. Ablaufhemmung**

Die Ablaufhemmung gem. § 230 AO ist streng von der Unterbrechung der Zahlungsverjährung zu unterscheiden. Während bei der Unterbrechung die Verjährungsfrist neu zu laufen beginnt, läuft sie während der Ablaufhemmung lediglich nicht weiter. Einziger Grund für eine Hemmung der Zahlungsverjährungsfrist ist höhere Gewalt (§ 230 AO).

(Prof. Dr. Bischoff)

# 64. Vorläufiger Rechtsschutz im Steuerrecht

## I. Grundlagen

Wer in Steuersachen durch die öffentliche Gewalt in seinen Rechten verletzt wird, hat der Rechtsschutzgarantie des Art. 19 Abs. 4 GG entsprechend die Möglichkeit, durch die Einlegung eines gerichtlichen oder außergerichtlichen Rechtsbehelfs (§§ 347 ff. AO; §§ 33 ff. FGO) den Rechtsweg einzuschlagen. Anders als in anderen Verfahrensordnungen (vgl. z. B. § 705 ZPO) wird die Vollziehung des angefochtenen Verwaltungsakts durch die Einlegung eines Rechtsbehelfs allerdings grundsätzlich nicht gehemmt (§ 361 Abs. 1 AO, § 69 Abs. 1 FGO). Der Rechtsbehelf hat insoweit regelmäßig **keinen Suspensiveffekt**; er lässt die Leistungspflicht, vor allem also die Pflicht, fällige Steuern zu entrichten, unberührt. Um Härten zu vermeiden und der Regelung des Art. 19 Abs. 4 GG bereits während des Rechtsbehelfsverfahrens Rechnung zu tragen, gewährt sowohl die Abgabenordnung als auch die Finanzgerichtsordnung bis zur Entscheidung in der Hauptsache vorläufigen Rechtsschutz. Je nachdem ob ein vollziehbarer Verwaltungsakt vorliegt oder nicht, kommt Aussetzung der Vollziehung oder einstweilige Anordnung in Betracht.

## II. Aussetzung der Vollziehung (§ 361 AO, § 69 FGO)

### 1. Voraussetzungen

Aussetzung der Vollziehung kann nur dann gewährt werden, wenn gegen einen **vollziehbaren Verwaltungsakt** ein Rechtsbehelf eingelegt wurde.

Vollziehbar ist ein Verwaltungsakt dann, wenn er eine Geldleistung oder ein sonstiges Tun, Dulden oder Unterlassen fordert. Aussetzung der Vollziehung ist daher möglich z. B. bei Steuerbescheiden, Haftungsbescheiden, bei der Anordnung einer Außenprüfung. Auch bei Grundlagenbescheiden (§ 171 Abs. 10 AO) kommt Aussetzung der Vollziehung in Betracht. Dies gilt auch für negative Feststellungsbescheide, also für Bescheide, die die gesonderte Feststellung von Besteuerungsgrundlagen ablehnen. Auf Antrag soll Aussetzung der Vollziehung gewährt werden, wenn entweder ernstliche Zweifel an der Rechtmäßigkeit des Verwaltungsakts bestehen oder wenn die Vollziehung des Verwaltungsakts eine unbillige, nicht durch überwiegende öffentliche Interessen gebotene Härte wäre. Dabei liegen ernstliche Zweifel an der Rechtmäßigkeit des Verwaltungsakts dann vor, wenn sich bei einer summarischen Überprüfung herausstellt, dass neben den für die Rechtmäßigkeit des angefochtenen Verwaltungsakts sprechenden Umständen gewichtige Gründe hervortreten, die gegen die Rechtmäßigkeit sprechen und die Beurteilung von Sachverhalts- oder Rechtsfragen unsicher erscheinen lassen. Eine unbillige Härte liegt vor, wenn die Vollziehung zu wirtschaftlichen Nachteilen zu führen droht, die nicht oder nur schwer wiedergutzumachen sind.

### 2. Antragsverfahren

Der Antrag auf Aussetzung der Vollziehung kann im außergerichtlichen Verfahren bei der Behörde gestellt werden, die den Verwaltungsakt erlassen hat (§ 361 Abs. 2 AO). An das FG kann der Stpfl. sich im außergerichtlichen Verfahren nach § 69 Abs. 4 Satz 1 FGO ebenso wie im gerichtlichen Verfahren grundsätzlich nur dann wenden, wenn die Finanzbehörde den Aussetzungsantrag ganz oder teilweise abgelehnt hat. Die Anrufung eines FG ist darüber hinaus im Vorverfahren nur dann möglich, wenn ohne Mitteilung eines zureichenden Grundes in angemessener Frist sachlich nicht entschieden wurde oder wenn eine Vollstreckung droht (§ 69 Abs. 4 Satz 2 FGO).

## 3. Rechtsfolgen

Wird im Rahmen einer Ermessensentscheidung (§ 5 AO) die Aussetzung gewährt, bleibt die Wirksamkeit des angefochtenen Verwaltungsakts zwar unberührt, die Verwaltung kann den Verwaltungsakt aber nicht mehr verwirklichen. Bei Verwaltungsakten, die bereits vollzogen sind, ist die Vollziehung aufzuheben.

Nach § 361 Abs. 2 Satz 4 AO beschränken sich die Aussetzung und die Aufhebung der Vollziehung bei Steuerbescheiden grundsätzlich auf die festgesetzte Steuer, vermindert um die anzurechnenden Steuerabzugsbeträge, um die anzurechnende Körperschaftsteuer und um die festgesetzten Vorauszahlungen. Soweit der BFH demgegenüber auch die Aussetzung und Aufhebung anzurechnender Steuerabzugsbeträge, anzurechnender Körperschaftsteuer und festgesetzter Vorauszahlungen akzeptiert hat, ist der Rechtsprechung (BFH, BStBl 1995 II S. 730; BStBl 1996 II S. 316 ff.) durch die entsprechende Neufassung des § 361 Abs. 2 AO im Rahmen des Jahressteuergesetzes 1997 die Grundlage entzogen worden.

Wird die Vollziehung eines Grundlagenbescheides ausgesetzt, kann der Folgebescheid zwar erlassen werden (§ 361 Abs. 3 AO, § 69 Abs. 2 FGO); der Folgebescheid ist jedoch auszusetzen.

Durch die Aussetzung der Vollziehung wird die Zahlungsverjährung unterbrochen (§ 231 Abs. 1 AO).

Hat der Rechtsbehelf in der Hauptsache endgültig keinen Erfolg, so ist der ausgesetzte Betrag zu verzinsen (§ 237 AO).

## III. Einstweilige Anordnung

Liegt kein vollziehbarer Verwaltungsakt vor, so wird gem. § 114 FGO i. V. m. den sinngemäß anzuwendenden Vorschriften der ZPO vorläufiger Rechtsschutz durch einstweilige Anordnung gewährt.

### 1. Voraussetzungen

Eine einstweilige Anordnung setzt keinen Rechtsbehelf in der Hauptsache, sondern lediglich einen Antrag an das Gericht voraus. Dieser Antrag kann gestellt werden, wenn in der Hauptsache die Voraussetzungen für eine Klageerhebung erfüllt sind und ein Rechtsschutzbedürfnis besteht. Das Rechtsschutzbedürfnis fehlt, soweit Aussetzung der Vollziehung möglich ist. Die einstweilige Anordnung ist also gegenüber der Aussetzung der Vollziehung subsidiär (§ 114 Abs. 5 FGO). Eine einstweilige Anordnung setzt weiterhin voraus, dass ein Anordnungsanspruch besteht. Das ist nach § 114 Abs. 1 FGO dann der Fall, wenn entweder das Recht auf Aufrechterhaltung eines bestehenden Zustandes gesichert werden soll (sog. **Sicherungsanordnung**) oder die Vornahme einer bestimmten Handlung bzw. die Herstellung eines bestimmten Zustandes begehrt wird (sog. **Regelungsanordnung**).

Einstweilige Anordnung kann schließlich nur dann gewährt werden, wenn ein **Anordnungsgrund** vorliegt. Dieser Grund liegt bei der Sicherungsanordnung dann vor, wenn die Gefahr besteht, dass durch eine Veränderung des bestehenden Zustandes die Verwirklichung eines Rechts für den Antragsteller vereitelt oder wesentlich erschwert wird. Bei der Regelungsanordnung liegt der Anordnungsgrund insbesondere dann vor, wenn die Anordnung nötig erscheint, um wesentliche Nachteile abzuwenden oder drohende Gefahren zu verhindern.

### 2. Rechtsfolgen

Sind die Voraussetzungen für eine einstweilige Anordnung erfüllt, bestimmt das Gericht ihren Inhalt im Rahmen einer Ermessensentscheidung (§ 114 Abs. 3 FGO i. V. m. § 938 Abs. 1 ZPO). Dabei kann im Rahmen des gestellten Antrags das angeordnet werden, was zur Erreichung des Zwecks einstweilig erforderlich ist.

(Montag)

# 65. Vollverzinsung: § 233 a AO

## I. Allgemeines

Gemäß § 233 AO kann eine Verzinsung nur vorgenommen werden, sofern sie gesetzlich normiert ist. Eine solche Norm ist § 233 a AO.

Durch die sog. Vollverzinsung wird das System der Teilverzinsung ergänzt. Vom Entstehen bis zu ihrem Erlöschen werden sämtliche Ansprüche verzinst. Dabei handelt es sich um eine begrenzte Vollverzinsung. So gilt sie nicht für alle Steuern und beginnt erst nach Ablauf einer bestimmten Karenzfrist.

Bei der sog. Vollverzinsung soll ein Ausgleich für die unterschiedlichen Zeitpunkte der Festsetzung und Erhebung trotz immer gleichen gesetzlich geregelten Entstehungszeitpunktes geschaffen werden.

Dabei werden Steuererstattungen bzw. -nachforderungen verzinst, um Kapitalvorteile oder -nachteile auszugleichen.

Die Vollverzinsung gilt nur für alle laufend verauslagten Steuern (wie ESt, KSt, GewSt und USt). Bei Festsetzungen von Vorauszahlungen und Steuerabzugsbeträgen kommt eine Verzinsung nicht in Betracht (§ 233 a Abs. 1 Satz 2 AO).

Ausführliche Erläuterungen enthält der AEAO zu § 233 a AO.

## II. Zinsberechnung

### a) Beginn

Gemäß § 233 a Abs. 2 Satz 1 AO beginnt der Zinslauf 15 Monate nach Ablauf des Kalenderjahres, in dem die Steuer entstanden ist.

Bei Einkünften aus Land- und Forstwirtschaft beginnt der Zinslauf nach 21 Monaten gem. § 233 a Abs. 2 Satz 2 AO. Dies liegt an ihrem abweichenden Wirtschaftsjahr vom 01.07. bis 30.06.

Unter bestimmten Voraussetzungen kann ein vom rechtlichen Grundsatz abweichendes Wirtschaftsjahr gewählt werden. Hierfür gibt es keinen abweichenden Beginn des Zinslaufes.

### b) Ende

Der Zinslauf endet für Steuererstattungen und Steuernachforderungen gleichermaßen mit Ablauf des Tages, an dem die Steuerfestsetzung wirksam wird. Bei Steuerbescheiden ist das der Tag, an dem der Bescheid dem Stpfl. bekannt gegeben wird. Bei der Zinsfestsetzung wird die Zugangsfiktion des § 122 Abs. 2 AO (Bekanntgabe am dritten Tag nach Aufgabe zur Post) unterstellt. Zahlungen vor Wirksamkeit der Steuerfestsetzung führen nicht zum Ende des Zinslaufs. Eine schleppende Veranlagung führt nicht zu einer Verminderung der Zinsen. Dies widerspräche dem Grundgedanken der Verzinsung, lediglich den Kapitalvorteil ausgleichen zu wollen, denn dafür kommt es nur auf den Zeitraum des Kapitalvorteiles an.

### c) Zinshöhe

Sie beträgt gem. § 238 Abs. 1 AO ein halbes Prozent pro vollem Kalendermonat. Die Zinsen werden monatsweise berechnet, wobei angefangene Monate außer Ansatz bleiben. Es wird vom ersten Tag des Zinslaufs an gerechnet. Entspricht der Tag, an dem der Zinslauf endet, hinsichtlich seiner Zahl dem Tag, der dem

Fristbeginn vorangeht, so ist ein Monat vollendet (§ 108 Abs. 1 AO i. V. m. § 188 Abs. 2 BGB).

**d) Bemessungsgrundlage**

Es gelten die Grundsätze der sog. Sollverzinsung. Berechnungsgrundlage ist danach der Unterschied zwischen dem festgesetzten Soll und dem vorher festgesetzten Soll (Vor-Soll). Der zu verzinsende Unterschiedsbetrag ergibt sich aus der festgesetzten Steuer nach Abzug von anzurechnenden Steuerabzugsbeträgen, anzurechnender KSt und festgesetzten Vorauszahlungen.

Ergibt sich ein Unterschiedsbetrag zugunsten des Stpfl., so wird dieser begrenzt auf die Höhe des zu erstattenden Betrages (siehe § 233 a Abs. 3 AO).

Wird die festgesetzte Steuer aufgrund von Verlustrückträgen oder aufgrund eines rückwirkenden Ereignisses vermindert, werden Zinsen erst ab Eintritt des Verlustes oder des rückwirkenden Ereignisses berechnet. Mindert sich die Steuer aufgrund von Ausschüttungen, tritt eine Verzinsung der Erstattung erst ab Abfluss der Ausschüttung ein.

### III. Festsetzung und Änderung

Grundsätzlich soll die Zinsfestsetzung mit der Steuerfestsetzung verbunden werden (§ 233 a Abs. 4 AO). Es sind die für Steuern geltenden Vorschriften anzuwenden, daher werden Zinsen durch schriftlichen Zinsbescheid festgesetzt (§ 239 Abs. 1, § 155 Abs. 1, § 157 Abs. 1 AO). Zur Festsetzungsverjährung von Zinsen siehe § 239 Abs. 1 Satz 1, Satz 2 Nr. 1 AO.

Für die Änderung der Zinsfestsetzung enthält § 233 a Abs. 5 AO eine eigene Berichtigungsvorschrift. So ist eine Änderung immer durchzuführen, sobald die Steuerfestsetzung eine Berichtigung oder Änderung erfahren hat.

### IV. Abgrenzung zu anderen steuerlichen Nebenleistungen

Die Festsetzung der Zinsen kann neben der Festsetzung anderer steuerlicher Nebenleistungen erfolgen, obwohl sie dasselbe Steuerschuldverhältnis betreffen.

§ 233 a AO lässt die Möglichkeit zur Festsetzung von Verspätungszuschlägen (§ 152 AO) unberührt. Bei der Bemessung des Verspätungszuschlags sind jedoch Zinsvorteile zu berücksichtigen, soweit bereits die Vollverzinsung den Zinsvorteil abschöpft.

Säumniszuschläge (§ 240 AO), Stundungszinsen (§ 235 AO) und Aussetzungszinsen (§ 237 AO) kollidieren im Regelfall nicht mit Nachzahlungszinsen nach § 233 a AO. Zinsen nach § 233 a AO werden nur bis Wirksamkeit der Steuerfestsetzung berechnet. Die anderen Nebenleistungen entstehen erst nach Fälligkeit.

Es können sich jedoch im Einzelfall Überschneidungen ergeben.

Daher enthalten die § 234 Abs. 3, § 235 Abs. 4, § 236 Abs. 4 und § 237 Abs. 4 AO Anwendungsvorschriften, die eine Doppelverzinsung vermeiden.

Die Zinsen gem. § 233 a AO werden dabei auf die anderen steuerlichen Nebenleistungen angerechnet.

(Prof. Dr. Bischoff)

## 66. Bilanzierung von Umbauten und Abbruch von Gebäuden

### I. Vorbemerkungen

Baumaßnahmen, wie der Umbau und der Abbruch von Gebäuden, finden dann in der Steuerbilanz eines Kaufmanns Niederschlag, wenn das Gebäude bzw. Gebäudeteile zum Betriebsvermögen gehören.

### II. Bilanzsteuerrechtliche Behandlung des Umbaus von Gebäuden

#### 1. Einordnung der Aufwendungen

Die Umbauaufwendungen sind stets Betriebsausgaben, da das Gebäude bzw. der Gebäudeteil zum Betriebsvermögen gehört. Entscheidend für die bilanzsteuerliche Behandlung ist, ob es sich um Erhaltungs- oder Herstellungsaufwand handelt.

Erhaltungsaufwand, also Aufwand für die laufende Instandhaltung und Instandsetzung, ist im Jahr der Verausgabung sofort abzugsfähige Betriebsausgabe. Herstellungsaufwand hingegen ist zu aktivieren; er liegt dann vor, wenn etwas Neues, bisher nicht Vorhandenes geschaffen wird, wenn das Gebäude durch die Baumaßnahme wesentlich in seiner Substanz vermehrt, in seinem Wesen erheblich verändert oder über seinen bisherigen Zustand hinaus deutlich verbessert wird (R 21.1 Abs. 2 EStR). Da Umbaumaßnahmen grundsätzlich eine Änderung der Wesensart zur Folge haben, werden Umbauaufwendungen im Allgemeinen als Herstellungsaufwand zu qualifizieren sein. Dies gilt auch für die Aufwendungen, die ansonsten als Erhaltungsaufwand anzusehen sind, jedoch in engem räumlichem und zeitlichem Zusammenhang mit typischen Herstellungsaufwendungen stehen, wie z. B. Tapezier- und Innenanstricharbeiten. Bei den Herstellungskosten ist jedoch zu unterscheiden, ob es sich um nachträgliche Herstellungskosten des Gebäudes oder um Herstellungskosten für ein neues Wirtschaftsgut handelt.

#### 2. Nachträgliche Herstellungskosten des Gebäudes

Nachträgliche Herstellungskosten des Gebäudes liegen immer dann vor, wenn durch die Umbaumaßnahmen das Wirtschaftsgut Gebäude zwar verändert wird, jedoch nicht so grundlegend, dass ein neues Wirtschaftsgut entstanden ist. Vom Eigentümer vorgenommene typische Umbaumaßnahmen, wie z. B. das Entfernen und Einfügen von Zwischenwänden zur Umgestaltung der Räume, sind stets nachträgliche Herstellungskosten des Gebäudes.

Die AfA ist nach der Umbaumaßnahme in solchen Fällen wie folgt vorzunehmen: Die bisherige Bemessungsgrundlage ist um die nachträglichen Herstellungskosten zu erhöhen, wobei aus Vereinfachungsgründen davon ausgegangen werden kann, dass die nachträglichen Herstellungskosten zu Beginn des Jahres aufgewendet wurden (R 7.4 Abs. 9 Satz 3 EStR). Bei der linearen Gebäudeabschreibung gem. § 7 Abs. 4 Satz 1 EStG ist auf die neue Abschreibungsbasis der maßgebende Abschreibungshundertsatz anzuwenden. Hierdurch tritt allerdings eine Verlängerung der AfA-Dauer über die typisierten Zeiträume ein. Wird auf diese Weise die volle Absetzung innerhalb der tatsächlichen Nutzungsdauer nicht erreicht, kann zur AfA nach § 7 Abs. 4 Satz 2 EStG übergegangen werden, mithin die neue BMG auf die tatsächliche Restnutzungsdauer verteilt werden. Eine Beibehaltung des AfA-Satzes wird jedoch aus Vereinfachungsgründen nicht beanstandet (R 7.4 Abs. 9 Satz 2 EStR). Dies gilt auch für Umbaumaßnahmen.

### 3. Herstellungskosten für ein neues Wirtschaftsgut

In den Fällen, in denen die Umbauaufwendungen so grundlegend sind, dass bei objektiver Betrachtung ein neues Wirtschaftsgut entsteht, liegen Herstellungskosten für dieses neue Wirtschaftsgut vor. Dies ist in folgenden Fällen zu bejahen:

– Es werden Aufwendungen für einen Anbau gemacht, der zu einer Verschachtelung mit dem bestehenden Gebäude führt, wenn die Neubauteile dem Gesamtgebäude das Gepräge geben.
– Ein Gebäude wird durch einen Umbau in seinem Zustand so wesentlich verändert, dass es bei objektiver Betrachtung als neues Wirtschaftsgut erscheint.
– Es handelt sich um Aufwendungen für die Herstellung eines selbständigen Gebäudeteils i. S. der R 4.2 Abs. 3 EStR. Selbständige Gebäudeteile i. S. des R 4.2 Abs. 3 EStR sind Betriebsvorrichtungen, Einbauten für vorübergehende Zwecke (Scheinbestandteile), Ladeneinbauten sowie Schaufensteranlagen u. Ä., sonstige selbständige Gebäudeteile und sonstige Mietereinbauten.

Die AfA der neu entstandenen Wirtschaftsgüter richtet sich nach den allgemeinen Vorschriften für hergestellte Wirtschaftsgüter.

## III. Bilanzsteuerrechtliche Behandlung des Abbruchs von Gebäuden

### 1. Einordnung der Aufwendungen

Beim Abbruch von Gebäuden können der Restbuchwert des Gebäudes und die Abbruchkosten entweder sofort abzugsfähige Betriebsausgaben oder Anschaffungskosten des Grund und Bodens oder Herstellungskosten eines anderen Wirtschaftsguts sein.

### 2. Sofort abzugsfähige Betriebsausgaben

Diese liegen dann vor, wenn das Gebäude entweder auf einem eigenen Grundstück errichtet oder das Gebäude nicht in Abbruchabsicht erworben wurde (H 6.4, Abbruchkosten, EStR). Maßgeblich ist die Absicht im Zeitpunkt des Erwerbs des Grundstücks. Ist zunächst lediglich ein Teilabbruch geplant, später jedoch aufgrund der schlechten Bausubstanz Totalabriss erforderlich, so sind die (ungeplanten) Abbruchkosten sowie der anteilige Gebäuderestwert abziehbar (BFH-Urteil vom 15.10.1996, BStBl 1997 II S. 325). Wenn mit dem Abbruch des Gebäudes innerhalb von drei Jahren nach dem Erwerb begonnen wird, so spricht der Beweis des ersten Anscheins dafür, dass das Gebäude in Abbruchabsicht erworben wurde. Dem Stpfl. verbleibt dann die Möglichkeit des Gegenbeweises. In besonderen Fällen, z. B. bei großen Arrondierungen, kann eine Abbruchabsicht auch bei einem Zeitraum von mehr als drei Jahren gegeben sein (H 6.4, Abbruchkosten, EStR).

### 3. Anschaffungs- bzw. Herstellungskosten eines anderen Wirtschaftsguts

Liegt ein Erwerb in Abbruchabsicht vor und war das Gebäude technisch oder wirtschaftlich nicht verbraucht und steht der Abbruch mit der Herstellung eines neuen Wirtschaftsguts in engem wirtschaftlichem Zusammenhang, so gehören der Restbuchwert und die Abbruchkosten zu den Herstellungskosten des neuen Wirtschaftsguts. Gleiches gilt im Fall der Einlage eines Gebäudes mit Abbruchabsicht; für die Ermittlung des Teilwerts des Gebäudes ist die Abbruchabsicht nicht zu berücksichtigen. Wurde das Gebäude in Abbruchabsicht erworben und liegt ein Zusammenhang mit einem neu zu erstellenden Wirtschaftsgut nicht vor oder war das Gebäude im Zeitpunkt des Erwerbs objektiv wertlos, so gehören der Anschaffungspreis und die Abbruchkosten zu den Anschaffungskosten des Grund und Bodens.

(Dr. Lenz)

## 67. Möglichkeiten zur Übertragung stiller Reserven

Stille Reserven sind nach dem Leistungsfähigkeitsprinzip grundsätzlich dann zu versteuern, wenn sie realisiert werden. Eine Übertragung stiller Reserven kommt daher nur in Ausnahmefällen in Betracht.

### I. Übertragung stiller Reserven auf andere Wirtschaftsgüter

#### 1. Tauschgutachten

Nach § 6 Abs. 6 EStG bemessen sich die Anschaffungskosten eines Wirtschaftsgutes beim Tausch nach dem gemeinen Wert des hingegebenen Wirtschaftsguts. Damit sind die Grundsätze des sog. Tauschgutachtens (BFH, BStBl 1959 III S. 30; BMF-Schreiben vom 09.02.1998, BStBl 1998 I S. 163, Tz. 5) obsolet. Die Übertragung stiller Reserven ist insoweit grundsätzlich nicht mehr möglich.

#### 2. Austausch von Anlagevermögen (§§ 6 b, 6 c EStG)

§ 6 b Abs. 1 EStG gewährt Stpfl. bzw. Personengesellschaften oder Gemeinschaften (§ 6 b Abs. 10 EStG), die den Gewinn nach den § 4 Abs. 1, § 5 Abs. 1 EStG ermitteln, die Möglichkeit, Gewinne aus der Veräußerung von Grund und Boden, Aufwuchs oder Gebäuden, der bzw. die sechs Jahre lang zum Anlagevermögen gehört haben müssen, von den Anschaffungs- oder Herstellungskosten bestimmter Neuinvestitionen des Veräußerungsjahrs oder des vorangegangenen Wirtschaftsjahrs abzuziehen. Der Abzug ist je nach Art des veräußerten Wirtschaftsguts zulässig bei den Anschaffungs- oder Herstellungskosten von Grund und Boden, Aufwuchs auf oder Anlagen im land- und forstwirtschaftlichen Betriebsvermögen und bei Gebäuden.

Wurde der Abzug nicht vorgenommen, kann im Veräußerungsjahr eine steuerfreie Rücklage gebildet werden. Die Rücklage ist spätestens nach vier Jahren erfolgswirksam aufzulösen oder auf Neuinvestitionen zu übertragen.

Wird die Rücklage erfolgswirksam aufgelöst, so ist der Gewinn im Auflösungsjahr für jedes volle Jahr, in dem die Rücklage bestanden hat, um 6 % des Auflösungsbetrags zu erhöhen (§ 6 b Abs. 7 EStG).

Für Mitunternehmerschaften gilt die gesellschafterbezogene Betrachtung (§ 6 b Abs. 10 EStG). Danach können begünstigte Veräußerungsgewinne, die bei einer Mitunternehmerschaft oder einem Mitunternehmer entstanden sind, wechselweise anteilig auf begünstigte Reinvestitionen im Betriebsvermögen des Mitunternehmers oder der Mitunternehmerschaft übertragen werden.

Außerdem können Personenunternehmen begünstigte Gewinne aus der Veräußerung von Anteilen an einer Kapitalgesellschaft bis zu einem Betrag von 500.000 € von den Anschaffungskosten für Anteile an Kapitalgesellschaften, abnutzbaren beweglichen Wirtschaftsgütern oder neu angeschafften Gebäuden abziehen oder eine sog. Reinvestitionsrücklage bilden (§ 6 b Abs. 10 EStG).

§ 6 c EStG gewährt die Vergünstigungen des § 6 b EStG auch Gewerbetreibenden, die ihren Gewinn nach § 4 Abs. 3 EStG ermitteln, sowie Land- und Forstwirten, die den Gewinn nach Durchschnittssätzen ermitteln.

#### 3. Zwangsweises Ausscheiden von Wirtschaftsgütern (EStR 6.6)

Scheidet ein Wirtschaftsgut infolge höherer Gewalt oder infolge oder zur Vermeidung eines behördlichen Eingriffs gegen Entschädigung aus dem Betriebsvermögen aus, können die realisierten stillen Reserven gem. EStR 6.6 durch Minderung der Anschaffungskosten auf ein Ersatzwirtschaftsgut übertragen werden.

Ist die Ersatzbeschaffung ernstlich geplant, zum Schluss des Wirtschaftsjahres aber noch nicht erfolgt, kann eine steuerfreie Rücklage für Ersatzbeschaffung gebildet werden. Die Rücklage ist bei beweglichen Wirtschaftsgütern nach einem Jahr, bei unbeweglichen Wirtschaftsgütern nach zwei Jahren aufzulösen, wenn die Ersatzbeschaffung bis dahin nicht erfolgt ist. Im Einzelfall ist eine Verlängerung der Auflösungsfrist möglich.

## II. Übertragung stiller Reserven auf andere Steuerrechtssubjekte

### 1. Unentgeltliche Übertragung

Bei der unentgeltlichen Übertragung von Betrieben, Teilbetrieben oder Mitunternehmeranteilen sind gem. § 6 Abs. 3 EStG beim bisherigen Betriebsinhaber die Buchwerte beizubehalten und durch den Rechtsnachfolger zu übernehmen.

### 2. Übertragung nach Umwandlungssteuergesetz

Die Buchwertverknüpfung ist nach den Vorschriften des Umwandlungssteuergesetzes bei der Umwandlung von Kapitalgesellschaften möglich (§§ 3 ff., 11 ff. UmwStG) oder wenn im Rahmen einer Sacheinlage Beteiligungen bzw. ein Betrieb, Teilbetrieb oder Mitunternehmeranteil gegen Gewährung von Gesellschaftsrechten in eine Kapitalgesellschaft (§§ 20 ff. UmwStG) oder in eine Personengesellschaft (§ 24 UmwStG) eingebracht werden oder eine Spaltung (§ 15 UmwStG) erfolgt. Der Formwechsel einer Kapitalgesellschaft in eine Personengesellschaft nach §§ 190 ff. UmwG wird ertragsteuerlich wie eine Übertragung behandelt (§ 9 UmwStG).

### 3. Übertragung von Wirtschaftsgütern bei Personengesellschaften

Für die Übertragung von Wirtschaftsgütern bei Personengesellschaften sieht § 6 Abs. 5 EStG die Buchwertverknüpfung nunmehr insbesondere in folgenden Fällen vor:

- Übertragung aus dem Betriebsvermögen oder dem Sonderbetriebsvermögen eines Mitunternehmers in das Gesamthandsvermögen einer Mitunternehmerschaft,

- Übertragung aus dem Sonderbetriebsvermögen eines Mitunternehmers in das Gesamthandsvermögen einer anderen Mitunternehmerschaft, an der derselbe Mitunternehmer beteiligt ist,

- unentgeltliche Übertragung aus dem Sonderbetriebsvermögen eines Mitunternehmers in das Sonderbetriebsvermögen eines anderen Mitunternehmers derselben Mitunternehmerschaft,

jeweils gegen Gewährung von Gesellschaftsrechten bzw. ohne Entgelt und umgekehrt. Dies gilt jedoch nicht, soweit insbesondere der Anteil einer Körperschaft begründet oder verändert wird.

### 4. Betriebsaufspaltung

Nach § 6 Abs. 6 Satz 2 EStG erhöhen sich die Anschaffungskosten der Beteiligung an einer Kapitalgesellschaft um den Teilwert des eingelegten Wirtschaftsgutes, wenn die Übertragung im Wege der verdeckten Einlage erfolgt. Damit ist es nach herrschender Lehre (BFH vom 16.06.2004, BStBl 2005 II S. 378; vom 12.12.2007 BStBl 2008 II S. 579) nicht mehr möglich, dass Wirtschaftsgüter eines Personenunternehmens im Rahmen einer echten Betriebsaufspaltung ohne Gewinnrealisierung auf die Betriebskapitalgesellschaft übertragen werden können.

(Montag)

# 68. Die Publizitätspflichten der GmbH

## I. Abstufung der Publizitätspflichten nach Größenklassen

Welche Publizitätspflichten über die besonderen Vorschriften des Publizitätsgesetzes hinaus für eine GmbH und unter Berücksichtigung der §§ 264 a bis 264 c HGB grundsätzlich auch für die GmbH & Co. KG bestehen, ergibt sich im Einzelnen aus den §§ 325 ff. HGB. Konkret kommt es nicht nur bei Unternehmen, die einen Konzernabschluss aufzustellen haben (§ 325 Abs. 3, § 293 HGB), sondern auch in Bezug auf den Einzelabschluss entscheidend auf die Unternehmensgröße an. Im Einzelnen ist insoweit nach den in § 267 HGB genannten Schwellenwerten zwischen kleinen, mittelgroßen und großen Unternehmen zu differenzieren.

Als **kleine** Kapitalgesellschaft gilt eine GmbH dann, wenn an den Abschlussstichtagen von zwei aufeinanderfolgenden Geschäftsjahren mindestens zwei der nachfolgenden Merkmale nicht überschritten werden: **Bilanzsumme** nach Abzug eines auf der Aktivseite ausgewiesenen Fehlbetrages bis zu 4,840 Mio. Euro, **Umsatzerlöse** in den zwölf Monaten vor dem Abschlussstichtag bis zu 9,680 Mio. Euro, **Zahl der Arbeitnehmer** im Jahresdurchschnitt bis zu 50 (§ 267 Abs. 1 HGB).

Werden mindestens zwei der für kleine Kapitalgesellschaften geltenden Kriterien überschritten, gleichzeitig aber mindestens zwei der nachfolgenden Kriterien nicht überschritten, gehört die Gesellschaft zu den mittelgroßen Kapitalgesellschaften: **Bilanzsumme** nach Abzug eines auf der Aktivseite ausgewiesenen Fehlbetrages bis zu 19,250 Mio. Euro, **Umsatzerlöse** in den zwölf Monaten vor dem Abschlussstichtag bis zu 38,50 Mio. Euro, **Zahl der Arbeitnehmer** im Jahresdurchschnitt bis zu 250 (§ 267 Abs. 2 HGB).

Eine **große** Kapitalgesellschaft liegt schließlich dann vor, wenn mindestens zwei der für mittelgroße Kapitalgesellschaften geltenden Kriterien überschritten sind oder eine sog. kapitalmarktorientierte Kapitalgesellschaft i. S. des § 264 d HGB vorliegt (§ 267 Abs. 3 HGB).

## II. Publizitätspflichtige Unterlagen

Gesetzliche Vertreter **großer** Kapitalgesellschaften haben gem. § 325 Abs. 1 HGB offenzulegen: den Jahresabschluss, d. h. Bilanz, Gewinn-und-Verlust-Rechnung und Anhang, mit dem Bestätigungsvermerk oder dem Vermerk über dessen Versagung, den Lagebericht, ggf. den Bericht des Aufsichtsrates, die Angabe des Jahresüberschusses oder Jahresfehlbetrages, den Vorschlag für die Ergebnisverwendung sowie den Beschluss über die Ergebnisverwendung, soweit diese Angaben nicht aus dem Jahresabschluss hervorgehen.

Die vorgenannten Unterlagen sind grundsätzlich auch bei **mittelgroßen** Kapitalgesellschaften bekannt zu machen. Dabei ist nach § 327 HGB jedoch nur eine verkürzte Bilanz in der nach § 266 Abs. 1 Satz 3 HGB für kleine Kapitalgesellschaften vorgeschriebenen Form erforderlich. Diese Bilanz bzw. der Anhang werden durch bestimmte Angaben ergänzt; andererseits können einzelne Angaben zu den Verbindlichkeiten, dem Ausmaß steuerrechtlicher Sonderabschreibungen, dem Materialaufwand und zu den Rückstellungen im Anhang fehlen.

**Kleine** Kapitalgesellschaften haben gem. § 326 HGB lediglich die folgenden Unterlagen offenzulegen: eine verkürzte Bilanz, den verkürzten Anhang, das

Jahresergebnis, den Vorschlag für die Ergebnisverwendung sowie den entsprechenden Beschluss, soweit sich diese Angaben nicht aus den eingereichten Unterlagen ergeben. Eine Offenlegung der Gewinn-und-Verlust-Rechnung und des Lageberichtes ist nicht erforderlich.

### III. Publizitätsform

Mit der Einführung des elektronischen Handelsregisters sind die offenlegungspflichtigen Unterlagen nicht mehr beim Handelsregister, sondern verbindlich und ausnahmslos beim Betreiber des elektronischen Bundesanzeigers elektronisch einzureichen (§ 325 Abs. 1 HGB) und im elektronischen Bundesanzeiger bekannt machen zu lassen (§ 325 Abs. 2 HGB). Dabei kann bei der Offenlegung anstelle des Jahresabschlusses ein Einzelabschluss treten, der nach internationalen Rechnungslegungsgrundsätzen aufgestellt wurde (§ 325 Abs. 2 a HGB).

### IV. Publizitätsfrist

Die publizitätspflichtigen Unterlagen sind grundsätzlich unverzüglich nach der Vorlage des Jahresabschlusses an die Gesellschafter, spätestens aber vor Ablauf des 12. Monats nach dem Abschlussstichtag einzureichen (§ 325 Abs. 1 Satz 2 HGB). Für börsennotierte Gesellschaften gilt nach § 325 Abs. 4 HGB eine Frist von längstens vier Monaten.

### V. Sanktionen

Werden die Offenlegungspflichten nach § 325 HGB nicht befolgt, ist vom Bundesamt für Justiz gegen die Mitglieder der vertretungsberechtigten Organe wegen des pflichtwidriges Unterlassens der rechtzeitigen Offenlegung ein Ordnungsgeldverfahren durchzuführen (§ 335 Abs. 1 Satz 1 HGB). Dabei ist dem Betroffenen ein Ordnungsgeld anzudrohen, wenn innerhalb von sechs Wochen ab Zugang der Androhung der gesetzlichen Offenlegungspflicht nicht nachgekommen oder die Unterlassung nicht mittels Einspruch gegen die Verfügung gerechtfertigt wird (§ 335 Abs. 3 HGB). Das anzudrohende Ordnungsgeld beträgt mindestens 2.500 Euro und höchstens 25.000 Euro (§ 335 Abs. 1 Satz 4 HGB). Wird die Pflicht nicht erfüllt, ist das Ordnungsgeld festzusetzen und die Androhung eines erneuten Ordnungsgeldes zu wiederholen (§ 325 Abs. 3 Satz 4 HGB). Gegen die Festsetzung eines Ordnungsgeldes ist die Beschwerde möglich (§ 335 Abs. 5 HGB).

(Montag)

# 69. Rückstellungen im Handels- und Steuerrecht

**I. Die Bilanzierung von Rückstellungen nach Handelsrecht**

Rückstellungen dienen dem Ausweis nicht genau bezifferbarer Lasten des Betriebes. Im Katalog der handelsrechtlich zulässigen Rückstellungen finden sich Elemente der statischen und dynamischen Bilanzauffassung.

Nach § 249 Abs. 1 HGB müssen Rückstellungen gebildet werden für ungewisse Verbindlichkeiten (insbesondere Pensionsrückstellungen), drohende Verluste aus schwebenden Geschäften, im Geschäftsjahr unterlassene Aufwendungen für Instandhaltung, die innerhalb von drei Monaten im folgenden Geschäftsjahr nachgeholt werden, und Gewährleistungen, die ohne rechtliche Verpflichtung erbracht wurden. Der Stpfl. hat beispielsweise auch für die Erfüllung seiner Aufbewahrungs- und Dokumentationspflichten nach § 257 HGB bzw. § 147 AO zwingend eine Rückstellung zu bilden. Diese Rückstellung ist nicht abzuzinsen.

Mit Einführung des BilMog sind Rückstellungen für im Geschäftsjahr unterlassene Aufwendungen für Instandhaltung, die nach Ablauf der drei Monate i. S. des § 249 Abs. 1 Nr. 1 HGB, aber innerhalb des folgenden Geschäftsjahres nachgeholt werden, und für bestimmte andere Aufwendungen wie Großreparaturen nicht mehr zulässig.

**II. Die Bilanzierung von Rückstellungen nach Steuerrecht**

Die Bilanzierung von Rückstellungen in der Steuerbilanz richtet sich grundsätzlich nach den dargestellten handelsrechtlichen Bestimmungen. Dies folgt vor allem aus § 5 Abs. 1 EStG bzw. bei buchführungspflichtigen Nichtgewerbetreibenden aus § 4 Abs. 1 EStG i. V. m. § 141 AO. Besteht handelsrechtlich keine Pflicht zur Rückstellungsbildung, so darf im Allgemeinen eine Rückstellung nicht ausgewiesen werden.

**III. Bewertung**

Bei der Bewertung der Rückstellungen wird zunächst in § 250 Abs. 3 Satz 1 HGB n. F. sehr allgemein festgestellt, dass die Rückstellungen in Höhe der erwarteten „Erfüllungsbeträge" zu bilden sind. Damit ist klargestellt, dass die Rückstellungen unter Berücksichtigung erwarteter Preis- und Kostensteigerungen zu bilanzieren sind. Bedeutsam ist diese Änderung insbesondere bei der Bewertung von Pensionsrückstellungen, denn nunmehr sind Annahmen über die erwarteten Rentenanpassungen und Gehaltssteigerungen sowie die erwartete Mitarbeiterfluktuation zu treffen. In Konkretisierung der erwarteten Erfüllungsbeträge werden Rückstellungen künftig mit einer Restlaufzeit von über einem Jahr fristenkongruent entsprechend dem durchschnittlichen Marktzinssatz abgezinst.

**IV. Einschränkungen der Rückstellungsbildung in der Steuerbilanz**

In der steuerlichen Gewinnermittlung sind Pensionsrückstellungen nur anzusetzen, wenn die Voraussetzungen des § 6 a Abs. 1 und 2 EStG (z. B. Schriftformerfordernis) erfüllt sind. Die Passivierung einer Pensionszusage unterliegt zudem dem Bewertungsvorbehalt des § 6 a Abs. 3 und 4 EStG. Die Bewertung kann somit vom handelsrechtlichen Wert abweichen. Des Weiteren enthält § 6 Abs. 1 Nr. 3 a EStG Regelungen zur Bewertung von Rückstellungen, welche den Bewegungsspielraum für die Steuerbilanz einschränken. Dabei stellen diese Grundsätze keine abschließende Aufzählung dar. So sind beispielsweise die in § 5 EStG festgelegten Regeln ebenfalls zu beachten.

**Erfahrungen in der Vergangenheit**

Nach § 6 Abs. 1 Nr. 3 a Buchst. a EStG ist bei Rückstellungen für gleichartige Verpflichtungen die Wahrscheinlichkeit zu berücksichtigen, dass der Stpfl. nur zu einem Teil der Summe dieser Verpflichtungen in Anspruch genommen wird. Die Regelung bezieht sich auf steuerlich anerkannte Rückstellungen nach § 249 Abs. 1 HGB.

**Bewertung mit variablen Kosten**
§ 6 Abs. 1 Nr. 3 a Buchst. b EStG bestimmt, dass Rückstellungen für Sachleistungsverpflichtungen mit den Einzelkosten und nur noch mit den angemessenen Teilen der notwendigen Gemeinkosten zu bewerten sind. Für die Beschränkung auf diese Teilkosten spricht, dass die Fixkosten zeitraumbezogen sind und mit der zu bewertenden Verpflichtung in keinem kausalen Zusammenhang stehen.
**Wertmindernde Berücksichtigung künftiger Vorteile**
Nach § 6 Abs. 1 Nr. 3 a Buchst. c EStG sind künftige Vorteile, die mit der Erfüllung der Verpflichtung voraussichtlich verbunden sein werden, soweit sie nicht als Forderung zu aktivieren sind, bei ihrer Bewertung wertmindernd zu berücksichtigen. Damit sind bei der Bewertung von Rückstellungen Einnahmen gegenzurechnen, die mit der Erfüllung der ausgewiesenen Verbindlichkeit anfallen werden, da die künftigen Einnahmen die später zu erfüllende Verbindlichkeit in ihrer Belastungswirkung mindern werden und die steuerliche Leistungsfähigkeit insoweit nicht herabgesetzt ist. So ist z. B. beim Ausweis einer Rekultivierungsverpflichtung zu berücksichtigen, dass der Unternehmer bei der Verfüllung die von dritter Seite zu zahlenden Kippentgelte zu seinen Gunsten vereinnahmen wird, aber nur soweit mit Dritten abgeschlossene Verträge über das Abkippen von Verfüllmaterial existieren.
**Ansammlungsrückstellungen**
Nach § 6 Abs. 1 Nr. 3 a Buchst. d EStG sind Rückstellungen für Verpflichtungen, für deren Entstehen im wirtschaftlichen Sinn der laufende Betrieb ursächlich ist, zeitanteilig in gleichen Raten anzusammeln, z. B. sind die Verpflichtungen eines Unternehmens, die Kosten für den Abriss eines Gebäudes nach zehn Jahren zu tragen, anzusammeln. Rückstellungen für die Verpflichtung, ein Kernkraftwerk stillzulegen, sind ab dem Zeitpunkt der erstmaligen Nutzung bis zum Zeitpunkt, in dem die Stilllegung begonnen werden muss, zeitanteilig in gleichen Raten anzusammeln. Steht der Zeitpunkt der Stilllegung nicht fest, beträgt der Zeitraum für die Ansammlung 25 Jahre.
**Abgrenzung zum tatsächlichen, nicht nur wirtschaftlichen Anstieg der Verpflichtung**
Hiervon zu unterscheiden sind Rückstellungen für Verpflichtungen, bei denen der Rückstellungsbetrag nicht nur im wirtschaftlichen Sinne, sondern tatsächlich in jedem Wirtschaftsjahr zunimmt, z. B.: Rekultivierungsrückstellungen. Am Bilanzstichtag ist eine Rückstellung in Höhe der Verpflichtung zur Rekultivierung des bisher abgebauten Grundstücksteils vorzunehmen.
**Abzinsungsgebot**
Nach § 6 Abs. 1 Nr. 3 a Buchst. e EStG sind Rückstellungen für Verpflichtungen, die frühestens in zwölf Monaten erfüllt werden müssen, mit einem Zinssatz von 5,5 % abzuzinsen. Das gilt sowohl für Geldleistungsverpflichtungen als auch für Sachleistungsverpflichtungen.

## V. Übergangsvorschriften zum BilMoG

Die Übergangsvorschriften zum BilMoG (Art. 67 Abs. 3 EGHGB n. F.) lassen indes zu, dass bislang bilanzierte Rückstellungen beibehalten und entsprechend ihrer ursprünglichen Bestimmung in Anspruch genommen werden. Außerdem wurde das auch teilweise auszuübende Wahlrecht eingeräumt, die Beträge sofort ohne Ergebniseffekt in die Gewinnrücklagen, also ins Eigenkapital umzugliedern. Letzteres gilt jedoch nicht für die Beträge, die im letzten vor dem 01.01.2010 beginnenden Geschäftsjahr zugeführt wurden. Hierfür ist eine Beibehaltung der Rückstellung oder aber die ergebniswirksame Auflösung angezeigt.

(Prof. Dr. Bischoff)

# 70. Gewinnermittlungsmethoden im Einkommensteuerrecht

## I. Grundlegung

Gemäß § 2 Abs. 2 EStG sind die Einkünfte bei Land- und Forstwirtschaft, Gewerbebetrieb und selbständiger Arbeit der Gewinn. Das Einkommensteuerrecht kennt mehrere Methoden zur Ermittlung des Gewinnes: den Betriebsvermögensvergleich nach § 4 Abs. 1 EStG sowie nach § 5 EStG, die Ermittlung des Überschusses der Betriebseinnahmen über die Betriebsausgaben gem. § 4 Abs. 3 EStG und die Gewinnermittlung nach Durchschnittssätzen gem. § 13 a EStG.

## II. Skizzierung der Gewinnermittlungsmethoden

### 1. Der Vermögensvergleich nach § 4 Abs. 1 EStG

§ 4 Abs. 1 EStG definiert den Gewinn als Reinvermögensdifferenz, nämlich als Unterschiedsbetrag zwischen dem Betriebs(rein)vermögen am Schluss des Wirtschaftsjahres und dem Betriebs(rein)vermögen am Schluss des vorangegangenen Wirtschaftsjahres. Das Betriebs(rein)vermögen erscheint dabei als Differenz bzw. Saldo zwischen positiven und negativen Wirtschaftsgütern und Verrechnungsposten, die zum Betriebsvermögen zählen. Dabei können auch Wirtschaftsgüter, die weder zum notwendigen Betriebs- noch zum notwendigen Privatvermögen gehören, als gewillkürtes Betriebsvermögen erfasst werden – also beispielsweise ein PKW, der zu 30 % betrieblich und zu 70 % privat genutzt wird. Da nur Vermögensveränderungen aus betrieblicher Tätigkeit und Existenz Gewinn sein können, sind von der Reinvermögensdifferenz noch Einlagen abzuziehen und Entnahmen hinzuzurechnen.

§ 4 Abs. 1 EStG wird als Kernvorschrift der einkommensteuerlichen Gewinnermittlung bezeichnet. Sie kommt immer dann zum Zuge, wenn für einen Unternehmer nicht spezielle Gewinnermittlungsvorschriften Anwendung finden. Zwingend ist diese Methode vorgeschrieben für Land- und Forstwirte, die nach §§ 140 f. AO oder als Kannkaufleute gem. § 238 Abs. 1 i. V. m. § 2 HGB buchführungspflichtig sind. Soweit Freiberufler oder nicht buchführungspflichtige Land- und Forstwirte freiwillig Bücher führen, ist ihr Gewinn ebenfalls nach § 4 Abs. 1 EStG zu ermitteln.

### 2. Der Vermögensvergleich nach § 5 EStG

Der Vermögensvergleich nach § 5 EStG findet Anwendung bei allen Gewerbetreibenden, die zur Buchführung verpflichtet sind oder freiwillig Bücher führen. Eine Verpflichtung zur Buchführung ergibt sich für alle Vollkaufleute und Handelsgesellschaften aus § 238 Abs. 1 HGB. Für andere Gewerbetreibende kann sie sich aus § 141 AO ergeben.

Im Gegensatz zum Vermögensvergleich des § 4 Abs. 1 EStG ist die Steuerbilanz nach § 5 EStG von der Handelsbilanz abzuleiten. Die allgemeinen Grundsätze zur Aktivierung, Passivierung und Bewertung der einzelnen Bilanzposten wurden durch das BilMoG nicht geändert und sind für die steuerliche Gewinnermittlung maßgeblich. Die Steuerbilanz ist also nach den Grundsätzen ordnungsgemäßer Buchführung – aber unter Beachtung steuerlicher Spezialnormen – aufzustellen. Durch die steuerlichen Ansatz- und Bewertungsvorbehalte wird der Grundsatz der Maßgeblichkeit mitunter durchbrochen.

### 3. Überschuss der Einnahmen über die Betriebsausgaben

Steuerpflichtige, die zur Führung von Büchern weder verpflichtet sind noch dies freiwillig tun, müssen grundsätzlich ihren Gewinn gem. § 4 Abs. 3 EStG ermitteln. Bei dieser Methode werden die Betriebseinnahmen einer Periode den Betriebsausgaben gegenübergestellt. Betriebseinnahmen sind dabei alle betrieblich veranlassten Wertzugänge zum Betriebsvermögen. Spiegelbildlich dazu werden Betriebsausgaben in § 4 Abs. 4 EStG definiert als durch den Betrieb veranlasste Aufwendungen. Soweit allerdings Ausgaben für Wirtschaftsgüter des Anlagevermögens getätigt wurden, können diese nur im Wege der Absetzung für Abnutzung bzw. beim Ausscheiden aus der betrieblichen Sphäre (in Höhe des Restwertes) berücksichtigt werden.

### 4. Gewinnermittlung nach Durchschnittssätzen

Gemäß § 13 a EStG können nicht buchführungspflichtige Land- und Forstwirte, die bestimmte Größenmerkmale nicht überschreiten, ihren Gewinn nach einem pauschalierten Verfahren ermitteln. Es knüpft an einen am Einheitswert orientierten Grundbetrag an, der u. a. um einen (pauschalierten) Wert der Arbeitsleistung des Landwirtes und seiner mitarbeitenden Angehörigen, um vereinnahmte Pachtzinsen und den Nutzungswert der Wohnung des Betriebsinhabers zu erhöhen ist.

### III. Die wichtigsten Unterschiede zwischen den Gewinnermittlungsarten

Die unterschiedliche Basis der dargestellten Gewinnermittlungsmethoden impliziert, dass der Gewinn eines Betriebes – je nach angewandter Methode – unterschiedlich hoch ausgewiesen wird. Bei Anwendung des § 13 a EStG werden regelmäßig sowohl der Totalgewinn als auch der Periodengewinn niedriger ausgewiesen als bei Anwendung anderer Methoden. Deshalb wird § 13 a EStG häufig in der Literatur als eine der Steuergerechtigkeit widersprechende verdeckte Steuerentlastung land- und forstwirtschaftlicher Betriebe bemängelt.

Nicht so gravierend sind im Ergebnis die Unterschiede zwischen den restlichen Methoden, wenngleich der Periodengewinn beträchtlich divergieren kann. Da § 4 Abs. 3 EStG grundsätzlich an das Zufluss-Abfluss-Prinzip des § 11 EStG anknüpft, führt der Kauf von Wirtschaftsgütern des Umlaufvermögens – also z. B. der Kauf von Waren – bereits zum Zeitpunkt des Geldabflusses zu Betriebsausgaben. Soweit Erzeugnisse auf Ziel verkauft werden, wird zunächst keine Betriebseinnahme erfasst. Diese (grundsätzliche) Anknüpfung an Zahlungsströme impliziert, dass Gewinne bei Anwendung der Methode des § 4 Abs. 3 EStG regelmäßig später erfasst werden als bei einer Gewinnermittlung durch Vermögensvergleich.

Die Unterscheidung zwischen der Gewinnermittlung durch Vermögensvergleich nach § 4 Abs. 1 und nach § 5 EStG ist heute nicht mehr gravierend. Dies resultiert zum einen daraus, dass Satz 5 der alten Fassung des § 4 Abs. 1 EStG wegen Verfassungswidrigkeit 1971 gestrichen wurde. Hierin war u. a. bestimmt, dass Gewinne aus der Veräußerung von Grund und Boden steuerlich nicht zu erfassen waren. Zu einer weiteren Nivellierung hat § 141 Abs. 1 AO geführt. Danach finden bei buchführungspflichtigen Gewerbebetrieben – auch wenn sie den Gewinn nach § 4 Abs. 1 EStG ermitteln – die §§ 238 ff. HGB und damit auch die Grundsätze ordnungsgemäßer Buchführung Anwendung. Nicht hierunter fallen aber freiwillig buchführende Land- und Forstwirte und Freiberufler. Da ihr Vermögensvergleich nicht den Grundsätzen ordnungsgemäßer Buchführung entsprechen muss, können sie beispielsweise auch transitorische Rechnungsabgrenzungsposten bilden.

(Prof. Dr. Bischoff)

## 71. Rechnungsabgrenzungsposten im Handels- und im Steuerrecht

### I. Begriffliche Grundlagen

Rechnungsabgrenzungsposten (RAP) stellen keine Vermögensgegenstände oder Schulden bzw. Wirtschaftsgüter dar, sondern Verrechnungsposten. Sie dienen der periodengerechten Gewinnermittlung, indem sie zwei Geschäftsjahre so gegeneinander abgrenzen, dass jedem Geschäftsjahr die Aufwendungen und Erträge zugerechnet werden, welche durch das jeweilige Geschäftsjahr verursacht worden sind. RAP sind also Ausfluss der dynamischen Bilanzauffassung (Schmalenbach). RAP können unterschieden werden in
(1) antizipative RAP:
   Dies sind Verrechnungsposten für Erträge bzw. Aufwendungen des abgelaufenen Geschäftsjahres, die erst später zu Einnahmen bzw. Ausgaben führen.
(2) transitorische RAP (im weiteren Sinne):
   Hierunter versteht man Verrechnungsposten für Ausgaben bzw. Einnahmen vor dem Abschlussstichtag, die Aufwand oder Ertrag nach dem Abschlussstichtag darstellen.

### II. Die Regelung im Handelsrecht

Nach § 250 HGB müssen als RAP nur ausgewiesen werden:
– aktive RAP für Ausgaben vor dem Abschlussstichtag, soweit sie Aufwand für eine bestimmte Zeit nach diesem Tag darstellen, und
– passive RAP für Einnahmen vor dem Abschlussstichtag, soweit sie Ertrag für eine bestimmte Zeit nach dem Stichtag darstellen.

Aktive RAP erfordern somit z. B. vor dem Bilanzstichtag gezahlte, aber als Gegenleistung für die Zeit nach dem Bilanzstichtag bestimmte Miet-, Pacht-, Darlehenszinsen, Versicherungsprämien und ähnliche wiederkehrende Leistungen. Anwendungsbereich der passiven RAP sind primär gegenseitige Verträge, i. d. R. Dauerschuldverhältnisse, bei denen Leistung und Gegenleistung zeitlich auseinanderfallen, also einer erhaltenen Einnahme eine Verpflichtung gegenübersteht. Zulässig sind demnach nur **transitorische** RAP, die darüber hinaus Aufwand und Ertrag **für eine bestimmte** – nicht bloß bestimmbare – Zeit darstellen. Die Zeit, für die die Zahlungsvorgänge Erfolgswirksamkeit haben, darf nicht durch eine Schätzung festgelegt werden, sondern sie muss von vornherein eindeutig feststehen. Dieses Merkmal ist Ausdruck des handelsrechtlichen Objektivierungs- und des Vorsichtsprinzips. Eine enge Auslegung des Merkmals „bestimmte" Zeit entspricht bei aktiven RAP dem Vorsichtsprinzip; bei passiven RAP kann sie zu einer frühen Gewinnrealisierung führen.

Antizipative Posten dürfen in der Handelsbilanz nicht als RAP ausgewiesen werden; sie sind ggf. als Forderungen oder Verbindlichkeiten zu bilanzieren.

### III. Änderungen durch das BilMoG

Die Vorschrift des § 250 Abs. 1 Satz 2 Nr. 1 HGB a. F., nach der als Aufwand berücksichtigte Zölle und Verbrauchsteuern, soweit sie auf am Abschlussstichtag auszuweisende Vermögensgegenstände des Vorratsvermögens entfallen, als Rechnungsabgrenzungsposten ausgewiesen werden dürfen, ist aufgehoben worden. Ebenfalls entfallen ist die Vorschrift betreffend die Abgrenzung von als Aufwand berücksichtigter Umsatzsteuer auf am Abschlussstichtag auszuweisende oder von den Vorräten offen abgesetzte Anzahlungen (§ 250 Abs. 1 Satz 2 HGB Nr. 2 a. F.).

Diese nach bisherigen Recht gebildeten RAP können unter Anwendung der für sie geltenden Vorschriften in der bis zum Inkrafttreten des BilMoG geltenden Fassung beibehalten oder unmittelbar zugunsten der Gewinnrücklagen aufgelöst werden (vgl. Art. 67 Abs. 3 EGHGB).

Hinsichtlich des Ausweises des Disagios als RAP aus der Aufnahme einer Verbindlichkeit ist nunmehr der Erfüllungsbetrag anstatt der Rückzahlungsbetrag der Verbindlichkeit heranzuziehen. Hierbei handelt es sich lediglich um eine Folgeänderung zu der klarstellenden Änderung des Bewertungsmaßstabes für Verbindlichkeiten in § 253 Abs. 1 Satz 2 HGB. Wie bisher handelt es sich bei der Behandlung des Disagios als RAP um ein Wahlrecht, allerdings ist der bilanzierende Kaufmann künftig an die im Jahr der Aufnahme eines Darlehens getroffene Entscheidung gebunden. Ein einmal als RAP erfasstes Disagio ist dann zwingend über die Laufzeit der Verbindlichkeit aufwandswirksam zu verteilen.

### IV. Die Regelung nach IAS/IFRS
Für Gesellschaften, deren Wertpapiere zum 01.01.2005 in einem beliebigen Mitgliedstaat der EU zum Handel zugelassen sind, ist die Anwendung der IAS/IFRS für Geschäftsjahre, die am oder nach dem 01.01.2005 beginnen, zwingend.

In den IAS/IFRS (IAS 1.25, IAS 1.26, IAS 1.66) gibt es zu der Bilanzposition Rechnungsabgrenzungsposten kein Pendant zu § 250 HGB.

### V. Die Regelungen für die Steuerbilanz
Gewerbetreibende, die nach § 5 EStG zur Führung von Büchern verpflichtet sind oder freiwillig Bücher führen, dürfen gem. § 5 Abs. 5 EStG in der Steuerbilanz nur einen RAP für transitorische Posten i. e. S. bilden. Die Formulierung gleicht stark der in § 250 Abs. 1 HGB. Dies impliziert, dass bei buchführenden Gewerbetreibenden das für die Handelsbilanz Gesagte gilt. Nach § 5 Abs. 5 Satz 1 EStG besteht ein Ansatzgebot für „vorverausgabten Aufwand" und für „vorvereinnahmten Ertrag". Unterbliebene RAP sind in späteren Wirtschaftsjahren nachzuholen. Die Vorschrift gilt nach herrschender Meinung auch für die Gewinnermittlung nach § 4 Abs. 1 EStG, da hier sowohl statische (Statische Bilanzauffassung – Le Coutre) Elemente (§ 4 Abs. 1 EStG sieht als Gewinnermittlungsinstrument stichtagsbezogene Vermögensbestände vor) als auch dynamische Elemente (periodengerechte Gewinnermittlung) enthalten sind.

Das in der Steuerbilanz geltende Aktivierungsgebot für als Aufwand berücksichtigte auf Wirtschaftsgüter des Vorratsvermögens entfallende Zölle und Verbrauchsteuern gilt weiterhin. Die Abgaben wirken danach erst in dem Wirtschaftsjahr als Aufwand, in dem der Hersteller das belastete Produkt veräußert und die im Preis einkalkulierte Abgabe vom Abnehmer vergütet erhält. Da das bestehende Wahlrecht in der Handelsbilanz entfallen ist, kommt es zu einem unterschiedlichen Ausweis in Handels- und Steuerbilanz.

### VI. Behandlung der Umsatzsteuer
Die Umsatzsteuer ist grundsätzlich erfolgsneutral. Deshalb kann sie weder Aufwand noch Ertrag darstellen und ist somit nicht in die Rechnungsabgrenzung einzubeziehen. Die nicht abziehbare Vorsteuer kann jedoch zu Aufwand führen. In diesem Falle wäre sie mit dem Hauptbetrag abzugrenzen. In der Steuerbilanz ist gem. § 5 Abs. 5 Satz 2 Nr. 2 EStG die als Aufwand berücksichtigte Umsatzsteuer auf am Abschlussstichtag auszuweisende Anzahlungen zu aktivieren, also Bruttoausweis der Anzahlungen.

(Prof. Dr. Bischoff)

# 72. Die Bilanzierung von Leasingverträgen

## I. Begriff und Formen des Leasings

Unter Leasing versteht man ganz allgemein die Gebrauchsüberlassung von Wirtschaftsgütern gegen ein periodisch zu zahlendes Entgelt. Finanzierungsleasing liegt vor, wenn der Leasingvertrag während einer Grundmietzeit unkundbar ist und die Leasingraten so bemessen sind, dass sie während dieser Zeit die Amortisation und Verzinsung der Anschaffungskosten ermöglichen. Im Gegensatz zum Finanzierungsleasing liegt beim Operating-Leasing ein jederzeit kündbarer Vertrag vor, der wie ein normaler Mietvertrag zu klassifizieren ist. Mobilien-Leasing beinhaltet die Vermietung beweglicher Anlagegüter, Immobilien-Leasing die langfristige Vermietung von Grundstücken und Gebäuden. Vollamortisationsverträge garantieren dem Leasinggeber die volle Amortisation und Verzinsung der Anschaffungskosten über die Leasingraten während der Grundmietzeit. Bei Teilamortisationsverträgen werden die Anschaffungskosten während der Grundmietzeit durch die Leasingraten nur teilweise gedeckt. Sie enthalten aber regelmäßig eine Klausel, nach der der Leasingnehmer dafür Sorge trägt, dass der Leasinggeber aus der Verwertung des Restwerts mindestens einen Erlös in Höhe der noch nicht amortisierten Anschaffungskosten erhält.

## II. Bilanzielles Grundproblem der Leasingvertragsgestaltung

Nach § 246 Abs. 1 HGB sind die Vermögensgegenstände in der Bilanz des Eigentümers aufzunehmen. Somit erfolgt grundsätzlich eine Bilanzierung der Leasinggegenstände beim Leasinggeber als juristischem Eigentümer. § 246 Abs. 1 HGB macht jedoch insofern eine bedeutsame Ausnahme: „Ist ein Vermögensgegenstand nicht dem Eigentümer, sondern einem anderen wirtschaftlich zuzurechnen, hat dieser ihn in seiner Bilanz auszuweisen." Sofern der Leasingnehmer, also die tatsächliche Herrschaft über das Leasinggut ausübt und insofern als wirtschaftlicher Eigentümer anzusehen ist, hat er das Leasinggut zu bilanzieren. Nach Auffassung der Literatur können sowohl für die Handelsbilanz als auch für die Steuerbilanz die Leasingerlasse der Finanzverwaltung zur Abgrenzung des wirtschaftlichen Eigentums vom juristischen Eigentum herangezogen werden. Um die Zurechnung des Wirtschaftsgutes zum Leasinggeber zu erreichen, muss die Dauer des Leasingvertrages mindestens 40 % und höchstens 90 % der betriebsgewöhnlichen Nutzungsdauer des Leasingwirtschaftsgutes betragen. Hintergrund dieser Regelung ist, dass dem Leasinggeber als juristischem Eigentümer nicht nur der rechtliche Herausgabeanspruch gem. § 985 BGB zusteht, sondern dass dieser auch wirtschaftlich bedeutsam ist. Nur dann ist der juristische Eigentümer zugleich auch wirtschaftlicher Eigentümer (§ 39 AO). Im Grundfall führt die Zurechnung zum Leasinggeber dazu, dass dieser das Leasinggut zu aktivieren und über die betriebsgewöhnliche Nutzungsdauer abzuschreiben hat. Die Leasingraten stellen bei ihm Betriebseinnahmen und beim Leasingnehmer Betriebsausgaben dar. Wird das Leasinggut ausnahmsweise dem Leasingnehmer zugerechnet, hat dieser es zu aktivieren und über die betriebsgewöhnliche Nutzungsdauer abzuschreiben. Außerdem ist gegenüber dem Leasingnehmer eine Kaufpreisschuld in Höhe der Anschaffungskosten zu passivieren. Die Leasingraten werden in einen Zins- und Tilgungsanteil aufgeteilt. Der Zinsanteil ist als Betriebsausgabe erfolgswirksam, während der Tilgungsanteil die passivierte Verbindlichkeit verringert.

## III. Bilanzierung von Vollamortisationsverträgen
### 1. Mobilien (BMF-Schreiben vom 19.04.1971)
Zunächst ist zu prüfen, wem als wirtschaftlicher Eigentümer das Leasinggut zuzurechnen ist. Wie oben dargestellt, wird das Leasinggut dem Leasinggeber zugerechnet, wenn die Grundmietzeit mehr als 40 %, aber weniger als 90 % der Nutzungsdauer beträgt. Bei Optionsvereinbarungen ist zusätzlich zu beachten: Bei Kaufoption erfolgt eine Zurechnung zum Leasinggeber, wenn der Optionspreis mindestens den Restbuchwert bei linearer Abschreibung oder den niedrigeren gemeinen Wert deckt. Bei Leasingverträgen mit Verlängerungsoption müssen die Verlängerungsmieten der linearen Abschreibung entsprechen. Spezialleasingverträge, bei denen das Leasinggut auf die speziellen Wünsche des Leasingnehmers zugeschnitten ist, werden stets dem Leasingnehmer zugerechnet.

### 2. Immobilien (BMF-Schreiben vom 21.03.1972)
Beim Immobilien-Leasing ist grundsätzlich zwischen der Bilanzierung des Grund und Bodens und der Bilanzierung des Gebäudes zu unterscheiden.

Der Grund und Boden wird bei Leasingverträgen ohne Option und bei Leasingverträgen mit Verlängerungsoption grundsätzlich dem Leasinggeber zugerechnet. Bei Leasingverträgen mit Kaufoption wird der Grund und Boden regelmäßig demjenigen zugerechnet, der nach den unten genannten Grundsätzen auch als wirtschaftlicher Eigentümer des Gebäudes anzusehen ist.

Die Zurechnung des Gebäudes erfolgt nach ähnlichen Kriterien wie die Zurechnung von Mobilien. Eine Zurechnung beim Leasinggeber ist wiederum nur dann möglich, wenn die Grundmietzeit zwischen 40 % und 90 % der betriebsgewöhnlichen Nutzungsdauer liegt. Bei einer Kaufoption muss zusätzlich der Kaufpreis nach Ablauf der Grundmietzeit mindestens dem Restbuchwert unter Anwendung der linearen AfA (§ 7 Abs. 4 Satz 2 EStG) entsprechen; bei Mietverlängerungsoptionen muss die Anschlussmiete mindestens 75 % der ortsüblichen Vergleichsmiete betragen. Spezialleasing führt immer zur Zurechnung beim Leasingnehmer.

## IV. Teilamortisationsverträge
### 1. Mobilien (BMF-Schreiben vom 22.12.1975)
Teilamortisationsverträge beinhalten Leasingkonzepte, bei denen die Grundmietzeit zwischen 40 % und 90 % der betriebsgewöhnlichen Nutzungsdauer liegt und die folgende Klauseln enthalten, damit der noch nicht amortisierte Teil der Anschaffungskosten abgesichert ist:
1. Andienungsrecht des Leasinggebers, jedoch ohne Optionsrecht des Leasingnehmers,
2. Mehrerlösbeteiligung des Leasingnehmers,
3. Kündigung durch den Leasingnehmer mit Abschlusszahlung.

Diese Verträge sind nach Auffassung der Finanzverwaltung dem Leasinggeber zuzurechnen und führen zu den oben beschriebenen Konsequenzen.

### 2. Immobilien (BMF-Schreiben vom 23.12.1971)
Teilamortisationsverträge über Immobilien führen i. d. R. zur Zurechnung des Leasinggutes beim Leasinggeber. Das Leasinggut ist jedoch dann dem Leasingnehmer zuzurechnen, wenn weitere Vertragsklauseln dazu führen, dass der Leasingnehmer wirtschaftlicher Eigentümer ist. Dies ist regelmäßig dann gegeben, wenn der Vertrag nicht fortgesetzt werden kann und der Leasingnehmer die noch nicht amortisierten Anschaffungskosten des Leasinggutes zu tragen hat (z. B. bei zufälligem Untergang bzw. Zerstörung des Leasinggegenstandes).

(Dr. Kieffer)

## 73. Die handelsrechtliche Rechnungslegung der Kapitalgesellschaften

### I. Allgemeines

Durch das Bilanzrechtsmodernisierungsgesetz (BilMoG) wurden die Rechnungslegungsvorschriften im dritten Buch des HGB grundsätzlich reformiert. Es ist erstmals für alle Wirtschaftsjahre anzuwenden, die nach dem 31.12.2009 beginnen. Die Reform soll die Aussagekraft des Jahresabschlusses verbessern und an die Prinzipien der internationalen Rechnungslegung annähern. Dabei werden die Bilanzierungsprinzipien GoB, Gläubigerschutz, Vorsichtsprinzip, Realisationsprinzip und Ausschüttungsbemessungsfunktion beibehalten. Der Grundsatz der umgekehrten steuerlichen Maßgeblichkeit wird dagegen abgeschafft. Der Ansatz von steuerlichen Sonderbewertungen in der Steuerbilanz ist damit nicht mehr abhängig von der entsprechenden Bewertung in der Handelsbilanz, sodass die Handelsbilanz sich weiter von der Steuerbilanz abkoppelt.

Der Umfang der Rechnungslegungspflichten richtet sich danach, ob das Unternehmen als kleine, mittlere oder große Kapitalgesellschaft zu qualifizieren ist. Die Abgrenzungskriterien sind in § 267 HGB aufgeführt und richten sich nach Umsatz, Bilanzsumme und Zahl der Arbeitnehmer am Abschlussstichtag und dem vorangegangenen Abschlussstichtag.

### II. Jahresabschluss

#### 1. Allgemeine Vorschriften des Jahresabschlusses

Bestandteil des Jahresabschlusses ist die Bilanz, die Gewinn-und-Verlust-Rechnung und der Anhang. Der Jahresabschluss ist innerhalb von drei Monaten (bei kleinen Kapitalgesellschaften u. U. innerhalb von sechs Monaten) aufzustellen. Er hat unter Beachtung der Grundsätze ordnungsgemäßer Buchführung ein den tatsächlichen Verhältnissen entsprechendes Bild der Vermögens-, Finanz- und Ertragslage der Kapitalgesellschaft zu vermitteln (§ 264 Abs. 2 HGB – Generalnorm).

#### 2. Bilanz

Für alle Kapitalgesellschaften ist ein verbindliches Gliederungsschema vorgeschrieben (§ 266 HGB). Hinsichtlich der Bilanzierung dem Grunde nach besteht für sämtliche Vermögensgegenstände, Schulden und Rechnungsabgrenzungsposten aus § 246 HGB eine Ansatzpflicht. Ein Ansatzwahlrecht besteht für selbstgeschaffene immaterielle Vermögensgegenstände des Anlagevermögens (Entwicklungskosten), nicht jedoch für selbstgeschaffene Marken, Drucktitel, Verlagsrechte, Kundenlisten oder vergleichbare Werte. Nicht angesetzt werden dürfen z. B. Aufwendungen für die Gründung eines Unternehmens und die Kosten der Ingangsetzung oder Erweiterung des Geschäftsbetriebes (§ 248 Abs. 1 HGB). Für den entgeltlich erworbenen Firmenwert hingegen besteht eine Ansatzpflicht (§ 246 Abs. 1 HGB). Als passivierungspflichtige Schulden sind auch passive latente Steuern auszuweisen, wenn die Vermögensgegenstände in der Handelsbilanz mit einem höheren Wert ausgewiesen sind als in der Steuerbilanz oder die Schulden in der Steuerbilanz die Werte der Handelsbilanz übersteigen. Im umgekehrten Fall besteht für aktive latente Steuern ein Wahlrecht mit Ausschüttungssperre.

Die allgemeinen Bewertungsvorschriften in §§ 252 ff. HGB sind durch das kaufmännische Vorsichtsprinzip geprägt, welches zwei Ausprägungen hat: Durch das Anschaffungswert- und Realisationsprinzip wird der Ausweis möglicher Gewinne (z. B. Wertsteigerungen) bis zur Realisation im Umsatzprozess verhindert. Niederstwert- und Imparitätsprinzip stellen sicher, dass drohende Verluste zum Zeitpunkt ihrer Entstehung ausgewiesen werden (§§ 252, 253 HGB). Rückstellungen für ungewisse Verbindlichkeiten und Pensionsrückstellungen sind mit dem Erfüllungsbetrag zu bewerten und mit einem durchschnittlichen Marktzinssatz abzuzinsen.

### 3. Gewinn-und-Verlust-Rechnung

Die GuV ist entweder nach dem Gesamtkosten- oder Umsatzkostenverfahren in Staffelform aufzustellen. Das Gesamtkostenverfahren vergleicht die Aufwendungen einer Periode mit der in ihr erbrachten Leistungen (Umsatz, Bestandsveränderungen der Erzeugnisse, andere aktivierte Eigenleistungen). Die Aufwendungen sind nach ihren Arten gegliedert. Beim Umsatzkostenverfahren hingegen werden den Umsatzerlösen die zu ihrer Erzielung angefallenen Aufwendungen gegenübergestellt. Hier werden die Aufwendungen nach den Bereichen Herstellung, Vertrieb und allgemeine Verwaltung funktional gegliedert.

### 4. Anhang

Der Anhang erläutert die Bilanz und GuV, enthält die angewandten Bilanzierungs- und Bewertungsmethoden und gibt darüber hinaus die Informationen, die nicht unmittelbar aus diesen Rechenwerken zu entnehmen, aber für die Vermittlung der tatsächlichen Verhältnisse der Unternehmung notwendig sind (Generalnorm § 264 Abs. 2 Satz 2 HGB). Der Inhalt ist im Einzelnen in §§ 284, 285 HGB geregelt. Durch verschiedene Wahlrechte, Vermerke im Anhang statt in der Bilanz zu zeigen (z. B. Angabe der Verbindlichkeiten mit einer Laufzeit von mehr als fünf Jahren), kann die Bilanz von Informationen entlastet werden.

## III. Lagebericht

Mittelgroße und große Kapitalgesellschaften haben einen Lagebericht aufzustellen, in dem der Geschäftsverlauf einschließlich des Geschäftsergebnisses und die Lage des Unternehmens so darzustellen sind, dass ein den tatsächlichen Verhältnissen entsprechendes Bild vermittelt wird. In § 289 HGB wird der Mindestinhalt des Lageberichts festgelegt. Hierdurch soll die wirtschaftliche Gesamtbeurteilung des Unternehmens ermöglicht werden. Neben der Analyse der Geschäftstätigkeit ist die voraussichtliche Entwicklung mit ihren wesentlichen Chancen und Risiken zu beurteilen. Außerdem soll der Lagebericht auch auf Vorgänge von besonderer Bedeutung, die nach dem Schluss des Geschäftsjahres eingetreten sind, den Bereich Forschung und Entwicklung sowie bestehende Zweigniederlassungen der Gesellschaft eingehen.

## IV. Prüfung und Publizität

Mittelgroße und große Kapitalgesellschaften unterliegen der gesetzlichen Abschlussprüfung. Abschlussprüfer können bei großen Kapitalgesellschaften nur Wirtschaftsprüfer oder Wirtschaftsprüfungsgesellschaften, bei mittelgroßen Gesellschaften auch vereidigte Buchprüfer und Buchprüfungsgesellschaften sein.

Im Rahmen der Publizität haben kleine GmbHs die Bilanz und den Anhang verkürzt beim elektronischen Bundesanzeiger zu veröffentlichen, mittlere und große Kapitalgesellschaften zusätzlich die GuV, den Lagebericht und den Vorschlag für die Verwendung und den Beschluss über die Verwendung des Jahresergebnisses. Mittelgroße Kapitalgesellschaften können für die Bilanz die Vereinfachung nach § 327 HGB (verkürzte Bilanz mit zusätzlichen Angaben) in Anspruch nehmen.

(Dr. Kieffer)

## 74. Die Maßgeblichkeit der Handelsbilanz für die Steuerbilanz

### I. Grundlagen
Aufgrund des im Steuerrecht verankerten Grundsatzes der Maßgeblichkeit ist Ausgangspunkt der steuerlichen Gewinnermittlung die Handelsbilanz (HB). Gewerblich tätige Stpfl., die aufgrund handelsrechtlicher oder steuerlicher Regelungen verpflichtet sind, eine Buchführung zu unterhalten, oder freiwillig Bücher führen, haben steuerlich das Betriebsvermögen auszuweisen, das nach den handelsrechtlichen Grundsätzen ordnungsgemäßer Buchführung (GoB) anzusetzen ist (sog. Grundsatz der Maßgeblichkeit; § 5 Abs. 1 Satz 1 1. Halbsatz EStG). Das Maßgeblichkeitsprinzip wird vielfach durchbrochen. Bestehen eigene steuerrechtliche Vorschriften, gehen diese den handelsrechtlichen Regelungen vor. Wird im Rahmen der Ausübung eines steuerrechtlichen Wahlrechts in der Steuerbilanz (StB) ein anderer Ansatz als in der HB gewählt, kommt es ebenfalls zu einer Durchbrechung des Maßgeblichkeitsprinzips (§ 5 Abs. 1 Satz 1 2. Halbsatz EStG). Voraussetzung für die Ausübung steuerlicher Wahlrechte ist, dass bestimmte Aufzeichnungspflichten (Führen von besonderen Verzeichnissen) erfüllt werden (§ 5 Abs. 1 Sätze 2 und 3 EStG). Die konkrete Maßgeblichkeit in § 5 Abs. 1 a EStG ist unverändert beibehalten worden. Handelsrechtlich ist die Bildung von Bewertungseinheiten nunmehr in § 254 HGB kodifiziert.

### II. Neuregelungen durch das BilMoG
Der Grundsatz der Maßgeblichkeit wurde durch das Bilanzrechtsmodernisierungsgesetz (BilMoG, BGBl 2009 I S. 1102) umfassend geändert. Hierbei wurde die umgekehrte Maßgeblichkeit durch Streichung des § 5 Abs. 1 Satz 2 EStG a. F. abgeschafft. Zugleich wurden handelsrechtliche Öffnungsklauseln (z. B. §§ 248, 254 HGB a. F.) gestrichen. Die umgekehrte Maßgeblichkeit besagte, dass steuerliche Wahlrechte (zumeist Steuervergünstigungen) nur ausgeübt werden dürfen, wenn in der HB gleichermaßen verfahren wird.

Die Neuordnung des Grundsatzes der Maßgeblichkeit ist erstmals für VZ anzuwenden, die nach dem 31.12.2009 beginnen. Das BMF hat in einem Schreiben vom 12.03.2010 (BStBl 2010 I S. 239) zur Anwendung des Maßgeblichkeitsprinzips i. d. F. des BilMoG Stellung genommen.

### III. Inhalt des Maßgeblichkeitsgrundsatzes
#### 1. Bilanzierung dem Grunde nach
Handelsrechtliche Aktivierungsgebote und Aktivierungswahlrechte sind für die steuerliche Gewinnermittlung maßgeblich. Dies gilt jedoch nicht, wenn eine steuerrechtliche Vorschrift die Bilanzierung in der Steuerbilanz untersagt. Zum Beispiel gilt für bestimmte selbstgeschaffene immaterielle Vermögensgegenstände des Anlagevermögens gem. § 248 Abs. 2 HGB ein Aktivierungswahlrecht. Steuerlich wird eine Aktivierung selbstgeschaffener immaterieller Wirtschaftsgüter durch § 5 Abs. 2 EStG ausgeschlossen. Handelsrechtliche Passivierungsgebote sind auch in der Steuerbilanz zu berücksichtigen, es sei denn, es besteht eine steuerliche Sonderregelung. Handelsrechtliche Passivierungsverbote und Passivierungswahlrechte führen grundsätzlich zu Passivierungsverboten in der StB.

#### 2. Bilanzierung der Höhe nach
Für die steuerrechtliche Bewertung ist grundsätzlich vom handelsbilanziellen Wertansatz auszugehen. Zu beachten ist jedoch der steuerrechtliche Bewertungsvorbehalt (§ 5 Abs. 6 EStG). Besteht eine steuerrechtliche Bewertungsbestimmung, fallen die Wertansätze in der HB und der StB regelmäßig auseinander.

Zum Beispiel ist handelsrechtlich im Rahmen der Abschreibung des derivativen Firmen- oder Geschäftswerts auf die voraussichtliche Nutzungsdauer abzustellen. Steuerrechtlich wird eine typisierte Nutzungsdauer von 15 Jahren angenommen. Stehen handelsrechtlichen Bewertungswahlrechten keine eigenständigen steuerlichen Regelungen gegenüber, gilt der Grundsatz der Maßgeblichkeit der HB für die StB. So besteht ein Wahlrecht, die Fremdkapitalzinsen in die Herstellungskosten eines Vermögensgegenstandes einzubeziehen (§ 255 Abs. 3 Satz 2 HGB). Infolge des Maßgeblichkeitsprinzips sind die Zinsaufwendungen auch in der steuerlichen Gewinnermittlung als Herstellungskosten auszuweisen, wenn sie in die handelsrechtlichen Herstellungskosten einbezogen wurden.

**3. Steuerliche Wahlrechte**
Steuerliche Wahlrechte können sich aus Gesetz, aus den EStR (z. B. R 6.5 EStR, R 6.6 EStR) oder aus BMF-Schreiben ergeben. Nach § 5 Abs. 1 Satz 2 EStG können steuerliche Wahlrechte autonom ausgeübt werden. Die Wahlrechtsausübung führt zu einer Beschränkung des Grundsatzes der Maßgeblichkeit. So können stille Reserven gem. § 6 b EStG übertragen werden und mindern die Anschaffungs- bzw. Herstellungskosten eines Wirtschaftsguts in der StB. Handelsrechtlich ist die Übertragung der stillen Reserven gem. § 6 b EStG infolge des Wegfalls der umgekehrten Maßgeblichkeit nicht mehr möglich.
Besteht handelsrechtlich und steuerrechtlich ein Wahlrecht, kann das steuerrechtliche Wahlrecht unabhängig von der Entscheidung in der HB ausgeübt werden. Für bewegliche Wirtschaftsgüter des Anlagevermögens, die zwischen dem 01.01.2009 und dem 31.12.2011 angeschafft oder hergestellt worden sind, lässt § 7 Abs. 2 EStG die degressive AfA zu. Der Abschreibungssatz ist begrenzt auf das Zweieinhalbfache der linearen AfA, höchstens jedoch 25 %. Steuerlich kann die degressive AfA gewählt werden, auch wenn der Vermögensgegenstand in der HB linear abgeschrieben wird (BMF-Schreiben vom 12.03.2010, Tz. 18).

**4. Aufzeichnungspflichten**
Die Ausübung der steuerlichen Wahlrechte setzt voraus, dass die Wirtschaftsgüter, die nicht mit dem handelsrechtlichen Wert in der StB angesetzt werden, in ein besonderes, laufend zu führendes Verzeichnis aufgenommen werden (§ 5 Abs. 1 Satz 2 EStG). Die Verzeichnisse sollen Bestandteil der Buchführung sein. In die Verzeichnisse sind der Tag der Anschaffung/ Herstellung der Wirtschaftsgüter, die Anschaffungs- oder Herstellungskosten, die Vorschrift des steuerlichen Wahlrechts und die vorgenommenen Abschreibungen aufzunehmen (§ 5 Abs. 1 Satz 3 EStG).

**IV. Maßgeblichkeit bei Bewertungseinheiten**
Vermögensgegenstände und Schulden sind grundsätzlich einzeln zu bewerten. Eine Einschränkung des Einzelbewertungsgrundsatzes stellt § 254 HGB dar, wonach die Bildung einer Bewertungseinheit zulässig ist, wenn die Risiken eines Grundgeschäfts durch ein geeignetes Sicherungsgeschäft abgesichert werden; d. h., durch das Sicherungsgeschäft werden negative Wertentwicklungen des Grundgeschäfts ausgeglichen. Für Bewertungseinheiten wird neben dem Einzelbewertungsgrundsatz (§ 252 Abs. 1 Nr. 3 HGB) das Realisations- und das Imparitätsprinzip (§ 252 Abs. 1 Nr. 4 HGB) beschränkt und das Anschaffungskostenprinzip als Bewertungsobergrenze (§ 253 Abs. 1 Satz 1 HGB) außer Kraft gesetzt. Handelsrechtlich gebildete Bewertungseinheiten sind aufgrund des konkreten Maßgeblichkeitsgrundsatzes des § 5 Abs. 1 a EStG auch in der StB nachzuvollziehen. Aufgrund der Ausnahmeregelung in § 5 Abs. 4 a Satz 2 EStG ist ein Verlustüberhang des Sicherungsgeschäfts in einer Drohverlustrückstellung auszuweisen.

(Dr. Lenz)

## 75. Die Bewertung des Vorratsvermögens in der Handels- und Steuerbilanz

### I. Begriffliche Abgrenzung

Als die erste von vier Positionen des Umlaufvermögens sind in § 266 Abs. 2 HGB die Vorräte genannt. Die Vorräte werden untergliedert in: Roh-, Hilfs- und Betriebsstoffe, unfertige Erzeugnisse, unfertige Leistungen, fertige Erzeugnisse und Waren sowie geleistete Anzahlungen.

### II. Die Bewertung in der Handelsbilanz

Vorräte sind gem. § 253 Abs. 1 Satz 1 HGB mit den Anschaffungskosten (AK) bzw. den Herstellungskosten (HK) vermindert um außerplanmäßige Abschreibungen (§ 253 Abs. 4 HGB) zu bilanzieren. Zu den AK von Waren und Roh-, Hilfs- und Betriebsstoffen zählen alle Aufwendungen, die geleistet werden, um den Vermögensgegenstand zu erwerben. Hierzu zählen auch Anschaffungsnebenkosten (z. B. Frachtkosten) und nachträgliche Anschaffungskosten. Anschaffungspreisminderungen (z. B. Skonti) sind abzusetzen (§ 255 Abs. 1 HGB). Fertige und unfertige Erzeugnisse sind mit den HK, unfertige Leistungen mit den entstandenen Kosten zu bewerten. Zu den Herstellungskosten zählen neben den Einzelkosten auch angemessene Teile der Material- und Fertigungsgemeinkosten sowie der fertigungsbedingte Wertverzehr des Anlagevermögens. Darüber hinaus dürfen Verwaltungsgemeinkosten, Sozialgemeinkosten und fertigungsbedingte Fremdkapitalkosten einbezogen werden. Forschungs- und Vertriebskosten dürfen nicht berücksichtigt werden (§ 255 Abs. 2 HGB).

Aufgrund des strengen Niederstwertprinzips des § 253 Abs. 4 HGB ist ein niedriger Wert am Abschlussstichtag anzusetzen, der sich aus dem Börsen- oder Marktpreis des Vermögensgegenstands ergibt. Eine voraussichtlich dauerhafte Wertminderung ist nicht erforderlich. Zur Ermittlung des Börsen- oder Marktpreises kann auf den Beschaffungs- oder auf den Absatzmarkt abgestellt werden. Bei beschaffungsmarktorientierter Bewertung sind die Anschaffungsnebenkosten, nachträgliche Anschaffungskosten und Anschaffungspreisminderungen zu berücksichtigen. Existiert kein Börsen- oder Marktpreis, ergibt sich der Zeitwert aus dem beizulegenden Wert am Abschlussstichtag. Der beizulegende Wert entspricht den Wiederbeschaffungs- bzw. Reproduktionskosten, wobei ggf. Abschläge vorzunehmen sind. Ein niedriger Wertansatz darf in der Folgezeit nicht beibehalten werden, soweit die Gründe für die außerplanmäßige Abschreibung weggefallen sind (§ 253 Abs. 5 Satz 1 HGB).

Unter bestimmten Voraussetzungen sind handelsrechtlich Inventur- und Bewertungsvereinfachungsverfahren zulässig (§ 240 Abs. 3 und 4 HGB, § 256 HGB). Für Roh-, Hilfs- und Betriebsstoffe ist die Festbewertung möglich, wonach die Vermögensgegenstände mit einer gleich bleibenden Menge und einem gleich bleibenden Betrag in der HB angesetzt werden können. Voraussetzung ist, dass der Bestand der Vermögensgegenstände in Größe und Wert nur geringen Veränderungen unterliegt und der Gesamtwert für das Unternehmen nur von geringer Bedeutung ist. Gleichartige Vermögensgegenstände des Vorratsvermögens können zu einer Gruppe zusammengefasst und mit dem gewogenen durchschnittlichen AK bewertet werden (§ 240 Abs. 4 HGB). Diese Durchschnittsbewertung kommt insbesondere in Betracht, wenn bei schwankenden Einstandspreisen die AK oder HK aufgrund Vermischung nicht mehr den jeweiligen Vermögensgegenständen einzeln zugeordnet werden können (z. B. die Lagerhaltung von Kies, Kraftstoff, Kohle, Salz) und deshalb auf die durchschnittlichen AK abgestellt werden muss.

§ 256 Satz 1 HGB gestattet zur Bewertung gleichartiger Vermögensgegenstände des Vorratsvermögens die Anwendung von Verbrauchsfolgeverfahren, um die Ermittlung der AK zu erleichtern. Die folgenden Verbrauchsfolgeverfahren sind handelsrechtlich zulässig: Nach der Lifo-Methode (last in, first out) gelten die Bestände als zuerst verbraucht, die zuletzt eingegangen sind. Umgekehrt gelten bei der Fifo-Methode (first in, first out) die Vorräte zuerst als verbraucht, die zuerst erworben wurden. Darüber hinaus ist noch das Hifo-Verfahren (highest in, first out) und das Lofo-Verfahren (lowest in, first out) möglich.

### III. Die Bewertung in der Steuerbilanz

Vorräte zählen zu den Wirtschaftsgütern des Umlaufvermögens. Steuerlich richtet sich die Bewertung nach § 6 Abs. 1 Nr. 2 und Nr. 2 a EStG. Die Bewertung erfolgt grundsätzlich zu AK oder HK. Im Unterschied zum handelsrechtlichen HK-Begriff sollen Aufwendungen, für die gem. § 255 Abs. 2 Satz 3 HGB ein Einbeziehungswahlrecht besteht (Verwaltungsgemeinkosten, Sozialgemeinkosten), bei der steuerlichen Gewinnermittlung verpflichtend in die HK einzubeziehen sein. Dies soll unabhängig von der handelsrechtlichen Wahlrechtsausübung gelten (BMF-Schreiben vom 12.03.2010, Tz. 8, BStBl 2010 I S. 240). Wird das handelsrechtliche Wahlrecht zum Einbezug der Fremdkapitalzinsen in die HK ausgeübt (§ 255 Abs. 3 HGB), sind diese Zinsen auch in der steuerlichen Gewinnermittlung als HK zu beurteilen (BFH-Schreiben vom 12.03.2010, Tz. 6).

Liegt am Abschlussstichtag eine voraussichtlich dauernde Wertminderung vor, besteht ein Wahlrecht, auf den niedrigeren Teilwert abzuschreiben (§ 6 Abs. 1 Nr. 2 Satz 2 EStG). Die außerplanmäßige Abschreibung in der HB (strenges Niederstwertprinzip des § 253 Abs. 4 HGB), ist nicht zwingend in der StB nachzuvollziehen. Das steuerliche Wahlrecht, auf den niedrigeren Teilwert abzuschreiben, kann unabhängig von der HB ausgeübt werden (§ 5 Abs. 1 Satz 1 2. Halbsatz EStG). Hat der Stpfl. eine Teilwertabschreibung vorgenommen und weist er zu den folgenden Abschlussstichtagen den niedrigeren Teilwert nicht nach, besteht ein Zuschreibungsgebot (§ 6 Abs. 1 Nr. 2 Satz 3 i. V. m. Nr. 1 Satz 4 EStG). Der steuerliche Teilwert und der handelsrechtliche beizulegende Wert stimmen nicht zwingend überein. Steuerlich besteht die Vermutung, dass der Teilwert den Wiederbeschaffungskosten bzw. Wiederherstellungskosten am Abschlussstichtag entspricht. Bei Waren und fertigen Erzeugnissen kann z. B. der Teilwert auf der Grundlage der voraussichtlich erzielbaren Veräußerungserlöse abzgl. der noch anfallenden betrieblichen Aufwendungen und des durchschnittlichen Unternehmergewinns ermittelt werden.

Zur Erleichterung von Inventur und Bewertung können für gleichartige Wirtschaftsgüter des Vorratsvermögens auch steuerlich Festwerte gebildet werden. Die Bewertung gleichartiger Wirtschaftsgüter des Vorratsvermögens zu einem gewogenen Durchschnitt ist steuerlich ebenfalls zulässig. Macht der Stpfl. glaubhaft, dass in dem Betrieb regelmäßig die zuletzt angeschafften Wirtschaftsgüter zuerst verbraucht oder veräußert werden, können die AK/HK unter bestimmten Voraussetzungen nach der Lifo-Methode ermittelt werden (§ 6 Abs. 1 Nr. 2 a EStG, R 6.8 und R 6.9 EStR). Die weiteren handelsrechtlich zulässigen Verbrauchsfolgenverfahren dürfen zur steuerlichen Gewinnermittlung nicht verwendet werden. Die Ausübung des steuerlichen Wahlrechts zur Bewertung des Vorratsvermögens nach dem Lifo-Verfahren kann unabhängig von der handelsrechtlichen Wahlrechtsausübung erfolgen. So steht die Einzelbewertung der Vermögensgegenstände in der HB der Anwendung der Lifo-Methode in der StB nicht entgegen (§ 5 Abs. 1 Satz 1 2. Halbsatz EStG).

(Dr. Lenz)

## 76. Die Bewertung von Forderungen und Verbindlichkeiten im Handels- und Steuerrecht

### I. Die Bewertung von Forderungen

**1. Bilanzierung in der Handelsbilanz**

Handelsbilanziell stellen Forderungen Vermögensgegenstände besonderer Art dar. Es ist zu unterscheiden zwischen Forderungen des Anlage- und des Umlaufvermögens. Ist die Forderung dazu bestimmt, dem Geschäftsbetrieb dauerhaft zu dienen, stellt sie Anlagevermögen dar (§ 247 Abs. 2 HGB). Ansonsten handelt es sich um Umlaufvermögen. Aus dem Verbot der Bilanzierung schwebender Verträge folgt, dass eine Forderung nicht bereits bei Abschluss eines Vertrags aktiviert werden darf. Erst im Zeitpunkt der Beendigung des Schwebezustandes, also mit Realisierung, entsteht die Forderung. Bei einem Kaufvertrag ist die Pflicht des Verkäufers grundsätzlich mit Übergabe der Sache erfüllt. Zu diesem Zeitpunkt hat der Verkäufer die Forderung auf Kaufpreiszahlung zu aktivieren.

Forderungen des Anlagevermögens sind gem. § 253 Abs. 1 HGB mit den Anschaffungskosten (AK) zu aktivieren. Als AK gilt regelmäßig der Nennwert. Bei unverzinslichen Forderungen liegen grundsätzlich AK in Höhe des Barwerts vor. Fremdwährungsforderungen sind in Euro auszuweisen. Maßgeblich ist der Geld- bzw. Briefkurs im Zeitpunkt der Aktivierung. Ist der beizulegende Wert der Forderung am Abschlussstichtag aufgrund einer voraussichtlich dauernden Wertminderung gemindert, besteht eine Abwertungspflicht (§ 253 Abs. 3 Satz 3 HGB; sog. Einzelabwertung). Bei Ermittlung des beizulegenden Werts sind wertaufhellende Umstände zu berücksichtigen (§ 252 Abs. 1 Nr. 4 Halbsatz 1 HGB). Fallen die Gründe für den niedrigeren Wertansatz in der Folgezeit weg, sieht § 253 Abs. 5 Satz 1 HGB ein Wertaufholungsgebot vor.

Neben dem Verfahren der Einzelabwertung ist bei Forderungen eine Pauschalabwertung vorzunehmen. Die Pauschalabwertung stellt eine vereinfachte Form der Ermittlung des beizulegenden Werts dar. Im Rahmen der Pauschalabwertung sollen dem Unternehmen nicht bekannte, aber mit hoher Wahrscheinlichkeit eintretende Risiken (insbesondere Ausfall- und Kreditrisiken) berücksichtigt werden. Der Abwertungssatz ist auf Grundlage betrieblicher Erfahrungen zu schätzen.

Forderungen des Umlaufvermögens sind ebenfalls mit den AK zu aktivieren. Ist der beizulegende Wert am Bilanzstichtag niedriger als die AK, ist zwingend abzuschreiben, unerheblich ob die Wertminderung dauerhaft oder nur vorübergehend ist (§ 253 Abs. 4 Satz 2 HGB; strenges Niederstwertprinzip). Fallen die Gründe für den niedrigeren Wertansatz in der Folgezeit weg, greift das Wertaufholungsgebot des § 253 Abs. 5 Satz 1 HGB. Neben der Einzelabwertung ist auch bei Forderungen des Umlaufvermögens die Pauschalabwertung durchzuführen.

**2. Abweichungen bei der Bewertung in der Steuerbilanz**

Die Bewertung von Forderungen in der Steuerbilanz richtet sich nach § 6 Abs. 1 Nr. 2 EStG. Ist der Teilwert der Forderung aufgrund einer voraussichtlich dauernden Wertminderung niedriger, kann dieser angesetzt werden (§ 6 Abs. 1 Nr. 2 Satz 2 EStG). Gemäß § 5 Abs. 1 Satz 1 2. Halbsatz EStG kann das Wahlrecht zur Teilwertabschreibung unabhängig von der Handelsbilanz ausgeübt werden. Neben der Einzelabwertung besteht auch steuerlich die Möglichkeit zur Pauschalabwertung. Wird auf den niedrigeren Teilwert abgeschrieben, besteht ein Zuschreibungsgebot, wenn der Stpfl. an den folgenden Abschlussstichtagen nicht nachweist, dass der Teilwert der Forderung weiterhin gemindert ist (§ 6 Abs. 1 Nr. 2 Satz 3 i. V. m. Nr. 1 Satz 4 EStG).

## II. Die Bewertung von Verbindlichkeiten
### 1. Bilanzierung in der Handelsbilanz
Verbindlichkeiten sind rechtlich entstandene und noch nicht erfüllte Verpflichtungen. Wurden die Verbindlichkeiten vor dem Abschlussstichtag wirtschaftlich verursacht, sind sie im Jahresabschluss als Schulden auszuweisen (§ 246 Abs. 1 Satz 1 HGB). Verbindlichkeiten aus schwebenden Geschäften sind grundsätzlich nicht zu bilanzieren, da es an der wirtschaftlichen Belastung fehlt. Nach § 253 Abs. 1 Satz 2 HGB sind Verbindlichkeiten zu ihrem Erfüllungsbetrag auszuweisen. Der Begriff Erfüllungsbetrag wurde im Rahmen des Bilanzrechtsmodernisierungsgesetzes (BilMoG, BGBl 2009 I S. 1102) eingeführt und ersetzt den Begriff Rückzahlungsbetrag. Nach der Gesetzesbegründung soll dadurch klargestellt werden, dass bei der Bewertung von Verbindlichkeiten nicht nur Geldleistungsverpflichtungen, sondern auch Sachleistungs- und Dienstleistungsverpflichtungen berücksichtigt werden müssen. Darüber hinaus wird durch den Begriff Erfüllungsbetrag präzisiert, dass bei der Bewertung von Verbindlichkeiten künftige Preis- und Kostensteigerungen zu beachten sind.

Ist der Erfüllungsbetrag einer Verbindlichkeit höher als der Ausgabebetrag (Disagio), darf das Disagio aktivisch abgegrenzt werden (§ 250 Abs. 3 HGB). Der aktive Rechnungsabgrenzungsposten ist durch planmäßige jährliche Abschreibungen zu tilgen, die auf die gesamte Laufzeit der Verbindlichkeit verteilt werden können. Eine Abzinsung unverzinslicher oder niedrigverzinslicher Verbindlichkeiten verstößt gegen das Realisationsprinzip und ist handelsrechtlich unzulässig. Führen Veränderungen der Zinsverhältnisse zu einer Überverzinslichkeit der Verbindlichkeit, wird der Erfüllungsbetrag grundsätzlich nicht unberührt. Allerdings kann in der HB eine Drohverlustrückstellung zu bilden sein.

Fremdwährungsverbindlichkeiten sind gem. § 253 Abs. 1 Satz 2 HGB ebenfalls zum Erfüllungsbetrag auszuweisen. Maßgeblich ist der Geld- bzw. Briefkurs im Zeitpunkt der Begründung der Verbindlichkeit. Durch das BilMoG wurde in § 256 a HGB eine Vorschrift zur Folgebewertung von Fremdwährungsposten eingeführt. Hiernach sind Fremdwährungsverbindlichkeiten mit einer Laufzeit von mehr als einem Jahr am Abschlussstichtag zum Devisenkassamittelkurs unter Beachtung des Realisations- und Imparitätsprinzips sowie des Anschaffungskostenprinzips anzusetzen. Wertobergrenze bilden die AK, ein Ausweis nicht realisierter Gewinne infolge der Währungsumrechnung ist nicht zulässig.

### 2. Abweichungen bei der Bewertung in der Steuerbilanz
Die Bewertung von Verbindlichkeiten in der Steuerbilanz hat gem. § 6 Abs. 1 Nr. 3 EStG unter sinngemäßer Anwendung des § 6 Abs. 1 Nr. 2 EStG zu erfolgen. Als AK einer Geldleistungsverbindlichkeit gilt der Nennwert. Sachleistungs- und Dienstleistungsverpflichtungen sind grundsätzlich zu Vollkosten zu bewerten (BFH-Urteil vom 25.02.1986, BStBl 1986 II S. 788). Die Verbindlichkeit ist mit einem Zinssatz von 5,5 % abzuzinsen. Ausgenommen sind Verbindlichkeiten mit einer Laufzeit am Abschlussstichtag von weniger als 12 Monaten, verzinsliche Verbindlichkeiten sowie Anzahlungen oder Vorausleistungen. Liegt am Abschlussstichtag eine voraussichtlich dauernde Werterhöhung vor, kann der höhere Teilwert angesetzt werden. Für ein Disagio ist in der StB zusammen mit ggf. geleisteten Abschluss-, Bearbeitungs- oder Verwaltungsgebühren ein aktiver Rechnungsabgrenzungsposten zu bilden und über die Laufzeit des Darlehens zu verteilen. Zahlungen, die nicht an den Kreditgeber geleistet werden (z. B. Kreditvermittlungsprovision), stellen sofort abzugsfähige Geldbeschaffungskosten dar (H 6.10 EStR).

(Dr. Lenz)

# 77. Die Abgrenzung latenter Steuern nach § 274 HGB

## I. Grundlagen

Die Bilanzierung latenter Steuern nach handelsrechtlichen Vorschriften wurde durch das Bilanzrechtsmodernisierungsgesetz (BilMoG) neu geregelt. Nach der Gesetzesbegründung zielt die Neuregelung darauf ab, durch die Erfassung von steuerlichen Mehr- und Minderbelastungen, die nach dem sog. „temporary concept" aufgrund von unterschiedlichen Wertansätzen in Handels- und Steuerbilanz entstehen und sich zukünftig umkehren, eine den tatsächlichen Verhältnissen entsprechende Darstellung der Vermögens-, Finanz- und Ertragslage sicherzustellen. Die Neuregelung betrifft i. d. R. Kapitalgesellschaften sowie offene Handelsgesellschaften und Kommanditgesellschaften, die ausschließlich Kapitalgesellschaften als unmittelbar oder mittelbar persönlich haftende Gesellschafter haben (§ 264 a HGB). Kleine Kapitalgesellschaften und kleine unter § 264 a HGB fallende Personengesellschaften sind von der Anwendung des § 264 HGB befreit (§ 274 a Nr. 5 HGB).

## II. Ansatz latenter Steuern

Mit dem BilMoG hat der Gesetzgeber das bisher zugrunde gelegte „timing concept" aufgegeben und das international übliche „temporary concept" in das HGB übernommen. In Abhängigkeit davon, ob die Differenzen zwischen Handels- und Steuerbilanz zukünftig zu Steuerbe- oder entlastungen führen, ist zwischen passiven und aktiven latenten Steuern zu differenzieren.

Der **Ansatz passiver latenter Steuern** ist nach § 264 Abs. 1 Satz 1 HGB dann **geboten,** wenn

- die handelsrechtlichen Wertansätze von Vermögensgegenständen (Schulden) höher (niedriger) sind als deren steuerliche Wertansätze,
- diese Differenz sich in späteren Geschäftsjahren voraussichtlich umkehrt und
- sich hieraus eine künftige Steuerbelastung ergibt.

Der **Ansatz aktiver latenter Steuern** ist nach § 274 Abs. 1 Satz 2 HGB dann **möglich** (Wahlrecht), wenn

- die handelsrechtlichen Wertansätze von Vermögensgegenständen (Schulden) niedriger (höher) als deren steuerliche Wertansätze sind,
- diese Differenz sich in späteren Geschäftsjahren voraussichtlich umkehrt und
- sich hieraus eine künftige Steuerentlastung ergibt und
- soweit über die Belastungseffekte aus passiven latenten Steuern hinaus aktive latente Steuern bestehen.

Latente Steuern sind demnach nur insoweit anzusetzen, als die bestehenden Unterschiede in den Folgejahren durch Nutzung oder Abgang des betreffenden Bilanzpostens abgebaut werden und dieser Abbau zu einer Steuerbe- oder entlastung führt. Das bedeutet insbesondere, dass auch für sog. quasipermanente Differenzen latente Steuern zu bilden sind, während der Ansatz latenter Steuern für permanente Differenzen weiterhin nicht in Betracht kommt.

Temporäre Unterschiede i. S. des § 274 Abs. 1 ergeben sich durch **Bewertungsunterschiede,** d. h. durch unterschiedliche Wertansätze in Handelsbilanz oder Steuerbilanz oder dann, wenn sog. **Ansatzunterschiede** bestehen, weil der Bilanzposten entweder nur in der Handelsbilanz (z. B. selbsterstellte immaterielle Vermögensgegenstände, Drohverlustrückstellungen) oder nur in der Steuerbilanz (z. B. steuerfreie Rücklagen) angesetzt ist.

Ob bestehende Differenzen sich voraussichtlich ganz oder teilweise umkehren werden und die korrespondierende Steuerbe- oder -entlastung eintritt, hängt von Wahrscheinlichkeitsüberlegungen ab und ist unter Berücksichtigung des handelsrechtlichen Vorsichtsprinzips zu entscheiden.

Bei der Ermittlung der – aktiven – latenten Steuern sind grundsätzlich auch **Verlustvorträge, Zinsvorträge und Steuergutschriften** zu berücksichtigen, die in künftigen Geschäftsjahren zur Verminderung des zu versteuernden Einkommens führen. Ein Ansatz kann nach § 274 Abs. 1 HGB jedoch nur insoweit erfolgen, als zu erwarten ist, dass innerhalb der nächsten 5 Jahre eine Verrechnung erfolgen kann. Grund dafür sind das Vorsichtsprinzip, Objektivierungsüberlegungen und eine bessere Nachprüfbarkeit und Praktikabilität.

### III. Bewertung latenter Steuern

Soweit sich Differenzen oder Verlustvorträge ergeben, sind die anzusetzenden aktiven und passiven latenten Steuern auf Basis unternehmensindividueller Steuersätze im Zeitpunkt der voraussichtlichen Umkehrung bzw. des Abbaus der Differenzen zu bewerten (§ 274 Abs. 2 HGB). Steuersatzänderungen sind dann zu berücksichtigen, wenn die Änderung vor oder am Abschlussstichtag bereits gesetzlich verabschiedet wurde. Die **Abzinsung** latenter Steuern ist **nicht zulässig** (§ 274 Abs. 2 Satz 1 HGB).

### IV. Ausweis latenter Steuern

Passive latente Steuern sind in der Bilanz nach § 266 Abs. 3 E HGB zwingend auszuweisen; der Ausweis aktiver latenter Steuern kann nach § 266 Abs. 2 D HGB erfolgen (§ 274 Abs. 1 HGB). Grundsätzlich erfolgt eine Verrechnung (§ 274 Abs. 1 HGB). Der Bruttoausweis ist möglich (§ 274 Abs. 1 Satz 3 HGB).

Soweit latente Steuern gebildet oder aufgelöst werden, erfolgt dies grundsätzlich erfolgswirksam mit gesondertem Ausweis in der Gewinn-und-Verlust-Rechnung unter dem Posten „Steuern vom Einkommen und Ertrag" (§ 274 Abs. 2 Satz 3 HGB).

### V. Ausschüttungs- und Abführungssperren

Erträge aus der Aktivierung latenter Steuern unterliegen gem. § 268 Abs. 8 HGB einer Ausschüttungssperre. Sie dürfen im Rahmen eines Gewinnabführungsvertrages gem. § 301 AktG auch nicht abgeführt werden. Bei der Ermittlung der Höhe des ausschüttungsgesperrten Betrages sind passive latente Steuern zu berücksichtigen. Das bedeutet, dass der Betrag der Ausschüttungs- bzw. Abführungssperre unterliegt, um den die aktiven latenten Steuern die passiven latenten Steuern übersteigen, soweit keine frei verfügbaren Rücklagen und keine ausreichenden Ergebnisvorträge vorliegen.

### VI. Anhangangaben

Im Anhang ist gem. § 285 Nr. 29 HGB zu erläutern, auf welchen Differenzen oder steuerlichen Verlustvorträgen die latenten Steuern beruhen und mit welchen Steuersätzen die Bewertung erfolgt ist. Kleine und mittelgroße Kapitalgesellschaften sind nach § 288 Abs. 1 und Abs. 2 Satz 2 HGB von dieser Angabepflicht befreit.

Darüber hinaus ist im Anhang der Betrag der Ausschüttungssperre anzugeben, der auf die Aktivierung latenter Steuern entfällt (§ 285 Nr. 28 HGB).

(Montag)

## 78. Formerfordernisse bei Willenserklärungen

### I. Allgemeines

Eine Willenserklärung, also die Äußerung eines rechtlich erheblichen, auf die Herbeiführung eines Erfolges gerichteten Willens, kann grundsätzlich in beliebiger Form abgegeben werden (Grundsatz der Formfreiheit). In zahlreichen Fällen sieht das Gesetz jedoch Formvorschriften vor, die sowohl Beweissicherungs- als auch Schutzfunktion vor übereiltem Handeln der Beteiligten haben. Formvorschriften können, soweit sie nicht im Einzelnen gesetzlich vorgeschrieben sind, von den vertragschließenden Parteien vereinbart werden. Häufig anzutreffen ist z. B. eine Klausel, nach der Vereinbarungen der Schriftform bedürfen und dass mündliche Nebenabreden keine Gültigkeit haben sollen.

### II. Die Formvorschriften im Einzelnen

#### 1. Schriftform

Die Schriftform ist die häufigste und auch die einfachste Formvorschrift. Danach muss der Erklärende die schriftlich abgefasste Erklärung eigenhändig durch Namensunterschrift unterzeichnen. Nicht erforderlich ist, dass die gesamte Erklärung handschriftlich niedergeschrieben ist; dies ist aber ausnahmsweise beim privatschriftlichen Testament der Fall (§ 2247 BGB).
Die Unterschrift muss den Familiennamen ausweisen und eigenhändig vollzogen werden. Faksimilestempel u. Ä. gelten grundsätzlich nicht als Unterschrift. Die Schriftform ist bei Unterzeichnung durch einen Vertreter gewahrt. Als eigenhändige Unterzeichnung gilt es, wenn der Vertreter mit seinem Namen unter Angabe des Vertretungsverhältnisses oder, was auch als zulässig angesehen wird, ohne weiteren Hinweis mit dem Namen des Vertretenen unterschreibt. Bei Vertragsabschlüssen, für die die Schriftform gesetzlich vorgeschrieben ist, müssen beide Parteien auf denselben Urkunden unterzeichnen. Werden über einen Vertrag mehrere gleich lautende Urkunden aufgenommen, so genügt es, wenn jede Partei die für die andere Partei bestimmte Urkunde unterzeichnet (§ 126 Abs. 2 BGB). Die schriftliche Form kann durch die elektronische Form ersetzt werden, wenn sich nicht aus dem Gesetz ein anderes ergibt (§ 126 Abs. 3 BGB). Bei der elektronischen Form haben die Erklärenden ihren Namen dem Dokument hinzuzufügen und das elektronische Dokument mit einer qualifizierten elektronischen Signatur nach dem Signaturgesetz zu versehen (§ 126 a BGB). Im Falle der gewillkürten Schriftform gelten im Zweifel die gesetzlichen Bestimmungen. Es genügen zur Wahrung der Form aber auch die telekommunikative Übermittlung sowie bei einem Vertrag der Briefwechsel. Entsprechendes gilt bei elektronischer Signatur (§ 127 BGB). Bei der gewillkürten elektronischen Form ist jede elektronische Signatur ausreichend, auch eine, die die Definition des Signaturgesetzes nicht erfüllt. Die schriftliche Form wird durch die notarielle Beurkundung ersetzt (§ 126 Abs. 4 BGB). Der Schriftform bedürfen z. B. längerfristige Grundstücksmietverträge, die Kündigung eines Mietverhältnisses über Wohnraum, die Bürgschaftserklärung, das Schuldversprechen, das Schuldanerkenntnis, das Testament, Verbraucherdarlehensverträge sowie die Beendigung von Arbeitsverhältnissen durch Kündigung oder Auflösungsvereinbarung.

#### 2. Öffentliche Beglaubigung

Bei der öffentlichen Beglaubigung muss die Erklärung schriftlich abgefasst und die Unterschrift des Erklärenden von einem Notar beglaubigt werden (§ 129 Abs. 1 BGB). Öffentlich beglaubigt wird also nicht der Inhalt der Urkunde, sondern nur die Unterschrift des Erklärenden; es handelt sich also ausschließlich um einen Identitätsnachweis. Die Unterschrift ist in Gegenwart eines Notars zu leisten.

Einzelheiten regelt das Beurkundungsgesetz. Die öffentliche Beglaubigung wird durch die notarielle Beurkundung der Erklärung ersetzt (§ 129 Abs. 2 BGB). Die öffentliche Beglaubigung ist z. B. erforderlich für Anmeldungen zum Handels-, Vereins-, Güterrechtsregister und zum Grundbuchamt.

**3. Notarielle Beurkundung**
Im Gegensatz zu der öffentlichen Beglaubigung wird bei der notariellen Beurkundung die Urkunde als solche, d. h. ihr gesamter Inhalt, von dem Beurkundenden errichtet. Es handelt sich daher um eine öffentliche Urkunde, die den Hergang des beurkundeten Vorgangs nachweist (§ 415 ZPO). Das Beurkundungsgesetz enthält nähere Vorschriften über die Form, den Inhalt und den Hergang der Beurkundung. Ein Verstoß gegen zwingende Formvorschriften bewirkt die Ungültigkeit der Beurkundung. Für die notarielle Beurkundung ist vorwiegend der Notar zuständig. Eine gerichtliche Beurkundung kommt nur in Ausnahmefällen infrage. Ist durch Gesetz notarielle Beurkundung eines Vertrages vorgeschrieben, so genügt es, wenn zunächst der Antrag und sodann die Annahme des Antrags von einem Notar beurkundet wird (§ 128 BGB). Die Beurkundung ist z. B. erforderlich bei Schenkungsversprechen, Grundstückskaufverträgen (sowohl beim Verpflichtungsgeschäft als auch bei der Auflassung), dem Erbvertrag, der Übertragung von GmbH-Anteilen, der Gründung einer AG oder GmbH, gesellschaftsrechtlichen Umwandlungsbeschlüssen und Satzungsänderungen. Die notarielle Beurkundung wird auch durch die Formulierung „zur Niederschrift eines Notars" umschrieben.

**4. Andere Formvorschriften**
Manche gesetzliche Regelungen sehen die persönliche Anwesenheit der Beteiligten vor, so z. B. im Falle der Eheschließung. Besonderheiten ergeben sich weiterhin bei der Errichtung eines Testaments und beim Abschluss eines Tarifvertrages. Bei der Textform i. S. des § 126 b BGB handelt es sich um ein gesetzlich angeordnetes Formerfordernis, wobei die Eigenhändigkeit der Unterschrift entbehrlich ist.

### III. Die Wirkung von Formvorschriften
Besteht für ein Rechtsgeschäft eine bestimmte Formvorschrift und ist diese nicht erfüllt, so ist das Geschäft grundsätzlich nichtig (§ 125 BGB). Bei gewillkürten Formvorschriften kann sich die Formvorschrift nur auf Teile eines Rechtsgeschäfts beziehen. Die gesetzlichen Formvorschriften umfassen dagegen auch sämtliche Nebenabreden. Wird z. B. bei einem Grundstückskaufvertrag eine Nebenabrede nicht beurkundet, so führt dies im Allgemeinen zur Nichtigkeit des gesamten Vertrages. Die Nichtigkeit kann jedoch in einigen im Gesetz geregelten Fällen durch tatsächlichen Vollzug geheilt werden. Wird z. B. ein Schenkungsversprechen erfüllt, der Verpflichtung aus einer formwidrigen Bürgschaftserklärung nachgekommen oder werden die Auflassung und die Eintragung trotz formungültigen Grundstückskaufvertrags durchgeführt, so wird der Formmangel des Verpflichtungsgeschäfts geheilt. Wer einen Formmangel arglistig herbeiführt, kann sich nicht auf diesen berufen. Gleiches gilt, wenn jemand aus einem Rechtsgeschäft Vorteile gezogen hat oder wenn die Berufung auf die Verletzung der Formvorschrift ansonsten gegen Treu und Glauben verstoßen würde.
Werden Formvorschriften nicht geheilt und sind die Rechtsgeschäfte daher unwirksam, so gilt im Steuerrecht § 41 AO: Die Unwirksamkeit eines Rechtsgeschäfts ist für die Besteuerung unerheblich, soweit und solange die Beteiligten das wirtschaftliche Ergebnis dieses Rechtsgeschäfts gleichwohl eintreten und bestehen lassen. Allerdings findet § 41 AO bei Familienpersonengesellschaften keine Anwendung.

(Dr. Lenz)

## 79. Rechts- und Geschäftsfähigkeit im Zivilrecht

### I. Rechtsfähigkeit

Die Rechtsfähigkeit ist die Fähigkeit einer natürlichen oder juristischen Person, Träger von Rechten und Pflichten zu sein. Natürliche Personen sind alle Menschen.

**1. Rechtsfähigkeit natürlicher Personen**

Jeder Mensch ist rechtsfähig. Die Rechtsfähigkeit einer natürlichen Person beginnt mit der Vollendung der Geburt (§ 1 BGB). Das Gesetz sieht jedoch in Einzelfällen eine Vorverlegung der Rechtsfähigkeit in der Weise vor, dass der Nasciturus rechtsfähig ist, z. B. im Erbrecht (§ 1923 Abs. 2 BGB) sowie zur Geltendmachung von Ersatzansprüchen (§ 844 Abs. 2 BGB).

Die Rechtsfähigkeit der natürlichen Personen endet mit ihrem Tod. Ist ein Mensch verschollen oder ist trotz Gewissheit über seinen Tod der Todeszeitpunkt unbekannt, so wird dieser in einer Todeserklärung festgestellt. Einzelheiten dazu enthält das Verschollenheitsgesetz. Diese Todeserklärung hat steuerlich keine Rückwirkung (§ 49 AO).

**2. Rechtsfähigkeit juristischer Personen**

Juristische Personen sind Personenvereinigungen und Vermögensmassen, die von der Rechtsordnung als selbständige Rechtspersonen, als Träger von Rechten und Pflichten, anerkannt sind. Es gibt juristische Personen des öffentlichen und des privaten Rechts.

Sieht man einmal von öffentlich-rechtlichen Gebietskörperschaften (z. B. dem Bund, den Gemeinden) ab, so entsteht eine juristische Person aufgrund staatlicher Genehmigung (z. B. der wirtschaftliche Verein) oder bei Erfüllung gewisser gesetzlicher Voraussetzungen (z. B. der Idealverein durch Eintragung ins Vereinsregister, Kapitalgesellschaften durch Eintragung ins Handelsregister). Die Rechtsfähigkeit erlischt bei Auflösung der juristischen Person. Seit seiner Entscheidung vom 29.01.2001 (BB 2001 S. 374) erkennt der BGH auch der GbR die Rechtsfähigkeit zu. Für die OHG und die KG sah bereits zuvor § 124 HGB eine sog. Teilrechtsfähigkeit vor, d. h., diese Gesellschaften konnten unter ihrer Firma Rechte und Eigentum erwerben und vor Gericht klagen und verklagt werden.

### II. Geschäftsfähigkeit

**1. Begriff**

Die Geschäftsfähigkeit ist neben der Deliktsfähigkeit eine Form der Handlungsfähigkeit, nämlich der Fähigkeit, durch Handlungen Rechtsfolgen herbeizuführen. Die Geschäftsfähigkeit ist die Fähigkeit, rechtsgeschäftliche Erklärungen abzugeben und entgegennehmen zu können. Im Geschäftsleben kommen z. B. Verträge durch übereinstimmende Willenserklärungen zustande. Im Gegensatz zur Rechtsfähigkeit, die alle Menschen besitzen, setzt die Geschäftsfähigkeit ein entsprechendes Verständnis darüber voraus, welche Folgen das eigene Handeln hat; sie ist daher auch altersabhängig. Geschäftsfähig können nur Menschen sein, juristische Personen werden im Geschäftsverkehr durch ihre Organe vertreten, die mit Wirkung für sie Willenserklärungen abgeben. Die Geschäftsfähigkeit ist in den §§ 104 ff. BGB geregelt. Danach ist jeder Mensch grundsätzlich geschäftsfähig, der nicht geschäftsunfähig oder beschränkt geschäftsfähig ist.

## 2. Geschäftsunfähigkeit

Geschäftsunfähig ist, wer das 7. Lebensjahr nicht vollendet hat oder wer sich nicht nur vorübergehend in einem die freie Willensbestimmung ausschließenden Zustand krankhafter Störung der Geistestätigkeit befindet (§ 104 BGB). Dieser liegt vor, wenn die Willensfreiheit ausgeschlossen ist, d. h., wenn ein Mensch unfähig ist, seine Entscheidungen von vernünftigen Erwägungen abhängig zu machen. Eine sog. relative Geschäftsunfähigkeit kann partiell für bestimmte Geschäfte, nicht jedoch generell für besonders schwierige Rechtsgeschäfte bestehen. Die Willenserklärung eines Geschäftsunfähigen ist nichtig (§ 105 BGB).

## 3. Beschränkte Geschäftsfähigkeit

Beschränkt geschäftsfähig sind Minderjährige vom 7. bis zum vollendeten 18. Lebensjahr (§ 106 BGB). Die Regelungen für beschränkt Geschäftsfähige (§§ 108 bis 113 BGB) gelten auf Anordnung des Familiengerichts auch für Betreute, soweit dies zur Abwendung einer erheblichen Gefahr für die Person oder deren Vermögen erforderlich ist (sog. Einwilligungsvorbehalt, § 1903 BGB).

Willenserklärungen beschränkt Geschäftsfähiger sind nur wirksam, wenn der gesetzliche Vertreter seine Zustimmung erteilt, also entweder einwilligt oder die Willenserklärung nachträglich genehmigt (§ 107 BGB). Hat der gesetzliche Vertreter keine Einwilligung gegeben, so sind die Willenserklärungen des beschränkt Geschäftsfähigen schwebend unwirksam (§ 108 Abs. 1 BGB). Die Wirksamkeit des Vertrags hängt von der Genehmigung des gesetzlichen Vertreters ab. Wird der Vertreter hierzu von dem anderen Teil aufgefordert, so kann die Genehmigung bis zum Ablauf von zwei Wochen erteilt werden; ansonsten gilt sie als verweigert. Solange der Vertrag schwebend unwirksam ist, ist der andere Vertragsteil zum Widerruf berechtigt (§ 109 Abs. 1 BGB).

Von dem Grundprinzip der schwebenden Unwirksamkeit gibt es jedoch eine Reihe von Ausnahmen: So sind Willenserklärungen beschränkt Geschäftsfähiger von Anfang an wirksam, wenn dadurch lediglich ein rechtlicher Vorteil erlangt wird (§ 107 BGB). Rechtlich nachteilig sind Geschäfte, die Verpflichtungen mit sich bringen; lediglich wirtschaftliche Vorteile (z. B. bei der Schenkung eines Gesellschaftsanteils) sind nicht maßgeblich. Dagegen ist die Schenkung von Geld rechtlich immer vorteilhaft, auch wenn damit mittelbare Nachteile, wie z. B. die Steuerpflicht, einhergehen.

Weiterhin sind solche Verträge wirksam, bei denen beschränkt Geschäftsfähige die vertragsmäßige Leistung mit Mitteln bewirken, die ihnen zu diesem Zweck oder zu freier Verfügung überlassen worden sind (Taschengeldparagraph: § 110 BGB). Dies gilt aber nicht für Kreditgeschäfte. Hat der beschränkt Geschäftsfähige seine Leistung noch nicht erbracht, so ist der Vertrag schwebend unwirksam.

Schließlich besteht eine partielle Geschäftsfähigkeit in den Fällen, in denen der gesetzliche Vertreter mit Genehmigung des Familiengerichts den Minderjährigen zum selbständigen Betrieb eines Erwerbsgeschäfts ermächtigt hat. Die Geschäftsfähigkeit erstreckt sich auf alle Rechtsgeschäfte, die der Gewerbebetrieb mit sich bringt (§ 112 BGB). Gleiches gilt gem. § 113 BGB in den Fällen, in denen der Minderjährige in ein Dienstverhältnis eintritt. Danach erstreckt sich die Geschäftsfähigkeit z. B. auf die Eingehung und die Beendigung des Arbeitsverhältnisses, die Eröffnung eines Gehaltskontos und den Eintritt in eine Gewerkschaft, nicht darunter fällt jedoch der Abschluss eines Vertrags, bei dem eine Vertragsstrafe oder ein Wettbewerbsverbot vereinbart wird.

(Dr. Lenz)

## 80. Partiarisches Darlehen und stille Gesellschaft im Zivilrecht

### I. Das partiarische Darlehen

Das partiarische Darlehen ist eine besondere Form des Darlehens. Das Gelddarlehen ist in §§ 488 ff. BGB geregelt und dadurch gekennzeichnet, dass der Darlehensnehmer, dem der Darlehensgeber einen Geldbetrag in vereinbarter Höhe zur Verfügung gestellt hat, diesen Geldbetrag bei Fälligkeit zurückzuerstatten und den geschuldeten Zins zu zahlen hat. Beim Sachdarlehensvertrag (§ 607 BGB) wird der Darlehensgeber verpflichtet, dem Darlehensnehmer eine vereinbarte vertretbare Sache zu überlassen. Der Darlehensnehmer ist zur Zahlung eines Darlehensentgelts und bei Fälligkeit zur Rückerstattung von Sachen gleicher Art, Güte und Menge verpflichtet. Das partiarische Darlehen zeichnet sich nun dadurch aus, dass kein fester Zins vereinbart wird, sondern der Darlehensgeber in irgendeiner Form am Gewinn des Darlehensnehmers beteiligt ist. Eine Beteiligung am Verlust steht im Widerspruch zum Charakter des Darlehens.

Zwischen dem Darlehensgeber und dem Darlehensnehmer besteht aber keine Zweckgemeinschaft; es ist eine bloße Kreditgewährung gewollt. Allzu umfangreiche Kontrollrechte sprechen gegen die Absicht der bloßen Kreditgewährung; allerdings sind auch beim Darlehen gewisse Aufsichtsrechte üblich, wie z. B. der Anspruch auf Vorlage der Bilanzen.

### II. Die stille Gesellschaft

Die stille Gesellschaft ist in den §§ 230 ff. HGB geregelt. Die stille Gesellschaft ist eine Gesellschaft, bei der sich jemand an dem Handelsgewerbe eines anderen mit einer in dessen Vermögen übergehenden Einlage gegen Anteil am Gewinn beteiligt.

Die stille Gesellschaft entsteht durch formlosen Vertrag zwischen dem Kaufmann und dem Stillen. Die stille Gesellschaft besteht im Gegensatz zu anderen Gesellschaften nur aus zwei Mitgliedern, nämlich dem Geschäftsinhaber und dem Stillen.

Nach außen hin tritt der stille Gesellschafter nicht in Erscheinung. Die stille Gesellschaft ist eine reine Innengesellschaft. Sie ist aber eine Gesellschaft, d. h. ein rechtsgeschäftlich begründeter privatrechtlicher Personenzusammenschluss zur **Verfolgung eines gemeinsamen Zwecks**. Darin unterscheidet sich die stille Gesellschaft vom partiarischen Darlehen, bei dem keine Zweckgemeinschaft besteht.

Neben der sich aus dem Gesellschaftsvertrag ergebenden Treuepflicht ist der Stille verpflichtet, seine Einlage zu erbringen. Die Einlage geht in das Vermögen des Kaufmanns über; es entsteht kein Gesellschaftsvermögen. Der stille Gesellschafter haftet daher auch nicht mit einer Einlage und wird demzufolge wie ein Darlehensgeber behandelt. Unterschiede zum partiarischen Darlehen bestehen allerdings bei Eröffnung des Insolvenzverfahrens. Die stille Gesellschaft wird bei Eröffnung des Insolvenzverfahrens eines Gesellschafters aufgelöst (§ 728 BGB). Bei Eröffnung des Insolvenzverfahrens des Kaufmanns kann der Stille sein Guthaben zurückfordern, also die ursprüngliche Einlage vermindert um die auf ihn entfallenden Verlustanteile (§ 236 Abs. 1 HGB).

Der stille Gesellschafter ist grundsätzlich sowohl am Gewinn als auch am Verlust des Kaufmanns beteiligt. Der Ausschluss einer Verlustbeteiligung ist zulässig

(§ 231 HGB). Der stille Gesellschafter nimmt am Verlust nur mit seiner eingezahlten oder rückständigen Einlage teil. Er ist nicht verpflichtet, den bezogenen Gewinn wegen späterer Verluste zurückzuzahlen; jedoch wird, solange seine Einlage durch Verlust gemindert ist, der jährliche Gewinn zur Deckung des Verlustes verwendet (§ 232 Abs. 2 HGB). Ein nicht erhobener Gewinn vermehrt die Einlage nicht, d. h., der stille Gesellschafter unterliegt keiner Nachschusspflicht. Es kann jedoch etwas anderes vereinbart werden (§ 232 Abs. 3 HGB).

Die in § 233 HGB vorgesehenen Kontrollrechte entsprechen denen eines Kommanditisten. Es kann grundsätzlich die abschriftliche Mitteilung der jährlichen Bilanz verlangt und ihre Richtigkeit unter Einsicht der Bücher und Papiere überprüft werden (§ 233 Abs. 1 HGB).

Das Kündigungsrecht der Gesellschafter oder der Gläubiger des stillen Gesellschafters richtet sich nach den Kündigungsvorschriften für die OHG (§ 234 Abs. 1 Satz 1 HGB). Durch den Tod des stillen Gesellschafters wird die Gesellschaft nicht aufgelöst (§ 234 Abs. 2 HGB). Übertragen kann der Stille aber seine Beteiligung nur mit Zustimmung des Kaufmanns, da es sich – anders als bei dem partiarischen Darlehen – um einen Gesellschafterwechsel handelt.

Die Geschäftsführung steht dem Kaufmann zu; der stille Gesellschafter hat auch bei Geschäften kein Widerspruchsrecht, die über den gewöhnlichen Betrieb des Handelsgewerbes hinausgehen. Im Gesellschaftsvertrag können jedoch anderweitige Vereinbarungen getroffen werden. Im Außenverhältnis ist allerdings der Kaufmann allein berechtigt und verpflichtet (§ 230 Abs. 2 HGB).

Die Gesellschaft endet durch Auflösung, entweder durch Auflösungsvereinbarung, durch Kündigung oder durch Eröffnung des Insolvenzverfahrens des Geschäftsinhabers. Nicht die Gläubiger des Kaufmanns, wohl aber die des stillen Gesellschafters können gem. § 135 HGB die Kündigung herbeiführen. Im Rahmen der anlässlich der Auflösung erfolgenden Auseinandersetzung hat der stille Gesellschafter einen schuldrechtlichen Anspruch auf den Wert seiner Einlage, korrigiert um festgestellte Gewinne bzw. Verluste.

### III. Abgrenzungsprobleme zwischen dem partiarischen Darlehen und der stillen Gesellschaft

Aus den vorstehenden Ausführungen ergibt sich, dass das partiarische Darlehen in Einzelfällen von der stillen Gesellschaft nur schwer abgegrenzt werden kann. Entscheidend ist, ob die Vertragspartner einen gemeinsamen Zweck verfolgen oder ob ihre Beziehungen ausschließlich durch die Verfolgung unterschiedlicher eigener Interessen bestimmt werden. Im Einzelfall ist die Abgrenzung durch Abwägung aller nach dem Vertragsinhalt maßgebenden Umstände vorzunehmen (BGH-Urteil vom 10.10.1994, DB 1994 S. 2610). So führt die Vereinbarung einer Verlustbeteiligung zum Vorliegen einer stillen Gesellschaft, auch wenn ansonsten das Verhältnis als Darlehensvertrag ausgestaltet ist. Partiarische Darlehen, bei denen lediglich eine Gewinnbeteiligung vereinbart ist, sind dann als stille Gesellschaftsverhältnisse zu qualifizieren, wenn insbesondere die Ausgestaltung der Kontrollrechte dafür spricht, dass die Gesellschafter einen gemeinsamen Zweck verfolgen. Besteht im Innenverhältnis zwischen dem Kaufmann und dem Kapitalgeber eine Vereinbarung dergestalt, dass wichtige Geschäfte an die Zustimmung des Kapitalgebers gebunden sind, so wird im Allgemeinen eine stille Gesellschaft vorliegen.

(Dr. Lenz)

# 81. Sicherungseigentum und Sicherungsabtretung

## I. Entstehungsgeschichte

Sowohl beim Sicherungseigentum als auch bei der Sicherungsabtretung handelt es sich um Kreditsicherungsrechte, die explizit nicht im Gesetz geregelt sind, die jedoch im Wirtschaftsleben stärker verbreitet sind als die gesetzlich vorgesehenen Kreditsicherungen. Dies rührt daher, dass die gesetzlich vorgesehene Kreditsicherung, das Pfandrecht, mit großen Nachteilen verbunden ist. Wollte ein Kaufmann seine Ladeneinrichtung oder sein Warenlager einem Gläubiger vertraglich verpfänden, so müsste er gem. § 1205 Abs. 1 BGB die Sachen dem Gläubiger übergeben. Wollte er ausschließlich Forderungen verpfänden, so müsste dies seinen Schuldnern angezeigt werden (§ 1280 BGB). Bei der Verpfändung von Sachen wäre die Weiterführung des Unternehmens tatsächlich unmöglich, bei der Verpfändung von Forderungen würde der Ruf des Unternehmens durch die Anzeige leiden. Bei der Sicherungsübereignung und bei der Sicherungsabtretung sind diese Nachteile nicht vorhanden; die Kreditsicherung erfolgt, ohne dass eine tatsächliche Übergabe der Sachen bzw. eine Anzeige bei der Forderungsabtretung erforderlich ist.

## II. Begriffserklärung

### 1. Sicherungsübereignung

Bei der Sicherungsübereignung wird der Kreditgeber bürgerlich-rechtlicher Eigentümer der für die Absicherung vorgesehenen Sachen. Der Kaufmann einigt sich mit dem Kreditgeber darüber, dass das Eigentum übergeht. Damit er nun im unmittelbaren Besitz der übereigneten Sachen bleiben kann, wird anstelle der Übergabe ein Besitzkonstitut gem. § 868 BGB vereinbart. Damit ist das Eigentum gem. § 930 BGB auf den Kreditgeber übergegangen. Bei dem Sicherungseigentum handelt es sich um eine Form des eigennützigen Treuhandeigentums; der Kreditgeber darf die Rechte aus seinem Eigentum nur zur Befriedigung seiner Forderungen gebrauchen, und das auch nur dann, wenn das Verwertungsrecht entstanden ist, weil der Kreditnehmer seinen Verpflichtungen aus dem der Sicherungsübereignung zugrunde liegenden obligatorischen Geschäft nicht vertragsgemäß nachgekommen ist. Formvorschriften bestehen bei der Vereinbarung einer Sicherungsübereignung nicht, jedoch ist schon aus Beweisgründen die Schriftform die Regel.

Der Sicherungsübereignungsvertrag muss eine genaue Abgrenzung der übereigneten Sachen enthalten; die übereigneten Sachen müssen **bestimmt** sein. Bestimmbarkeit, wie z. B. bei Vereinbarungen „alle im Jahre X gelieferten Waren", reicht nicht aus. Vereinbarungen, wonach das gesamte Warenlager übereignet wird, sind ebenso zulässig wie Teilübereignungen, wenn die übereigneten Stücke hinreichend abgegrenzt sind.

Unabdingbares Wesensmerkmal der Sicherungsübereignung ist die Vereinbarung eines konkreten Besitzkonstituts. Aus dem Sicherungsvertrag müssen sich die Pflichten des Unternehmers ergeben, wie z. B. die Pflicht zur Versicherung. Soweit im Sicherungsvertrag ausnahmsweise keine besondere Regelung darüber getroffen ist, in welchen Fällen das Sicherungseigentum verwertet werden darf, kann der Kreditgeber die Verwertung nach den Regeln über den Pfandverkauf vornehmen (§§ 1235 ff. BGB). Die Sicherungsübereignung ist ein abstraktes Rechtsgeschäft, das auch bestehen bleibt, wenn der Kreditnehmer seine Schulden zurückgezahlt hat. Üblich ist jedoch, dass von vornherein bei Begründung des Sicherungseigentums vereinbart wird, dass mit der letzten Zahlung das Eigentum automatisch an den Kreditnehmer wieder zurückfällt.

## 2. Sicherungsabtretung

Die Sicherungsabtretung, auch (stille) Zession genannt, beruht auf einem Abtretungsvertrag (§ 398 BGB). Infolge der Abtretung tritt der neue Gläubiger (der Kreditgeber) an die Stelle des bisherigen Gläubigers, wobei eine Anzeige an den Schuldner nicht zu erfolgen hat. Anders als bei der Sicherungsübereignung genügt es, wenn die abgetretene Forderung **bestimmbar** ist, d. h. unter Zuhilfenahme der Geschäftsbücher bestimmt werden kann. Nicht bestimmbar sind jedoch Forderungen, die durch Bezeichnungen wie „Außenstände bis zur Höhe von 10.000 Euro" abgegrenzt werden. Wie bei der Sicherungsübereignung ist der Kreditgeber auch bei der Sicherungsabtretung schuldrechtlich zur Rückübertragung der Forderung nach Abzahlung der Schulden verpflichtet. Eine wesentliche Besonderheit der Sicherungsabtretung gegenüber der Sicherungsübereignung besteht dahin gehend, dass unpfändbare Forderungen unübertragbar sind (§ 400 BGB), während unpfändbare Sachen übereignet werden können.

## III. Vertragliche Ausgestaltungen

### 1. Ermächtigung des Sicherungsgebers

Bei der Sicherungsübereignung von Umlaufvermögen erhält der Kreditnehmer vom Kreditgeber i. d. R. eine Ermächtigung, die sicherungsübereigneten Sachen weiterzuveräußern, um den Betrieb fortführen zu können. Entsprechendes gilt bei der Abtretung von Forderungen. Der Kreditnehmer bleibt damit ermächtigt, die abgetretenen Forderungen im eigenen Namen einzuziehen.

### 2. Rechte des Sicherungsnehmers

Der Sicherungsnehmer trägt als Eigentümer die Gefahr des zufälligen Untergangs der Gegenstände. Er kann gutgläubig das Eigentum an solchen Sachen erwerben, die dem Kreditnehmer unter Eigentumsvorbehalt geliefert worden waren. Die dem Kreditnehmer erteilten Ermächtigungen bringen die Gefahr mit sich, dass die Kreditsicherungen im Laufe der Geschäftstätigkeit stetig geringer werden. Zur Vermeidung dieser ungewollten Folge bieten sich folgende Möglichkeiten an.

### 3. Maßnahmen zur Erhaltung der Sicherungsgrundlage

Bei der Sicherungsübereignung wird mit dem Kreditnehmer ein antizipiertes Besitzkonstitut vereinbart, wonach bereits die in der Zukunft zu erwerbenden Sachen gleichfalls sicherungsübereignet werden. Voraussetzung dafür ist jedoch, dass die Sachen, z. B. durch Aufnahme in ein Stückeverzeichnis, bestimmt sind. Bei der Sicherungsabtretung kann die Abtretung künftiger Forderungen vereinbart werden. Das gilt allerdings nur dann, wenn diese im Zeitpunkt der Einigung bestimmbar sind. Die Vereinbarung der Vorausabtretung aller künftigen Forderungen (Globalzession) ohne Einschränkung verstößt im Allgemeinen gegen § 138 Abs. 1 BGB (Sittenwidrigkeit). Nicht sittenwidrig ist hingegen die begrenzte Globalzession, wobei eindeutige Bestimmbarkeitskriterien vorliegen müssen, sowie die mit einer dinglichen Teilverzichtsklausel versehene Globalzession; in letzterem Fall gilt die Globalzession insoweit nicht, als später ein verlängerter Eigentumsvorbehalt vereinbart wird (vgl. BGH vom 21.04.1999, DB 1999 S. 1444 m. w. N.). Bei der Mantelzession verpflichtet sich der Kaufmann, zukünftige Forderungen nach deren Entstehung zu übertragen. Die Abtretung erfolgt durch Übersendung von Rechnungskopien oder durch Eintragung der Forderungen in eine Schuldnerliste. Die Abtretung kann beschleunigt werden, indem der Kreditnehmer bevollmächtigt wird, die Abtretung durch ein Insichgeschäft gem. § 181 BGB durchzuführen. Zusammenfassend ist festzustellen, dass die Globalzession schneller wirkt, jedoch ins Leere geht, wenn Sittenwidrigkeit wegen Übersicherung gegeben ist. Sowohl bei der Sicherungsübereignung als auch bei der Sicherungszession hat der Kreditgeber bei Insolvenz lediglich ein Absonderungsrecht.

(Dr. Lenz)

# 82. Grundpfandrechte

## I. Grundlagen

### 1. Begriff

Der Begriff „Grundpfandrechte" ist eine im Sprachgebrauch übliche Sammelbezeichnung für Hypothek, Grundschuld und Rentenschuld. Das Gesetz selbst macht von dem Begriff zutreffenderweise keinen Gebrauch, weil für Pfandrechte gesetzestechnisch eigentlich die Abhängigkeit von einer Forderung charakteristisch ist. Diese Abhängigkeit oder **Akzessorietät** ist bei der Rentenschuld und anderen Grundschulden nicht vorhanden. Der Begriff Grundpfandrechte kann daher insoweit zu Missverständnissen führen.

### 2. Funktion

Grundpfandrechte sind dingliche Sicherungsrechte. Sie verschaffen dem Gläubiger im Rahmen der Kreditsicherung ein dingliches Recht, aus dem er sich für den Fall, dass der Schuldner seinen Verpflichtungen nicht nachkommt, befriedigen kann.

## II. Grundzüge einzelner Erscheinungsformen

### 1. Hypothek

Die Hypothek ist die Belastung eines Grundstücks in der Weise, dass an den Berechtigten eine bestimmte Geldsumme zur Befriedigung **wegen einer ihm zustehenden Forderung** zu zahlen ist (§ 1113 BGB). Die Hypothek setzt das Vorliegen einer Forderung voraus, sie ist also akzessorisch. Nach der Strenge der Akzessorietät wird zwischen der Verkehrshypothek und der Sicherungshypothek unterschieden.

#### a) Verkehrshypothek

Eine Verkehrshypothek ist eine Hypothek, bei der sich das Recht des Gläubigers aus der Hypothek nicht nur nach der Forderung bestimmt; ein gutgläubiger Erwerber kann sich zum Beweis der Forderung vielmehr auch auf die Eintragung im Grundbuch berufen (§ 1138 BGB). Die Verkehrshypothek ist insoweit nur formell akzessorisch, aufgrund eines gutgläubigen Erwerbs kann sich nämlich eine Trennung der Hypothek von der persönlichen Forderung ergeben.

Bei einer existierenden Forderung kann eine Hypothek durch Einigung und Eintragung ins Grundbuch bestellt werden. Grundsätzlich erfolgt die Übergabe des Hypothekenbriefs an den Gläubiger; in diesem Fall liegt eine **Briefhypothek** vor (§ 1116 Abs. 1 BGB). Wird die Übergabe des Hypothekenbriefs ausgeschlossen, liegt eine **Buchhypothek** vor. Die Buchhypothek ist als solche ins Grundbuch einzutragen.

Die **Haftung** aus einer Hypothek erstreckt sich auf Grund und Boden, wesentliche Bestandteile, Zubehör, Erzeugnisse, Miet- und Pachtzinsforderungen, sonstige Ansprüche auf wiederkehrende Leistungen und Versicherungsforderungen (§§ 1120 ff. BGB).

Gehaftet wird für die Hauptforderung, bestimmte Zinsen und die Beitreibungskosten der Hypothek (§§ 1113, 1118 f. BGB).

Die Rechte aus der Hypothek richten sich nach ihrem Rang, d. h. grundsätzlich nach der Reihenfolge der Eintragung ins Grundbuch (§ 879 BGB). Ein Gläubiger, dessen Forderung mit einer drittrangigen Hypothek gesichert ist, wird daher z. B. nur dann und insoweit befriedigt, als die Gläubiger, deren Hypotheken auf dem ersten und zweiten Rang stehen, voll befriedigt sind. Im Hinblick darauf nehmen

Hypothekare nachrangige Hypotheken nur dann in Kauf, wenn die Kreditkonditionen zu ihren Gunsten verbessert werden.

Die Hypothek geht mit der Abtretung der Forderung auf den neuen Gläubiger über (§ 1153 Abs. 1 BGB). Bei der Briefhypothek muss die Abtretung schriftlich erfolgen; der Hypothekenbrief muss übergeben werden (§ 1154 Abs. 1 BGB). Bei der Buchhypothek muss die Abtretung ins Grundbuch eingetragen werden.

Die Hypothek erlischt, wenn sie aufgehoben oder der Gläubiger aus dem Grundstück befriedigt wird (§§ 875, 1181 ff. BGB). Die Befriedigung des Gläubigers erfolgt gem. § 1147 BGB im Wege der Zwangsvollstreckung, d. h. entweder durch Zwangsverwaltung oder durch Zwangsversteigerung. Bei der Zwangsverwaltung erfolgt die Befriedigung durch die Verwertung der Nutzungen des Grundstücks, bei der Zwangsversteigerung wird das Grundstück selbst verwertet.

**b) Sicherungshypothek**

Eine Sicherungshypothek ist eine Hypothek, bei der das Recht des Gläubigers aus der Hypothek sich nur nach der Forderung bestimmt und der Gläubiger sich zum Beweise der Forderung nicht auf die Eintragung berufen kann (§ 1184 BGB). Die Sicherungshypothek ist eine Buchhypothek und muss im Grundbuch als Sicherungshypothek bezeichnet werden. Gutgläubiger Erwerb ist ausgeschlossen; die Sicherungshypothek ist demnach **streng** akzessorisch, d. h., die Trennung der Hypothek von der persönlichen Forderung ist nicht möglich.

Eine Hypothek, bei der nur der Höchstbetrag bestimmt ist, bis zu dem das Grundstück haften soll, und die Feststellung der Forderungen im Übrigen vorbehalten wird, ist eine sog. **Höchstbetragshypothek** (§ 1190 Abs. 1 BGB). Die Höchstbetragshypothek gilt auch dann als Sicherungshypothek, wenn sie im Grundbuch nicht als solche bezeichnet ist (§ 1190 Abs. 2 BGB).

**2. Grundschuld**

**a) Grundlagen**

Die Grundschuld ist die Belastung eines Grundstücks in der Weise, dass an den Berechtigten eine bestimmte Geldsumme aus dem Grundstück zu zahlen ist (§ 1191 Abs. 1 BGB). Die Grundschuld ist demnach unabhängig vom Bestehen einer Forderung; sie ist nicht akzessorisch, sondern **abstrakt.** Soweit sich aus der Abstraktheit der Grundschuld nichts anderes ergibt, sind die Vorschriften des Hypothekenrechts entsprechend anzuwenden (§ 1192 Abs. 1 BGB).

**b) Sonderformen**

Die **Eigentümergrundschuld** ist eine Grundschuld zugunsten des Grundstückseigentümers, die kraft Gesetzes dann entsteht, wenn die Forderung, für die die Hypothek bestellt ist, nicht entsteht oder erlischt (§ 1163 Abs. 1, § 1177 Abs. 1 BGB). Die Eigentümergrundschuld kann auch für den Eigentümer bestellt werden (§ 1196 Abs. 1 BGB). Zur Bestellung ist die Erklärung des Grundstückseigentümers und die Eintragung ins Grundbuch erforderlich.

Bedeutung hat die Eigentümergrundschuld vor allem deshalb, weil sie die Rangwahrung ermöglicht. Die Eigentümergrundschuld verhindert z. B. in den Fällen, in denen eine vorrangige Hypothek abgelöst wird, dass eine nachrangige Hypothek aufrückt und dann einen Rang einnimmt, der den vereinbarten Kreditbedingungen nicht mehr entspricht.

Die **Rentenschuld** ist eine Grundschuld, bei der zu regelmäßig wiederkehrenden Terminen eine bestimmte Geldsumme aus dem Grundstück zu zahlen ist (§ 1199 Abs. 1 BGB). Die Rentenschuld ist als Sonderform der Grundschuld ebenfalls **abstrakt.** (Montag)

## 83. Unternehmensverträge

Unternehmensverträge sind Verträge, durch die eine Aktiengesellschaft oder Kommanditgesellschaft auf Aktien strukturell mehr oder weniger stark mit anderen Unternehmen verbunden wird (§ 15 AktG). Welche Unternehmensverträge möglich sind, wie diese Verträge gestaltet werden und wie die betroffenen Gesellschaften, die Gläubiger und die außenstehenden Aktionäre gesichert sind, wird durch die §§ 291 ff. AktG geregelt. Bei Unternehmensverträgen mit einer GmbH gelten die aktienrechtlichen Regeln nach dem Beschluss des BGH vom 24.10.1988 (BGHZ 105, 324) grundsätzlich entsprechend.

### I. Vertragsformen

Unternehmensverträge i. S. des Aktiengesetzes sind der Beherrschungsvertrag, der Ergebnisabführungsvertrag, der Gewinngemeinschaftsvertrag, der Teilgewinnabführungsvertrag, der Betriebspachtvertrag und der Betriebsüberlassungsvertrag.

Ein **Beherrschungsvertrag** ist ein Vertrag, durch den eine Aktiengesellschaft oder Kommanditgesellschaft auf Aktien die Leitung ihrer Gesellschaft einem anderen Unternehmen unterstellt (§ 291 Abs. 1 AktG). Ein Beherrschungsvertrag liegt nicht vor, wenn sich Unternehmen, die nicht voneinander abhängig sind, durch Vertrag unter einheitliche Leitung stellen, ohne dass dadurch eines von ihnen von einem Vertragspartner abhängig wird.

Aufgrund des Vertrages erhält das herrschende Unternehmen die Leitungsmacht (§ 308 AktG). Das bedeutet, dass das herrschende Unternehmen berechtigt ist, dem Vorstand des abhängigen Unternehmens hinsichtlich der Leitung der Gesellschaft Weisungen zu erteilen. Dabei können prinzipiell auch solche Weisungen erteilt werden, die für die Gesellschaft nachteilig sind. Voraussetzung ist allerdings, dass die Weisungen den Belangen des herrschenden Unternehmens oder der mit ihm und der Gesellschaft konzernverbundenen Unternehmen dienen. Der Vorstand des abhängigen Unternehmens muss den Weisungen nur dann nicht folgen, wenn sie offensichtlich nicht diesen Belangen dienen.

Die Geschäftsführung des herrschenden Unternehmens hat bei ihren Weisungen die Sorgfaltspflichten eines ordentlichen und gewissenhaften Geschäftsleiters (§ 309 AktG). Pflichtverletzungen führen zur Schadensersatzpflicht gegenüber der abhängigen Gesellschaft. Schadensersatzpflichtig sind auch der Vorstand und der Aufsichtsrat der abhängigen Gesellschaft, wenn sie unter Verletzung ihrer Pflichten gehandelt haben (§ 310 AktG).

Ein Vertrag, durch den eine Aktiengesellschaft oder eine Kommanditgesellschaft auf Aktien sich verpflichtet, ihren ganzen Gewinn an ein anderes Unternehmen abzuführen, ist ein **Gewinnabführungsvertrag** (§ 291 Abs. 1 AktG). Als Gewinnabführungsvertrag gilt auch ein Vertrag, durch den eine Aktiengesellschaft oder Kommanditgesellschaft auf Aktien es übernimmt, ihr Unternehmen für Rechnung eines anderen Unternehmens zu führen.

Körperschaftsteuerlich und damit auch gewerbesteuerlich ist der Gewinnabführungsvertrag Voraussetzung für die Zurechnung des Einkommens im Rahmen von Organschaftsverhältnissen (§ 14 KStG).

Ein **Gewinngemeinschaftsvertrag** liegt vor, wenn eine Aktiengesellschaft oder Kommanditgesellschaft auf Aktien sich verpflichtet, ihren Gewinn oder den Gewinn einzelner ihrer Betriebe ganz oder zum Teil mit dem Gewinn anderer Unternehmen oder einzelner Betriebe anderer Unternehmen zur Aufteilung eines gemeinschaftlichen Gewinns zusammenzulegen (§ 292 Abs. 1 Nr. 1 AktG).

Ein **Teilgewinnabführungsvertrag** ist ein Vertrag, mit dem eine Aktiengesellschaft oder Kommanditgesellschaft auf Aktien sich verpflichtet, einen Teil ihres Gewinns oder den Gewinn einzelner ihrer Betriebe ganz oder zum Teil an einen anderen abzuführen (§ 292 Abs. 1 Nr. 2 AktG).

Ein **Betriebspacht-** oder **Betriebsüberlassungsvertrag** ist ein Vertrag, durch den eine Aktiengesellschaft oder Kommanditgesellschaft auf Aktien den Betrieb ihres Unternehmens verpachtet oder sonst überlässt (§ 292 Abs. 1 Nr. 3 AktG).

## II. Vertragserfordernisse

Zum Abschluss oder zur Änderung eines Unternehmensvertrages ist bei einer AG oder KGaA jeweils ein Zustimmungsbeschluss der Hauptversammlung erforderlich. Die Beschlüsse bedürfen einer Mehrheit von mindestens ¾ des vertretenen Kapitals (§ 293 Abs. 1 und 2 AktG).

Der Unternehmensvertrag bedarf der Schriftform (§ 293 Abs. 3 AktG) und ist durch den Vorstand in einem Bericht rechtlich und wirtschaftlich zu erläutern und zu begründen (§ 293 a AktG). Außerdem ist grundsätzlich eine Prüfung und ein Prüfungsbericht durch Vertragsprüfer (§§ 293 b ff. AktG) sowie die Offenlegung der entsprechenden Unterlagen (§§ 293 f und g AktG) erforderlich.

Bei der GmbH setzt die zivilrechtliche Wirksamkeit einen notariell beurkundeten Zustimmungsbeschluss der Gesellschafterversammlung der beherrschten Gesellschaft, einen Zustimmungsbeschluss der Gesellschafterversammlung der herrschenden Gesellschaft und die Eintragung ins Handelsregister der beherrschten Gesellschafter voraus (BGH, BGHZ 105, 324; R 60 Abs. 1 KStR).

Ein Unternehmensvertrag endet durch Fristablauf, Aufhebung (§ 296 AktG) oder Kündigung (§ 297 AktG). Die Beendigung ist mit der Angabe des Beendigungsgrundes und des Beendigungszeitpunktes unverzüglich zur Eintragung ins Handelsregister anzumelden (§ 298 AktG).

## III. Sicherungsbestimmungen

Bei Unternehmensverträgen besteht die Gefahr, dass das Vermögen der abhängigen Gesellschaft aufgrund der Vertragsvereinbarungen beeinträchtigt und ausgehöhlt wird. Um dies zu verhindern, enthält das Gesetz Bestimmungen zur Sicherung der abhängigen Gesellschaft und der Gläubiger. Der Sicherung dient bei Gewinnabführungsverträgen und bei Beherrschungsverträgen zum einen eine von § 150 Abs. 2 AktG abweichende Regelung für die Dotierung der gesetzlichen Rücklage (§ 300 AktG). Darüber hinaus begrenzt das Gesetz die Höhe der Gewinnabführung (§ 301 AktG) und schafft bei Beherrschungs- und Gewinnabführungsverträgen sowie bei Betriebspachtverträgen Verpflichtungen zur Übernahme entstehender Verluste (§ 302 AktG). Bei der Beendigung wird den Gläubigern unter bestimmten Voraussetzungen außerdem das Recht zugestanden, Sicherheitsleistung zu verlangen (§ 303 AktG).

Zum Schutze der außenstehenden Aktionäre sieht das Gesetz einen angemessenen Ausgleich durch eine wiederkehrende Geldleistung, eine sog. **Ausgleichszahlung,** vor (§ 304 AktG).

Ein Beherrschungs- oder Gewinnabführungsvertrag muss außer der Ausgleichsverpflichtung auch die Verpflichtung des herrschenden Unternehmens enthalten, die Aktien eines außenstehenden Aktionärs auf dessen Verlangen gegen eine angemessene Abfindung zu erwerben (§ 305 AktG).

(Montag)

## 84. Die Kontrollrechte des Kommanditisten

### I. Grundlegung

Die mitgliedschaftlichen Rechte eines Gesellschafters sind nach Wiedemann in Mitverwaltungs-, Vermögens- und Kontrollrechte einzuteilen. Unter Kontrollrechten versteht man ganz allgemein Auskunfts- und Einsichtsrechte sowie das Recht auf eine Sonderprüfung.

Der Kommanditist ist nach den gesetzlichen Regelungen weitgehend von Mitverwaltungsrechten ausgeschlossen. Nach der dispositiven Regelung des § 164 HGB hat er keine Geschäftsführungsbefugnis und nach der zwingenden Regelung des § 170 HGB darf er die KG nicht (organschaftlich) vertreten. Allerdings stehen ihm nach § 166 HGB Kontrollrechte zu. Diese Kontrollrechte lassen sich in ordentliche und außerordentliche unterscheiden.

### II. Die gesetzliche Regelung der Kontrollrechte in § 166 HGB

Die ordentlichen Kontrollrechte des Kommanditisten ergeben sich aus § 166 Abs. 1 HGB. Danach ist der Kommanditist berechtigt, eine Abschrift der Bilanz zu verlangen und die Richtigkeit unter Einsicht der Bücher und Papiere zu prüfen. Der Begriff Bilanz ist dabei nach Baumbach-Duden nicht eng auszulegen. Er umfasst auch die Gewinn-und-Verlust-Rechnung und die Steuerbilanz, nicht jedoch Zwischenberichte oder beispielsweise Prüfungsberichte des Finanzamtes. Im Gegensatz zum Kontrollrecht der von der Geschäftsführung ausgeschlossenen OHG-Gesellschafter hat der Kommanditist aber beispielsweise nicht das Recht, sich über die Angelegenheit der Gesellschaft persönlich zu unterrichten. Insbesondere ist sein Recht, Bücher und sonstige Geschäftsunterlagen der KG einzusehen, durch den Prüfungszweck begrenzt. Allerdings darf er bei der Überprüfung, soweit dies für den Prüfungszweck notwendig erscheint, alle Bücher und Schriften der Gesellschaft, auch geheime Unterlagen und den Schriftwechsel mit Zweigniederlassungen, einsehen. Er darf allerdings nur aus Anlass der Bilanzprüfung – also nicht dauernd und jederzeit – die Unterlagen einsehen. Eine Herausgabe von Büchern und Papieren kann er nicht fordern, sondern er muss in den Geschäftsräumen Einsicht nehmen.

Das Prüfungsrecht des Kommanditisten kann grundsätzlich nicht auf Dritte übertragen werden. Ausgenommen ist jedoch der Fall, dass triftige Gründe, wie z. B. Krankheit, den Kommanditisten an der Ausübung seiner Rechte hindern. Zulässig ist jedoch bei der Anwendung der dispositiven Vorschrift des § 166 Abs. 1 HGB die Hinzuziehung eines Sachverständigen.

Den Anspruch auf Abschrift der Bilanz unter Einsicht der Bücher und Papiere kann der Gesellschafter bei Anwendung der dispositiven gesetzlichen Regelung durch Klage geltend machen. Dabei richtet sich die Klage i. d. R. gegen die Gesellschaft. Das Gericht kann durch eine einstweilige Verfügung eine Regelung treffen.

Neben den dargestellten ordentlichen Kontrollrechten hat der Kommanditist auch außerordentliche Prüfungsrechte nach § 166 Abs. 3 HGB. Diese Rechte kommen nur zum Tragen, wenn das ordentliche Kontrollrecht nach § 166 Abs. 1 HGB oder das im Gesellschaftsvertrag eingeräumte Kontrollrecht nicht ausreicht, um die Belange des Kommanditisten zu wahren. Nach § 166 Abs. 3 HGB kann in einem solchen Falle vom Gericht in Verfahren der freiwilligen Gerichtsbarkeit die Mitteilung einer Bilanz oder sonstigen Aufklärung sowie die Vorlegung von Büchern und Geschäftspapieren jederzeit angeordnet werden. Voraussetzung hierfür ist, dass wichtige Gründe vorliegen. Als solche kommen beispielsweise Untreue oder der Verdacht einer nicht ordnungsgemäßen Geschäftsführung in Betracht. Die Überwachung des Kommanditisten ist Ausfluss seiner personenrechtlichen Mitgliedschaft – sie ist nicht übertragbar; er muss sie grundsätzlich persönlich ausüben.

### III. Abweichende Gestaltungsmöglichkeiten im Gesellschaftsvertrag

Der Umfang und die Ausübung der Überwachungsrechte des Kommanditisten können gesellschaftsvertraglich gestaltet werden. Sie können sogar überflüssig werden, weil der Gesellschafter im Gesellschaftsvertrag – in Abänderung der dispositiven Regel des § 164 HGB – als alleiniger geschäftsführender Gesellschafter bestimmt wird. Sieht man von diesem Extremfall ab, so ergibt sich bei ordentlichen und außerordentlichen Kontrollrechten des Kommanditisten folgender Gestaltungsspielraum:

Wegen des dispositiven Charakters von § 166 Abs. 1 HGB kann das ordentliche Kontrollrecht, im Gegensatz zu dem außerordentlichen Kontrollrecht des § 166 Abs. 3 HGB, im Gesellschaftsvertrag eingeschränkt werden. Nach herrschender Meinung darf durch die Einschränkungen jedoch nicht der Kernbereich der Informations- und Kontrollrechte des Kommanditisten berührt werden. Daher können die Informationsrechte, die zur Geltendmachung unverzichtbarer Beteiligungsrechte erforderlich sind, nicht abbedungen werden. Es darf aber beispielsweise dahin gehend eingeschränkt werden, dass vom Kommanditisten nur ein Teil der Unterlagen eingesehen werden darf oder die Ausübung der Rechte nur durch einen gemeinsamen Vertreter erfolgt. Die Kontrollrechte können aber auch beliebig erweitert werden. Schließlich ist es möglich, die Kontrollrechte auf – von der Gesellschafterversammlung zu bestellende – Mitglieder eines Aufsichtsorganes zu übertragen. In praxi werden häufig sog. „Beiräte" als Aufsichtsorgane geschaffen.

Besonderheiten gilt es bei der Publikums-KG zu beachten. Der BGH gebraucht den Begriff Publikumsgesellschaft für solche Gesellschaften, die von Gründungsgesellschaftern ins Leben gerufen und darauf angelegt sind, zur Kapitalansammlung eine unbestimmte Vielzahl von Kommanditisten aufzunehmen, zu denen keinerlei persönliche oder sonstige Beziehungen bestehen. Bei solchen Gesellschaften wird regelmäßig wegen der Vielzahl von Kommanditisten ein Aufsichtsorgan – meist Beirat oder Aufsichtsrat genannt – geschaffen, dem die Kontrolle der Geschäftsführung übertragen wird. Nach dem BGH müssen dabei zwingend die Vertreter der Kommanditisten gegenüber den Vertretern der Initiatoren und Komplementäre die Mehrheit haben. Außerdem haben bei diesen Gesellschaften die Mitglieder von Aufsichtsorganen nicht nur das Recht, sondern – wie Aufsichtsratsmitglieder einer AG – auch die Pflicht zur Überwachung der Geschäftsführung. Nach jüngster Rechtsprechung des BGH haften sie hierfür sogar den Kommanditisten analog §§ 116, 93 AktG. Außerordentliche Kontrollrechte sind in geringerem Umfang vertraglich abänderbar. Das außerordentliche Prüfungsrecht des Kommanditisten lässt sich rechtswirksam erweitern, indem zusätzlich bei Vorliegen bestimmter Ereignisse (wie z. B. eines Verlustes in gewisser Höhe) ein außerordentliches Kontrollrecht eingeräumt wird. Zulässig ist auch beispielsweise die Vereinbarung eines Schiedsgerichtes. Aus § 166 Abs. 3 HGB wird man allerdings entnehmen dürfen, dass bei Verdacht einer Unredlichkeit der Geschäftsführung oder aus anderen wichtigen Gründen ein im Voraus nicht verzichtbares Recht bestehen soll, mit Hilfe des Gerichtes eine Bilanzmitteilung, Aufklärung oder Buchvorlage zu erreichen.

(Prof. Dr. Bischoff)

## 85. Behandlung von Gesellschafterdarlehen bei Kapitalgesellschaften in Krisenzeiten

### I. Zivilrechtliche Grundlagen

Gesellschafterdarlehen, die bis zum Inkrafttreten des MoMiG am 01.11.2008 einer Kapitalgesellschaft zu einem Zeitpunkt gewährt wurden, in dem ihr Gesellschafter als ordentliche Kaufleute Eigenkapital zugeführt hätten (Krise der Gesellschaft), wurden nach den Eigenkapitalersatzregeln wie Eigenkapital behandelt (§§ 32 a und b GmbHG a. F.). Diese Beurteilung hatte zur Folge, dass die GmbH einen Rückzahlungsanspruch hat, wenn das Darlehen getilgt oder Zinsen gezahlt werden (§§ 30, 31 GmbHG analog). Gleiches gilt für Gesellschafterdarlehen, die einer gesunden GmbH gewährt und bei Eintritt der Krise stehen gelassen wurden. Nur auf sog. Finanzplandarlehen, die der Gesellschaft bei Gründung neben dem Stammkapital gewährt wurden, kamen die Kapitalersatzregelungen nicht zur Anwendung.

Das hat sich durch das MoMiG geändert, denn die Eigenkapitalersatzregelungen der § 32 a und b GmbHG wurden im GmbHG gestrichen. Zudem wurde in § 30 Abs. 1 GmbHG ein neuer Satz 3 eingeführt, wonach der Grundsatz der Kapitalerhaltung nach § 30 GmbHG nicht anzuwenden ist auf die Rückgewähr eines Gesellschafterdarlehens und Leistungen auf Forderungen aus Rechtshandlungen, die einem Gesellschafterdarlehen wirtschaftlich entsprechen. Damit wollte der Gesetzgeber regeln, dass das gesamte Kapitalersatzrecht aus dem GmbH-Recht herausgenommen wird. Die „lebende" Gesellschaft soll also selbst bei Verletzung der früheren Kapitalersatzregelungen im GmbHG keinen Anspruch gegen den begünstigten Gesellschafter haben, sondern ausschließlich der Insolvenzverwalter.

Daher hat der Gesetzgeber vergleichbare Regeln in das Insolvenzrecht für alle Gesellschaften, d. h. auch die GmbH und AG, aufgenommen, wonach zum einen kapitalersetzende Gesellschafterdarlehen nach § 39 InsO nachrangig nach den Forderungen der Insolvenzgläubiger und aller sonstigen Gläubiger des Gemeinschuldners sind. Das bedeutet, dass nur dann Zahlungen vom Insolvenzverwalter auf die kapitalersetzenden Darlehen erfolgen, wenn alle sonstigen Gläubiger befriedigt sind. Darüber hinaus wurden dem Insolvenzverwalter Anfechtungsrechte in § 135 InsO gewährt, wenn der Gesellschafter für ein kapitalersetzendes Darlehen in den letzten 10 Jahren vor dem Insolvenzantrag oder nach der Antragstellung eine Sicherung gewährt wurde oder wenn er im letzten Jahr vor dem Eröffnungsantrag oder nach dem Antrag auf Befriedigung gewährt wurde.

### II. Rangrücktritt

Werden in der Krise des Unternehmens Verluste durch Gesellschafterdarlehen finanziert, so wurden diese vor Inkrafttreten des MoMiG zwar wie Eigenkapital behandelt, sie waren jedoch insolvenzrechtlich im Überschuldungsstatus weiterhin als Fremdkapital anzusetzen. Diese Frage ist nach Einführung des MoMiG noch nicht abschließend geklärt. Der Insolvenzgrund der Überschuldung kann aber ggf. dadurch vermieden werden, dass die Gesellschafter entweder den Rangrücktritt erklären oder auf die Darlehen verzichten. Im Falle des Rangrücktritts erklären sich die Gesellschafter als Gläubiger bereit, im Rang hinter alle Gläubiger zurückzutreten und die Rückzahlung nur aus zukünftigen Gewinnen oder einem Liquidationsüberschuss zu verlangen (einfacher Rangrücktritt).

Handelsrechtlich und steuerrechtlich werden die mit Rangrücktritt belegten Darlehen weiterhin als Fremdkapital bilanziert. Ein entsprechender Zinsaufwand bleibt ebenfalls betrieblich veranlasst. Die Nichtberücksichtigung der zurückgetretenen Verbindlichkeit im Überschuldungsstatuts stellt eine Besonderheit dieses Rechenwerkes dar. In der neueren Rechtsprechung wird zwischen dem einfachen Rangrücktritt (Vorrang vor Eigenkapital) und dem qualifizierten Rangrücktritt (Gleichrang mit Eigenkapital unterschieden). Ist wie im letzteren Fall die Tilgung mit der Einlagenrückgewähr verbunden, so stellt diese Verpflichtung eine aufschiebende Bedingung dar und ist nach herrschender Meinung erst bei Bedingungseintritt zu passivieren (vgl. auch EStG-Schmidt-Kommentar, 29. Aufl. 2010, § 5 Rz. 315).

### III. Darlehensverzicht

#### 1. Anteile werden im Betriebsvermögen gehalten

Handelsrechtlich führt der Darlehensverzicht bei der Kapitalgesellschaft grundsätzlich zu einem Ertrag und damit durch die Erhöhung des Eigenkapitals zu einem verbesserten Bilanzbild. Beim Gesellschafter ist der Darlehensverzicht Aufwand, soweit dieser nicht bereits durch eine Teilwertabschreibung berücksichtigt wurde. Steuerrechtlich ist der Beschluss des Großen Senats des BFH vom 09.06.1997 zu beachten. Hiernach ist nur in Höhe des werthaltigen Teils der Forderung (Teilwert) bei der Gesellschaft eine verdeckte Einlage und korrespondierend beim Gesellschafter Anschaffungskosten anzunehmen. Hinsichtlich des nicht werthaltigen Teils, der in der Krise überwiegen dürfte, liegt bei der Gesellschaft steuerpflichtiger Ertrag und beim Gesellschafter Aufwand vor; ggf. wird der Ertrag bei der Gesellschaft durch bestehende Verlustvorträge kompensiert.

Der Forderungsverzicht kann mit einer Besserungsabrede verbunden werden; danach steht der Verzicht unter der auflösenden Bedingung, dass bei einer Besserung der wirtschaftlichen Lage der Kapitalgesellschaft die Forderung wieder auflebt. Tritt der Besserungsfall ein und war der Darlehensverzicht zuvor steuerlich als Betriebseinnahme gebucht worden, so stellt die „Umwandlung" des Darlehens von Eigenkapital in Fremdkapital eine Betriebsausgabe dar; war jedoch der Darlehensverzicht als verdeckte Einlage behandelt, mindert der Besserungsfall das steuerliche Einlagenkonto (ehem. EK 04).

#### 2. Wesentliche Beteiligung im Privatvermögen

Hält der Gesellschafter, der ein Gesellschafterdarlehen hingegeben hat, eine Beteiligung i. S. des § 17 EStG, so hat der BFH in verschiedenen Urteilen dargelegt, dass der Verzicht oder der Ausfall von durch das Gesellschaftsverhältnis begründeten Gesellschafterdarlehen in jedem Fall in Höhe des Nennwerts Anschaffungskosten auf die Beteiligung beim Gesellschafter begründen. D. h., ein krisenbestimmtes oder in der Krise hingegebenes Darlehen oder Finanzplandarlehen erhöht bei dessen Ausfall oder Verzicht in Höhe des Nennwertes die Anschaffungskosten i. S. des § 17 EStG. Eine Veräußerung oder Liquidation der Beteiligung wirkt sich dann beim Gesellschafter steuermindernd aus.

Eine andere Beurteilung der Darlehensgewährung gilt, wenn der Gesellschafter vor der Krise ein Darlehen gewährt und es während der Krise stehen lässt. In diesem Fall ist der nicht mehr werthaltige Teil als außerordentlicher Ertrag zu erfassen und der werthaltige Teil ebenfalls als verdeckte Einlage zu behandeln.

Die vorstehenden Grundsätze standen bis zum Inkrafttreten des MoMiG auf sicheren Füßen. Die Umqualifizierung von Gesellschafterdarlehen in nachrangige Forderungen tritt nun bei einer Insolvenz an Stelle des Eigenkapitalersatzes. Sie erfolgt unabhängig davon, ob die Gesellschafterdarlehen eigenkapitalersetzenden Charakter hatten oder nicht. Offen ist noch, ob sich das Steuerrecht weiter an den bisherigen o. g. Kriterien orientieren wird. (Dr. Kieffer/Prof. Dr. Bischoff)

## 86. Kapitalbeschaffung nach Aktienrecht

### I. Begriff der Kapitalbeschaffung
Der Begriff der Kapitalbeschaffung wird in der Literatur nicht einheitlich verwendet. Dennoch lassen sich im Wesentlichen zwei Begriffsbestimmungen herauskristallisieren:
1. Kapitalbeschaffung ist die Beschaffung von Nennkapital.
2. Kapitalbeschaffung ist die Beschaffung des auf der Passivseite der Bilanz ausgewiesenen Kapitals. (Dieser zweite Begriff umfasst also die Erhöhung des Nennkapitals, die Beschaffung von Fremdkapital und die Bildung offener Rücklagen.)

Folgt man den Überschriften des AktG, so wird unter Kapitalbeschaffung offensichtlich nur die Erhöhung des Nennkapitals in Form der Kapitalerhöhung gegen Einlagen, der bedingten Kapitalerhöhung, der genehmigten Kapitalerhöhung und der Kapitalerhöhung aus Gesellschaftsmitteln verstanden. In diesem Sinne wird der Begriff der Kapitalbeschaffung auch im Folgenden zugrunde gelegt.

### II. Kapitalerhöhung gegen Einlagen (§§ 182–191 AktG)
Bei der Kapitalerhöhung gegen Einlagen wird der Gesellschaft durch die Ausgabe neuer Aktien zusätzliches Beteiligungskapital von außen zugeführt. Sie vollzieht sich in folgenden Schritten:
1. Beschluss der Hauptversammlung mit ¾-Mehrheit; sind mehrere Aktiengattungen vorhanden, so muss diese Mehrheit für jede Gattung getrennt erzielt werden.
2. Anmeldung des Beschlusses im Handelsregister.
3. Gewährung eines Bezugsrechts durch die Altaktionäre.
   Das Bezugsrecht dient der Vermeidung von Vermögensverlusten des Aktionärs durch Kapitalverwässerung, wenn der Ausgabekurs der jungen Aktien unter dem Kurswert der Altaktien liegt. Ferner wird hierdurch die Erhaltung der prozentualen Stimmrechtsanteile des Aktionärs gewährleistet. Meistens wird die Bezugsrechtsgewährung aus Vereinfachungsgründen durch Beschluss der Hauptversammlung formell ausgeschlossen und dem die Kapitalerhöhung durchzuführenden Bankenkonsortium die Pflicht auferlegt, den alten Aktionären Bezugsrechte anzubieten.
4. Zeichnung der Aktien durch eine schriftliche Erklärung (Zeichnungsschein), aus der der Tag des Erhöhungsbeschlusses, der Ausgabebetrag der Aktien und der Zeitpunkt, zu dem die Erhöhung verbindlich wird, hervorgehen müssen.
5. Anmeldung der Durchführung der Kapitalerhöhung beim Handelsregister durch den Vorstand und Vorsitzenden des Aufsichtsrats.

Mit der Eintragung in das Handelsregister gilt das Kapital als erhöht.
Besonderheiten gelten bei Sacheinlagen. Hier müssen im Beschluss der Gegenstand, die Person, von der der Gegenstand erworben wird, und der Nennbetrag der Aktien, die für die Sacheinlage gewährt wurden, festgehalten werden. Außerdem ist eine Prüfung durch einen vom Gericht bestellten Prüfer vorzunehmen, sofern davon nicht unter den Voraussetzungen des § 183 a AktG abgesehen wird.

### III. Bedingte Kapitalerhöhung (§§ 192–201 AktG)
Die bedingte Kapitalerhöhung ist eine Sonderform der Kapitalerhöhung gegen Einlagen. Sie dient der Grundkapitalerhöhung, wenn im Zeitpunkt der Beschlussfassung das Ausmaß der Kapitalerhöhung noch nicht bekannt ist. Die Kapitalerhöhung soll in folgenden Fällen vorgenommen werden:

1. Zur Gewährung von Umtausch- und Bezugsrechten an Gläubiger von Wandelschuldverschreibungen.
2. Zur Vorbereitung von Fusionen.
3. Zur Gewährung von Bezugsrechten an Arbeitnehmer und Mitglieder der Geschäftsführung.

Der Nennbetrag des bedingten Kapitals darf die Hälfte des bisherigen Grundkapitals nicht übersteigen; bei Gewährung von Bezugsrechten an Arbeitnehmer und Geschäftsführer darf der zehnte Teil des Grundkapitals nicht überschritten werden.

Über die bedingte Kapitalerhöhung ist mit ¾-Mehrheit in der Hauptversammlung zu beschließen. Im Beschluss müssen auch der Zweck der bedingten Kapitalerhöhung, der Kreis der Bezugsberechtigten und der Ausgabebetrag oder die Grundlagen, nach denen dieser Betrag errechnet wird, festgehalten werden. Der Beschluss ist zum Handelsregister anzumelden; danach dürfen die Bezugsaktien ausgegeben werden. Mit Ausgabe der Aktien gilt die Kapitalerhöhung als durchgeführt. Ebenso wie bei der Kapitalerhöhung gegen Einlagen kann die bedingte Kapitalerhöhung eine Vermögensminderung der Aktionäre durch Kapitalverwässerung nach sich ziehen. Daher sind den Aktionären bei der Ausgabe von Wandelanleihen Bezugsrechte einzuräumen.

Für den Jahresabschluss ist von Bedeutung, dass das bedingte Kapital in der Bilanz beim gezeichneten Kapital zu vermerken ist (§ 152 Abs. 1 AktG). Außerdem müssen die Aktien, die bei einer bedingten Kapitalerhöhung im Geschäftsjahr bezogen wurden, im Anhang aufgeführt werden.

### IV. Genehmigte Kapitalerhöhung (§§ 202–206 AktG)

Bei der genehmigten Kapitalerhöhung wird der Vorstand ermächtigt, innerhalb eines bestimmten Zeitraumes (maximal fünf Jahre) eine Kapitalerhöhung durchzuführen. Hierbei darf der Nennbetrag des genehmigten Kapitals die Hälfte des Grundkapitals nicht übersteigen. Zu den weiteren Voraussetzungen kann im Wesentlichen auf die Kapitalerhöhung gegen Einlagen verwiesen werden.

### V. Kapitalerhöhung aus Gesellschaftsmitteln (§§ 207–220 AktG)

Bei der Kapitalerhöhung aus Gesellschaftsmitteln werden Rücklagen, die als Kapital- oder Gewinnrücklage ausgewiesen sind, in Nennkapital umgewandelt. Es wird somit kein Eigenkapital zugeführt, wohl ändert sich aber die Zusammensetzung des Nennkapitals einerseits und der Rücklagen andererseits. Im Rahmen der nominellen Kapitalerhöhung erhalten die Aktionäre Zusatzaktien. Die Kapitalerhöhung ist im Wesentlichen an folgende Voraussetzungen gebunden:

1. Die Hauptversammlung muss die Kapitalerhöhung mit ¾-Mehrheit beschließen.
2. Der Beschluss ist beim Handelsregister anzumelden.
3. Die Rücklagen müssen in der letzten Jahresbilanz als Kapital- oder Gewinnrücklagen ausgewiesen sein.
4. Die Gewinnrücklagen können voll, die Kapitalrücklage und die gesetzliche Rücklage, soweit sie 10 % des Grundkapitals übersteigen, umgewandelt werden.

Die Kapitalerhöhung wird mit Eintragung des Beschlusses über die Erhöhung wirksam. Die neuen Aktien stehen den Aktionären im Verhältnis ihrer Anteile am bisherigen Grundkapital zu. Falls sie nach Aufforderung durch den Vorstand nicht abgeholt werden, erfolgt nach einem Jahr eine dreimalige Androhung und anschließend der Verkauf für Rechnung der Beteiligten. (Dr. Kieffer)

## 87. Umwandlungen nach dem Umwandlungsgesetz

### I. Ziel und Anwendungsbereich des Umwandlungsgesetzes

Nachdem das Umwandlungsrecht früher nur unzulänglich, unübersichtlich und unvollständig in fünf unterschiedlichen Gesetzen (Umwandlungsgesetz, Aktiengesetz, Kapitalerhöhungsgesetz, Genossenschaftsgesetz, Versicherungsaufsichtsgesetz) geregelt war, hat sich der Gesetzgeber mit dem Umwandlungsgesetz 1995 das Ziel gesetzt, die Umwandlungsmöglichkeiten insbesondere auch terminologisch zusammenzufassen, zu systematisieren und zu erweitern.

Der **Anwendungsbereich** des Gesetzes beschränkt sich auf Rechtsträger mit Sitz im Inland (§ 1 Abs. 1 UmwG). Auf grenzüberschreitende Umwandlungen ist das Umwandlungsgesetz daher grundsätzlich nicht anwendbar. Im Zuge der Umsetzung der gesellschaftsrechtlichen Verschmelzungsrichtlinie wurden in §§ 122 a ff. UmwG lediglich grenzüberschreitende Verschmelzungen geregelt, bei denen mindestens eine der beteiligten Kapitalgesellschaften dem Recht eines anderen Mitgliedstaates der EU oder eines anderen EWR-Staates unterliegt. Im Übrigen ist bislang lediglich die grenzüberschreitende Verschmelzung von Aktiengesellschaften zur SE in der SE-VO (ABL EG Nr. L 294, 1; L 168, 1) geregelt.

Nach § 1 Abs. 2 UmwG wird die **Umwandlung** durch das Umwandlungsgesetz oder anderes Bundes- oder Landesrecht **abschließend geregelt.** Damit entfällt die Möglichkeit, das Umwandlungsgesetz durch Analogie auf Rechtsträger zu übertragen, die der Gesetzgeber nicht ausdrücklich vorgesehen hat. Andererseits schließt § 1 Abs. 2 UmwG keine Umwandlungsmöglichkeiten aus, die das BGB oder das HGB, z. B. mit der Anwachsung nach § 738 BGB, § 142 HGB, bieten.

### II. Umwandlungsformen

#### 1. Verschmelzung (§§ 2 ff. UmwG)

Bei der Verschmelzung geht das Vermögen eines Rechtsträgers im Wege der Gesamtrechtsnachfolge unter Ausschluss der Liquidation und Auflösung des übertragenden Rechtsträgers auf einen anderen, übernehmenden Rechtsträger über. Dabei werden den Anteilsinhabern des übertragenden Rechtsträgers Mitgliedschaftsrechte des übernehmenden Rechtsträgers gewährt (§ 2 UmwG). Besteht der übernehmende Rechtsträger bereits, liegt eine Verschmelzung durch Aufnahme vor. Wird das Vermögen auf einen neuen Rechtsträger übertragen, liegt eine Verschmelzung durch Neugründung vor.

#### 2. Spaltung (§§ 123 ff. UmwG)

Die Spaltung vollzieht sich im Wege der partiellen Gesamtrechtsnachfolge bzw. der Sonderrechtsnachfolge nach § 123 UmwG entweder als Aufspaltung, Abspaltung oder Ausgliederung.

Bei der **Aufspaltung** geht das gesamte Vermögen eines Rechtsträgers unter Auflösung ohne Abwicklung auf mindestens zwei andere bestehende (Aufspaltung durch Aufnahme) oder neu gegründete (Aufspaltung durch Neugründung) Rechtsträger über. Der bisherige Rechtsträger geht unter. Die Altgesellschafter werden an dem oder den übernehmenden Rechtsträger(n) beteiligt.

Bei der **Abspaltung** geht wie bei der Aufspaltung Vermögen auf bereits bestehende (Abspaltung zur Aufnahme) oder neu gegründete (Abspaltung zur Neugründung) Rechtsträger über. Im Gegensatz zur Aufspaltung geht der bisherige Rechtsträger jedoch nicht unter, sondern bleibt bestehen. Die Gesellschafter der übertragenden Gesellschaft erhalten Anteile an der übernehmenden Gesellschaft.

Auch bei der **Ausgliederung** wird Vermögen auf einen bestehenden oder neuen Rechtsträger übertragen. Die Anteile an der übernehmenden Gesellschaft gehen jedoch nicht auf die Gesellschafter der übertragenden Gesellschaft über, sondern gelangen unmittelbar in das Vermögen der übertragenden Gesellschaft.

### 3. Vermögensübertragung (§§ 174 ff. UmwG)

Bei der Vermögensübertragung überträgt ein Rechtsträger sein Vermögen wie bei der Verschmelzung und der Spaltung unter Auflösung und ohne Abwicklung auf einen oder mehrere andere Rechtsträger. Anders als bei der Verschmelzung und der Spaltung besteht die Gegenleistung jedoch nicht in der Gewährung von Gesellschaftsanteilen oder Mitgliedschaften. Abgesehen von der Form der Gegenleistung entspricht die Vermögensübertragung in der Form der **Vollübertragung** nach § 174 Abs. 1 UmwG der Verschmelzung durch Aufnahme, die Vermögensübertragung in der Form der **Teilübertragung** nach § 174 Abs. 2 UmwG den unterschiedlichen Spaltungsformen.

### 4. Formwechsel (§§ 190 ff. UmwG)

Anders als bei der Verschmelzung, der Spaltung und der Vermögensübertragung geht bei einem Formwechsel kein Vermögen über. Der Rechtsträger ändert lediglich seine Rechtsform, während seine rechtliche und wirtschaftliche Identität erhalten bleibt, was sich insbesondere an der grundsätzlichen Identität der Gesellschafter und der Wahrung des Vermögensbestandes zeigt.

## III. Grundsätze des Umwandlungsverfahrens

Die Grundsätze des Umwandlungsverfahrens sind im Wesentlichen unter den Verschmelzungsvorschriften geregelt. Bei anderen Umwandlungsformen wird weitgehend auf diese Grundsätze verwiesen:

- Grundlage einer Verschmelzung, Spaltung oder Vermögensübertragung ist der Umwandlungsvertrag bzw. Umwandlungsplan (§§ 4 bis 7, 136, 176, 177 UmwG) mit inhaltlichen Mindestanforderungen (§ 5 Abs. 1, § 126 Abs. 1 und § 194 UmwG).
- Die Leitungsorgane haben den Anteilseignern in einem Umwandlungsbericht die Grundlagen für die Umwandlungsentscheidung zu erläutern und die erforderlichen Informationen, insbesondere zur Veränderung der Beteiligungsverhältnisse und der Angemessenheit der Umtauschrelationen, zur Verfügung zu stellen.
- In Abhängigkeit von den beteiligten Rechtsträgern und bei qualifiziertem Mehrheitsverlangen ist eine Prüfung erforderlich und ein Prüfungsbericht zu erstellen (§§ 9 ff. UmwG).
- Umwandlungsvertrag und Umwandlungsplan werden nur dann wirksam, wenn die Anteilseigner der beteiligten Rechtsträger ihm durch Beschluss zugestimmt haben (§ 13 UmwG). In Abhängigkeit von der Rechtsform der an der Umwandlung beteiligten Rechtsträger sind den Anteilsinhabern zuvor die notwendigen Informationen zur Verfügung zu stellen. Der Umwandlungsbeschluss bedarf bei Personengesellschaften grundsätzlich der Zustimmung aller Gesellschafter, mindestens aber der Mehrheit von ¾ der Stimmen der Gesellschafter. Bei der GmbH bedarf der Umwandlungsbeschluss einer Mehrheit von mindestens ¾ der abgegebenen Stimmen, bei Aktiengesellschaften und Kommanditgesellschaften auf Aktien der Mehrheit von ¾ des vertretenen Grundkapitals.
- Die Umwandlung ist zum Handelsregister anzumelden, wobei in Abhängigkeit von der Umwandlungsform und der Rechtsform der beteiligten Rechtsträger unterschiedliche Unterlagen beizufügen sind.
- Wirksam wird eine Umwandlung grundsätzlich mit der Eintragung im Handelsregister, wobei die Rechtsfolgen in Abhängigkeit von den einzelnen Umwandlungsformen unterschiedlich sind (§§ 20, 131, 202 UmwG). (Montag)

# 88. Mieterein- und Mieterumbauten im Steuerrecht

## I. Begriffliche Abgrenzung

Häufig bauen selbständige Stpfl., die ihre gewerbliche oder berufliche Tätigkeit in gemieteten Räumen ausüben, Räumlichkeiten für ihren Verwendungszweck um. Lässt der Mieter Baumaßnahmen auf seine Rechnung durchführen, so liegen Mieterein- oder Mieterumbauten vor, es sei denn, es liegen Erhaltungsaufwendungen vor (z. B. Anstreichen und Tapezieren der Räume durch den Mieter).

## II. Bilanzsteuerliche Behandlung

### 1. Überblick

Die Aufwendungen für Mietereinbauten sind Betriebsausgaben, wenn sie für gewerbliche oder berufliche Zwecke erfolgen. Durch die Maßnahme wird entweder ein materielles oder ein immaterielles Wirtschaftsgut geschaffen. Nur ein materielles Wirtschaftsgut, das auch dem Mieter zuzurechnen ist, ist aktivierungsfähig. Es ist über seine wirtschaftliche Nutzungsdauer abzuschreiben, sodass sich gewinnmindernd nur die jährliche AfA auswirkt.

### 2. Materielle Wirtschaftsgüter

Mieterein- oder Mieterumbauten sind dann materielle Wirtschaftsgüter, wenn es sich um Scheinbestandteile, Betriebsvorrichtungen oder um sonstige Mieterein- oder Mieterumbauten handelt.

Baut ein Mieter Sachen zu einem vorübergehenden Zweck in das Gebäude ein, so liegt ein **Scheinbestandteil** vor (§ 95 BGB). Der Mieter ist rechtlicher und wirtschaftlicher Eigentümer des Scheinbestandteils, wenn die folgenden Bedingungen kumulativ erfüllt sind: Die Nutzungsdauer des Einbaus muss länger als die voraussichtliche Mietdauer sein, bei Wiederausbau hat der Bestandteil einen beachtlichen Wiederverwendungswert und aus dem Zweck der Verbindung kann mit einer Entfernung der eingebauten Sachen gerechnet werden (vgl. BMF-Schreiben vom 15.01.1976, BStBl 1976 I S. 66). Baut ein Mieter z. B. eine der allgemeinen Temperaturregelung dienende Klimaanlage in Büroräume ein und ist im Mietvertrag bei Beendigung des Mietverhältnisses der Ausbau der Anlage vereinbart, so liegt unter den sonstigen Voraussetzungen ein Scheinbestandteil vor.

Handelt es sich bei dem Einbau um keinen Scheinbestandteil, so ist zunächst zu prüfen, ob eine **Betriebsvorrichtung,** also eine Vorrichtung, die zu einer Betriebsanlage gehört, vorliegt. Betriebsvorrichtungen sind selbständige Wirtschaftsgüter, auch wenn sie bürgerlich-rechtlich wesentliche Bestandteile des Gebäudes sind. Zur Abgrenzung der Betriebsvorrichtungen ist auf R 7.1 Abs. 3 EStR und den Erlass vom 15.03.2006 (BStBl 2006 I S. 314) hinzuweisen. Würde z. B. die zuvor genannte Klimaanlage nicht der allgemeinen Temperaturregelung der Büroräume, sondern besonderen betrieblichen Zwecken dienen (z. B. in Tabak- oder Chemiefabriken), so läge eine Betriebsvorrichtung vor. Als weitere Beispiele sind Lastenaufzüge, Tresoranlagen sowie speziellen betrieblichen Zwecken dienende Be- und Entwässerungsanlagen zu nennen.

Liegt weder ein Scheinbestandteil noch eine Betriebsvorrichtung vor, so handelt es sich bei den Aufwendungen um Herstellungskosten für ein **materielles Wirtschaftsgut des Anlagevermögens,** wenn entweder der Mieter wirtschaftlicher Eigentümer dieser Baumaßnahme ist oder der Mieterein- oder Mieterumbau unmittelbar den besonderen betrieblichen oder beruflichen Zwecken des Mieters dient und mit dem Gebäude nicht in einem einheitlichen Nutzungs- und Funktionszusammenhang steht – sonstige Mietereinbauten oder Mieterumbauten (sMEoMU) – (BMF-Schreiben vom 15.01.1976, BStBl 1976 I S. 66). Der Mieter ist **wirtschaftlicher Eigentümer** der sMEoMU, wenn er über sie die tatsächliche Herrschaft ausübt, also den Eigentümer für die gewöhnliche Nutzungsdauer von der Einwirkung auf das Wirtschaftsgut ausschließen kann (§ 39 Abs. 2 AO). Diese Voraussetzungen sind gegeben, wenn der Ein- bzw. Umbau während der voraussichtlichen Mietdauer technisch oder wirtschaftlich verbraucht wird oder der Mieter nach Ablauf der Mietdauer den gemeinen Wert des Ein- oder Umbaus ersetzt bekommt; verlegt z. B. der Mieter erstmals einen Teppichboden und beträgt die Mietdauer zehn Jahre, so wird der Teppichboden während der Mietdauer völlig verbraucht. Bei einem **sonstigen Mietereinbau,** der unmittelbar den besonderen betrieblichen oder beruflichen Zwecken des Mieters dient und der nicht in einem einheitlichen Nutzungs- und Funktionszusammenhang mit dem Gebäude steht, handelt es sich dem Rechtscharakter nach um ein Nutzungsrecht, also ein immaterielles Wirtschaftsgut, das wie ein materielles zu behandeln ist. Ein solcher Einbau liegt vor, wenn der Mieter vorhandene Zwischenwände entfernt, das Gebäude für seine gewerblichen Zwecke umgestaltet oder eine vorhandene Treppe durch eine Rolltreppe ersetzt. In diesen Fällen weisen die Einbauten eine unmittelbare sachliche Beziehung zum Betrieb auf; der daneben bestehende Zusammenhang mit dem Gebäude tritt dagegen zurück.

### 3. Immaterielle Wirtschaftsgüter

Aufwendungen für ein immaterielles Wirtschaftsgut liegen vergleichsweise selten vor. Ein immaterielles Wirtschaftsgut entsteht bei der Ausführung von Baumaßnahmen, die unabhängig von der vom Mieter vorgesehenen Nutzung hätten vorgenommen werden müssen. Baut z. B. der Mieter anstelle des Eigentümers eine Zentralheizung ein und wird er dabei nicht wirtschaftlicher Eigentümer, so ist eine unmittelbare Beziehung zum Betrieb des Mieters nicht gegeben; es handelt sich somit um Aufwendungen für ein selbstgeschaffenes immaterielles Wirtschaftsgut, das nicht aktivierungsfähig ist (§ 5 Abs. 2 EStG). Werden die Aufwendungen allerdings mit der Miete verrechnet, so handelt es sich wirtschaftlich um vorausgezahlte Miete, für die ein entsprechender aktiver Rechnungsabgrenzungsposten zu bilden ist.

### 4. Absetzung für Abnutzung

Für die AfA-Methode (vgl. § 7 Abs. 2 EStG) ist es von Bedeutung, dass Scheinbestandteile und Betriebsvorrichtungen **bewegliche** Wirtschaftsgüter des Anlagevermögens sind. Sonstige Mieterein- und Mieterumbauten sind hingegen **unbewegliche** Wirtschaftsgüter. Die AfA auf sonstige Mietereinbauten, die wie materielle Wirtschaftsgüter zu behandeln sind, richtet sich grundsätzlich nach der betriebsgewöhnlichen Nutzungsdauer des Gebäudes (BFH-Urteil vom 15.10.1996, BStBl 1997 II S. 533). Die voraussichtlich kürzere Mietdauer kann jedoch als tatsächlich kürzere Nutzungsdauer gem. § 7 Abs. 4 Satz 2 EStG zu berücksichtigen sein.

Die Nutzungsdauer von Ladeneinbauten, Schaufensteranlagen und Gaststätteneinbauten, die als selbständige Gebäudeteile (R 4.2 Abs. 3 Nr. 3 EStR) zu qualifizieren sind, ist mit acht Jahren zu bemessen (BMF vom 15.12.2000, BStBl 2000 I S. 1533).

(Dr. Lenz)

# 89. Grundzüge der Besteuerung von Vereinen

## I. Einführung

Ob und inwiefern Vereine (§ 21 f. BGB) besteuert werden, hängt im Wesentlichen von den Regelungen der Einzelsteuergesetze ab. Für Vereine, die steuerbegünstigte Zwecke verfolgen, sehen die Einzelsteuergesetze jedoch häufig eine Steuervergünstigung vor, deren Voraussetzungen und Umfang allgemein in der AO geregelt sind und von der Finanzverwaltung im BMF-Schreiben vom 10.09.2002 (BStBl 2002 I S. 867) näher erläutert werden. Im Wesentlichen gilt Folgendes:

## II. Steuervergünstigungen für Vereine

**1. Voraussetzungen:** Ein Verein ist steuerbegünstigt, wenn er satzungsmäßig ausschließlich und unmittelbar gemeinnützige, mildtätige oder kirchliche Zwecke fördert (§ 51 AO) und diese Zwecke tatsächlich verfolgt (§§ 59, 63 AO). **Gemeinnützige Zwecke** verfolgt ein Verein dann, wenn die Allgemeinheit auf materiellem, sittlichem oder geistigem Gebiet selbstlos gefördert werden soll (§ 52 AO). **Mildtätige Zwecke** liegen vor, wenn bestimmte bedürftige Personen selbstlos unterstützt werden sollen (§ 53 AO). **Kirchliche Zwecke** liegen schließlich vor, wenn eine Religionsgemeinschaft in der Form einer Körperschaft des öffentlichen Rechts selbstlos gefördert werden soll (§ 54 AO). **Selbstlosigkeit** setzt unter anderem voraus, dass mit der Tätigkeit nicht in erster Linie eigenwirtschaftliche Zwecke verfolgt werden (§ 55 AO). **Ausschließlichkeit** ist gegeben, wenn eine Körperschaft nur ihre steuerbegünstigten satzungsmäßigen Zwecke verfolgt (§ 56 AO). **Unmittelbarkeit** liegt schließlich dann vor, wenn die Körperschaft die Zwecke selbst verwirklicht oder sich bestimmter Hilfspersonen bedient (§ 57 AO).

**2. Umfang:** Vom Umfang her erstreckt sich die Steuervergünstigung in den Einzelsteuergesetzen häufig nicht auf einen **wirtschaftlichen Geschäftsbetrieb.** Das führt grundsätzlich dazu, dass das Vermögen, die Einkünfte oder die Umsätze, die zu einem solchen Betrieb gehören, von den Vergünstigungen der betreffenden Vorschrift nicht erfasst werden. In diesen Fällen kommt die Steuervergünstigung gem. § 64 AO nur dann uneingeschränkt zur Anwendung, wenn der wirtschaftliche Geschäftsbetrieb als **Zweckbetrieb** anzusehen ist.

Ein wirtschaftlicher Geschäftsbetrieb (§ 14 AO) ist eine selbständige nachhaltige Tätigkeit, durch die Einnahmen oder sonstige wirtschaftliche Vorteile erzielt werden und die über den Rahmen einer Vermögensverwaltung hinausgeht. Gewinnerzielungsabsicht ist nicht erforderlich. Ein wirtschaftlicher Geschäftsbetrieb ist grundsätzlich nur dann ein Zweckbetrieb (§ 65 AO), wenn er in seiner Gesamteinrichtung dazu dient, die steuerbegünstigten, satzungsmäßigen Zwecke zu verwirklichen, wenn die Zwecke nur durch einen solchen Geschäftsbetrieb verwirklicht werden können und wenn der wirtschaftliche Geschäftsbetrieb zu anderen Unternehmen nicht über den unvermeidbaren Rahmen hinaus als Wettbewerber auftritt.

Liegt kein Zweckbetrieb vor, unterliegen die Besteuerungsgrundlagen eines Geschäftsbetriebs nicht der Körperschaftsteuer und der Gewerbesteuer, wenn die Einnahmen einschließlich Umsatzsteuer ab dem 01.01.2007 insgesamt nicht über 35.000 Euro im Jahr liegen (§ 64 Abs. 3 AO). Sportliche Veranstaltungen eines Sportvereins sind nach § 67 a AO stets ein Zweckbetrieb, wenn die Einnahmen einschließlich Umsatzsteuer ebenfalls nicht über 35.000 Euro im Jahr liegen.

## III. Behandlung von Vereinen in den Einzelsteuergesetzen

Liegen die Einnahmen über den Grenzen des § 64 AO, gilt nach den Einzelsteuergesetzen im Wesentlichen Folgendes:

1. **Körperschaftsteuer:** Vereine sind nach § 1 Abs. 1 Nr. 4 oder 5 KStG körperschaftsteuerpflichtig. Verfolgt ein Verein steuerbegünstigte Zwecke, ist er gem. § 5 Abs. 1 Nr. 9 KStG steuerbefreit. Diese Befreiung gilt allerdings nicht, soweit ein wirtschaftlicher Geschäftsbetrieb unterhalten wird, der kein Zweckbetrieb ist.

Liegt kein Zweckbetrieb vor, ist das Einkommen eines wirtschaftlichen Geschäftsbetriebes ebenso wie das Einkommen eines nicht steuerbefreiten Vereins grundsätzlich nach den allgemeinen Regeln zu ermitteln. Mitgliederbeiträge werden bei der Einkommensermittlung nicht erfasst (§ 8 Abs. 5 KStG). Gegebenenfalls ist der Freibetrag von maximal 5.000 Euro nach § 24 KStG zu berücksichtigen.

Der Körperschaftsteuersatz beträgt grundsätzlich 15 % (§ 23 Abs. 1 KStG).

2. **Gewerbesteuer:** Gemäß § 2 Abs. 3 GewStG gilt als gewerbliche Tätigkeit auch die Tätigkeit von Vereinen, soweit sie einen wirtschaftlichen Geschäftsbetrieb unterhalten. Verfolgt ein Verein steuerbegünstigte Zwecke, ist er jedoch nach § 3 Nr. 6 GewStG steuerbefreit, soweit er einen Zweckbetrieb betreibt. Kommt die Steuerbefreiung nicht zur Anwendung, ist bei der Ermittlung des Gewerbeertrages ein Freibetrag i. H. von 5.000 Euro zu berücksichtigen (§ 11 Abs. 1 Satz 3 Nr. 2 GewStG).

3. **Umsatzsteuer:** Ist ein Verein Unternehmer (§ 2 Abs. 1 UStG), sind seine Umsätze im Rahmen des § 1 UStG umsatzsteuerbar. Die Unternehmereigenschaft liegt dabei auch dann vor, wenn der Verein seine Leistungen nur im Leistungsaustausch gegenüber Mitgliedern erbringt (§ 2 Abs. 1 UStG).

Eine besondere Steuerbefreiung für steuerbegünstigte Vereine gibt es nicht. Die Leistungen dieser Vereine unterliegen aber grundsätzlich dem ermäßigten Steuersatz (§ 12 Abs. 2 Nr. 8 UStG). Der ermäßigte Steuersatz kommt allerdings für die Leistungen nicht zur Anwendung, die im Rahmen eines wirtschaftlichen Geschäftsbetriebs ausgeführt werden, der kein Zweckbetrieb ist.

Bei Vereinen, die nicht verpflichtet sind, Bücher zu führen und aufgrund jährlicher Bestandsaufnahmen regelmäßig Abschlüsse zu machen, wird zur Berechnung der abziehbaren Vorsteuerbeträge ein Durchschnittssatz von 7 % des steuerpflichtigen Umsatzes festgesetzt. Ein weiterer Vorsteuerabzug ist ausgeschlossen. Lag der steuerpflichtige Umsatz des Vorjahres über 35.000 Euro, kann der Durchschnittssatz nicht in Anspruch genommen werden (§ 23 a UStG).

4. **Grundsteuer:** Der Grundbesitz ist grundsätzlich auch bei einem Verein Gegenstand der Grundsteuer (§ 2 GrStG). Soweit der Grundbesitz steuerbegünstigten Vereinen zuzurechnen ist und von diesen steuerbegünstigt genutzt wird, ist er jedoch steuerbefreit (§ 3 Abs. 1 Nr. 3 GrStG).

5. **Erbschaft- und Schenkungsteuer:** Vereine unterliegen grundsätzlich der persönlichen Erbschaft- und Schenkungsteuerpflicht (§ 2 Abs. 1 Nr. 1 d ErbStG). Zuwendungen von Todes wegen und Schenkungen an einen Verein sind daher steuerbar (§ 3 Abs. 1, § 7 Abs. 1 ErbStG). Ist der Verein steuerbegünstigt, sind die Zuwendungen jedoch steuerbefreit (§ 13 Abs. 1 Nr. 16 b ErbStG).

(Montag)

# 90. Investitionsrechnungen

## I. Grundlegung

Unter Investitionen versteht man für längere Zeit beabsichtigte Bindungen finanzieller Mittel in materielle oder immaterielle Objekte. Die Vorteilhaftigkeit solcher Investitionen wird rechnerisch mit Hilfe der Investitionsrechnung analysiert. Investitionsrechnungen sind quantitative Verfahren zur Beurteilung der Fragen, ob die Investition in ein bestimmtes Objekt sinnvoll ist (absolute Vorteilhaftigkeit) und welches der verschiedenen möglichen Objekte am ökonomischsten ist (relative Vorteilhaftigkeit). In der betriebswirtschaftlichen Investitionstheorie wird heute eine Vielzahl von Verfahren diskutiert, die sich unterscheiden lassen in Verfahren für Einzelentscheidungen, Sequenzentscheidungen und Programmentscheidungen. Bei Verfahren für Einzelentscheidungen wird von der vereinfachenden Prämisse ausgegangen, dass nur eine einzelne Investition getätigt wird. Vernachlässigt werden beispielsweise finanzielle Restriktionen und die Frage der optimalen Nutzungsdauer. Will z. B. ein Winzer entscheiden, wie lange er seinen Wein lagern, oder ein Autofahrer, wie lange er seinen PKW nutzen sollte, so kann er dies nicht mit Hilfe eines Verfahrens für Einzelentscheidungen bestimmen. Zu diesem Zweck wurden die Verfahren für Sequenzentscheidungen konzipiert. Bei den Verfahren für Programmentscheidungen werden Interdependenzen von Investitionsentscheidungen und Finanzierungsmöglichkeiten sowie Absatz-, Produktions-, Beschäftigungs- und Einlagerungsgrenzen berücksichtigt. Die realitätsnähere Formulierung bedingt jedoch, dass diese Verfahren äußerst kompliziert zu handhaben sind und deshalb in praxi kaum Anwendung finden.

## II. Darstellung einzelner Verfahren

Im Folgenden sollen exemplarisch einige Verfahren dargestellt werden. Der vorgegebene zeitliche Rahmen gebietet es dabei, die Ausführungen auf die am häufigsten angewandten Verfahrenstypen – nämlich die Verfahren für Einzelentscheidungen – zu beschränken.

### 1. Kalkulatorische (einperiodische) Verfahren für Einzelentscheidungen

Die kalkulatorischen oder einperiodischen Verfahren für Einzelentscheidungen sind die einfachsten Investitionsrechnungsarten. Sie basieren auf Größen, die aus dem Rechnungswesen gewonnen werden. Nach der Kostenvergleichsrechnung wird das Objekt als günstigstes angesehen, welches die geringsten Kosten pro Periode bei einer bestimmten vorgegebenen Leistung verursacht. Soll beispielsweise die relative Vorteilhaftigkeit verschiedener PKW bei einer Fahrleistung von 20.000 km im Jahr geprüft werden, so orientiert man sich an den Gesamtkosten oder Kosten pro km der einzelnen PKW, die man anhand von Tabellen schätzt. Unberücksichtigt bleibt hier jedoch, ob eine Investition überhaupt sinnvoll ist (absolute Vorteilhaftigkeit). Außerdem müssen sich die Leistungen zumindest ungefähr entsprechen. So wäre es wenig sinnvoll, die Jahreskosten eines kleinen Schwarzweißtischkopierers mit einer Großkopieranlage mit Farbkopien zu vergleichen.

Bei der Gewinnvergleichsrechnung wird nicht mehr von der Prämisse gleicher Erlöse ausgegangen. Vielmehr werden die durch die Maschine erbrachten Leistungen einbezogen. Nach diesem Verfahren wird eine Investition immer dann als (absolut) vorteilhaft angesehen, wenn die von ihr bewirkten Leistungen ihre

Kosten übersteigen, d. h., wenn durch diese Investition ein kalkulatorischer Gewinn verursacht wird. Stehen mehrere Investitionsobjekte zur Auswahl, so ist nach diesem Verfahren dasjenige Objekt zu wählen, durch das der höchste Gewinn erzielt wird. Vernachlässigt wird, welcher Kapitaleinsatz für eine Investition notwendig ist. So ist nach diesem Verfahren beispielsweise die Investition in eine Maschine, deren Anschaffungskosten 1.000.000 Euro betragen und die jährlich 10.000 Euro anteiligen Gewinn verursacht, einer Investition in eine andere Maschine vorzuziehen, deren Anschaffungskosten 50.000 Euro betragen und mit der der Investor lediglich einen jährlichen Gewinn von 9.000 Euro erzielen kann.

Bei der Rentabilitätsvergleichsrechnung wird die Kapitalbindung berücksichtigt und die relative Vorteilhaftigkeit aus dem (Kapital-)Rentabilitätsgrad – auch Return on Investment (ROI) genannt – abgeleitet. Dieser Rentabilitätsgrad ergibt sich durch Division des Gewinns durch die durchschnittliche Kapitalbindung.

### 2. Finanzmathematische (mehrperiodische) Verfahren für Einzelentscheidungen

Die kalkulatorischen Verfahren gehen von der wenig realistischen Prämisse aus, dass es eine Periode gibt, die für die gesamte Nutzungsdauer als repräsentativ angesehen wird. Dabei wird meist von den Schätzungen der ersten Periode ausgegangen.

Diese Unzulänglichkeit wird bei mehrperiodischen Verfahren vermieden: Hier werden alle mit einem Investitionsobjekt verbundenen Zahlungsströme erfasst und damit der Betrachtungszeitraum auf die gesamte Nutzungsdauer des Investitionsobjektes ausgedehnt. Um eine Vergleichbarkeit der einzelnen – zu verschiedenen Zeitpunkten anfallenden – Werte der Zahlungsströme zu ermöglichen, werden die Zahlungen mit Hilfe der Zinseszinsrechnung auf einen bestimmten Zeitpunkt auf- und abgezinst.

Je nach Zielgröße unterscheidet man bei den finanzmathematischen Verfahren die Kapitalwert-, die Annuitäten- und die interne Zinsfußmethode. Beispielhaft soll die Kapitalwertmethode dargestellt werden. Der Kapitalwert einer Investition ist die Summe aller Ein- und Auszahlungen, die mit Zinsfuß i auf einen Bezugszeitpunkt abgezinst werden. Dieser Bezugszeitpunkt kann z. B. der Beginn der Investition sein. Nach der Kapitalwertmethode ist nun eine Investition (absolut) vorteilhaft, wenn der Kapitalwert größer als null ist. Unter mehreren Investitionsobjekten ist das mit dem höchsten Kapitalwert das (relativ) günstigste. Von zentraler Bedeutung ist bei diesem Verfahren die Wahl des Zinsfußes. Je nach Wahl des Zinsfußes können sich sehr unterschiedliche Aussagen sowohl zur absoluten als auch zur relativen Vorteilhaftigkeit ergeben. In praxi wird als Zinsfuß – je nach Anspruchsniveau des Investors – beispielsweise der landesübliche Soll- und Habenzins oder eine geschätzte Branchenrendite verwendet.

### III. Probleme der Anwendung

Bei der Anwendung der Investitionsrechnung ergibt sich insbesondere das Problem, dass Investitionen regelmäßig bei unsicheren Erwartungen getätigt werden. Dies impliziert, dass auch rechnerisch exakt durchgeführte Investitionsrechnungen nur einen groben Anhaltspunkt für die tatsächliche Vorteilhaftigkeit von Investitionen darstellen können.

(Prof. Dr. Bischoff)

# 91. Die Steuerberatergebührenverordnung

## I. Einleitung

Die Steuerberatergebührenverordnung (StBGebV) ist Teil des Standesgesetzes für Steuerberater. Nach ihr soll sich die Vergütung der Steuerberater, Steuerbevollmächtigten und Steuerberatungsgesellschaften bemessen. Mit dieser Gebührenordnung wurde für Berufsangehörige und Steuerberatungsgesellschaften eine verbindliche und praktikable Gebührenordnung geschaffen.

## II. Anwendungsbereich und erstmalige Anwendung der StBGebV

§ 1 StBGebV schränkt die Anwendung dieser Verordnung auf die selbständig ausgeübte Berufstätigkeit von Steuerberatern, Steuerbevollmächtigten und Steuerberatungsgesellschaften ein. Sie gilt nicht für Tätigkeiten, die zwar mit dem Steuerberaterberuf vereinbar sind, nicht aber sein Berufsfeld prägen. Die StBGebV findet also z. B. nicht auf die Honorare für wirtschaftsberatende oder treuhänderische Tätigkeiten eines Steuerberaters Anwendung. Weiterhin gilt diese Verordnung nicht für Rechtsanwälte, Wirtschaftsprüfer, vereidigte Buchprüfer, Wirtschaftsprüfungs- und Buchprüfungsgesellschaften, obwohl sie gem. § 3 Nr. 1 StBerG zur unbeschränkten Hilfeleistung befugt sind. Für nach § 4 StBerG zur beschränkten Hilfeleistung in Steuersachen befugte Personen, Behörden und Vereinigungen, wie z. B. Notare, genossenschaftliche Prüfungsverbände und Lohnsteuerhilfevereine, findet die StBGebV ebenfalls keine Anwendung.

In praxi sind häufig Berufsträger mit Doppelqualifikation, wie zum Beispiel Wirtschaftsprüfer und Steuerberater, zu finden. Für sie findet die StBGebV nur Anwendung, wenn sie als Steuerberater, nicht jedoch, wenn sie z. B. als Wirtschaftsprüfer oder Rechtsanwalt tätig werden. In der Literatur wird dabei überwiegend die Ansicht vertreten, dass es beispielsweise einem Wirtschaftsprüfer, der gleichzeitig Steuerberater ist, freisteht, ob er seine steuerberatende Tätigkeit als Wirtschaftsprüfer oder Steuerberater nach der StBGebV abrechnet.

## III. Grundzüge der Gebührenberechnung

Die Gebührenverordnung enthält folgende zulässige Vergütungsarten:

– die Einzelvergütung nach §§ 21 bis 46 StBGebV

– die Pauschalvergütung nach § 14 StBGebV

– die höher vereinbarte Vergütung nach § 4 StBGebV

Die beiden wichtigsten Gebührenarten bei der Einzelvergütung sind die Zeit- und die Wertgebühr. Beide sind regelmäßig als Rahmengebühr konzipiert. Im Gesetz ist also i. d. R. eine Bandbreite vorgesehen, innerhalb der der Steuerberater die Gebühr im Einzelfall unter Berücksichtigung aller Umstände nach Ermessen bestimmen kann. So ist zum Beispiel bei der Zeitgebühr als Rahmen 19 bis 46 Euro pro angefangene halbe Stunde vorgesehen. Nach § 4 StBGebV kann auch eine höhere Gebühr mit dem Mandanten vereinbart werden. Eine Unterschreitung der durch die StBGebV vorgegebenen Gebührensätze ist dagegen standeswidrig.

### 1. Wertgebühr

Der Regelfall für die Berechnung der Gebühren ist die sog. Wertgebühr. Die Höhe der Gebühr ist dabei abhängig von den für die jeweilige Tätigkeit zur Anwendung kommenden Gegenstandswerten und Gebührentabellen sowie den vorgegebenen Gebührensätzen. Die Gebührenverordnung umfasst fünf Tabellen: A (Beratungstabelle), B (Abschlusstabelle), C (Buchführungstabelle), D (landwirtschaftliche Buchführung) und E (Rechtsbehelfstabelle).

Am Beispiel der Erstellung der Einkommensteuererklärung soll die Berechnung der Wertgebühr verdeutlicht werden. Nach § 24 Abs. 1 Nr. 1 StBGebV ermittelt sich der Gegenstandswert für die Einkommensteuererklärung ohne Ermittlung der einzelnen Einkünfte aus der Summe der positiven Einkünfte. Dabei ist ein Mindestwert von 6.000 Euro vorgesehen. Es ist die Tabelle A und ein Gebührensatz von $^1/_{10}$ bis $^6/_{10}$ anzuwenden. Bei einer Summe der positiven Einkünfte von 30.000 Euro würde sich somit ein Gebührenrahmen von 75,80 Euro ($^1/_{10}$) bis 454,80 Euro ($^6/_{10}$) ergeben.

Die Ermittlung der einzelnen Einkünfte ist gesondert nach den dafür geltenden Vorschriften zu berechnen: bei Überschusseinkünften nach § 27 StBGebV und bei Gewinneinkünften nach § 25 StBGebV.

## 2. Die Zeitgebühr

Die Zeitgebühr stellt einen Ausnahmefall dar, der nur in den ausdrücklich vorgesehenen Fällen angewendet werden darf. Die wichtigsten Fälle, die nach Zeitgebühr abgerechnet werden, sind:
– die Anfertigung einer Erklärung zur Feststellung der Einheitswerte für Grundbesitz,
– die Feststellung des verrechenbaren Verlustes gem. § 15 a EStG,
– Prüfung von Steuerbescheiden,
– die Teilnahme an Prüfungen,
– die Einrichtung von Buchführungen,
– Fälle, in denen keine genügenden Anhaltspunkte für die Schätzung des Gegenstandswertes vorliegen.

Es handelt sich hierbei überwiegend um Tätigkeiten, die einen sehr unterschiedlichen Zeitaufwand erfordern. Die Zeitgebühr beträgt 19 bis 46 Euro pro angefangene halbe Stunde. Benötigt beispielsweise ein Steuerberater zur Feststellung eines verrechenbaren Verlustes gem. § 15 a EStG 40 Minuten, so beträgt die Zeitgebühr zwischen 38 und 92 Euro.

## 3. Pauschalvergütung

Zur Erleichterung der Abrechnung kann statt einer Vielzahl von Einzelvergütungen auch eine Pauschalvergütung vereinbart werden. Allerdings darf es sich hierbei nicht um eine verdeckte Unterschreitung der durch die StBGebV vorgegebenen Gebührensätze handeln.

## 4. Auslagen

Neben den Gebühren hat der Steuerberater Anspruch auf Ersatz der Auslagen. Darunter fallen insbesondere Post- und Telekommunikationsdienstleistungen, Kosten für Geschäftsreisen und Auslagen für Kopien, die zur sachgerechten Bearbeitung geboten waren.

(Prof. Dr. Bischoff)

# 92. Steuerberatungsgesellschaften

## I. Grundlegung

In § 3 StBerG sind enumerativ Personen und Personenvereinigungen aufgeführt, die zur unbegrenzten und geschäftsmäßigen Hilfeleistung in Steuersachen befugt sind. Hierunter fallen auch die Steuerberatungsgesellschaften. Eine Steuerberatungsgesellschaft ist eine freiwillige, auf einem schuldrechtlichen Vertrag beruhende Personenvereinigung, deren Sachziel in der geschäftsmäßigen Hilfeleistung in Steuersachen liegt und die von der zuständigen Steuerberaterkammer als Steuerberatungsgesellschaft anerkannt ist. Sie ist in den §§ 49 ff. StBerG und in den §§ 40 ff. DVStB geregelt.

## II. Voraussetzungen für ihre Anerkennung

### 1. Persönliche Anforderungen an die geschäftsführenden Organe

Als Mitglieder des Vorstandes, der Geschäftsführung bzw. als geschäftsführende Gesellschafter kommen zunächst einmal Steuerberater in Betracht, von denen mindestens einer seine berufliche Niederlassung am Sitz der Gesellschaft oder in dessen Nahbereich haben muss. Neben Steuerberatern können noch zwei Gruppen von Personen den geschäftsführenden Organen angehören:

a) Steuerbevollmächtigte, Rechtsanwälte, vereidigte Buchprüfer und Wirtschaftsprüfer und

b) ausnahmsweise bei besonderer fachlicher und persönlicher Zuverlässigkeit aufgrund einer besonderen Genehmigung auch andere Personen.

Allerdings müssen in jedem Falle die Steuerberater mindestens 50 % der Mitglieder des Vorstandes, der Geschäftsführung bzw. der geschäftsführenden Gesellschafter einer Steuerberatungsgesellschaft stellen. Dies impliziert, dass Steuerberatungsgesellschaften nur auf den ersten Blick dem Wesen des freien Berufes widersprechen, der grundsätzlich nur durch Einzelpersonen oder in Form einer Sozietät ausgeübt werden kann, da die steuerberatende Tätigkeit der Gesellschaft an die steuerberatende Tätigkeit von Berufsträgern gebunden ist.

### 2. Gesellschaftszweck

Die Gesellschaft darf nur Zwecke verfolgen, die mit dem Steuerberaterberuf vereinbar sind. Insbesondere darf sie kein gewerbliches Sachziel haben. Die in § 57 StBerG für Steuerberater und Steuerbevollmächtigte umrissenen Berufspflichten gelten gem. § 72 StBerG auch für Steuerberatungsgesellschaften. Ihre geschäftsführenden Organe müssen ihre Tätigkeit unabhängig, eigenverantwortlich, gewissenhaft und verschwiegen ausüben. Außerdem müssen sie – wie alle Berufsträger – auf berufswidrige Werbung verzichten.

### 3. Anforderungen an Gesellschafter

Nach § 50 a StBerG sind als Gesellschafter ausschließlich Steuerberater, Wirtschaftsprüfer, vereidigte Buchprüfer, Steuerbevollmächtigte, Rechtsanwälte und besonders befähigte Personen, deren Geschäftsführertätigkeit nach § 50 Abs. 3 StBerG genehmigt ist, zugelassen. Mit Wirkung vom 01.07.2000 wurde diese Aufzählung um Steuerberatungsgesellschaften erweitert, sodass nunmehr auch die Bildung mehrstöckiger Steuerberatungsgesellschaften gestattet ist.

Soweit die Steuerberatungsgesellschaften die Rechtsform einer AG oder KGaA haben, dürfen nur Namensaktien ausgegeben werden. Darüber hinaus muss bei allen Kapitalgesellschaften die Übertragung von Anteilen gem. § 50 Abs. 5 StBerG an die Zustimmung der Gesellschaft gebunden sein.

### 4. Bezeichnung Steuerberatungsgesellschaft

Gesellschaften, die als Steuerberatungsgesellschaften anerkannt wurden, müssen die Bezeichnung Steuerberatungsgesellschaft in die Firma oder den Namen aufnehmen. Für echte nach PartGG anerkannte Partnerschaften entfällt die Pflicht, zusätzlich die Berufsbezeichnungen aller in der Partnerschaft vertretenen Berufe in den Namen aufzunehmen.

### III. Mögliche Rechtsformen von Steuerberatungsgesellschaften

Als mögliche Rechtsformen von Steuerberatungsgesellschaften sind Kapitalgesellschaften (AG, GmbH, KGaA), OHG, KG und seit 1995 Partnerschaftsgesellschaften vorgesehen. Allerdings kann die OHG oder KG als Rechtsform nur gewählt werden, soweit ein Handelsgewerbe betrieben wird. Dies kann z. B. bei treuhänderischer Tätigkeit gegeben sein.

### IV. Das Anerkennungsverfahren

Der Antrag auf Anerkennung muss schriftlich bei der Steuerberaterkammer, in deren Kammerbezirk die Gesellschaft ihren Sitz hat, gestellt werden. Es ist ein Gesellschaftsvertrag bzw. eine Satzung sowie Namen und Wohnsitz der Personen, die die Gesellschaft verantwortlich leiten, einzureichen. Die Gebühr beträgt 500 Euro. Bei Anerkennung wird von der Behörde eine Anerkennungsurkunde ausgestellt. Voraussetzung für die Anerkennung ist weiterhin das Vorliegen einer vorläufigen Deckungszusage auf den Antrag zum Abschluss einer Berufshaftpflichtversicherung (§ 50 Abs. 6 StBerG).

### V. Abgrenzung der Steuerberatungsgesellschaft von anderen Gesellschaften

#### 1. Abgrenzung zur Sozietät und „unechten" Partnerschaftsgesellschaft

Auch bei der Sozietät handelt es sich um einen freiwilligen, auf einem schuldrechtlichen Vertrag beruhenden Zusammenschluss, dessen Zweck – soweit es sich um in § 3 StBerG aufgeführte Personen handelt – zulässigerweise auf die geschäftsmäßige Hilfeleistung in Steuersachen gerichtet sein kann. Sie ist jedoch eine Gesellschaft bürgerlichen Rechts (§§ 705 ff. BGB), die nicht unter die möglichen Rechtsformen einer Steuerberatungsgesellschaft fällt und deshalb die Bezeichnung Steuerberatungsgesellschaft nicht führen darf. Gleiches gilt für die „unechte" Partnerschaft.

#### 2. Abgrenzung zur Bürogemeinschaft

Bei der Bürogemeinschaft handelt es sich um eine bloße Innengesellschaft (Gesellschaft bürgerlichen Rechts). Ihr Sachziel kann deshalb niemals auf die geschäftsmäßige Hilfeleistung in Steuersachen gerichtet sein.

#### 3. Abgrenzung zu Lohnsteuerhilfevereinen

Die Lohnsteuerhilfevereine sind zwar Körperschaften, die geschäftsmäßige Hilfe in Steuersachen leisten, sie sind jedoch hierbei sowohl im Personenkreis als auch im Umfang der Hilfeleistung beschränkt. Sie können ihre Mitglieder nur soweit beraten, als diese bestimmte Einkünfte beziehen. Dabei handelt es sich im Wesentlichen um Arbeitnehmer mit Einkünften aus nichtselbständiger Arbeit. Die Beratung darf durch Personen erfolgen, die mindestens drei Jahre im Lohnsteuerwesen hauptberuflich tätig waren oder zur geschäftsmäßigen Hilfeleistung befugt sind.

(Prof. Dr. Bischoff)

## 93. Betriebswirtschaftliche Kennzahlen in der Arbeit des Steuerberaters

### I. Aufgaben des Steuerberaters

Zu den Aufgaben des Steuerberaters gehört neben der Erstellung von Jahresabschlüssen und Steuererklärungen auch die betriebswirtschaftliche Beratung. Im Rahmen dieser Tätigkeiten können Kennzahlen die Arbeit des Steuerberaters unterstützen. So können z. B. geeignete Kennzahlen im Bericht zum Jahresabschluss den Mandanten auf mögliche negative Entwicklungen hinweisen. Insbesondere die betriebswirtschaftliche Beratung stützt sich auf Kennzahlen, z. B. zur Beurteilung des eigenen Unternehmens, beim Unternehmenserwerb und zur Vorbereitung von Kreditgesprächen.

Besondere Bedeutung erlangen Kennzahlenanalysen durch die Einführung von Ratingsystemen bei Banken. Unter dem Stichwort „Basel II" wird die Eigenkapitalunterlegung bei Kreditinstituten und somit auch die Zinshöhe von der Bonität des Kreditnehmers abhängig gemacht. Zur Beurteilung der Bonität setzen die Banken Ratingsysteme ein, bei denen Kennzahlen eine bedeutende Rolle spielen.

### II. Kennzahlenanalysen

#### 1. Erfolgswirtschaftliche Jahresabschlussanalyse

Durch die Erstellung erfolgswirtschaftlicher Kennzahlen soll die tatsächliche Ertragskraft der Unternehmen analysiert werden. Um den „Normalertrag" zu erhalten, wird der Jahresüberschuss zunächst in seine Komponenten operatives Ergebnis, Finanzergebnis, außerordentliches Ergebnis und Bewertungsergebnis zerlegt. Unregelmäßige Aufwendungen und Erträge sowie aufgedeckte und gelegte stille Reserven werden herausgefiltert und den einzelnen Komponenten zugeordnet. Hierdurch kann festgestellt werden, wie die einzelnen Erfolgskomponenten am Gesamtergebnis des Unternehmens beteiligt sind.

Zur Analyse der Ertragskraft werden anschließend die Erfolgsgrößen zu anderen Größen des Unternehmens in Relation gesetzt. So erhält man z. B.
- **Rendite-Kennziffern,** z. B. Eigenkapitalrentabilität (Gewinn/Eigenkapital), Gesamtkapitalrentabilität (Gewinn + Zins/Gesamtkapital), Umsatzrentabilität (Jahresüberschuss/Umsatz oder ordentlicher Betriebserfolg/Umsatz), sowie
- **Aktivitäts-Kennzahlen,** z. B. Umschlaghäufigkeit des Bestandes an Fertigerzeugnissen, durchschnittlicher Forderungsbestand.

#### 2. Finanzwirtschaftliche Analyse

Die finanzwirtschaftliche Analyse hat das Ziel, Erkenntnisse über die aktuelle und strukturelle Liquidität und die Vermögens- und Kapitalstruktur zu erlangen.

**Liquiditäts-Kennziffern** erhält man, indem bestimmte Vermögenspositionen zu Kapitalpositionen in Relation gesetzt werden.

Zu unterscheiden sind die Kennziffern zur Beurteilung der kurzfristigen Liquidität und die Kennziffern zur Beurteilung der strukturellen Liquidität. Die Kennziffern zur Beurteilung der kurzfristigen Liquidität vergleichen die kurzfristigen Verbindlichkeiten mit den kurzfristig liquidierbaren Vermögensgegenständen. Je nach dem Grad der Liquidierbarkeit ergibt sich die Liquidität ersten Grades (Zahlungsmittel zu kurzfristigen Verbindlichkeiten), zweiten Grades (Zahlungsmittel plus

Forderungen zu kurzfristigen Verbindlichkeiten) und dritten Grades (Zahlungsmittel plus kurzfristige Forderungen plus Vorräte zu kurzfristigen Verbindlichkeiten).

Die Kennziffern über die strukturelle Liquidität geben an, inwiefern das langfristig gebundene Vermögen durch langfristiges Kapital gedeckt ist. Als langfristiges Kapital kommt das Eigenkapital oder das Eigenkapital und das langfristige Fremdkapital in Betracht. Das langfristig gebundene Vermögen umfasst das Anlagevermögen oder das Anlagevermögen plus langfristig gebundenes Umlaufvermögen. Diese Kennziffern erlangen besondere Bedeutung im Rahmen der sog. horizontalen Finanzierungsregeln, wenn die Einhaltung bestimmter Zahlenverhältnisse gefordert wird.

**Kennzahlen über die Finanzstruktur** setzen Posten der Passivseite miteinander in Relation. Bekannt ist insbesondere der Verschuldungsgrad, der das Verhältnis zwischen Eigen- und Fremdkapital angibt.

### 3. Cashflow-Analyse

Zur Beurteilung der Innenfinanzierung der Unternehmung wird i. d. R. der Cashflow herangezogen. Als zahlungsstromorientierte Größe zeigt er den Mittelzufluss aus dem Umsatzprozess. In der Regel wird er indirekt ermittelt, in dem der Jahresüberschuss durch Aufwendungen und Erträge, die nicht zahlungswirksam sind, korrigiert wird, wie z. B. Abschreibungen, Erhöhung und Verminderung von Pensionsrückstellungen etc. Um Veränderungen im kurzfristigen Kapital zu beurteilen, wird der Cashflow durch die Aufstellung einer Kapitalflussrechnung ergänzt.

### 4. Kennzahlen-Systeme

In Kennzahlen-Systemen werden verschiedene Kennzahlen in Beziehung gesetzt. Das bekannteste Kennzahlen-System bildet der Return on Investment (ROI). Hier wird die Umsatzrendite für das betriebsnotwendige Vermögen (ordentlicher Betriebserfolg/Umsatz) mit der Umschlaghäufigkeit (Umsatz/betriebsnotwendiges Vermögen) multipliziert und gelangt so zur Rendite für das betriebsnotwendige Vermögen. Die Besonderheit des ROI-Konzepts liegt darin, dass die Einflussgrößen in einer Baumstruktur erfasst werden und miteinander verknüpft sind. Hierdurch ist es möglich, die Größen jeweils zu isolieren, die den ROI beeinflussen.

Die besondere Problematik der Kennzahlen liegt darin, dass sie sich an Größen der Vergangenheit orientieren. Ein neuerer Ansatz, die Balance Score Card, versucht auch Zukunftsaspekte zu berücksichtigen. Hierbei werden neben Finanzkennzahlen auch sog. weiche Kennzahlen (z. B. Kundenzufriedenheit, Kreativität von Mitarbeitern) berücksichtigt. Durch eine bewusste Auswahl von Kennzahlen wird ein „Denkrahmen" erarbeitet, der die Gesamtstrategie des Unternehmens abbildet.

### III. Die Aussagefähigkeit von Kennzahlen

Kennzahlen stützen sich im Wesentlichen auf Daten des Jahresabschlusses. Ihre Aussagefähigkeit kann somit durch die Orientierung an der Vergangenheit und die Bilanzierungs- und Bewertungsregeln eingeschränkt sein. Da Außenstehende, insbesondere Banken, jedoch den Kennzahlen vertrauen, ist es Aufgabe des Steuerberaters, die Kennzahlen so aufzubereiten, dass sie ein möglichst klares Bild von der Lage des Unternehmens vermitteln.

(Dr. Kieffer)

## 94. Die Familienstiftung im Steuerrecht

### I. Charakterisierung der Familienstiftung

Grundsätzlich wird bei Stiftungen nach dem Stiftungszweck zwischen einer gemeinnützigen und nicht gemeinnützigen Stiftung unterschieden. Während bei der gemeinnützigen Stiftung der Stifter sein Vermögen unwiderruflich aus der Hand gibt, um damit gemeinnützige, mildtätige oder kirchliche Zwecke zu verfolgen, verfolgt die sog. „Familienstiftung" – als Sonderfall einer nicht gemeinnützigen Stiftung – das Ziel, die Mitglieder einer bestimmten Familie materiell zu fördern. Dabei ist entscheidend, dass es nach Satzung und Stiftungsgeschäft den Familien ermöglicht wird, das Stiftungsvermögen zu nutzen und Stiftungserträge an sich zu ziehen. Dies ist nach der Rechtsprechung des BFH der Fall, wenn der Stifter, seine Angehörigen oder Abkömmlinge zu mehr als der Hälfte bezugs- und anfallsberechtigt sind. Nach Auffassung der Finanzverwaltung soll es genügen, wenn der vorgenannte Personenkreis zu mehr als 25 % bezugs- oder anfallsberechtigt ist, aber darüber hinaus zusätzlich wesentlichen Einfluss auf die Geschäftsführung der Familienstiftung ausüben kann. Die nachfolgenden Ausführungen beschränken sich auf Stiftungen mit Sitz im Inland.

### II. Zivilrechtliche Entstehung einer rechtsfähigen Familienstiftung

Eine Familienstiftung entsteht zum einen durch einen privatrechtlichen Errichtungsakt (sog. „Stiftungsgeschäft") und zum anderen durch das hoheitliche Anerkennungsverfahren. Ein Stiftungsgeschäft kann als Rechtsgeschäft unter Lebenden vorgenommen werden (§ 81 BGB), aber auch im Wege einer Verfügung von Todes wegen (§ 83 BGB). Ein Element des Stiftungsgeschäfts ist die Errichtung einer Stiftungssatzung nach Maßgabe des jeweiligen Landesstiftungsgesetzes (§ 85 BGB), die u. a. den Namen der Stiftung, deren Sitz und Zweck, die Stiftungsorganisation und insbesondere die begünstigten Personen (sog. „Destinatäre") festlegt. Die Stiftung erlangt ihre Rechtsfähigkeit schließlich durch die Durchführung eines formalen staatlichen Anerkennungsverfahrens durch die zuständige Landesbehörde und unterliegt je nach Landesgesetz fortan der staatlichen „Stiftungsaufsicht".

### III. Besteuerung der Familienstiftung

#### 1. Erbschaft- und Schenkungsteuer

Die unentgeltliche Übertragung von Vermögen zu Lebzeiten des Stifters auf die Familienstiftung im Rahmen der Gründung einer Stiftung unter Lebenden (sog. Erstdotation) stellt schenkungssteuerlich eine Schenkung dar (§ 1 Abs. 1 Nr. 2 i. V. m. § 7 Abs. 1 Nr. 8 ErbStG); bei einer Stiftungserrichtung von Todes wegen folgt die Steuerpflicht aus § 1 Abs. 1 Nr. 1 i. V. m. § 3 Abs. 2 Nr. 1 ErbStG. Die Erbschaftsteuerpflicht entsteht bei einer Stiftung von Todes wegen mit Anerkennung der Stiftung, bei einer Stiftung unter Lebenden mit Ausführung der Zuwendung. Bemessungsgrundlage der Steuer auf eine steuerpflichtige Erstdotation ist der Gesamtwert der auf die Stiftung übergehenden Vermögensgegenstände. Die Berechnung des Gesamtwertes erfolgt anhand der Bewertungsmaßstäbe des § 12 ErbStG i. V. m. den Vorschriften des BewG bezüglich jedes einzelnen Wirtschaftsguts. Soweit zur Erstdotation Betriebsvermögen gehört, findet die Verschonungsregelung des § 13 a ErbStG Anwendung. Bei der Bestimmung der Steuerklasse bei Zuwendungen im Rahmen der Gründung erfolgt über § 15 Abs. 2 ErbStG ein Durchgriff auf die begünstigten Familienmitglieder. Danach ist auf das Verwandtschaftsverhältnis zwischen des nach der Stiftungsurkunde entferntest Berechtigten und dem Erblasser bzw. Schenker abzustellen. Bei Zustiftungen auf eine bereits bestehende Familienstiftung greifen grundsätzlich ebenfalls die vorgenannten Aspekte, allerdings findet hier stets die ungünstige Steuerklasse III Anwendung.

Das Vermögen einer Familienstiftung unterliegt in einem Abstand von jeweils 30 Jahren der sog. „Erbersatzsteuer" (§ 1 Abs. 1 Nr. 4 i. V. m. § 2 Abs. 1 Nr. 3 ErbStG). Die Erbersatzsteuer soll durch eine Erbgangsfiktion verhindern, dass in Familienstiftungen gebundenes Vermögen auf Dauer der Erbschaftsteuer entzogen wird. Zu diesem Zweck wird im Wege einer Fiktion unterstellt, dass das Vermögen jeweils im Abstand von 30 Jahren einer nächsten, aus zwei Kinder bestehenden Generation anfällt. Bei der Ermittlung der Erbersatzsteuer findet somit die Steuerklasse I jeweils auf die Hälfte des steuerpflichtigen Vermögens Anwendung.

Im Fall der Auflösung einer Familienstiftung durch Zeitablauf, Zweckerreichung oder Auflösungsbeschluss fällt das Vermögen der Stiftung an die in der Stiftungssatzung bestimmten Personen. Soweit keine entsprechenden Regelungen bestehen, fällt das Vermögen unter Anwendung der landesspezifischen Stiftungsgesetze an den Staat. Für den Fall, dass das Vermögen satzungsgemäß bestimmten Personen zufällt, liegt hierin eine Schenkung gem. § 7 Abs. 1 Nr. 9 i. V. m. § 1 Abs. 1 Satz 2 ErbStG, wobei als Schenker nicht die Stiftung selbst, sondern der Stifter anzusehen ist. Fällt das Vermögen an den Stifter selbst zurück, unterliegt dieser Vorgang als schenkungsteuerpflichtiger Erwerb der ungünstigen Steuerklasse III.

## 2. Ertragsteuern

In ertragsteuerlicher Hinsicht löst die Stiftungserrichtung auf Ebene der Stiftung weder Körperschaft- noch Gewerbeertragsteuer aus. Zuwendungen von Betriebsvermögen an eine Familienstiftung können allerdings beim Zuwendenden die Auflösung stiller Reserven zur Folge haben. Im Fall der unentgeltlichen Übertragung eines Betriebes, Teilbetriebes oder vollständigen Mitunternehmeranteils wird über die Pflicht zur Buchwertfortführung gem. § 6 Abs. 3 EStG allerdings die Aufdeckung stiller Reserven vermieden.

Eine inländische Familienstiftung ist unbeschränkt körperschaftsteuerpflichtig. Grundsätzlich kann eine Familienstiftung Einkünfte aus allen sieben Einkunftsarten nach § 2 Abs. 1 EStG erzielen. Die Zuwendungen an Destinatäre stellen nicht abziehbare Aufwendungen dar. Eine Gewerbesteuerpflicht der Familienstiftung ist nur dann gegeben, soweit sie einen wirtschaftlichen Geschäftsbetrieb i. S. des § 14 AO oder einen Gewerbebetrieb i. S. von § 15 Abs. 2 EStG unterhält. Die Besteuerung der Destinatäre ist streitig. Die Finanzverwaltung sieht in den Zahlungen an Destinatäre Einkünfte aus Kapitalvermögen, die dem Kapitalertragssteuerabzug unterliegen. Das FG Berlin-Brandenburg hingegen beurteilt sie als sonstige Einkünfte (Urteil vom 16.09.2009 8 K 9250/07). Ertragsteuerlich wirkt die Auflösung der Stiftung wie eine Liquidation. Somit sind z. B. stille Reserven des Betriebsvermögens zu versteuern.

(Dr. Kieffer)

## 95. Die stille Gesellschaft im Steuerrecht

Eine stille Gesellschaft liegt nach den §§ 230 ff. HGB grundsätzlich dann vor, wenn eine Einlage in das Vermögen eines Handelsgewerbes geleistet wird und der Leistende, der stille Gesellschafter, dafür am Gewinn und Verlust des Handelsgewerbes beteiligt wird. Je nachdem wie dieses Gesellschaftsverhältnis im Einzelnen ausgestaltet ist, wird steuerrechtlich zwischen der typischen und der atypischen stillen Gesellschaft unterschieden. Bei der **typischen** stillen Gesellschaft geht das tatsächliche Verhältnis zwischen den Vertragsparteien im Wesentlichen nicht über den handelsrechtlichen Grundtypus hinaus und entspricht prinzipiell einer Kapitalbeteiligung mit gewinnabhängiger Verzinsung. Bei der **atypischen** stillen Gesellschaft liegt demgegenüber eine Mitunternehmerschaft vor, weil die tatsächliche Rechtsstellung des stillen Gesellschafters von dem Grundtypus der §§ 230 ff. HGB abweichend und der stille Gesellschafter Mitunternehmerinitiative und Mitunternehmerrisiko hat. Dies ist z. B. dann der Fall, wenn der stille Gesellschafter im Innenverhältnis so behandelt wird, als ob er Kommanditist wäre, und Anspruch auf eine Beteiligung an den realisierten stillen Reserven besteht.

**I. Einkommensteuer**

**1.** Für die einkommensteuerliche Behandlung der **atypischen** stillen Gesellschaft als Mitunternehmerschaft gelten grundsätzlich die allgemeinen Regeln des § 15 Abs. 1 Nr. 2 EStG. Im Außenverhältnis führt zwar nur der Geschäftsinhaber die Geschäfte. Im Innenverhältnis führt der Geschäftsinhaber die Geschäfte jedoch für alle Gesellschafter entsprechend der für sie geltenden Gemeinschaftsordnung, sodass sie allen Gesellschaftern gemeinschaftlich zuzuordnen sind. Die atypische stille Gesellschaft wird insoweit gewerblich tätig und ist daher nach der Rechtsprechung des BFH (Urteil vom 26.11.1996, BStBl 1998 II S. 328) wie eine Personenhandelsgesellschaft selbständiges Subjekt der Gewinnerzielung, Gewinnermittlung und Einkünftequalifikation.

Der atypisch stille Gesellschafter erzielt gewerbliche Einkünfte (§ 15 EStG). Verluste aus einer atypisch stillen Gesellschaft sind bei einer natürlichen Person im Rahmen des § 15 a EStG grundsätzlich abzugsfähig, während § 15 Abs. 4 Satz 6 EStG bei Kapitalgesellschaften zu Verrechnungsbeschränkungen führt.

Betrieblich genutzte Wirtschaftsgüter, die dem Inhaber des Handelsgeschäfts gehören, sind kein Sonderbetriebsvermögen. Sie entsprechen vielmehr dem Gesellschaftsvermögen einer Personengesellschaft mit Gesamthandseigentum.

Sonderbetriebsvermögen ergibt sich nur dann, wenn der Stille dem Inhaber des Handelsgeschäfts neben seiner Einlage weitere Wirtschaftsgüter zur Nutzung überlässt (sog. Sonderbetriebsvermögen I) oder wenn er andere Wirtschaftsgüter unmittelbar zur Förderung seiner Beteiligung einsetzt (sog. Sonderbetriebsvermögen II). In diesem Fall besteht das Betriebsvermögen der Mitunternehmerschaft aus dem Betriebsvermögen des Geschäftsinhabers und dem Sonderbetriebsvermögen des Stillen. Zum Sonderbetriebsvermögen gehören grundsätzlich auch die Anteile eines Gesellschafters der GmbH, der gleichzeitig als Stiller beteiligt ist.

Gewinne aus der Veräußerung der Einlage und von Wirtschaftsgütern des Sonderbetriebsvermögens werden als gewerbliche Veräußerungsgewinne im Rahmen der §§ 15, 16 EStG besteuert. Die entsprechenden Verluste sind als gewerbliche Veräußerungsverluste ausgleichsfähig.

**2.** Bei der **typischen** stillen Gesellschaft sind die Gewinnanteile des Stillen bei der Gewinnermittlung des Geschäftsinhabers grundsätzlich als Betriebsausgaben abzugsfähig. Liegt die stille Beteiligung nicht im Betriebsvermögen, gehören die

Gewinnanteile des Stillen zu den Einkünften aus Kapitalvermögen (§ 20 Abs. 1 Nr. 4 EStG). Es gilt das Zuflussprinzip.
Die Gewinnanteile des Stillen unterliegen einer Kapitalertragsteuer i. H. von 25 %, die grundsätzlich Abgeltungswirkung hat (§§ 32 d, 43 Abs. 1 Nr. 3, § 43 Abs. 1 Satz 1 Nr. 1 EStG). Im Rahmen des § 32 d Abs. 2 EStG erfolgt insbesondere dann weiterhin eine Veranlagung, wenn eine Beteiligung von mindestens 10 % an der operativ tätigen Kapitalgesellschaft besteht.
Laufende Verluste aus einer typisch stillen Gesellschaft sind bei einer natürlichen Person grundsätzlich bis zur Höhe der Einlage als Werbungskosten abzugsfähig (BFH-Urteil vom 10.11.1987, BStBl 1988 II S. 186). Der Abzug ist nach § 20 Abs. 6 EStG jedoch grundsätzlich auf die Einkünfte aus Kapitalvermögen beschränkt. Für Verluste, die über die Einlage hinausgehen, gilt § 15 a EStG entsprechend (§ 20 Abs. 1 Nr. 4 Satz 2 EStG). Strittig ist, zu welchem Zeitpunkt der Verlust geltend zu machen ist. Diskutiert wird insoweit das Verlustjahr, das Jahr, in dem die Einlage aufgefüllt wird, oder das Jahr, in dem der Verlust von der Einlage abgebucht wird.
Der Verlust der Einlage durch Konkurs oder Liquidation ist als privater Vermögensverlust nicht abzugsfähig.
Soweit eine Kapitalgesellschaft typisch still an einer Kapitalgesellschaft beteiligt ist, ist die Verlustverrechnung ebenfalls beschränkt (§ 20 Abs. 1 Nr. 4, § 15 Abs. 4 Nr. 6 ff. EStG).
Gewinne aus der Veräußerung der Beteiligung oder von Wirtschaftsgütern, die dem Geschäftsinhaber schuldrechtlich überlassen werden, sind bei Erwerb nach dem 31.12.2008 grundsätzlich mit dem Abgeltungsteuersatz von 25 % steuerpflichtig (§ 20 Abs. 2 Satz 2 2. Halbsatz, § 32 d Abs. 1 EStG).

**II. Gewerbesteuer**

**1.** Bei der **typischen** stillen Gesellschaft ist der Inhaber des Handelsgeschäfts Steuerschuldner. Die Gewinnanteile des typisch Stillen unterliegen grundsätzlich nach § 8 Nr. 1 c GewStG zu einem Viertel der Gewerbesteuer.

**2.** Eine Mitunternehmerschaft ist nach § 5 Abs. 1 Satz 3 GewStG zwar grundsätzlich subjektiv gewerbesteuerpflichtig. Der BFH geht jedoch bei der atypisch stillen Gesellschaft davon aus, dass allein der Inhaber des Handelsgeschäfts Schuldner der Gewerbesteuer ist. Objektiv gewerbesteuerpflichtig sind dagegen die Mitunternehmer als Gesellschaft, wobei die Abgrenzung des jeweiligen Gewerbebetriebs davon abhängt, ob der Stille am gesamten Handelsgeschäft oder an einzelnen Geschäftsbereichen beteiligt ist. Bezieht sich die atypisch stille Gesellschaft auf das gesamte Handelsgeschäft, ist selbst dann von einem einheitlichen Gewerbebetrieb auszugehen, wenn mehrere stille Beteiligungen bestehen. Der Freibetrag nach § 11 Abs. 1 Satz 3 Nr. 1 GewStG wird dann nur einmal gewährt. Demgegenüber bestehen dann mehrere Gewerbebetriebe, wenn die stille Beteiligung sich nur auf einzelne Geschäftsbereiche erstreckt. In diesem Fall ist der Gewerbeertrag jeweils gesondert unter mehrfacher Berücksichtigung des vollen Freibetrags zu ermitteln. Der Ergebnisausgleich ist dann jedoch auch nur auf den einzelnen Gewerbebetrieb beschränkt.

**III. Grunderwerbsteuer**

Wird die Vermögenseinlage eines stillen Gesellschafters durch Übertragung eines Grundstücks erbracht oder wird bei der Auseinandersetzung ein Grundstück übertragen, so fällt grundsätzlich Grunderwerbsteuer an. Da die stille Gesellschaft keine Gesamthandsgemeinschaft ist, sind die §§ 5, 6 GrEStG nicht anwendbar.

(Montag)

# 96. Unternehmungsgründung

## I. Grundlagen

In Deutschland war in den 90er Jahren eine starke Gründungswelle zu beobachten. Besonders durch die Entwicklung am „Neuen Markt" in den Jahren 1998 bis 2000 rückten innovative Gründungen in das Interesse breiter Anlegerschichten und wurden Gegenstand von Börsenspekulationen. Der Zusammenbruch der Börsenkurse in der Folgezeit führte zu einer Ernüchterung. Während 1998–2000 traditionelle betriebswirtschaftliche Betrachtungen völlig vernachlässigt wurden und Innovationskraft und schnelles Wachstum Garanten für eine großzügige Ausstattung waren, sind heute i. d. R. nur noch Gründungen mit einem überschaubaren Finanzbedarf und schnell erreichbarem Break-even finanzierbar.

Vielfacher Hintergrund für Gründungen sind gerade in letzter Zeit Notsituationen, z. B. drohende oder bestehende Arbeitslosigkeit.

## II. Businessplanung – der erste Schritt

Für Finanziers ist es heute eine Selbstverständlichkeit, dass der Gründung eine detaillierte Vorbereitung vorausgehen muss, in die auch häufig Steuerberater einbezogen werden.

Eine vernünftige Gründungsplanung ist also der erste Schritt in die Selbständigkeit. Sie muss die notwendigen Investitionen, die Aufwendungen und Ausgaben sowie die erwarteten monatlichen Erlöse und Einnahmen berücksichtigen und in einer Plan-Gewinn-und-Verlust-Rechnung sowie in einer pagatorischen Planliquiditätsrechnung zusammenfassend darstellen. Die Planungsprämissen sollten auch für einen kundigen Dritten plausibel dokumentiert werden. Aus der Gründungsplanung sollte sich nicht nur die geplante Liquiditäts- und Gewinnentwicklung ergeben, sondern sie sollte auch den notwendigen Mindestumsatz für eine tragfähige Vollexistenz und Sensitivitätsanalysen beinhalten.

Die Planung kann zwar keine Erfolgsgarantie bieten, jedoch Schwächen des Gründungskonzeptes aufzeigen.

## III. Gründungsfinanzierung

Zeigt die Planung, dass das Gründungsvorhaben Aussicht auf wirtschaftlichen Erfolg hat, so folgen Gespräche mit Kreditinstituten oder anderen Finanziers. Denn bei den meisten Gründungsplanungen übersteigt der Liquiditätsbedarf die Eigenmittel der Gründer bei weitem.

Für typische Gründer wurde eine Reihe von öffentlichen Finanzierungshilfen geschaffen. Dazu gehören vergünstigte Darlehen des Bundes und der Länder wie z. B. die Eigenkapitalhilfe und das Existenzgründungsprogramm. Von besonderer Bedeutung ist das Eigenkapitalhilfedarlehen, das unbesichert gewährt wird, mit einem Rangrücktritt verbunden ist und in den ersten Jahren zzt. zins- und tilgungsfrei ist. Daneben gibt es noch spezielle Bürgschaftsprogramme bei nicht ausreichenden Sicherheiten. Alle diese Programme für typische Existenzgründer sind jedoch an eine Vielzahl von Voraussetzungen gebunden, die im Einzelfall zu prüfen sind. Häufig ist Vergabevoraussetzung, dass vor Beantragung mit dem Gründungsvorhaben noch nicht begonnen wurde. Viele dieser Finanzierungsprogramme kommen nur für den Teil des Finanzbedarfs in Betracht, der durch Investitionen und Erstausstattung mit Waren bedingt ist. Dies impliziert, dass Finanzbedarf, der z. B. in der Vorfinanzierung halb fertiger Arbeiten, Kundenforderungen oder Anlaufverlusten begründet liegt, anderweitig finanziert werden muss.

Fast völlig zusammengebrochen ist die Finanzierung größerer Gründungsvorhaben durch Beteiligungskapital. Auch hierfür gibt es öffentliche Förderprogramme wie z. B. tbg, das die Risiken von Beteiligungsgesellschaften reduziert und durch sog. Co-Venture-Finanzierungen das Beteiligungskapital erhöht.

Bei all diesen Finanzierungshilfen darf nicht übersehen werden, dass öffentliche Programme nur für den Teil des Finanzbedarfs in Betracht kommen, der durch Investitionen und die Erstausstattung mit Waren bedingt ist. Finanzbedarf, der z. B. in der Vorfinanzierung halb fertiger Arbeiten, Kundenforderungen oder Anlaufverlusten begründet liegt, ist anderweitig zu finanzieren.

## IV. Die Rechtsform des Unternehmensgründers

Als Rechtsform stehen Gründern neben Kapitalgesellschaften (GmbH, AG) bei Gründungen ohne Partner die Einzelunternehmung und bei Gründung eines Handelsgewerbes mit Partnern die Handelsgesellschaften OHG und KG, bei anderen partnerschaftlichen Gründungen die Gesellschaft bürgerlichen Rechts und bei Freiberuflern die Partnerschaft zur Verfügung.

Die Gründung von Einzelunternehmen und Personengesellschaften erfordert kein Mindestkapital und verursacht bei Gründung i. d. R. weniger Kosten als Kapitalgesellschaften. Zudem bestehen bei diesen Rechtsformen die Möglichkeiten zur Verlustverrechnung mit positiven Einkünften früherer Jahre oder mit positiven Einkünften des Ehepartners des Gründers. Steuerreduzierungen können die Liquidität des Gründers gerade in der schwierigen Anfangsphase entlasten.

Entscheidet sich der Gründer für eine GmbH oder AG wegen der vermeintlichen Beschränkung der finanziellen Risiken, so wird diese regelmäßig dadurch unterlaufen, dass Kreditinstitute vom Gründer Bürgschaften fordern.

## V. Meldepflichten bei der Gründung

Bei einer normalen gewerblichen Tätigkeit sind mit der Anmeldung beim Amt für Sicherheit und Ordnung automatisch die übrigen Formalia erfüllt: Anmeldung beim Finanzamt, bei der Berufsgenossenschaft, Anzeige der Betriebseröffnung bei der IHK. Im Einzelfall ist allerdings zu prüfen, ob für die geplante Gründung branchenspezifische oder berufsbedingte zusätzliche Formerfordernisse gegeben sind (beispielsweise genehmigungspflichtige Gewerbebetriebe).

Als Reaktion auf die Gewerbeanmeldung erhält der Gründer vom Finanzamt einen Betriebsfragebogen, in dem alle für die Finanzverwaltung und für die Festsetzung der Steuervorauszahlung notwendigen Angaben erfragt werden.

## VI. Einrichtung des Rechnungswesens

Immer noch viele Gründer sehen im Rechnungswesen nur eine lästige Pflicht. Sie verkennen, dass das Rechnungswesen nicht nur eine von Handels- und Steuerrecht vorgeschriebene Notwendigkeit, sondern Grundlage jeder ergebnisorientierten Steuerung des jungen Unternehmens ist – also jedes operative Controllings. Ein vernünftiges Rechnungswesen liefert dem Gründer sichere Informationen über Erlöse, Kosten, Rohgewinnspanne, Umsatzrentabilität und Liquidität seines Unternehmens. Diese Informationen sind in der Frühentwicklungsphase besonders wichtig, weil noch nicht auf Erfahrungswerte aus den Vorjahren zurückgegriffen werden kann. Selbst bei jungen börsennotierten Unternehmen wurde ein unzureichendes Rechnungswesen als häufigste Ursache für Fehlentwicklungen und Scheitern genannt. (Prof. Dr. Bischoff)

# 97. Die GmbH & Co. KG im Steuerrecht

Die unterschiedliche steuerliche Behandlung von Personen- und Kapitalgesellschaften hat zur Entstehung von Unternehmungsformen geführt, die die steuerlichen Vorteile der vom Gesetzgeber vorgegebenen Rechtsformen kombinieren und gleichzeitig ihre Nachteile vermeiden sollen. Die GmbH & Co. KG als eine dieser Unternehmungsformen ist eine Kommanditgesellschaft, bei der eine GmbH die Stellung des einzigen Komplementärs innehat. Die Gesellschafter der GmbH sind regelmäßig zugleich als Kommanditisten an der KG beteiligt.

Die Besteuerung der GmbH & Co. KG richtet sich grundsätzlich nach den Regeln, die bezogen auf die GmbH für Kapitalgesellschaften und bezogen auf die KG für Personengesellschaften gelten. Dabei sind allerdings im Wesentlichen die folgenden Besonderheiten zu berücksichtigen.

## I. Einkommensteuer und Körperschaftsteuer

### 1. Steuerpflicht

Die GmbH & Co. KG unterliegt als Personengesellschaft nach herrschender Meinung weder der Einkommensteuer noch der Körperschaftsteuer. Steuerpflichtig sind grundsätzlich die Gesellschafter der KG, die ihre Einkünfte aus der KG entweder der Einkommensteuer oder der Körperschaftsteuer zu unterwerfen haben. Dass dieser Grundsatz uneingeschränkt gilt und auch die sog. Publikums-GmbH & Co. KG nicht als nichtrechtsfähiger Verein i. S. des § 1 Abs. 1 Nr. 5 KStG und damit als Körperschaftsteuersubjekt anzusehen ist, hat der Große Senat des BFH bereits in seinem Beschluss vom 25.06.1984 (BStBl 1984 II S. 751) ausdrücklich bestätigt.

### 2. Einkunftsart

Nach der Aufgabe der Gepräschtheorie durch den Beschluss des Großen Senats (BStBl 1984 II S. 751) wurden die Grundsätze der früheren Rechtsprechung – mit verfassungsrechtlicher Billigung durch den BFH (BStBl 1986 II S. 811) – rückwirkend in § 15 Abs. 3 Nr. 2 EStG gesetzlich verankert. Die Tätigkeit einer GmbH & Co. KG, bei der ausschließlich Kapitalgesellschaften persönlich haftende Gesellschafter sind und bei der nur diese Kapitalgesellschaften oder Nichtgesellschafter zur Geschäftsführung befugt sind, gilt demnach auch dann als Gewerbebetrieb, wenn die Tätigkeit der Gesellschaft an sich nicht unter § 15 Abs. 1 Satz 1 Nr. 1 EStG fällt.

### 3. Geschäftsführergehälter

Tätigkeitsvergütungen, die ein Kommanditist der KG als Geschäftsführer der GmbH erhält, gehören nach Auffassung des BFH nicht zu den Einkünften aus nichtselbständiger Arbeit. Die Vergütungen gehören als Einnahmen aus der KG gem. § 15 Abs. 1 Nr. 2 EStG zu den Einkünften aus Gewerbebetrieb und erhöhen insoweit in der Gesamtbilanz der Mitunternehmerschaft den Gewinn.

### 4. Umfang des Betriebsvermögens

Die Anteile an der Komplementär-GmbH gehörten nach der früheren Rechtsprechung des BFH bei den Kommanditisten stets zum notwendigen Sonderbetriebsvermögen. Gewinnausschüttungen der GmbH begründeten daher keine Einkünfte aus Kapitalvermögen, sondern als Sonderbetriebseinnahmen nach § 15 Abs. 1 Satz 1

Nr. 2 EStG Einkünfte aus Gewerbebetrieb. Veräußerungsgewinne entstanden im Betriebsvermögen und waren daher zu versteuern, Veräußerungsverluste waren ausgleichsfähig.

Nach der geänderten Rechtsprechung des BFH (BStBl 1990 II S. 677; BStBl 1991 II S. 510) ist Sonderbetriebsvermögen aber grundsätzlich nur noch dann anzunehmen, wenn sich die GmbH auf die Geschäftsführung für die KG beschränkt oder ein daneben bestehender Gewerbebetrieb der GmbH von ganz untergeordneter Bedeutung ist.

Die Qualifikation des Vermögens als Gesellschaftsvermögen und die Qualifikation der Einkünfte aus der Verpachtung des Vermögens als Einkünfte einer gewerblich geprägten Personengesellschaft haben bei ganz oder teilweise gesellschafteridentischen Personengesellschaften Vorrang vor der Qualifikation des Vermögens als Sonderbetriebsvermögen und der Einkünfte aus der Verpachtung als Sonderbetriebseinkünfte der Gesellschaft bei der Gesellschaft, die die Leistung empfängt (BFH-Urteil vom 16.06.1994, BStBl 1996 II S. 82; Urteil vom 22.11.1994, BStBl 1996 II S. 93). Nach Auffassung der Finanzverwaltung gilt dies dann nicht, wenn die Überlassung der Wirtschaftsgüter durch die vermietende Personengesellschaft ausschließlich im Interesse eines, mehrerer oder aller Gesellschafter liegt. Dies soll dann der Fall sein, wenn zu Bedingungen vermietet wird, die unter fremden Dritten nicht üblich sind, oder eine eigene Leistungspflicht der Gesellschafter gegenüber der nutzenden Personengesellschaft besteht, zu deren Erfüllung sich die Gesellschafter der überlassenden Personengesellschaft bedienen (BMF, BStBl 1996 I S. 86).

### 5. Gewinnverteilung

Vereinbaren die Gesellschafter der GmbH als Kommanditisten der KG bei der Gewinnverteilung einen unangemessen niedrigen Gewinnanteil für die GmbH und einen unangemessen hohen Gewinnanteil für die Kommanditisten, liegt eine vGA der GmbH an die Kommanditisten vor. Es ist insoweit davon auszugehen, dass die GmbH im Rahmen der Gewinnverteilung der KG einen angemessenen Gewinnanteil erhält und diese Einnahmen an ihre Gesellschafter ausschüttet.

## II. Gewerbesteuer

Gemäß § 2 Abs. 1 Satz 2 Gewerbesteuergesetz ist ein Gewerbebetrieb ein gewerbliches Unternehmen i. S. des Einkommensteuergesetzes. Damit unterliegt eine GmbH & Co. KG nach den Geprägegrundsätzen des § 15 Abs. 3 Nr. 2 EStG auch dann der Gewerbesteuer, wenn die KG an sich keine gewerbliche Tätigkeit ausübt. Die Vergütung des Geschäftsführers der Komplementär-GmbH unterliegt der Gewerbeertragsteuer, wenn der Geschäftsführer zugleich Kommanditist der KG ist.

## III. Umsatzsteuer

Umsatzsteuerlich ist eine Komplementär-GmbH, die lediglich die Geschäfte der KG führt, grundsätzlich selbständig und insoweit Unternehmer nach § 2 Abs. 1 UStG. Wie Leistungen der Gesellschafter an die Gesellschaft umsatzsteuerlich zu beurteilen sind, hängt davon ab, ob die Leistung über die Beteiligung am Gewinn und Verlust abgegolten wird oder gegen ein Sonderentgelt erfolgt und insoweit auf einen Leistungsaustausch gerichtet ist (Abschn. 6 Abs. 3 Satz 2 UStR).

(Montag)

## 98. Die Organschaft im Gewerbe- und Umsatzsteuerrecht

Das Steuerrecht orientiert sich bei der Abgrenzung der Steuerrechtssubjekte zwar grundsätzlich am Zivilrecht. Bei der Körperschaftsteuer, der Gewerbesteuer und der Umsatzsteuer berücksichtigt es mit dem Rechtsinstitut der Organschaft aber, dass zivilrechtlich selbständige Rechtssubjekte wirtschaftlich eine Einheit bilden können. Dabei gilt für die Gewerbesteuer und die Umsatzsteuer Folgendes:

### I. Die Organschaft im Gewerbesteuerrecht

**1. Voraussetzungen der gewerbesteuerlichen Organschaft**

Gewerbesteuerliche Organschaft liegt gem. § 2 Abs. 2 Satz 2 GewStG vom Erhebungszeitraum 2002 an wie bei der Körperschaftsteuer dann vor, wenn eine Kapitalgesellschaft Organgesellschaft i. S. der §§ 14, 17 oder 18 des KStG ist. Organgesellschaft ist eine Kapitalgesellschaft insoweit grundsätzlich dann, wenn sie finanziell in das Unternehmen des Organträgers eingegliedert und durch einen Gewinnabführungsvertrag i. S. des § 291 Abs. 1 AktG verpflichtet ist, ihren ganzen Gewinn an den Organträger abzuführen. Die für die gewerbesteuerliche Organschaft notwendige finanzielle Eingliederung der Organgesellschaft liegt nach § 14 Abs. 1 Nr. 1 KStG grundsätzlich dann vor, wenn der Organträger vom Beginn des Wirtschaftsjahres an ununterbrochen so an der Organgesellschaft beteiligt ist, dass ihm die Mehrheit der Stimmrechte zusteht. Mittelbare Beteiligungen sind zu berücksichtigen, wenn die Beteiligung an jeder vermittelnden Gesellschaft die Mehrheit der Stimmrechte gewährt.

Die wirtschaftliche und organisatorische Eingliederung sind für eine gewerbesteuerliche Organschaft ab 2002 nicht mehr erforderlich. Erforderlich ist zusätzlich zur früheren Rechtslage vielmehr wie bei der Körperschaftsteuer ein Gewinnabführungsvertrag i. S. des § 291 Abs. 1 AktG. Die gewerbesteuerliche und körperschaftsteuerliche Organschaft stimmen daher nunmehr in ihren Voraussetzungen grundsätzlich überein und sind zwingend miteinander verknüpft.

**2. Rechtsfolgen der gewerbesteuerlichen Organschaft**

Liegt gewerbesteuerliche Organschaft vor, gilt die Organgesellschaft gem. § 2 Abs. 2 Satz 2 GewStG als Betriebsstätte des Organträgers. Diese Betriebsstättenfiktion bedeutet aber nicht, dass Organträger und Organgesellschaft als einheitliches Unternehmen anzusehen sind. Der Gewerbeertrag ist vielmehr grundsätzlich getrennt zu ermitteln und dem Organträger zur Berechnung des Steuermessbetrags zuzurechnen. Damit Doppelbelastungen vermieden werden, sind in R 7.1 Abs. 5 GewStR allerdings eine Reihe von Sonderregelungen vorgesehen.

Steuerschuldner für den Organkreis ist der Organträger. Gegen ihn ergeht der Gewerbesteuermessbescheid und der Gewerbesteuerbescheid, im Falle der Zerlegung nach § 28 GewStG auch der Zerlegungsbescheid, mit dem der Gewerbesteuermessbetrag auf alle Betriebsstättengemeinden zerlegt wird. Die Organgesellschaft kann gem. § 73 AO lediglich als Haftungsschuldner für die Gewerbesteuerschuld in Anspruch genommen werden.

**3. Bedeutung**

Die gewerbesteuerliche Organschaft verhindert Doppelbelastungen bei den Hinzurechnungsbeträgen. Sie schafft im Organkreis darüber hinaus aber vor allem die Möglichkeit, positive und negative Gewerbeerträge zu verrechnen, und führt insoweit zu einem zeitnahen Verlustausgleich.

## II. Die Organschaft im Umsatzsteuerrecht

### 1. Voraussetzungen der umsatzsteuerlichen Organschaft

Im Umsatzsteuerrecht liegt Organschaft dann vor, wenn eine juristische Person nach dem Gesamtbild der tatsächlichen Verhältnisse finanziell, wirtschaftlich und organisatorisch in ein Unternehmen eingegliedert ist. Die umsatzsteuerliche Organschaft setzt demnach zwar keinen Ergebnisabführungsvertrag voraus. Sie erfordert jedoch zusätzlich zur finanziellen Eingliederung auch die wirtschaftliche und organisatorische Eingliederung.

Wirtschaftlich ist die Organschaft dann eingegliedert, wenn sie nach Art einer unselbständigen Betriebsabteilung in den Unternehmensaufbau des herrschenden Unternehmens eingegliedert ist und in dieser Funktion die gewerbliche Betätigung des herrschenden Unternehmens wirtschaftlich fördert und ergänzt.

Organisatorisch ist die Organgesellschaft eingegliedert, wenn der Wille des Organträgers tatsächlich in der Geschäftsführung der Organgesellschaft durchgeführt wird, wenn die Organgesellschaft dem Organträger durch einen Beherrschungsvertrag (§ 291 Abs. 1 AktG) unterstellt oder wenn sie gem. §§ 319 f. AktG eingegliedert ist.

### 2. Rechtsfolgen der umsatzsteuerlichen Organschaft

Liegt die finanzielle, wirtschaftliche und organisatorische Eingliederung vor, dann ist die Organgesellschaft gem. § 2 Abs. 2 Nr. 2 UStG nicht selbständig und damit umsatzsteuerlich nicht Unternehmer. Unternehmer ist vielmehr der Organträger, sodass die Umsätze, die die Organgesellschaft ausführt, ebenso wie die Vorsteuern, die der Organgesellschaft in Rechnung gestellt werden, ausschließlich beim Organträger umsatzsteuerlich zu erfassen sind. Lieferungen und sonstige Leistungen zwischen Organgesellschaften und Organträger sind als sog. Innenumsätze nicht umsatzsteuerbar.

### 3. Bedeutung

Mit dem Wegfall der kumulativen Umsatzsteuer hat die umsatzsteuerliche Organschaft erheblich an Bedeutung verloren. Materielle Vorteile ergeben sich im Wesentlichen nur noch dann, wenn innerhalb des Organkreises Leistungen an steuerbefreite Unternehmensbereiche erbracht werden, die ohne das Bestehen eines Organschaftsverhältnisses mit nichtabzugsfähigen Vorsteuern belastet wären. Da für den Organkreis nur eine einzige Umsatzsteuervoranmeldung und eine einzige Umsatzsteuererklärung abzugeben sind, reduziert die Organschaft auch den Verwaltungsaufwand. Es entstehen schließlich auch Zinsvorteile, wenn Vorsteuerüberhänge, die bei selbständigen Unternehmen erst mit zeitlicher Verzögerung erstattet werden, im Organkreis zeitnah verrechnet werden können.

(Montag)

## 99. Uni- und bilaterale Maßnahmen im deutschen Steuerrecht zur Vermeidung der internationalen Doppelbesteuerung

### I. Grundlagen

Grenzüberschreitende Tätigkeiten können in mehr als einem Staat Besteuerungsfolgen auslösen. Da derartige Doppelbesteuerungen die internationale Wirtschaftstätigkeit behindern, muss im Hinblick auf eine Aufrechterhaltung der Wettbewerbsgleichheit das Besteuerungsrecht der beteiligten Staaten eingeschränkt werden. Dies geschieht auf nationaler Ebene durch unilaterale Maßnahmen, also durch den einseitigen Steuerverzicht eines Staates. Bilaterale Maßnahmen finden in völkerrechtlichen Verträgen, den sog. Doppelbesteuerungsabkommen (DBA), ihren Niederschlag.

### II. Unilaterale Maßnahmen

#### 1. Einkommensteuer

Unbeschränkt Einkommensteuerpflichtigen werden Steuerermäßigungen bei ausländischen Einkünften durch die Vorschrift des § 34 c EStG gewährt, die alternativ drei Entlastungsmethoden beinhaltet. Für welche Einkünfte die Ermäßigungen infrage kommen, bestimmt § 34 d EStG, in dem eine Abgrenzung der ausländischen Einkünfte erfolgt.

In § 34 c Abs. 1 EStG wird als praktisch bedeutsamste Methode die direkte Steueranrechnung vorgestellt. Danach können die ausländischen Steuern, die in dem Staat, aus dem die Einkünfte stammen, angefallen sind, auf die deutsche Steuer, die auf die Einkünfte aus diesem Staat entfällt, angerechnet werden. Dies gilt jedoch nicht für Kapitaleinkünfte, die dem gesonderten Tarif nach § 32 d EStG unterliegen. Voraussetzung ist, dass die ausländische Steuer der deutschen entspricht und tatsächlich festgesetzt und gezahlt wurde sowie keinem Ermäßigungsanspruch mehr unterliegt. Die Anrechnung ist mit einer Höchstbetragsbegrenzung für jeden einzelnen Staat versehen, sodass Überhänge von anrechenbaren Steuern nicht auf andere ausländische Einkünfte übertragen werden können. Bei der Ermittlung der auf die ausländischen Einkünfte entfallenden deutschen Einkommensteuer dürfen nur die ausländischen Einkünfte berücksichtigt werden, die nach dem Recht des ausländischen Staates dort der Besteuerung unterliegen.

In § 34 c Abs. 2 EStG ist die Abzugsmethode normiert. Auf Antrag werden die anrechenbaren ausländischen Steuern nicht angerechnet, sondern bei der Ermittlung der Einkünfte abgezogen. Der Abzug ist günstiger, wenn keine deutsche Steuerbelastung entstehen würde, so z. B. bei Verlusten. Zudem gestattet § 34 c Abs. 3 EStG den Abzug nicht anrechenbarer Steuern, z. B. der Steuern, die nicht der deutschen Einkommensteuer entsprechen. Nach dem auf der Basis der Ermächtigungsvorschrift in § 34 c Abs. 5 EStG ergangenen Pauschalierungserlass (BStBl 1984 II S. 252) kann auf Antrag für bestimmte gewerbliche Einkünfte, die aus einem ausländischen Staat stammen, mit dem kein Doppelbesteuerungsabkommen besteht, die inländische Steuer mit einem Pauschalsteuersatz von 25 % abgegolten werden.

Nach § 50 Abs. 6 EStG werden die Steueranrechnung und der Abzug auch für Gewinneinkünfte beschränkt Stpfl. gewährt.

#### 2. Körperschaftsteuer

Im Bereich der Körperschaftsteuer bestehen grundsätzlich die gleichen Steuerermäßigungen wie bei der Einkommensteuer (§ 26 Abs. 1 und 6 KStG). Die Anrechnungs-, Abzugs- sowie die Pauschalierungsmethode sind somit z. B. bei Zinsen, Lizenzgebühren oder sonstigen Leistungsvergütungen auch im Bereich der Körperschaftsteuer relevant. Bei Beteiligung an ausländischen Körperschaften findet jedoch – ebenso wie bei inländischen – die Freistellungsmethode Anwendung. Sowohl Dividenden als auch Gewinne aus der Veräußerung von Beteiligungen bleiben gem. § 8 b Abs. 1 bzw. Abs. 2 KStG bei der Ermittlung des Einkommens außer Ansatz. Die Freistellung umfasst bei ausländischen Dividenden und Beteiligungsveräußerungsgewinnen im wirtschaftlichen Ergebnis lediglich 95 % der Dividenden, da 5 % der Dividenden bzw. Veräußerungsgewinne als Betriebsausgaben gelten, die mit den Einnahmen in unmittelbarem wirtschaftlichem Zusammenhang stehen und damit vom Abzug ausgeschlossen sind. Die Freistellung gilt jedoch unabhängig von Mindestbeteiligungsquoten oder Tätigkeitsvoraussetzungen und umfasst somit auch Dividenden, die von niedrig besteuerten passiv tätigen Auslandsgesellschaften ausgeschüttet werden.

**3. Gewerbesteuer**

Im Bereich der Gewerbesteuer ist ausschließlich die Freistellungsmethode relevant (§ 9 Nr. 2, 2 a, 2 b, 3, 7 GewStG). Nach diesen Vorschriften gehören nicht zum Gewerbeertrag ausländische Betriebsstätteneinkünfte, Gewinnanteile von in- oder ausländischen Mitunternehmergemeinschaften sowie von in- oder ausländischen Kapitalgesellschaften, an denen mindestens eine 15 %ige Beteiligung besteht. Bei ausländischen EU-Kapitalgesellschaften ist nur eine Beteiligung von mindestens 10 % erforderlich, ausländische Nicht-EU-Kapitalgesellschaften müssen zudem aktiv tätig sein.

**4. Erbschaftsteuer**

Im Bereich der Erbschaftsteuer wird die Steueranrechnung (§ 21 ErbStG) gewährt. Dabei wird bei dem Erwerber die im ausländischen Staat auf Auslandsvermögen festgesetzte, der deutschen Erbschaftsteuer entsprechende Steuer auf die deutsche Erbschaftsteuer angerechnet. Die Steuer ist nur anrechenbar, wenn die deutsche Erbschaftsteuer für das Auslandsvermögen innerhalb von fünf Jahren seit dem Entstehen der ausländischen Erbschaftsteuer entstanden ist.

## III. Bilaterale Maßnahmen

DBA werden durch Transformation gem. Art. 59 Abs. 2 GG innerstaatliches Recht, das Vorrang vor nationalem Steuerrecht hat. Die Steuerarten, auf die sich das Abkommen erstreckt, werden im Abkommen aufgeführt; die meisten der etwa 80 von Deutschland abgeschlossenen DBA erfassen die ESt, KSt und die GewSt. Daneben bestehen mit einigen Ländern gesonderte DBA im Bereich der Erbschaftsteuer und im Bereich der internationalen Luft- und Seefahrt. Gemeinsam ist allen DBA, dass sie das Besteuerungsrecht lediglich für die Steuergüter regeln, die aus den jeweiligen Vertragsstaaten stammen bzw. dort belegen sind. Die DBA bedienen sich ausschließlich der Freistellungs- und der Anrechnungsmethode. Im Regelfall wird im Abkommen eine Zuteilung der Steuerobjekte vorgenommen, d. h., das Besteuerungsrecht für bestimmte Einkünfte (Vermögensteile) wird einem Staat zugewiesen. Soweit sowohl der Quellen- als auch der Wohnsitzstaat das Besteuerungsrecht haben, wird im Abkommen bestimmt, in welcher Weise eine drohende Doppelbesteuerung vermieden wird. Bei den sich in Details regelmäßig unterscheidenden DBA findet meistens bei Zins-, Dividenden- und Lizenzeinkünften die Anrechnungsmethode, bei Betriebsstätteneinkünften und anderen Einkünften die Freistellungsmethode Anwendung. Werden Einnahmen freigestellt, so dürfen nach § 3 c EStG damit in unmittelbarem wirtschaftlichem Zusammenhang stehende Betriebsausgaben/Werbungskosten nicht abgezogen werden. Die DBA sehen auch für Schachteldividenden i. d. R. die Freistellung vor, allerdings unter unterschiedlichen Voraussetzungen, insbesondere Tätigkeitsvoraussetzungen. Wegen der Freistellung gem. § 8 b Abs. 1 KStG sind die DBA-Schachtelprivilegien nur noch in Ausnahmefällen von Bedeutung.

(Dr. Lenz)

## 100. Die Hinzurechnungsbesteuerung im Außensteuerrecht

### I. Die Voraussetzungen der Hinzurechnungsbesteuerung

Die in den §§ 7 bis 14 AStG normierte Hinzurechnungsbesteuerung soll dem Missbrauch von Basisgesellschaften in Steueroasenländern entgegenwirken. Sie greift ein, wenn unbeschränkt oder erweitert beschränkt Stpfl. zu mehr als der Hälfte an einer ausländischen Gesellschaft, die weder ihren Sitz noch ihre Geschäftsleitung in Deutschland hat, beteiligt sind. Ob die ausländische Gesellschaft inlandsbeherrscht ist, wird durch Zusammenrechnung aller Beteiligungen von Inländern ermittelt. Bei Zwischengesellschaften mit Kapitalanlagecharakter (§ 7 Abs. 6 und Abs. 6 a AStG) gelten besondere Bestimmungen, die auch bei geringfügigen Beteiligungen bereits zur Hinzurechnung führen. Der Hinzurechnungsbesteuerung unterliegen nur Zwischeneinkünfte, also Einkünfte aus passiven Tätigkeiten. Passiv sind diejenigen Tätigkeiten, die nicht ausdrücklich in § 8 Abs. 1 AStG aufgeführt werden. Produktionstätigkeiten gelten immer, der Handel und gewerbliche Dienstleistungen in den meisten Fällen als aktiv. Vermietungs- und Verpachtungs- sowie Finanzierungstätigkeiten sind nur unter ganz bestimmten Voraussetzungen aktiv. Einkünfte aus Beteiligungen, nämlich Gewinnausschüttungen von Kapitalgesellschaften sowie Anteilsveräußerungsgewinne, die nicht auf passive Tätigkeiten mit Kapitalanlagecharakter entfallen, zählen gleichfalls zu den aktiven Einkünften. Als dritte Voraussetzung ist die Niedrigbesteuerung zu nennen: Nach § 8 Abs. 3 AStG gilt eine unter 25 % liegende Ertragsteuerbelastung als niedrig. In der EU bzw. im EWR ansässige Kapitalgesellschaften sind nicht Zwischengesellschaften für Einkünfte, für die der Nachweis erbracht wird, dass die Gesellschaft insoweit einer tatsächlichen wirtschaftlichen Tätigkeit in diesem Staat nachgeht (§ 8 Abs. 2 AStG). Zur Verwaltungsvereinfachung wird aufgrund einer in § 9 AStG verankerten Bagatellgrenze (weniger als 10 % der Bruttoerträge, vorausgesetzt, 80.000 Euro werden nicht überschritten) auf die Hinzurechnungsbesteuerung verzichtet. Bei ausländischen Betriebsstätteneinkünften, die ansonsten der Hinzurechnungsbesteuerung unterliegen würden (wenn die BS eine Gesellschaft wäre), wird die Doppelbesteuerung durch Anrechnung, nicht durch Freistellung vermieden (§ 20 Abs. 2 AStG).

### II. Rechtsfolgen der Hinzurechnungsbesteuerung

Die inländischen Anteilseigner der Zwischengesellschaft werden mit dem Teil der Zwischeneinkünfte steuerpflichtig, der ihrem Anteil am Nennkapital entspricht. Dabei geht das Gesetz von der Fiktion aus, dass die Einkünfte der Gesellschaft den Inländern nach Abzug ausländischer Steuern wie eine Dividende zugeflossen sind. Für jedes Wirtschaftsjahr der ausländischen Gesellschaft werden die Zwischeneinkünfte gesondert ermittelt und in der auf das Ende des Wirtschaftsjahres folgenden logischen Sekunde dem Anteilseigner zugerechnet. Zum Hinzurechnungsbetrag gehört grundsätzlich zu den Einkünften aus Kapitalvermögen; ein negativer Hinzurechnungsbetrag wird jedoch nicht hinzugerechnet. Auf den Hinzurechnungsbetrag ist weder das Teileinkünfteverfahren, die Abgeltungsteuer noch die Dividendenfreistellung (§ 8 b Abs. 1 KStG) anzuwenden. Gehören die Anteile an der Zwischengesellschaft zu einem Betriebsvermögen, so unterliegt der Hinzurechnungsbetrag sowohl der Einkommen- bzw. Körperschaftsteuer als auch der Gewerbesteuer.

### III. Ermittlung des Hinzurechnungsbetrags

Die Ermittlung des Hinzurechnungsbetrags ist nach Maßgabe der §§ 10 bis 14 AStG vorzunehmen. Ausgangsgröße sind die passiven Einkünfte nach Abzug der ausländischen Ertrag- und Vermögensteuern. Die Einkunftsermittlung hat unter Anwendung des deutschen Steuerrechts zu erfolgen.

Die Gewinnermittlung kann wahlweise mit einer Einnahmen-Überschuss-Rechnung oder durch Vermögensvergleich vorgenommen werden. Sie erstreckt sich ausschließlich auf den passiven Erwerb. Betriebsausgaben sind dabei grundsätzlich in dem Umfang abzugsfähig, in dem sie durch die passiven Tätigkeiten veranlasst sind. Verluste aus passiven Tätigkeiten können unter Anwendung des § 10 d EStG zurück- bzw. vorgetragen werden, sie können jedoch nicht mit anderen positiven Hinzurechnungsbeträgen ausgeglichen werden. Die DBA-Bestimmungen (Schachtelprivileg) sind auf den Hinzurechnungsbetrag nicht anzuwenden. DBA entfalten somit keine Schutzwirkungen vor der Hinzurechnungsbesteuerung. Gemäß § 12 AStG werden auf Antrag des Stpfl. die ausländischen Steuern, die grundsätzlich den Hinzurechnungsbetrag mindern, auf die deutsche Einkommen- bzw. Körperschaftsteuer angerechnet, die auf den Hinzurechnungsbetrag entfällt. Der Hinzurechnungsbetrag ist dann um diese Steuern zu erhöhen. Da mit der Hinzurechnungsbesteuerung bereits die Einkünfte aus passiver Tätigkeit bei ihrer Entstehung und Thesaurierung auf der Ebene der Anteilseigner erfasst werden, ist es folgerichtig, dass Ausschüttungen (innerhalb eines Siebenjahreszeitraums) von Zwischengesellschaften nicht nochmals besteuert werden. Die in § 3 Nr. 41 EStG normierte Freistellung gilt sowohl für natürliche Personen als auch für Körperschaften (R 32 KStR).

## IV. Besonderheiten bei Zwischeneinkünften mit Kapitalanlagecharakter

Ist eine Gesellschaft Zwischengesellschaft für ZEmKC, so erfolgt die Hinzurechnung, wenn ein unbeschränkt Stpfl. zu mindestens 1 % an der Gesellschaft beteiligt ist und wenn die den ZEmKC zugrunde liegenden Bruttoerträge mehr als 10 % der den gesamten ZE zugrunde liegenden Bruttoerträge betragen und die ZEmKC bei der Gesellschaft und bei dem Stpfl. 80.000 Euro übersteigen. Bezieht die Zwischengesellschaft ausschließlich oder fast ausschließlich Bruttoerträge, die zu ZEmKC führen, oder ist diese an einer sog. REIT-Gesellschaft beteiligt (§ 7 Abs. 8 AStG), so kommt es auch schon bei einer Beteiligung von weniger als 1 % zur Hinzurechnung (Ausnahme: Börsennotierung). Allerdings wird die Hinzurechnungsbesteuerung ausgeschlossen, wenn auf die Einkünfte der Zwischengesellschaft die steuerrechtlichen Vorschriften des Investmentsteuergesetzes anzuwenden sind (§ 7 Abs. 7 AStG).

ZEmKC sind in § 7 Abs. 6 a AStG definiert und umfassen u. a. Einkünfte aus Forderungen, Wertpapieren, Beteiligungen (soweit diese nicht aktiv sind) oder ähnlichen Vermögenswerten, die nicht aktiven Tätigkeiten dienen. Anteilsveräußerungsgewinne, die ihre Ursache in der Thesaurierung von solchen ZEmKC haben, die der Besteuerung in den sieben vorangegangenen Wj. unterlagen und nicht ausgeschüttet wurden, werden nach § 11 AStG vom Hinzurechnungsbetrag ausgenommen.

## V. Nachgeschaltete Zwischengesellschaften

§ 14 AStG stellt sicher, dass die Hinzurechnungsbesteuerung auch dann Anwendung findet, wenn unbeschränkt Stpfl. mittelbar über andere ausländische Gesellschaften an Zwischengesellschaften beteiligt sind. Die Hinzurechnungsbeträge aller nachgeschalteten Zwischengesellschaften werden sukzessive der ausländischen Gesellschaft hinzugerechnet und anschließend als Hinzurechnungsbetrag beim inländischen Anteilseigner besteuert.

(Dr. Lenz)

# C. Themen zur Selbstausarbeitung

## I. Einkommen- und Gewerbesteuer

1. Betriebsaufgabe und Betriebsveräußerung im Ertragsteuerrecht
2. Abgrenzung von Renten und dauernden Lasten im Einkommensteuerrecht
3. § 23 EStG
4. Beginn und Ende der unbeschränkten und der beschränkten Einkommensteuerpflicht
5. Ertragsteuerliche Behandlung von Zuschüssen und Zulagen bei verschiedenen Einkunftsarten
6. Die Besteuerung von Mitunternehmern
7. Ertragsteuerliche Behandlung von Geschenken
8. Nichtabzugsfähige Betriebsausgaben und ihre buchmäßige Behandlung
9. Vorgezogene Betriebsausgaben und Werbungskosten
10. Die Verpachtung eines Gewerbebetriebs aus einkommensteuerlicher und gewerbesteuerlicher Sicht
11. Grundzüge der Gewinnermittlung nach § 4 Abs. 3 EStG
12. Quellentheorie und Vermögenszuwachstheorie im geltenden Einkommensteuerrecht
13. Die Einkommensteuerveranlagung von Stpfl. mit Einkünften aus nichtselbständiger Tätigkeit
14. Die einkommensteuerliche Behandlung der Realteilung bei Personengesellschaften
15. Die Rentenbesteuerung im Einkommensteuerrecht
16. Der Ein- und Austritt von Gesellschaftern im Einkommensteuerrecht
17. Außergewöhnliche Belastungen im Einkommensteuerrecht
18. Sonderausgaben
19. Gesamtbetrag der Einkünfte, Einkommen, zu versteuernder Einkommensbetrag
20. Abgrenzung der freiberuflichen von der gewerblichen Tätigkeit
21. Die Einkommensteuerveranlagung der beschränkt Stpfl.
22. Die ertragsteuerliche Behandlung des Damnums im privaten Bereich
23. Liebhaberei im Einkommensteuerrecht
24. Steuerliche Probleme der umgekehrten Betriebsaufspaltung
25. Entschädigungen nach § 24 EStG
26. Die Thesaurierungsbesteuerung
27. Vergünstigungen für ältere Stpfl. im Einkommensteuerrecht
28. Sonstige Einkünfte im Einkommensteuerrecht
29. Die Steuerermäßigung bei Einkünften aus Gewerbebetrieb (§ 35 EStG)
30. Die Ermittlung des Steuermessbetrages nach dem Gewerbeertrag
31. Einkünfte aus Kapitalvermögen
32. Ertragsteuerliche Behandlung eines ausscheidenden Gesellschafters
33. Anrechnung und Abzug von ausländischen Steuern bei der deutschen Einkommensteuer
34. Ertragsteuerliche Behandlung eines ruhenden Gewerbebetriebs

35. Einkommensteuerliche Behandlung von privaten Renten
36. Der Gewerbeverlust nach § 10 a GewStG
37. Die Abgrenzung des Gewerbebetriebs von der Vermögensverwaltung
38. Der Progressionsvorbehalt im Einkommensteuerrecht
39. Die Pauschalierung der Lohnsteuer
40. § 7 g EStG neue Fassung
41. § 6 b EStG
42. Kalenderjahr – Wirtschaftsjahr – VZ – Erhebungszeitraum
43. Vermeidung der Doppelbesteuerung durch DBA
44. Das Lohnsteuer-Abzugsverfahren
45. Ehegattenveranlagung in der Einkommensteuer
46. Doppelte Haushaltsführung im Einkommensteuerrecht
47. § 12 EStG
48. Personengesellschaften im Einkommensteuerrecht
49. Ertragsteuerliche Behandlung bei unentgeltlichem Übergang von Wirtschaftsgütern
50. Betriebsverpachtung in Einkommensteuer und Gewerbesteuer
51. Zu- und Abflussprinzip nach § 11 EStG
52. Einbringung eines Betriebes in eine neu zu gründende Personengesellschaft. Einkommensteuerliche Folgen und Gestaltungsmöglichkeiten
53. Die Kapitalertragsteuer
54. Erhöhte Abschreibungen und Absetzungen (Bedeutung, Beispiele)
55. Selbstgenutzte Wohnungen im Betriebsvermögen und deren Entnahme
56. Einkommensteuerliche Behandlung von Schuldzinsen bei Einkünften nach §§ 19, 20, 21 EStG
57. Die ertragsteuerliche Behandlung gemischt genutzter Grundstücke
58. Ausbildung, Weiterbildung, Fortbildung
59. Pauschbeträge, Freibeträge, Freigrenzen und Steuervergünstigungen im Einkommensteuerrecht
60. Gewinnrealisierung bei Veräußerungsgeschäften
61. Der Übungsleiter-Freibetrag nach § 3 Nr. 26 EStG
62. Die Anrufungsauskunft nach § 42 e EStG
63. Liebhaberei
64. AK, HK, Erhaltungsaufwand bei Gebäuden im Steuerrecht
65. Nießbrauch im Steuerrecht
66. Amtshilfe im nationalen und internationalen Steuerrecht
67. Beteiligungen im Steuerrecht
68. Die GmbH & Co. KG im Steuerrecht

## II. Körperschaftsteuer- und Umwandlungssteuergesetz

69. Nichtabzugsfähige Aufwendungen im Körperschaftsteuerrecht
70. Die Ermittlung des körperschaftsteuerlichen Einkommens
71. Die Behandlung der Betriebe gewerblicher Art von juristischen Personen des öffentlichen Rechts im Körperschaftsteuerrecht
72. Die Befreiung von der Körperschaftsteuer

73. Unbeschränkte Körperschaftsteuerpflicht
74. Der Aufbau des KStG
75. Die körperschaftsteuerliche Behandlung von Genossenschaften
76. Die Tantiemevereinbarung zwischen Körperschaft und beherrrschendem Gesellschafter – umsatz- und gewinnabhängige Tantieme
77. Vorabausschüttung bei der Körperschaftsteuer
78. Beginn und Ende der Körperschaftsteuerpflicht
79. Einnahmen und Einkünfte der Körperschaften

## III. Umsatzsteuer und sonstige Verkehrsteuern

80. Steuerbare Umsätze im UStG
81. Tausch und tauschähnlicher Umsatz im UStG
82. Die umsatzsteuerliche Behandlung der Vereine
83. Die Einfuhrumsatzsteuer
84. Die Unternehmereigenschaft im UStG
85. Echter und unechter Schadensersatz im UStG
86. § 13 b UStG
87. Leistung und Leistungsaustausch im UStG
88. Umsatzsteuer bei Umwandlung, Verschmelzung und Auflösung
89. Sachzuwendungen an Arbeitnehmer im UStG
90. Umsatzsteuer im Insolvenzverfahren
91. Die Ausfuhrlieferungen im UStG
92. Rechnungen und Gutschriften im Umsatzsteuerrecht
93. Agentur und durchlaufende Posten im UStG
94. §§ 14 c, 17 UStG
95. Zuschüsse im Umsatzsteuerrecht
96. Persönliche und sachliche Voraussetzungen des Vorsteuerabzugs (§ 15 UStG)
97. Steuerbefreiungen bei der Umsatzsteuer
98. Die Besteuerung von Reiseleistungen gem. § 25 UStG
99. Organschaft in der Umsatzsteuer
100. Geschäftsveräußerung in der Umsatzsteuer
101. Umsatzsteuerliche Behandlung von Telekommunikationsleistungen
102. Berichtigungsmöglichkeiten in der Umsatzsteuer
103. Der Ort der Lieferung im Umsatzsteuerrecht
104. USt- und VoSt-Änderungen bei Änderung der Bemessungsgrundlage
105. Das Umsatzsteuervoranmeldungsverfahren
106. Der grenzüberschreitende Güterverkehr im Umsatzsteuerrecht
107. Aufteilung der Vorsteuern bei steuerpflichtigen und steuerfreien Umsätzen
108. Umsatzsteuerliche Probleme bei Behörden
109. Umsatzsteuer und EU-Mitgliedstaaten
110. Der Ort der sonstigen Leistung bei der Umsatzsteuer
111. Besteuerung von nicht im Erhebungsgebiet ansässigen Unternehmern
112. Der Treuhänder in der Umsatzsteuer
113. Schadensersatz und Vertragsstrafen in der Umsatzsteuer

114. Grundzüge des Erbschaft- und Schenkungsteuerrechts
115. Steuergegenstand und Grundstücksbegriff in der Grunderwerbsteuer
116. Grunderwerbsteuer bei Anteilsübertragungen unter Berücksichtigung von Besonderheiten im Konzern
117. Umsatzsteuerliche Behandlung von innergemeinschaftlichen Reihengeschäften
118. Steuerbare Tatbestände bei der Grunderwerbsteuer

### IV. Bewertungsgesetz und Erbschaftsteuergesetz

119. Bewertung des inländischen Betriebsvermögens für Zwecke der Erbschaft- und Schenkungsteuer
120. Unbeschränkte, beschränkte und erweitert beschränkte Erbschaftsteuerpflicht
121. Vor- und Nacherbe im ErbStG
122. Der Zugewinnausgleich im Erbschaftsteuerrecht
123. Die schenkungssteuerliche Behandlung der gemischten Schenkung und Schenkung unter Auflage
124. § 13 b ErbStG (begünstigtes Vermögen)
125. Die Berücksichtigung früherer Erwerbe i. S. des § 14 ErbStG
126. Erbbaurechte und Grundstücke mit im Bau befindlichen Gebäuden im Bewertungsrecht
127. Die Bewertung von unbebauten Grundstücken im Bewertungsrecht
128. Die Bewertung von bebauten Grundstücken im Ertragswertverfahren (§ 146 BewG)
129. Freibeträge in der Erbschaftsteuer
130. Der allgemeine Teil des Bewertungsgesetzes
131. Die Erbschaftsteuer in Doppelbesteuerungsabkommen
132. Erbschaftsteuerliche Behandlung der Vor- und Nacherbschaft
133. Die Bewertung von Kapitalforderungen und Schulden des Betriebsvermögens im Bewertungsrecht
134. Schenkungsteuerliche Behandlung von Leistungen von Gesellschaftern und Dritten an Kapitalgesellschaften
135. Die Tarifbegrenzung gem. § 19 a ErbStG
136. Die Bewertung von Forderungen, Renten und Nutzungen nach dem Bewertungsgesetz

### V. Abgabenordnung und Finanzgerichtsordnung

137. Einspruch, Klage und Revision
138. Begriff, Form und Inhalt von Steuerbescheiden
139. Änderung von Verwaltungsakten, die keine Steuerbescheide sind
140. Die strafbefreiende Selbstanzeige
141. Die Aussetzung der Vollziehung nach § 361 AO
142. Treu und Glauben im Steuerrecht
143. Der Aufbau der Finanzverwaltung und ihre Organe
144. Untätigkeitsklage und Untätigkeitsbeschwerde
145. Die Berichtigung eines Verwaltungsaktes nach § 129 AO
146. Die Beweislast im Besteuerungsverfahren und im Steuerstrafverfahren

147. Die Dienstaufsichtsbeschwerde
148. Die Zustellung im Verfahrensrecht
149. Begünstigende Verwaltungsakte
150. Die einstweilige Anordnung nach § 114 FGO
151. Steueranmeldungen nach der AO
152. Die widerstreitende Steuerfestsetzung
153. Die Nichtabgabe der Steuererklärung und ihre Folgen
154. Kosten im Finanzgerichtsverfahren
155. § 42 AO
156. Haftungsvorschriften in der AO
157. Auskunftspflicht nach der AO
158. Rechtsbehelfsbefugnis (Klagebefugnis) bei einheitlichen Feststellungsbescheiden
159. Zuständigkeiten der Finanzämter
160. Berichtigung von Steuerbescheiden aufgrund neuer Tatsachen oder Beweismittel
161. Änderung von Steuerbescheiden im finanzgerichtlichen Verfahren
162. Die Bußgeldtatbestände nach der AO
163. Die Erledigungserklärung im finanzgerichtlichen Rechtsstreit
164. Steuerstraftatbestände in der AO
165. Die Steuerfahndung
166. Fristen, Fristverlängerung und Wiedereinsetzung in den vorigen Stand
167. Die Verwirkung im Steuerrecht
168. Vor- und Nachteile der Änderung nach § 172 AO gegenüber dem Einspruch
169. Beiladung von Beteiligten im gerichtlichen und außergerichtlichen Verfahren

## VI. Handels- und Steuerbilanzen

170. Das Realisationsprinzip
171. Notwendiges und gewillkürtes Betriebsvermögen und Privatvermögen (R 4.2 EStR)
172. Erhaltungsaufwand und Herstellungsaufwand
173. Die Überleitung vom Jahresüberschuss der Gewinn-und-Verlust-Rechnung zum Bilanzgewinn
174. Die Bilanzierung schwebender Geschäfte
175. Die Rücklage für Ersatzbeschaffung
176. Der Firmenwert in der Handels- und Steuerbilanz
177. Stille Reserven in der Handels- und Steuerbilanz
178. Abschreibungsmethoden im Handels- und Steuerrecht
179. Die Bewertung von Gebäuden in der Handels- und Steuerbilanz
180. Die Bilanzierung von Wertpapieren in der Handels- und Steuerbilanz
181. Form, Gliederung und Inhalt einer Bilanz
182. Das Betriebsvermögen bei Personengesellschaften
183. Die Auswirkung der Umsatzsteuer in der Bilanz
184. Bilanzberichtigung und Bilanzänderung
185. Wahlrechte in der Steuerbilanz

186. Pensionsrückstellungen in der Steuerbilanz
187. Handelsrechtliche Bewertungsmaßstäbe
188. Die Bilanzierung bei Betriebsaufspaltung
189. Wesen, Bedeutung und Inhalt der Grundsätze ordnungsmäßiger Buchführung
190. Die Konzernbilanz
191. Bilanzwahrheit, Bilanzklarheit, Bilanzkontinuität
192. Anhang und Lagebericht
193. Die Umwandlungsbilanz
194. Die Bilanz der Kapitalgesellschaft
195. Konsolidierungsmethoden
196. Die Aussagefähigkeit der Handelsbilanz
197. Die bilanzielle Behandlung von Rücklagen im Handelsrecht
198. Inventur (Arten) und Inventar. Inventurvereinfachung
199. Kommanditeinlage aus Gesellschaftsmitteln im Handels- und Steuerrecht
200. Bilanzierung eigener Anteile in der Handelsbilanz
201. Handelsrechtliche Bilanzierungs- und Bewertungswahlrechte und ihre Auswirkung auf die Steuerbilanz
202. Rückstellungen für unterlassene Instandhaltung in Handels- und Steuerbilanz
203. Rückstellungen für Garantieleistungen in Handelsbilanz und Steuerbilanz
204. Die Behandlung von Sonderposten mit Rücklageanteil
205. Die Aussage der Bilanz über die Kreditwürdigkeit eines Unternehmers
206. Die Gliederung der GuV bei Kapitalgesellschaften im Handelsrecht. Größenabhängige Erleichterungen
207. Bilanzierung immaterieller Wirtschaftsgüter in Handels- und Steuerbilanz
208. Darstellung der Kapitalkonten bei der Personengesellschaft
209. Bilanzierung von Beteiligungen in der Handelsbilanz. Weisen Sie auf Unterschiede zwischen Personenhandelsgesellschaften und Kapitalgesellschaften hin
210. Gewährleistungsrückstellungen mit und ohne rechtliche Verpflichtung im Handels- und Steuerrecht
211. Behandlung der Aufwendungen der Ingangsetzung des Geschäftsbetriebs
212. Rückstellungen für ungewisse Verbindlichkeiten
213. Agio und Disagio in Handels- und Steuerrecht
214. Das Imparitätsprinzip
215. Bewertung von Anlagevermögen (Maschinen) bei nicht ausgelasteter Kapazität (und dauernden Verlusten)
216. Umsatzkosten- und Gesamtkostenverfahren
217. Überschuldung und Unterbilanz
218. Rechnungsabgrenzungsposten in Handels- und Steuerbilanz

### VII. Privatrecht

219. Die Aufrechnung im BGB und Steuerrecht
220. Zugewinngemeinschaft, Gütertrennung und Gütergemeinschaft
221. Grundzüge des Insolvenzrechts
222. Die gesetzliche Erbfolge

223. Geschäftsführung und Vertretung bei Personenhandelsgesellschaften
224. Der Kaufvertrag im BGB
225. Begriff und Bedeutung der Firma im Handelsregister
226. Die Anfechtung von Rechtsgeschäften wegen Irrtums, Drohung und Täuschung
227. Gründung einer Aktiengesellschaft
228. Haftung nach BGB und HGB bei der Übertragung eines Handelsbetriebs
229. Ausscheiden von Gesellschaftern aus einer Personengesellschaft aus handelsrechtlicher Sicht
230. Erläutern Sie die Begriffe Unmöglichkeit der Leistung, Verzinsung und positive Forderungsverletzung
231. Bedingung und Befristung im BGB
232. Der Konzern im Aktiengesetz
233. Bürgschafts- und Garantievertrag
234. Der Ausgleichsanspruch des Handelsvertreters
235. Das Grundbuch
236. Fixkauf und Fixhandelsgeschäft
237. Erfüllungs- und Verrichtungsgehilfe
238. Die Willenserklärung und ihre Anfechtung
239. Allgemeine Geschäftsbedingungen
240. Verjährungsfristen nach BGB
241. Bürgschaft, Schuldbeitritt, Schuldübernahme, Patronatserklärung
242. Der Scheck (und seine rechtliche Bedeutung)
243. Unterschied von Besitz und Eigentum
244. Vormerkung (§ 883 BGB)
245. Eigentumsvorbehalt
246. Rechtsschein und Handelsrecht
247. Forderungen und Schulden. Entstehung, Übertragung und Tilgung im Zivilrecht
248. Stellvertretung, Handlungsvollmacht, Prokura
249. Die Auflassungsvormerkung des BGB aus rechtlicher Sicht
250. Rücktritt, Anfechtung, Wandlung, Minderung, Nachbesserung bei Kaufverträgen, Voraussetzungen und Rechtsfolgen

### VIII. Querschnittsthemen und sonstige Themen

251. Der Steuerberater und seine Beziehung zur Finanzverwaltung, zum Mandanten und zu der Öffentlichkeit
252. Berufsorganisationen der steuerberatenden Berufe
253. Lohnsteuerhilfevereine
254. Die Haftung des Steuerberaters
255. Die Standesrichtlinien
256. Das Steuerberatungsgesetz
257. Die Berufsgrundsätze der steuerberatenden Berufe
258. Standes- und strafrechtliche Grenzen der Mandantenberatung
259. Die Steuerberatergebührenverordnung

260. Steuerliche Behandlung der Veräußerung eines Gewerbebetriebs
261. Die Sanierung im Steuerrecht
262. Stellung und Haftung des Rechtsnachfolgers eines Unternehmens
263. Die freien Berufe im Steuerrecht
264. Arbeitsgemeinschaften im Steuerrecht
265. Wertsicherungsklauseln im Steuerrecht
266. Das Erbbaurecht im Steuerrecht
267. Eintritt eines Gesellschafters in eine GmbH
268. Verständigungsverfahren
269. Kommanditgesellschaft und stille Gesellschaft – Vorteile und Nachteile
270. Doppelbesteuerungsabkommen
271. Gestaltungsmöglichkeiten bei der Erbschaftsteuer
272. Bewirtung von Geschäftsfreunden anlässlich des Geburtstags eines Unternehmers
273. Investitionsbesteuerung ausländischer Unternehmer
274. Konjunkturpolitik und Geldwertstabilität
275. Der Bundeshaushalt und seine Finanzierung
276. Förderung der Selbstfinanzierung durch steuerliche Maßnahmen
277. Der Aufbau einer Kostenrechnung
278. Die Rechtsformwahl unter steuerlichen Aspekten
279. Gesetz, Verordnung und Richtlinie – Unterschiede und Bedeutung
280. Verpachtung eines Gewerbebetriebs im Steuerrecht
281. Kapitalerhöhung aus Gesellschaftsmitteln aus zivilrechtlicher und steuerlicher Sicht
282. Die betriebliche Altersversorgung
283. Aktiengesellschaft und GmbH – Überlegungen zur Rechtsform
284. Umwandlung und Verschmelzung im Steuerrecht
285. Ziele, Träger und Instrumente der Stabilitätspolitik der Industrieländer
286. Die Umwandlung von Personen- in Kapitalgesellschaften
287. Konsolidierungsgrundsätze bei Konzernbilanzen
288. Die Zugewinngemeinschaft
289. Unternehmensverträge und Konzernrecht
290. Gründung einer Kapitalgesellschaft
291. Die Firma
292. Welche Arten von Kaufleuten kennt das HGB?
293. Aufgaben, Rechte und Pflichten des Steuerberaters im Finanzgerichtsverfahren
294. Möglichkeiten und Gefahren für Angehörige der steuerberatenden Berufe
295. Steuerberatung und Rechtsberatung
296. Kauf oder Leasing. Was würden Sie tun?
297. Der Finanzierungseffekt von Pensionsrückstellungen
298. Forfaitierung
299. Steuerharmonisierung in der Europäischen Gemeinschaft
300. Berufskammern, Aufbau und Aufgabe

(Dr. Lenz)